Business Engineering

Herausgegeben von U. Baumöl, H. Österle, R. Winter

Springer
Berlin
Heidelberg
New York
Barcelona
Hongkong
London
Mailand
Paris
Singapur
Tokio

Business Engineering

V. Bach, H. Österle (Hrsg.)
Customer Relationship Management in der Praxis
Erfolgreiche Wege zu kundenzentrierten Lösungen
2000. 256 Seiten
ISBN 3-540-67309-1

H. Österle, R. Winter (Hrsg.)
Business Engineering
Auf dem Weg zum Unternehmen des Informationszeitalters
2000. 340 Seiten
ISBN 3-540-67258-3

Reinhard Jung · Robert Winter (Hrsg.)

Data Warehousing Strategie

Erfahrungen, Methoden, Visionen

Mit 119 Abbildungen

Springer

Dr. Reinhard Jung
Prof. Dr. Robert Winter
Universität St. Gallen
Institut für Wirtschaftsinformatik
Müller-Friedberg-Strasse 8
CH-9000 St. Gallen
www.iwi.unisg.ch

ISSN 1616-0002
ISBN 3-540-67308-3 Springer-Verlag Berlin Heidelberg New York

Die Deutsche Bibliothek - CIP-Einheitsaufnahme
Data-Warehousing-Strategie: Erfahrungen, Methoden, Visionen / Hrsg.: Reinhard Jung; Robert Winter. - Berlin; Heidelberg; New York; Barcelona; Hongkong; London; Mailand; Paris; Singapur; Tokio: Springer, 2000
(Business-Engineering)
ISBN 3-540-67308-3

Springer-Verlag Berlin Heidelberg New York
ein Unternehmen der BertelsmannSpringer Science+Business Media GmbH

Printed in Germany

SPIN 10764800 42/2202-5 4 3 2 1 0 – Gedruckt auf säurefreiem Papier

Vorwort

Die richtigen Antworten auf die richtigen Fragen zu finden, ist sowohl in der Unternehmensführung als auch an der Kundenschnittstelle eine der wesentlichen Voraussetzungen für unternehmerischen Erfolg. Angesichts dieser Anforderung wurde vor etwas mehr als zehn Jahren von *Bill Inmon* der Begriff bzw. die Idee des „Data Warehouse" geprägt, letztlich ein System aus Hardware- und Softwarekomponenten, das eine weitreichende Datenintegration ermöglicht. Das zugrunde liegende Architekturprinzip ist eine zentrale Datenbank, die die operativen Applikationen eines Unternehmens datentechnisch von den dispositiven Applikationen entkoppelt. Diese „Middleware" ist erforderlich, da es weder sinnvoll noch realistisch ist, die (operative) Applikationslandschaft in kurzer Zeit an sich verändernde Anforderungen im Bereich der dispositiven Datennutzung anzupassen. Der Erfolg der „Data Warehouse"-Idee wurde natürlich durch inzwischen sehr leistungsfähige Datenbanktechnologien begünstigt, die eine Speicherung und Verwendung der immensen Datenmengen möglich machte, die bei zusätzlicher Berücksichtigung historischer Daten zwangsläufig entstehen.

Wie bei anderen Ideen und Konzepten auch, die über den Atlantik nach Europa kommen („Data Warehousing" war Anfang der 90er-Jahre lediglich ein technisches Modewort) , fehlten und fehlen bis heute z.T. methodische und organisatorische Lösungsansätze, um eine praktische Umsetzung sicher planen und durchführen zu können.

Das vorliegende Buch ist ein Zwischenergebnis des Kompetenzzentrums Data Warehousing Strategie (CC DWS) am Institut für Wirtschaftsinformatik der Universität St. Gallen (IWI-HSG). Das CC DWS entwickelt im Rahmen einer Projektlaufzeit von zunächst zwei Jahren (Anfang 1999 bis Ende 2000) ein integriertes Vorgehensmodell, das alle wesentlichen, nicht technischen Aspekte des Aufbaus und Betriebs von Data Warehouses in Grossunternehmen abdeckt. Die folgenden Unternehmen sind Partner des CC DWS; sie finanzieren die Forschungsarbeit und tragen sie inhaltlich mit:

- AGI IT Services AG
- ARAG Lebensversicherungs-AG
- Credit Suisse (ab Anfang 2000)
- Deutsche Post AG (bis Ende 1999)
- plenum AG
- Rentenanstalt/Swiss Life
- Sanitas Krankenversicherung
- Swisscom AG
- UBS AG (ab Anfang 2000)
- Winterthur-Versicherungen
- Württembergische Versicherung AG
- Eidg. Departement für Verteidigung, Bevölkerungsschutz und Sport

Alle genannten Unternehmen betreiben ein Data Warehouse bzw. mehrere Data Marts oder befinden sich zumindest in der Entwicklungsphase. Dadurch entsteht ein Netzwerk, in dem eine Fülle relevanten Know-Hows verfügbar ist.

Das CC DWS besteht organisatorisch, wie andere Kompetenzzentren am IWI-HSG auch, aus einer sogenannten Arbeitsgruppe und einem Beirat:

- Die *Arbeitsgruppe* trägt die inhaltliche Arbeit des Kompetenzzentrums und setzt sich aus Mitarbeitern der Partnerunternehmen und des IWI-HSG zusammen:
- zwei bis drei *Mitarbeiter jedes Partnerunternehmens*, typischerweise mit Projektleitungsfunktion innerhalb des Data Warehouse-Projekts;
- der *Projektleiter* des Kompetenzzentrums, der Habilitand am IWI-HSG ist;
- fünf *Projektassistenten*, die Doktoranden am IWI-HSG sind;
- drei *studentische Mitarbeiter* am IWI-HSG.
- Der *Beirat* ist das Steuerungs- und Kontrollgremium des Kompetenzzentrums. Der Beirat diskutiert auf Vorschlag des Projektleiters den Finanz- und den Projektplan, genehmigt diese und überprüft die Erreichung der gesetzten Forschungsziele. Dem Beirat besteht aus jeweils einem Vertreter jedes Partnerunternehmens sowie dem Direktor des IWI-HSG, an dessen Lehrstuhl das Kompetenzzentrum betrieben wird.

Das IWI-HSG hat wiederum ein Gremium, das die inhaltliche Ausrichtung beeinflusst, den Forschungsrat des Forschungsprogramms „Business Engineering HSG". Ihm gehören Top Manager von schweizerischen und deutschen Grossunternehmen an.

Nach einem übersichtsartigen Einleitungsartikel folgt in Teil I zunächst eine nach Themen strukturierte Aufbereitung des Themas Data Warehousing, in die die bisher erzielten wissenschaftlichen Erkenntnisse des CC DWS eingeflossen sind. In Teil II finden sich Erfahrungsberichte aus den Data Warehouse-Projekten der CC DWS-Partnerunternehmen.

Die Herausgeber danken allen Autoren, die durch ihre Mitarbeit einen wesentlichen Baustein zu diesem Buch hinzugefügt haben. Ein besonderer Dank gilt dabei den Vertretern unserer Partnerunternehmen, die trotz starker operativer Inanspruchnahme Zeit gefunden – oder sie in Form von Freizeit „geopfert" – haben, um Projekterfahrungen für diese Publikation zu dokumentieren. Ferner danken wir unseren studentischen Mitarbeitern, den Herren cand. oec. Alex Müller und cand. oec. Frederic Rowohl, die einen wesentlichen Beitrag zum Erscheinungsbild des Buchs geleistet haben. Schliesslich gilt unser Dank auch unseren Mitarbeitern, den Herren Dipl.-Wirtsch.Inf. Gunnar Auth, Dipl.-Wirt.Inform. Thorsten Frie, Dipl.-Wirtsch.-Inf. Markus Helfert und lic. oec. HSG Bernhard Strauch, die uns bei der Schlussbearbeitung tatkräftig unterstützt haben.

Reinhard Jung, Robert Winter St.Gallen, Juni 2000

Inhaltsverzeichnis

Teil 1: Fachbeiträge

Teil 2: Praxisberichte

Teil 1

Fachbeiträge

Data Warehousing: Nutzungsaspekte, Referenzarchitektur und Vorgehensmodell

Reinhard Jung, Robert Winter

1 Begriffliche Grundlagen des Data Warehousing

In nahezu allen grossen Organisationen existieren eine Vielzahl verschiedener und häufig sehr heterogener Informationssysteme, die – in der Regel transaktionsorientiert – die Abwicklung der Geschäftsprozesse gewährleisten; man spricht deshalb von operativen Informationssystemen. Sich verändernde Geschäftsmodelle und neue Aufgabenstellungen im Bereich der Daten- und Informationsversorgung machen es erforderlich, dass vorhandene Datenquellen auch integriert, d.h. unabhängig von ihrem primären, operativen Einsatzzweck für dispositive Zwecke genutzt werden können. Die Zielvorstellungen reichen von einer einheitlichen Kundensicht bis hin zu schnell verfügbaren Führungsinformationen. Da es aus verschiedenen Gründen (z.B. fehlendes integriertes Datenmodell, Sicherheits-/Zugangskonzepte, Laufzeitprobleme) kaum möglich ist, eine nur virtuelle Datenintegration „auf“ den Transaktionssystemen zu realisieren, bietet sich eine dreischichtige Architektur an, in der operative Systeme einerseits und dispositive Systeme andererseits durch eine Zwischenschicht bzw. eine eigens dafür bereitstehende zentrale Datenbasis voneinander entkoppelt sind (vgl. Abb. 1).

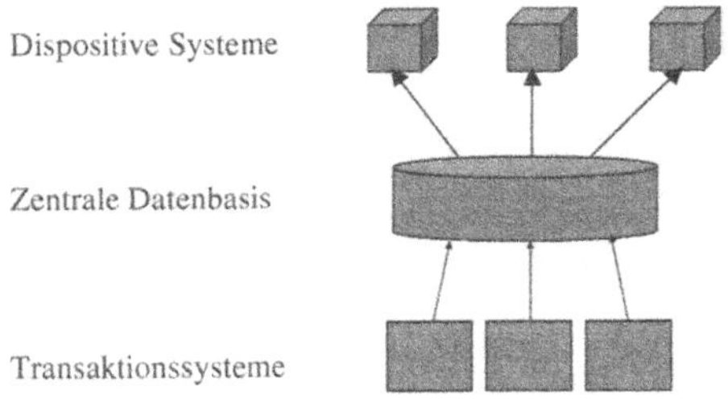

Abb. 1 Entkopplung von Transaktionssystemen und dispositiven Systemen durch eine zentrale Datenbasis

Das zuvor grob beschriebene Konzept entstand Ende der 80er-Jahre und wurde von seinem Vordenker Inmon (1992) als "Data Warehouse" bezeichnet. Nach seiner Definition ist ein Data Warehouse eine subjekt-orientierte, integrierte, zeitorientierte und nicht-volatile Sammlung von Daten, die zur Unterstützung von Managemententscheidungen eingesetzt werden kann. Die genannten Eigenschaften sind im einzelnen wie folgt zu verstehen:

- *Subjektorientierung*: Im Gegensatz zur Transaktionsverarbeitung, bei der eine Optimierung der Datenstrukturen mit Blick auf die effiziente Abwicklung von Geschäftsvorfällen vorliegt, sind Data Warehouses subjekt-orientiert, d.h. an den Betrachtungsobjekten der Benutzer bzw. – präziser ausgedrückt – des Managements ausgerichtet. Die Betrachtungsobjekte der Benutzer eines Data Warehouses sind in der Regel betriebswirtschaftliche Grössen wie Umsatz, Renditen, Deckungsbeiträge usw., die unter verschiedenen Gesichtspunkten bzw. Dimensionen, wie z.B. zugrunde liegender Zeitraum, Produkt und Region, zu analysieren sind.

- *Integration*: Die Daten in einem Data Warehouse sind Extrakte aus den operativen Informationssystemen, die definitorisch und inhaltlich konsolidiert sind. Das bedeutet einerseits, dass Datenelementdefinitionen (z.B. unterschiedliche Definitionen des Umsatzes) vereinheitlicht, und andererseits, dass Widersprüche der extrahierten Dateninhalte (z.B. semantisch redundante, aber syntaktisch voneinander abweichende Adressangaben zu einem Kunden) aufgelöst sind.
- *Zeitorientierung*: Im Gegensatz zu Daten in Transaktionssystemen, die typischerweise einen kurzen, aktuellen Zeitausschnitt abdecken, haben Daten im Data Warehouse einen längerfristigen Zeitbezug (mehrere Jahre). In diesem Zusammenhang wird auch von der Speicherung historischer Daten gesprochen.
- *Nicht-Volatilität*: Transaktionsdaten werden u.U. durch Datenbankoperationen aktualisiert. Die Daten im Data Warehouse sind hingegen nicht volatil, d.h. sie werden – einmal abgespeichert – nicht mehr verändert.

Die genannte Definition und die dargestellten Eigenschaften vermitteln ein gutes Verständnis davon, was ein Data Warehouse aus technischer Sicht ausmacht, nämlich letztlich ein komplexes System aus Hardware- und Softwarekomponenten, das wiederum in die übrige Informationstechnik (IT) eingebunden ist. Aus betriebswirtschaftlicher Sicht handelt es sich bei einem Data Warehouse um eine Integrationsinstanz, die Daten aus unterschiedlichen Geschäfts- und Funktionsbereichen integriert und konsolidiert, um unterschiedlichste und sich häufig schnell ändernde Informationsbedarfe operativer und dispositiver Art zu erfüllen. Mit bestimmten Erweiterungen können mit Data Warehouse-Technologie auch Steuerungsaufgaben des Managements unterstützt werden (vgl. Baumöl et al. 2000).

In Ergänzung zu "Data Warehouse", womit die infrastrukturelle Basis gemeint ist, ist der Terminus "Data Warehousing" von Bedeutung, der den mit einem Data Warehouse verbundenen Prozess bezeichnet. Gardner (1998) gibt dazu die folgende, sehr treffende Definition an (freie Übersetzung aus dem Englischen):

> *Data Warehousing ist kein Produkt, sondern der Prozess der Zusammenführung und des Managements von Daten aus verschiedenen Quellen mit dem Zweck, eine einheitliche, detaillierte Sicht auf einen einzelnen Geschäftsbereich oder das gesamte Unternehmen zu erhalten.*

Die Autoren interpretieren die Definition dahingehend, dass auch die Planung und Entwicklung eines Data Warehouse bzw. von Data Marts zum Data Warehousing zu rechnen ist. Der Begriff „Planung“ kann dabei eine Fülle von Aufgaben, von der Formulierung einer Data Warehousing-Strategie über die Durchführung von Wirtschaftlichkeitsanalysen bis hin zur Systemplanung, beinhalten.

2 Nutzungsaspekte des Data Warehousing

Die Definition von Data Warehousing zeigt, dass ein Data Warehouse prinzipiell zur Erreichung von zwei Subzielen eingesetzt werden kann (dispositiver Nutzungsaspekt):

1. Integration von Daten zur Steuerung des Unternehmens
2. Integration von Daten zur Steuerung einzelner Geschäftsbereiche

Ein dritter Aspekt, der nicht direkt aus der Definition abgeleitet werden kann, der in der Praxis aber gegenwärtig eine besonders wichtige Rolle spielt, ist die

3. Integration von Daten zur Steuerung neuer Geschäftsprozessen (operativer Nutzungsaspekt).

Der dritte Aspekt ist von besonderer Bedeutung, da die vielbeschworene Prozessorientierung quasi als Minimalvoraussetzung eine Datenintegration zwischen den verschiedenen Organisationseinheiten entlang der Prozesse erfordert.

Die drei genannten Ziele können in aller Regel nur nacheinander, nämlich in der Reihenfolge "3-2-1" erreicht werden, da eine systembasierte Daten- und Informationsversorgung des Top-Managements mit dem Ziel einer effizienten und effektiven Unternehmenssteuerung nur möglich ist, wenn zuvor eine Datenintegration auf Ebene der Geschäftsbereiche bzw. Geschäftsprozesse erfolgt ist.

2.1 Operativer Nutzungsaspekt

Im folgenden wird zunächst eine für die betriebliche Praxis typische Ausgangssituation dargestellt, um darauf aufbauend zeigen zu können, welche operativen Nutzungsmöglichkeiten sich durch das Data Warehousing ergeben.

2.1.1 Darstellung einer typischen Ausgangssituation

In den meisten Unternehmen ist die Informationssystemlandschaft historisch, d.h. über einen längeren Zeitraum gewachsen. Dabei erfolgte in der Vergangenheit eine Orientierung beispielsweise an Funktionsbereichen (Marketing, Vertrieb, Rechnungswesen usw.) oder an einzelnen Sparten. In einem Versicherungsunternehmen ergibt sich beispielsweise in der Regel das Bild, dass jede Sparte (z.B. Personenversicherung, Sachversicherung) eigene Informationssysteme mit eigener Datenhaltung betreibt. Folglich werden von jeder Sparte isoliert eigene Kundenstamm- und -vertragsdaten verwaltet. Das Resultat ist, dass eine Person, die mehrere Versicherungen hat, auch in mehreren Systemen als Kunde geführt wird, allerdings häufig mit nicht eindeutig ineinander überführbaren Schlüsselattributen (dieses Problem entsteht regelmässig auch im Rahmen von Unternehmensfusionen). Eine horizontale Integration der verschiedenen Kundenstamm- und -vertragsdaten einzelner Unternehmenssparten (vgl. Abb. 2) in einem Data Warehouse ermöglicht hingegen eine einheitliche Sicht auf das Betrachtungsobjekt

"Kunde" über mehrere Datenhaltungssysteme hinweg. Häufig wird darüber hinaus versucht, Kunden hinsichtlich ihrer Zugehörigkeit zu Haushalten zu identifizieren (Kimball et al. 1998, S. 302 f.).

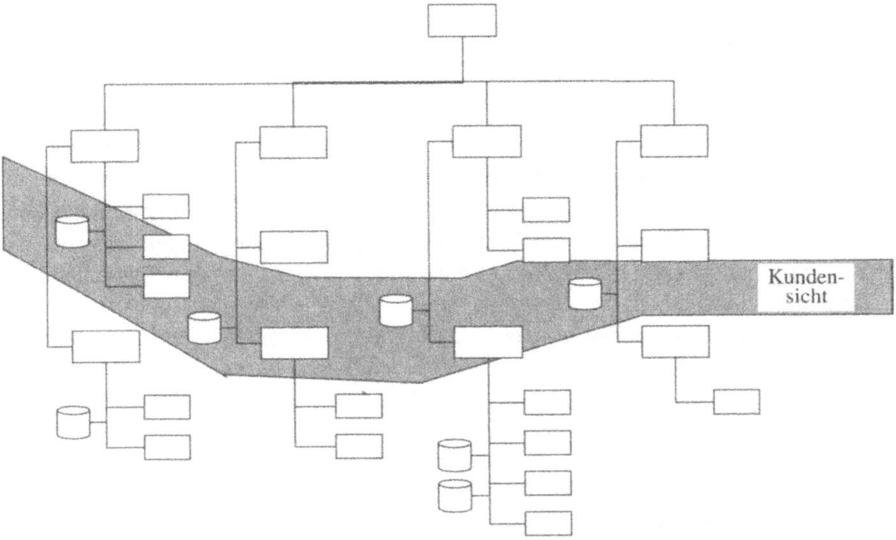

Abb. 2 Widerspruch zwischen funktional ausgerichteter Datenhaltungsarchitektur und Informationsbedarf am Beispiel der Kundensicht (schematisch)

2.1.2 Kunden-Profiling und Kundenbeziehungsmanagement

Durch eine integrierte Datenbasis wird es möglich, anhand der Daten aus unterschiedlichen operativen Systemen zu erkennen, welche verschiedenen Produkte des Unternehmens ein Kunde bereits bezieht. Durch Auswertung dieser Informationen sowie unter Berücksichtigung weiterer Daten über die Interaktion des Kunden mit dem Unternehmen (bspw. die genutzten Distributionskanäle, Häufigkeit der Kontaktaufnahme) wird ein individuelles Profil erstellt (Kunden-Profiling), das wiederum einem von verschiedenen, aus empirischen Daten hervorgegangenen Mustern zuordenbar ist. Solche Muster sind Ausgangspunkt des Kundenbeziehungsmanagements bzw. des Customer relationship mangagement (CRM), das darauf abzielt, dem Kunden das richtige Angebot zum richtigen Zeitpunkt – gegebenenfalls am richtigen Ort – unterbreiten zu können. Aus einer Übereinstimmung eines Profils mit einem bestimmten Muster können Schlussfolgerungen darüber abgeleitet werden, wie eine stark individualisierte Kundenbeziehung aufgebaut werden kann. CRM ist selbstverständlich auch ohne Rückgriff auf Profile und Muster umsetzbar, verursacht dann aber wesentlich höhere Kosten, da die Kunden faktisch individuell betreut werden müssen.

Das Kunden-Profiling ist eine wesentliche Voraussetzung für verschiedene Massnahmen im Rahmen des Kundenbeziehungsmanagement (vgl. die folgenden Abschnitte).

2.1.3 Kundenselektion, -akquisition und -bindung

Die Selektion und Akquisition von Neukunden kann durch ein Data Warehouse insbesondere dann unterstützt werden, wenn auch externe Daten wie z.B. soziodemographische Daten integriert sind. Durch einen Vergleich der Profile potentieller Neukunden mit den Profilen bereits vorhandener Versicherungskunden können beispielsweise Produkte und/oder Dienstleistungen identifiziert werden, die kundengruppenspezifisch für eine Akquisition besonders erfolgversprechend erscheinen.

Die Bindung des Kunden an das Unternehmen (Customer retention) ist ein zusammenfassender Begriff für proaktive Massnahmen, die auf einen Ausbau der Beziehung zum Kunden ausgerichtet sind; Beispiele sind Bonussysteme (z.B. Prämienermässigung beim Kauf mehrerer Versicherungsprodukte) und Kundengeschenke sowie das Hinweisen auf weitere, ergänzende Produkte bzw. Dienstleistungen (siehe dazu auch Abschnitt 2.1.4 Cross selling und Up selling).

Churn management, ein Begriff der insbesondere aus der Telekommunikationsbranche bekannt ist, bezeichnet das – im Gegensatz zur Kundenbindung – reaktive Verhindern der Abwanderung von Kunden. Ein wesentliche Voraussetzung für erfolgreiches Churn management ist das frühzeitige Erkennen einer Abwanderungsabsicht. Mögliche Indikatoren dafür sind häufig durch eine Analyse des Kundenverhaltens im Zeitablauf ableitbar, bei der eine integrierte Datensicht bzw. ein Data Warehouse wesentliche Informationen liefern kann.

2.1.4 Cross selling und Up selling

Eine Voraussetzung für Cross selling und Up selling ist, das der entsprechende Kunde bereits Produkte bzw. Dienstleistungen bezieht. Unter Cross selling versteht man den zusätzlichen Verkauf von ergänzenden Produkten; beispielsweise wird einem Kunden neben einer bestehenden Haftpflichtversicherung auch eine Lebensversicherung angeboten. Im Gegensatz dazu wird unter Up selling der Verkauf gleichartiger, aber höherwertiger Produkte verstanden, die typischerweise einen grösseren Deckungsbeitrag aufweisen; ein Beispiel hierfür ist die Aufstokkung der Versicherungssumme einer bestehenden Lebensversicherung. Voraussetzung für gezielt eingesetztes Cross selling und Up selling sind integrierte Informationen über die Produkte, die ein Kunde bereits bezieht, und eventuell über weitere, persönliche Merkmale. Andernfalls besteht ein erhöhtes Imagerisiko, denn eventuell bezieht der Kunde das angebotene Produkt bereits oder benötigt es aufgrund seiner Merkmale überhaupt nicht.

2.1.5 Management von Kampagnen

Gezielte sowie in zeitlicher und inhaltlicher Hinsicht koordinierte Marketingmassnahmen werden als Kampagnen bezeichnet. Auch in diesem Einsatzbereich kann ein Data Warehouse wertvolle Unterstützung bieten. Ein einfaches Beispiel für eine Kampagne ist ein Mailing, d.h. die Versendung von Werbematerial, allerdings mit der Besonderheit, dass die Reaktion der Kunden (im positiven Fall z.B. Rückfrage, Kauf) ebenfalls erhoben und anschliessend seinen individuellen Merkmalen zugeordnet wird. Auf Basis dieser Informationen kann bei nachfolgenden Kampagnen wesentlich gezielter vorgegangen werden, und es sind erhebliche Verbesserungen realisierbar:

- Vermeidung einer schlechten Aussenwirkung durch wiederholte Werbung für Produkte und Dienstleistungen, die der Kunde nicht nachfragt bzw. benötigt;
- Kostenreduktion durch eine verminderte Quote erfolgloser Werbeaktivitäten;
- Umsatzsteigerung.

Noch wesentlich grössere Effizienzgewinne verspricht die Nutzung eines Data Warehouse, wenn die Kampagne auf Basis verschiedene Kommunikationskanäle durchgeführt wird, denn dann sind häufig unterschiedliche operative Systeme involviert, deren Daten es zu integrieren gilt.

2.1.6 Weitere operative Nutzungsformen integrierter Datenbestände

Neben den oben beschriebenen Nutzungsformen existieren weitere, eher operative Verwendungsmöglichkeiten für integrierte Datenbestände (Beispiele):

- Call Center: Um direkt an der Kundenschnittstelle vollständige Informationen zur Verfügung zu haben und den Kunden umfassend beraten zu können, sind integrierte Datenbestände eine notwendige Voraussetzung. Prinzipiell gilt diese Aussage nicht nur für ein Call Center, sondern beispielsweise auch für Anwendungen im Bereich des Aussendienstes.
- Multi-Channel-Management: Die heute immer häufiger anzutreffende Vielfalt von Distributionskanälen zwingt die Unternehmen, Aktivitäten und Kundenreaktionen – d.h., die dabei entstehenden Daten – integriert betrachten und auswerten zu können.

2.2 Dispositiver Nutzungsaspekt

Am Anfang des Kapitels wurden zwei Anwendungsgebiete für die dispositive Nutzung eines Data Warehouse genannt: die Steuerung einzelner Geschäftsbereiche und die Steuerung des Unternehmens. Beide Gebiete sind – wie auch die im Bereich der operativen Nutzung – relativ breit und sollen an dieser Stelle deshalb nur kurz anhand von Beispielen erläutert werden.

Grosse Versicherungen haben typischerweise Geschäfts- bzw. Funktionsbereiche, die sich mit der Definition neuer Produkte beschäftigen. Innovative und am Markt erfolgreiche Versicherungsprodukte sind in zunehmenden Masse dadurch gekennzeichnet, dass sie Produktbündel, also eine Kombination mehrerer Versicherungsprodukte darstellen. Die bedarfsgerechte und damit erfolgversprechende Kombination von Einzelprodukten ist letztlich nur dann möglich, wenn Informationen über die Kunden in ausreichender Breite (Anzahl der analysierbaren Kundenprofile) und Tiefe (Anzahl der Merkmale pro Kundenprofil) vorliegen. Insbesondere die verschiedenen Merkmale der Kunden sind allerdings in verschiedenen operativen Systemen abgelegt, sodass ein Data Warehouse auch für die Produktdefinition sinnvoll eingesetzt werden kann.

Die Integration von betriebswirtschaftlich relevanten Daten in einem Data Warehouse eröffnet in letzter Konsequenz die Option, Führungsinformationen erzeugen zu können, mit denen das Unternehmen gesteuert werden kann. Dadurch kann – im Gegensatz zu einem organitatorisch verankerten, aber manuellen Reporting – die Daten- bzw. Informationsversorgung und damit die mögliche Reaktionsgeschwindigkeit der Geschäftsleitung erheblich beschleunigt werden. Ein typisches Anwendungsgebiet des Data Warehousing im Bereich Führungsinformation ergibt sich bei Umsetzung der Balanced Scorecard (vgl. z.B. Mountfield, Schalch 1998).

3 Data Warehouse-Architekturen und Metadaten

In der Literatur zum Thema Data Warehousing finden sich viele verschiedene Darstellungen möglicher Data Warehouse-Architekturen (vgl. z.B. Bontempo und Zagelow 1998; Kimball et al. 1998). Die meisten lassen sich allerdings auf die Referenzarchitektur, die in Abb. 3 dargestellt ist, zurückführen.

Die Basis eines Data Warehouse bilden die operativen Systeme eines Unternehmens bzw. die dazugehörigen Datenhaltungssysteme; hier reicht das Spektrum von Dateien über hierarchische Datenbanken bis hin zu relationalen und objektorientierten Datenbanken. Darüber hinaus werden vielfach auch externe Daten, z.B. demoskopische Daten und Marktdaten, in das Data Warehouse integriert (vgl. z.B. Möller 1998). Die zweite Schicht der Architektur beinhaltet Schnittstellensysteme oder durch entsprechende Werkzeuge realisierte Extraktionsprozeduren (hier schematisch durch Pfeile symbolisiert), die die Daten der operativen Systeme übernehmen, in das Format bzw. logische Datenmodell des Data Warehouse transformieren und schliesslich den Ladevorgang auslösen. Im Rahmen dieses sogenannten ETL-Prozesses (extraction, transformation, loading) sind die operativen Daten häufig um Attribute zu ergänzen, die eine Beschreibung in zeitlicher Hinsicht ermöglichen. Für ein Datenelement "Umsatz" muss beispielsweise im Data Warehouse hinterlegt werden, mit welchem Zeitraum der Dateninhalt verbunden ist, da in operativen Systemen derartige Zeitbezüge häufig nur implizit vorhanden sind.

Der Zweck des Kern-Data Warehouse (Kern-DWH) liegt darin, grundsätzlich alle Auswertungen (auch noch nicht bekannte) zu ermöglichen. Die Daten innerhalb dieser Schicht sollten deshalb normalisiert und detailliert, d.h. nicht aggregiert vorliegen. Einerseits würde eine Aggregation auf dieser Stufe den Spielraum für spätere (Drill down-)Analysen einschränken, da die Detaildaten nur in den operativen Systemen verfügbar wären. Andererseits stellt eine Denormalisierung eine Optimierung im Hinblick auf bestimmte Operationen dar. Diese Operationen werden aber durch die betriebswirtschaftlichen Analysen *verschiedener* Benutzer ausgelöst, so dass eine Denormalisierung auf dieser Ebene insgesamt betrachtet immer zu einer suboptimalen Performance führen würde.

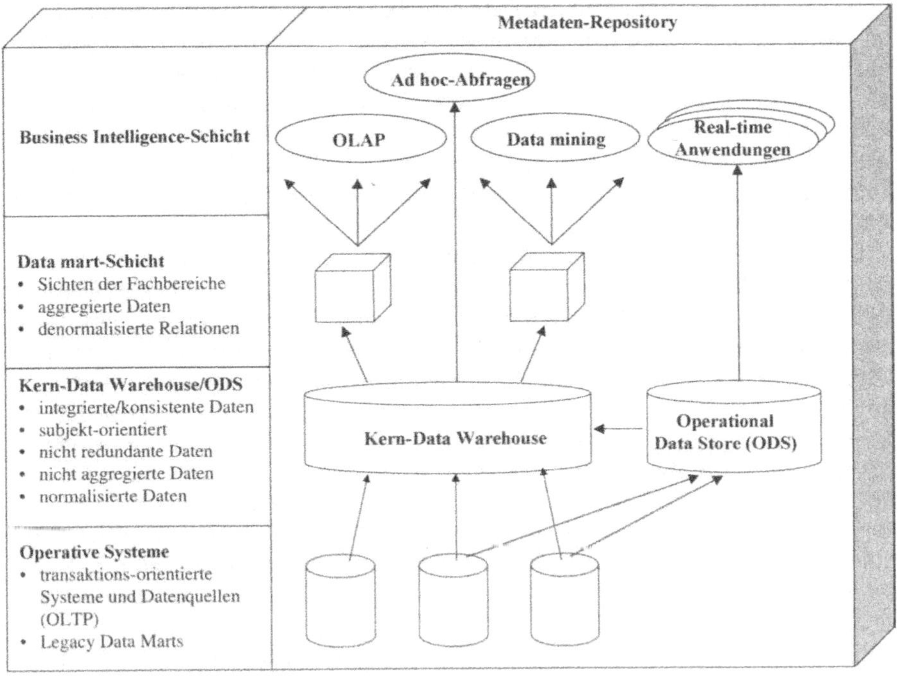

Abb. 3 Data Warehouse-Referenzarchitektur

Ein Data Mart stellt grundsätzlich eine materialisierte Sicht auf das Data Warehouse dar, die nur die für einzelne Benutzer bzw. Benutzergruppen (z.B. einen Fachbereich) relevanten Daten beinhaltet. Aufgrund der relativ homogenen Anforderungen hinsichtlich der Datenanalyse kann auf dieser Ebene eine Denormalisierung sowie eine Aggregation erfolgen.

Die oberste Schicht der Architektur bilden zum einen Ad hoc-Queries, Data Mining- sowie OLAP-Werkzeuge (OLAP; Online analytical processing) bzw. multidimensionale Analysewerkzeuge. Die Werkzeuge werden unter dem Begriff "Business Intelligence"-Werkzeuge subsumiert. Häufig werden Data Marts auf

Basis multidimensionaler Datenbanksysteme realisiert; in diesem Fall wird von MOLAP (multidimensional OLAP) gesprochen. Wenn relationale Datenbanktechnologie eingesetzt wird, spricht man hingegen von ROLAP (relational OLAP).

Um auch die weiter vorn erläuterten operativen Nutzungsaspekte abdecken zu können, ist in der Regel eine Erweiterung der Architektur um einen sogenannten Operational data store (ODS) erforderlich. Eine Call Center-Anwendung beispielsweise benötigt zwar einerseits ebenfalls Daten aus verschiedenen operativen Systemen, andererseits ergeben sich aber durch die „Nähe" zum Kunden wesentlich striktere Anforderungen an die Aktualität der gespeicherten Daten. In der Konsequenz ist das Datenmodell eines ODS häufig weniger umfangreich als das des Kern-DWH, die Aktualität der Daten ist aber sehr viel höher, nämlich nahe an der Aktualität der Daten der operativen Systeme. Um Wiedersprüche zwischen Daten im Kern-DWH und im ODS vermeiden zu können, sollten keine redundanten Extraktionen aus den operativen Systemen erfolgen. Daten, die sowohl im ODS als auch im Kern-DWH benötigt werden, sollten deshalb zunächst in den ODS geladen und von dort an das Kern-DWH „weitergegeben" werden; dieser Sachverhalt ist in Abb. 3 durch den horizontalen Pfeil zwischen diesen Architekturkomponenten angedeutet.

In der Literatur wird der Idee des (zentralen) Data Warehouse immer wieder das Konzept der unabhängigen Data Marts gegenübergestellt (vgl. z.B. Gardner 1998, S. 54). Bei dieser Variante gibt es weder eine logische noch eine physische Integrationsinstanz. Statt dessen werden für jede Benutzergruppe voneinander isolierte Data Marts realisiert, die ihre Daten direkt aus den operativen Systemen extrahieren. Aus Sicht der Autoren löst dieser Ansatz jedoch die Problematik der Datenintegration nicht, sondern schafft lediglich eine Schicht, in der an unterschiedlichen Orten abgeleitete Daten und damit schlecht kontrollierbare Redundanz entsteht. Darüber hinaus entsteht auf diese Weise eine grosse Zahl von Schnittstellen, deren Wartung sehr aufwendig ist. Heute bereits zu beobachtende Projekte, in denen ein Data Warehouse auf Basis nicht nur von operativen Datenquellen, sondern auch von Legacy-Data Marts (!) erstellt wird, machen diese Problematik offenkundig.

Ein wesentlicher Aspekt einer Data Warehouse-Architektur sind die Metadaten (vgl. Eicker et al. 1998). Der Begriff "Metadaten" ist im Kontext des Data Warehousing wesentlich umfassender zu verstehen als im Zusammenhang mit operativen Informationssystemen, wo es eher um technische Aspekte geht (bspw. die Beschreibung von Datenstrukturen). Die Bedeutung von Metadaten wird deutlich, wenn man ein Unternehmen als komplexes System von interagierenden Komponenten auffasst und erkennt, dass Daten bzw. Informationen eine ganz wesentliche Ressource für die Steuerung eines solchen Systems darstellen (Daten bzw. Informationen als Produktionsfaktor). In diesem Fall – und genau diese Überlegungen haben ursprünglich zum Data Warehousing geführt – beschreiben die Metadaten nicht nur alle Daten, die in diesem Steuerungsprozess verwendet werden, sondern auch alle dabei erforderlichen Daten-Transformationsprozesse und eventuell sogar Details über die Nutzung der Daten. Damit sind Metadaten eines Data Warehouse zwar einerseits technisch ausgerichtet, andererseits beschreiben sie aber auch die

Struktur des betriebswirtschaftlichen Reportings und letztlich auch die Führungskennzahlen.

In nahezu allen Bereichen eine Data Warehouse-Architektur entstehen Metadaten bzw. werden Metadaten benötigt (vgl. Abb. 3). Angesichts der Fülle von Werkzeugen zumeist verschiedener Hersteller können diese Metadaten jedoch z.Zt. nicht ausreichend integriert und genutzt werden. Für diese Problematik existiert bis heute keine befriedigende Lösung. Das Bild ist gegenwärtig durch folgende Varianten geprägt:

- Verschiedene Hersteller bieten integrierte Lösungen an, so dass eine Metadatenintegration quasi mitgeliefert wird. Diese Variante beinhaltet den Nachteil, dass keine weiteren, u.U. für eine bestimmte Problemstellung besser geeigneten Werkzeuge eingebunden werden können.
- Einige Hersteller kooperieren, um eine gemeinsam technische Basis zu definieren. Entwicklungsrichtungen sind zum einen zentrale Metadaten-Repositories und zum anderen Metadaten-Standards.

4 Data Warehouse-Entwurf

Der Entwicklungsphase „Entwurf" kommt insbesondere mit Blick auf die Daten im Kontext „Data Warehousing" eine besondere Bedeutung zu. Im wesentlichen handelt es sich dabei um den Entwurf des konzeptionellen Datenschemas einerseits für das Kern-DWH bzw. für den ODS und andererseits für die Data Marts.

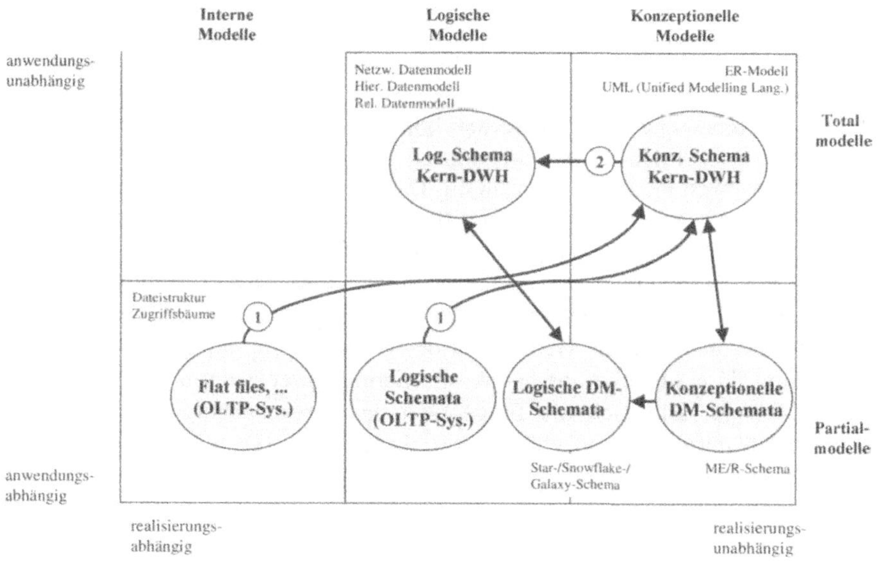

Abb. 4 Datenorientierte Entwurfsdokumente beim Data Warehousing

Die in der Phase „Data Warehouse-Entwurf" zu erzeugenden Entwicklungsergebnisse sind – wie in der konventionellen Systementwicklung auch – konzeptionelle Schemata. Da es sich bei einem Data Warehouse in erster Linie um eine datenorientierte Architektur handelt, sind die wesentlichen Entwicklungsdokumente konzeptionelle *Daten*schemata. Dabei sind grundsätzlich zwei Betrachtungsebenen zu unterscheiden:

- *Data Marts*: Data Marts sollen Daten in einer für den Anwender geeigneten Struktur bereitstellen. Das konzeptionelle Datenschema dient während des Entwurfsprozesses insbesondere als Kommunikationsgrundlage zwischen Entwicklern und Anwendern. Betriebswirtschaftliche Analysen sind typischerweise so aufgebaut, dass Kennzahlen nach verschiedenen – häufig auch simultan nach mehreren – Kriterien bzw. Dimensionen ausgewertet werden. Dieser Multidimensionalität wird durch verschiedene Modellierungsansätze Rechnung getragen (ein Überblick findet sich bei Totok 2000, S. 123 ff.). Bei dem in Abb. 5 anhand eines Beispiels dargestellten Modellierungsansatz handelt es sich um eine Weiterentwicklung des klassischen ER-Modells (Chen 1976). Um das im Zentrum stehende betriebwirtschaftliche Betrachtungsobjekt (hier in den Ausprägungen Dauer, Anzahl beteiligter Personen usw. einer Fahrzeugreparatur) sind die Dimensionen angeordnet und dabei in mehrstufigen Aggregationshierarchien dargestellt (z.B. Fahrzeug, Modell, Marke, alle). Für die Implementierung eines Data Marts auf Basis relationaler Datenbanktechnologie stehen mit der Modellierung in Form eines Star-, Snowflake-, Galaxy oder Fact Constellation-Schemas (vgl. z.B. Totok 2000, S. 173 ff.) ebenfalls geeignete Ansätze bereit.
- *Kern-DWH*: Das Kern-DWH dient dazu, alle erforderlichen Daten in möglichst feiner Granularität bereitstellen zu können. Dabei ist der direkte Zugriff durch die Benutzer eher eine Ausnahmesituation, denn zu diesem Zweck sind in der Regel Data Marts verfügbar. Daher kann zum Entwurf auf das klassische ER-Modell zurückgegriffen werden. Im Gegensatz zu den Data Marts, die zunächst völlig unabhängig entworfen werden können, ist das Schema des Kern-DWH unter Berücksichtigung der vorhandenen operativen Systeme zu (re-)konstruieren. Inwieweit bei diesem Schritt ein Daten-Reverse Engineering erforderlich und wirtschaftlich sinnvoll ist, hängt stark von der Qualität und Dokumentation der operativen Systeme ab (vgl. dazu Jung 1998).

Die wesentliche Herausforderung bezogen auf den Data Warehouse-Entwurf scheint heute weniger in der Verfügbarkeit geeigneter Modellierungsansätze bzw. Metamodelle zu liegen, als vielmehr in der Bereitstellung adäquater Vorgehensweisen, um diese Modelle überhaupt anforderungsgerecht definieren zu können. Darüber hinaus stellt sich die Frage, wie die datenangebots-getriebene Sicht (Kern-DWH) mit der datennachfrage-getriebenen Sicht (Data Marts) abgeglichen werden kann.

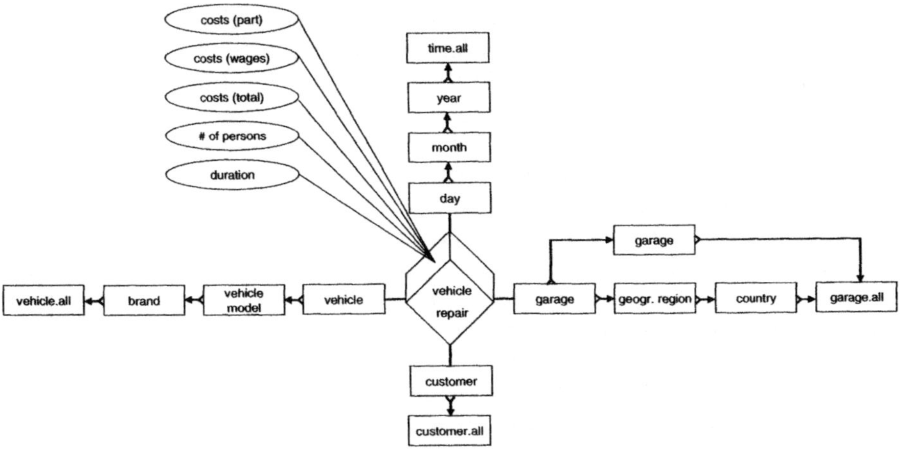

Abb. 5 Konzeptionelles (Teil-)Datenschema eines Data Marts (Sapia et al. 1998)

5 Entwicklungsstrategie und Organisationskonzepte

In diesem Abschnitt wird zunächst eine Entwicklungsstrategie vorgeschlagen, die im weiteren Verlauf des Kompetenzzentrums Data Warehousing Strategie (CC DWS) als Grundlage eines Vorgehensmodell dient. Daran anschliessend findet sich eine kritische Betrachtung verschiedener, möglicher Projektverläufe und organisatorischer Gestaltungsoptionen.

5.1 Entwicklungsstrategie

Der Aufbau eines umfassenden Data Warehouse wird aufgrund von Kosten-, Zeit- und Risikoaspekten typischerweise nicht als *ein* Projekt, sondern als Sequenz von mehreren (Teil-)Projekten gestaltet. Aus der resultierenden langen Gesamtprojektdauer ergibt sich die Anforderung, dass jedes Teilprojekt einen möglichst gut messbaren oder zumindest identifizierbaren Geschäftsnutzen aufweisen sollte.

Die Zergliederung eines Data Warehouse-Entwicklungsvorhabens in Teilprojekte mit zuordenbarem Geschäftsnutzen wirft natürlich die Frage auf, nach welchem Kriterium die Unterteilung vorzunehmen ist. Das Kern-DWH stellt prinzipiell lediglich ein Nutzenpotential dar und eignet sich deshalb nicht als (alleiniger) Gegenstand eines Teilprojekts (vgl. dazu auch den nächsten Abschnitt). Ein Data Mart dient hingegen einer Nutzergruppe zur Erreichung von Geschäftszielen und ist damit bzgl. seiner Wirtschaftlichkeit beurteilbar. Ein Data Mart eignet sich daher gut als Entwicklungsziel bzw. -gegenstand eines Teilprojekts. Darüber hinaus weisen Data Marts eine Entwicklungsdauer auf, die in der Regel mit deutlich unter einem Jahr zu beziffern ist, sodass ein Nutzen aufgrund der früh möglichen Inbetriebnahme bereits kurzfristig realisierbar ist. Hinsichtlich der Entwicklungsdauer stellt ggfs. der erste Data Mart eine Ausnahme dar, da in diesem Fall zusätzlich ein signifikanter Initialaufwand für Infrastrukturkomponenten wie zum Beispiel das Kern-DWH erforderlich ist.

Aus den oben skizzierten organisatorischen bzw. ökonomischen Anforderungen an eine geeignete Entwicklungsstrategie folgt, dass ein linearer und vollständig vorab planbarer Ablauf nicht in Frage kommt. Statt dessen schlagen die Autoren eine Entwicklungsstrategie vor, die sich an den Komponenten der vorgesehenen Data Warehouse-Architektur orientiert. Die noch im Detail zu definierenden komponenten-spezifischen Vorgehensmodelle haben den Vorteil, dass sie in ihrer Gesamtheit quasi als Werkzeugkasten in sehr unterschiedlichen Entwicklungsstadien einsetzbar sind.

Prinzipiell sind folgende Komponenten und die dazugehörigen Entwicklungsaufgaben zu unterscheiden:

- *Metadatenmanagementsystem*: Konzeption, Implementierung und Weiterentwicklung eines Metadatenmanagementkonzepts (vgl. dazu auch Rowohl et al. 2000 sowie Schwarz 2000) ist eine zentrale Aufgabe eines Data Warehouse-Entwicklungsvorhabens. Das Metadatenmanagementsystem stellt die eigentliche Integration her, da mit seiner Hilfe die einzelnen Architektur-Komponenten (insbesondere Datenquellen, Kern-DWH, Data Marts, Auswertungswerkzeuge etc.) sowie die dazwischen zu realisierenden Schnittstellen zu beschreiben sind. Implizit erfordert die Realisierung eines Metadatenmanagementsystems damit auch eine Ist-Analyse (des relevanten Teils) der bestehenden Informationssystemarchitektur sowie den Entwurf einer Soll-Architektur einschliesslich eines geeigneten Migrationspfades (vgl. dazu Joseph et al. 2000).
- *Data Marts*
  - Die Entwicklung eines Data Marts beinhaltet insbesondere die Anforderungs-/Informationsbedarfsanalyse, den Fachkonzeptentwurf, die Data Mart-Implementierung, die Auswahl und Inbetriebnahme von Business Intelligence-Werkezeugen sowie die Benutzerschulung.
  - Die Weiterentwicklung eines Data Marts beinhaltet Datenschemamodifikationen und -erweiterungen sowie die dadurch eventuell erforderlich werdende Durchführung von Änderungen am Kern-DWH.
- *Kern-DWH*: Das Kern-DWH stellt die zentrale Datenressource der Architektur dar. Hier gehören der Entwurf und die Weiterentwicklung des Datenschemas zu den wesentlichen Aufgaben.

Neben den oben genannten Entwicklungsaufgaben, die eindeutig einzelnen Architekturkomponenten zuordenbar sind, existiert eine Reihe von „Querschnittaufgaben", die grundsätzlich ständig auszuführen sind:

- Sicherstellung einer konsistenten und aktuellen Metadatenbasis für das oben genannte Metadatenmanagementsystem.

- Definition eines Datenqualitätsmanagementsystems, das messbare Qualitätsziele, Qualitätsverbesserungsmassnahmen und Rollen bzw. Verantwortlichkeiten umfasst (vgl. Helfert 2000).
- Auswahl aufeinander abgestimmter Werkzeuge auf allen Ebenen der Data Warehouse-Architektur. Diese Aufgabe ist sowohl aus technischen Gründen (Interoperabilität, Integrierbarkeit in das Metadatenmanagementsystem) als auch aus Kostengründen (z.B. zur Vermeidung einer grossen Vielfalt im Bereich der Business Intelligence-Werkzeuge) bedeutsam.

5.2 Kritische Betrachtung verschiedener Projektverläufe und organisatorischer Gestaltungsoptionen

Die grundsätzliche Entscheidung für oder gegen Data Warehousing ist aufgrund des langfristigen Zeithorizonts und der hohen Anzahl "betroffener" Unternehmensbereiche von strategischer Natur und fällt deshalb – wie vergleichbare Entscheidungen auch (vgl. Clemons 1991) – zumeist auf Geschäftsleitungsebene. Bei positiver Entscheidung erfolgt die Gesamtentwicklung zumeist in Form eines Initialprojekts, dass eine ausbaufähige Basislösung bereitstellt, sowie mehrerer, sich anschliessender Erweiterungsprojekte, die sukzessive weitere Benutzergruppen und -anforderungen einbeziehen. Dem Initialprojekt kommt eine besondere Bedeutung zu, da in dieser Phase zum einen wichtige Warehousing-Erfahrungen (Lerneffekt) gewonnen werden und zum anderen – abhängig vom Projekterfolg – eine Signalwirkung erfolgt.
In der Praxis finden sich verschiedene Typen von Initialprojekten (vgl. Abb. 6), deren Ausgestaltung zum einen widerspiegelt, welches Bewusstsein für die Wichtigkeit des Data Warehousing im Unternehmen vorliegt, und zum anderen wesentliche Rahmenbedingungen für die sich anschliessenden Data Mart-Projekte schafft:

- Projekttyp A: Hierbei handelt es sich um Projekte, die typischerweise von einem Fachbereich – in vielen Fällen handelt es sich um das Marketing – getragen werden und quasi mit Hilfe eines operationalen Prototyps die Nutzenpotentiale des Data Warehousing aufzeigen und wichtige Lerneffekte für Folgeprojekte erzeugen sollen. Im Rahmen der Folgeprojekte werden dann weitere Data Marts realisiert und – falls erforderlich – weitere Quellsysteme an das Data Warehouse angeschlossen.
- Projekttyp B: Das alleinige Bereitstellen des Data Warehouse einschliesslich der Berücksichtigung einer begrenzten Anzahl von Quellsystemen ist typisch für Organisationen, in denen nur ein begrenztes Bewusstsein für die Potentiale des Data Warehousing vorliegt. Um Aufträge für Folgeprojekte zu erhalten, muss in den Fachbereichen ein entsprechendes Bewusstsein und eine Vorstellung von den Nutzenpotentialen eines Data Marts, der auf dem Data Warehouse aufsetzt, geschaffen werden.

- Projekttyp C: Dieser Projekttyp, der einem Big-Bang-Ansatz gleichzusetzen ist, findet sich lediglich in kleineren Organisationen, die aufgrund einer begrenzten Anzahl sowohl von Quellsystemen als auch von betroffenen Fachbereichen nur eine geringe Projektkomplexität (vgl. Sutter 1998) berücksichtigen müssen.

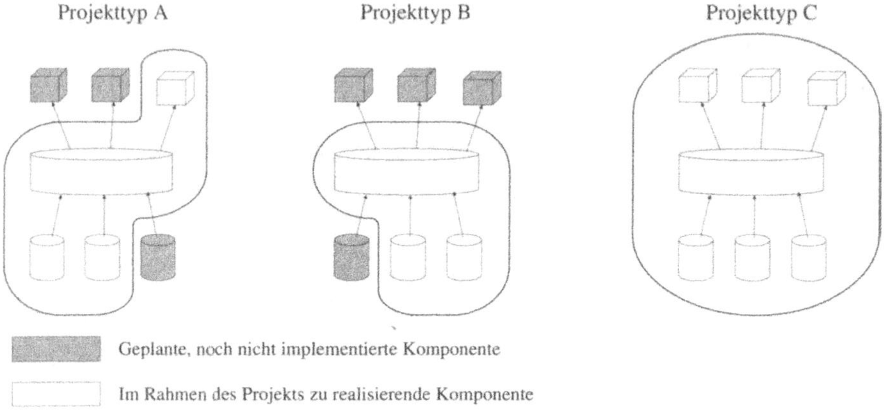

Abb. 6 Gestaltungsoptionen für das Initialprojekt

Auch die personelle und organisatorische Ausgestaltung der verschiedenen Teilprojekte stellt einen Risikofaktor einer Data Warehouse-Einführung dar. Für den gesamten Data Warehouse-Entwicklungs- und Einführungsprozess muss eine geeignete Kooperationsform zwischen IT-Abteilung und den Fachabteilungen gefunden werden. Die Einbindung der Fachbereiche in die Entwicklungsteams ist hier von besonderer Bedeutung (vgl. Meyer, Strauch 2000), da nur auf diese Weise zu gewährleisten ist, dass das Data Warehouse sowie die Data Marts später auch den Anforderungen der Benutzer entsprechen und der beabsichtigte Nutzen tatsächlich „erzeugt" werden kann. Diese Feststellung macht bereits deutlich, welche besonderen Risiken der oben beschriebene Projekttyp B beinhaltet: Ohne bereits im ersten Schritt einen Data Mart zu realisieren, wird eine Einbindung von Fachbereichsvertretern aufgrund nicht direkt sichtbarer Nutzeffekte erschwert.

Auch nach Abschluss der Entwicklungsphase stellt ein Data Warehouse einen Sonderfall in der Informationsverarbeitung dar. Erfahrungen aus der Praxis zeigen, dass bisher keine tragfähigen Konzepte umgesetzt wurden, die eine echten Betrieb des Data Warehouse im Rahmen der Primärorganisation sicherstellen. Statt dessen „verbleibt" das Data Warehouse häufig in der Projektorganisation und bindet dort nahezu dauerhaft Entwicklungskapazitäten. Weitere, detaillierte Überlegungen zu Organisationskonzepten für das Data Warehousing finden sich bei Schwarz (1999) sowie bei Meyer und Strauch (2000).

6 Zusammenfassung und Ausblick

In dem vorliegenden Beitrag wurden einige grundsätzliche Fragestellungen im Bereich Data Warehousing erörtert. Für viele Aufgabenstellungen finden sich heute bereits sehr gute, allerdings noch relativ isoliert voneinander „operierende" Softwarelösungen. Im Bereich der Entwicklungsmethodik fehlen hingegen noch durchgängige und praktisch umsetzbare Lösungsvorschläge. Einige Ansätze, die in der weiteren Arbeit des Kompetenzzentrums Data Warehousing Strategie (CC DWS) an der Universität St.Gallen weiterverfolgt werden, wurden hier kurz skizziert. Im vorliegenden Buch finden sich aber auch bereits ausgearbeitete Konzepte zu einzelnen Themen.

Literatur

Baumöl, U, Jung, R., Winter, R.: Management Middleware for Integrating Decentralized Heterogeneous Corporations. In: Sprague, R.H. (Hrsg.): Proceedings of the 33rd Hawaii Int. Conf. On System Sciences (CD-ROM). IEEE Inc.: Los Alamitos et al.. 2000.

Bontempo, C., Zagelow, G.: The IBM data warehouse architecture. In: Communications of the ACM, 41. Jg., Nr. 9, 38-48 (1998).

Chen, P.P.-S.: The Entity-Relationship Model - Toward a Unified View of Data. In: ACM Transactions on Database Systems, 1. Jg, Nr. 1, 9-36 (1976).

Clemons, E.K.: Evaluation of Strategic Investments in Information Technology. In: Communications of the ACM, 34. Jg., Nr. 1, 22-36 (1991).

Eicker, S., Jung, R., Nietsch, M., Winter, R.: Development of a Data Warehouse for Production Controlling: Concepts and Lessons Learned. In: Journal of Data Warehousing, 3. Jg., Nr. 1, 18-27 (1998).

Joseph, U., Stäubli, M., Wittwer, P., Frie, T.: Das Data Warehouse-Konzept der Winterthur Versicherungen. In: Jung, R., Winter, R. (Hrsg.): Data Warehousing Strategie. Springer: Berlin et al. 2000 (in diesem Buch).

Inmon, W.H.: Building the Data Warehouse. Wiley & Sons: New York et al. 1992.

Gardner, S.R.: Building the Data Warehouse. In: Communications of the ACM, 41. Jg., Nr. 9, 52-60 (1998).

Helfert, M.: Massnahmen und Konzepte zur Sicherung der Datenqualität. In: Jung, R., Winter, R. (Hrsg.): Data Warehousing Strategie. Springer: Berlin et al. 2000 (in diesem Buch).

Jung, R.: Reverse Engineering konzeptioneller Datenschemata - Vorgehensweisen und Rekonstruierbarkeit für Cobol-Programme. DUV: Wiesbaden 1998.

Kimball, R., Reeves, L., Ross, M., Thornthwaite, W.: The Data Warehouse Lifecycle Toolkit: Expert Methods for Designing, Developing and Deploying Data Warehouses. Wiley & Sons: New York et al. 1998.

Meyer, M., Strauch, B.: Organisationskonzepte im Data Warehousing. In: Jung, R., Winter, R. (Hrsg.): Data Warehousing Strategie. Springer: Berlin et al. 2000 (in diesem Buch).

Mountfield, A., Schalch, O.: Konzeption von Balanced Scorecards und Umsetzung in ein Management-Informationssystem mit dem SAP Business Information Warehouse. In: Zeitschrift für Controlling, 10. Jg., Nr. 5, 316-322 (1998).

Möller, F.: Data Warehouse als Warnsignal an die Datenschutzbeauftragten. In: Datenschutz und Datensicherheit (DuD), 22. Jg., Nr. 10, 555-560 (1998).

Rowohl, F., Schwarz, S., Strauch, B.: Entwicklung einer integrierten Metadatenmanagement-Lösung für das Data Warehousing; Arbeitsbericht BE HSG/CC DWS/04 des Instituts für Wirtschaftsinformatik, Universität St. Gallen 2000.

Sapia, C., Blaschka, M., Höfling, G., Dinter, B.: Extending the E/R Model for the Multidimensional Paradigm. In: Kambayashi, Y. et. al. (Hrsg.): Advances in Database Technologies, Proc. International Workshop on Data Warehouse and Data Mining (DWDM). Springer: Berlin et al. 1998.

Schwarz, S.: Integriertes Metadatenmanagement – Ein Überblick. In: Jung, R., Winter, R. (Hrsg.): Data Warehousing Strategie. Springer: Berlin et al. 2000 (in diesem Buch).

Schwarz, S.: Organisationskonzepte im Data Warehousing. Arbeitsbericht BE HSG/CC DWS/02 des Instituts für Wirtschaftsinformatik der Universität St. Gallen, 1999.

Sutter, J.R.: Project-based Warehouses. In: Communications of the ACM, 41. Jg., Nr. 9, 49-51 (1998).

Totok, A.: Modellierung von OLAP- und Data-Warehouse-Systemene. Gabler: Wiesbaden 2000.

Der Business Case im Kontext des Data Warehousing

Thorsten Frie, Ralph Wellmann

1 Einführung

1.1 Der Data Warehouse-Business Case

Unternehmen, die sich entschliessen, in Data Warehousing-Technologien zu investieren, stehen oft vor dem Problem, die Frage beantworten zu müssen, ob die Investition für das Unternehmen überhaupt geeignet ist und den erwarteten Nutzen erwirtschaftet bzw. ob die Investition überhaupt wirtschaftlich sinnvoll ist. Überlegungen, ein Data Warehouse im Unternehmen einzuführen, werden oft damit begründet, dass sich auch Mitbewerber dieser Technologie bedienen oder man einem aktuellen Trend in der Branche folgt, um weiterhin wettbewerbsfähig zu bleiben. Es ist leicht nachvollziehbar, dass Investitionen in neue Technologien nicht ausschliesslich aus den genannten Motivationsgründen erfolgen. Es erfordert vielmehr eine systematische Untersuchung, um Entscheidungs- und Verantwortungsträgern jeder Stufe und Funktion die notwendigen Entscheidungsgrundlagen zu liefern.

Die Mehrheit von Unternehmen, die neue Technologien oder Geschäftsmodelle im Unternehmen erfolgreich einführen bzw. implementieren, verlassen sich nicht darauf, einem Gefühl oder einem allgemeinen Trend zu folgen. Sie unternehmen vielmehr den Versuch, den relevanten Untersuchungsgegenstand einer systematischen Analyse zu unterziehen und die Ergebnisse schliesslich in Form eines schriftlichen Dokuments zu fixieren. Der Business Case stellt beispielsweise ein adäquates Beschreibungsmittel dar, um die betriebswirtschaftlich relevanten Merkmale und Eigenschaften von IT-Investitionsprojekten aus Unternehmenssicht zu dokumentieren.

Die Notwendigkeit sich dem Thema Business Case im Kontext des Data Warehousing zu widmen, resultiert aus einem zunehmenden Handlungs- und Klärungsbedarf in der betrieblichen Praxis.

1.2 Aufbau des Beitrags

Im ersten Teil des Beitrags wird das Business Case-Konzept vorgestellt. Das Ziel ist, vor allem die Bedeutung und Funktion eines Business Case auf dem Gebiet des Data Warehousing zu klären. Zu Beginn wird eine begriffliche Klärung des Business Case vorgenommen. Vor diesem Hintergrund können Ziele und Aufgaben eines Business Case beschrieben werden. Anschliessend werden formale Gestaltungsgrundsätze formuliert, die im Zusammenhang mit der Erstellung eines Business Case relevant sind. Nachdem die Rahmenbedingungen geklärt sind, wird der Business Case im Kontext des Data Warehousing diskutiert. Das Kapitel widmet sich im wesentlichen der Untersuchung von Business Case-Einflussfaktoren. Es soll gezeigt werden, dass der Business Case in der betrieblichen Praxis nicht standardisierbar ist. Schliesslich werden Aspekte der Wirtschaftlichkeitsanalyse im Data Warehousing behandelt. Die Wirtschaftlichkeitsanalyse nimmt eine zentrale Stellung im Business Case ein, da es zur Beurteilung der Vorteilhaftigkeit einer IT-Investition nicht ausreicht, ausschliesslich finanzorientierte Investitionsverfahren anzuwenden. Während die klassischen Verfahren im wesentlichen auf vergangenheitsorientierten Kostenanalysen basieren, werden mit den modernen Techniken zur Beurteilung der Wirtschaftlichkeit von Investitionsvorhaben neben Kostenanalysen vor allem auch Nutzen- und Risikoanalysen eingeführt.

Im Anschluss daran wird ein Lebenszyklusmodell für den Business Case vorgestellt. Mit dem Modell soll gezeigt werden, dass der Business Case bis zur Projektinitiierung Veränderungen unterworfen ist und sich evolutionär weiterentwickelt. Veränderungen werden durch Entscheidungen ausgelöst, die von Entscheidungsträgern auf unterschiedlichen Hierarchiestufen getroffen werden.

Insgesamt werden Möglichkeiten aufgezeigt, für die Gesamtaufgabe aufeinander abgestimmte Vorstellungen zu entwickeln, um einen Business Case für Data Warehouse-Projekte zu formulieren. Ein Business Case dient dazu, das Data Warehouse-Projekt aus betriebswirtschaftlicher Sicht zu beschreiben. In der Vergangenheit fokussierte der Business Case auf finanzwirtschaftlichen Betrachtungen mit dem Nachteil, dass das Management-Commitment für ein Data Warehouse als strategisches Entscheidungsobjekt nur sehr schwierig zu gewinnen war. Der Beitrag schliesst mit einer Zusammenfassung.

2 Das Business Case-Konzept im Kontext des Data Warehousing

Im Mittelpunkt dieses Kapitels steht das Ziel, den Business Case als Bestandteil eines umfassenden Konzepts zu beschreiben. Vor allem soll die Bedeutung und Funktion eines Business Case auf dem Gebiet des Data Warehousing geklärt werden. Eine allgemein verbindliche Definition zu geben, erscheint aufgrund der differenzierten Interpretation und Verwendung des Begriffs Business Case sowohl in der Praxis als auch in der Forschung nur wenig hilfreich. In der Literatur werden meist Begriffsumschreibungen oder Interpretationshilfen gegeben. Während technische und organisatorische Anforderungen eines Data Warehouse bereits häufig untersucht worden sind (Mucksch, Behme 1997), wurden betriebswirtschaftliche Aspekte aus Unternehmenssicht bislang vergleichsweise wenig betrachtet. Der Business Case ist ein geeignetes Hilfsmittel, um diesem Defizit in der betrieblichen Praxis entgegenzuwirken.

2.1 Das Business Case-Begriffs(miss)verständnis

Der Begriff Business Case hat seinen Ursprung in der Praxis. In erster Linie ist er von Beratungsunternehmen geprägt worden, die den Business Case als Instrument zur Kundenakquisition benutzen oder als Ergebnis einer systematischen Analyse unternehmensspezifischer Projektvorhaben in den Unternehmen einführen. Inzwischen bedienen sich zunehmend mehr Unternehmen dieses Instruments, um aufbauend auf den beratungsorientierten Ansätzen unternehmensindividuelle Projekte zu untersuchen. Die Unternehmen versuchen, den relevanten Untersuchungsgegenstand systematisch zu analysieren und die Ergebnisse in Form eines schriftlichen Dokuments zu fixieren. Der Business Case stellt in diesem Fall ein adäquates Beschreibungsmittel dar, um die betriebswirtschaftlich relevanten Merkmale und Eigenschaften von Projekten aus Unternehmenssicht zu dokumentieren.

Aus Unternehmenssicht sind beispielsweise im Hinblick auf den Business Case folgende Aspekte von Bedeutung:

- Identifikation und Eingrenzung der einem Projekt zugrunde liegenden Problemstellung, wie zum Beispiel Ursachen und Auslöser für die Implementierung eines Data Warehouse;
- Durchführung der von Entscheidungsträgern angeforderten detaillierten Wirtschaftlichkeitsanalyse von Projektvorhaben, die nicht nur finanzorientiert auf der Basis von Kostengrössen geführt wird, sondern ebenfalls Nutzen- und Risikobewertungen integriert;
- Möglichkeit, eine bisher beliebig gewählte Dokumentationsstruktur von Projektanträgen besser zu strukturieren und unternehmensweit zu autorisieren;
- Verbesserung der Entscheidungsgrundlage und Kommunikationsbasis für Entscheidungs- und Verantwortungsträger jeder Stufe und Funktion.

Weder Fach- noch Praxisberichte zum Thema Business Case liefern in ausreichendem Masse konkrete Hinweise zur Erstellung eines Business Case im Kontext des Data Warehousing. Fachberichte behandeln das Thema entweder nur marginal oder sind so allgemein formuliert, dass es in der Praxis kaum gelingt, die beschriebenen Sachverhalte an die unternehmensspezifischen Anforderungen anzupassen. Praxisberichte bilden ebenfalls keine geeignete Grundlage. Sie schildern mit unterschiedlichen thematischen Schwerpunkten meist einen unternehmensspezifischen Data Warehousing-Anwendungsfall (vgl. IMACO 1998, S. 189-272). Begrifflich können sie zwar durchaus als Business Case bezeichnet werden, bieten aber nur wenig Hilfestellung oder Anleitung für die Erstellung eines Business Case.

Überträgt man den Begriff Business Case auf die betriebliche Praxis, so repräsentiert der Business Case einen Projektantrag. Der Projektantrag stellt im Idealfall ein Dokument dar, das die wichtigsten wirtschaftlichen und finanziellen Aspekte sowie organisatorischen Rahmenbedingungen des Projekts zusammenfasst.

2.2 Aufgaben des Business Case

Im Verlauf eines Projekts ist die Zustimmung und Unterstützung – das Management-Commitment – durch die Projektleitung einzufordern. In diesem Zusammenhang übernimmt der Business Case mehrere Aufgaben. Beispielsweise lassen sich folgende übergeordnete Aufgaben identifizieren:

- Kommunikationsbasis - den Empfängern und den Erstellern des Dokuments steht eine identische Informationsbasis zur Verfügung; die Gefahr von Missverständnissen kann minimiert werden;
- Projektmarketing - bildet die Grundlage, für eine gezielt im Unternehmen durchgeführte Werbekampagne;
- Planungs- und Entscheidungsgrundlage - hat Entscheidungsunterstützungsfunktion.

Als Detailaufgaben sind beispielsweise zu nennen:

- Projektdokumentation,
- die Projektplanung, -steuerung und -kontrolle,
- zur Projektrechtfertigung und
- zum Erhalt des Management-Commitment.

Im Rahmen des Projektmarketings und zur Entscheidungsunterstützung hat der Business Case die grösste Bedeutung. Im Vordergrund steht dabei, sowohl das Projektvorhaben gegenüber Entscheidungsträgern zu rechtfertigen als auch die Zustimmung des Managements zu erhalten. In diesem Zusammenhang übernimmt das Management die Funktion eines Sponsors für das Projekt, zunächst für den Projektstart und anschliessend für eine langfristige Unterstützung.

2.3 Konstituenten des Business Case

Die Gestaltungsmöglichkeiten für den Business Case sind sehr vielfältig. Entscheidend ist, dass ein Business Case nicht ausschliesslich aus den im Unternehmen verfügbaren Budget- oder Finanzplänen bzw. Kostenberichten zusammengestellt wird. Ein vollständiger Business Case sollte formalen Mindestanforderungen genügen und inhaltlich auf den Informationsbedarf der Entscheidungsträger zugeschnitten sein. Im Verlauf der weiteren Diskussion des Business Case-Konzepts soll gezeigt werden, dass aufgrund verschiedener Einflussfaktoren die Inhalte des Business Case unterschiedlich gewichtet werden müssen. Bei der Strukturierung des Business Case nach formalen Kriterien kann man sich an folgenden Gliederungspunkten orientieren:

- Einleitung/Zielsetzung - enthält neben generellen Kontextinformationen, wie zum Beispiel Titel, Datum oder Namen der Autoren, eine «Managment Summary» und eine Beschreibung der Problemstellung und des Projektziels;
- Auswirkungen auf das Unternehmen - untersucht die Auswirkungen der durch das Projekt ausgelösten Veränderungen auf die Unternehmensorganisation, Mitarbeiter, Kunden/Lieferanten, beschreibt den Einfluss des Projekts auf die

aktuelle und zukünftige Finanzsituation und -planung des Unternehmens sowie der betroffenen Fachbereiche;
- Überblick über die Projektorganisation und das -management - nimmt die Zuordnung in das unternehmensspezifische Projekt-Portfolio vor und grenzt es von anderen existierenden Projekten ab. Weiterhin umfasst dieser Abschnitt die Beschreibung u.a. des Projektplans, -budgets, -teams usw.;
- Wirtschaftlichkeitsanalyse - bildet die Grundlage zur Beurteilung und Einschätzung der Vorteilhaftigkeit eines Projekts unter Anwendung geeigneter Methoden der Investitionsrechnung. Im Rahmen von Wirtschaftlichkeitsanalysen wird der Versuch unternommen, den Nutzen mit monetären Grössen zu bewerten. Weitere Bestandteile sind die Einschätzung des Risikos, die Beschreibung der projektspezifischen Nutzenpotentiale und Erfolgsfaktoren sowie die Identifizierung und Zuordnung der relevanten Informationsquellen;
- Zusammenfassung - fasst die wichtigsten Ergebnisse aus den vorangegangenen Abschnitten zusammen, mit dem Schwerpunkt auf den Resultaten der Wirtschaftlichkeitsanalyse.

Die beschriebenen Gliederungspunkte geben einen formalen Rahmen vor. In Verbindung mit der konkreten Ausarbeitung eines Business Case sind die im Unternehmen geltenden organisatorischen Vereinbarungen für die Formulierung von Projektanträgen zu berücksichtigen. Gleichzeitig sind bei der Präsentation und der Kommunikation des Business Case die durch Aufbau- und Ablauforganisation vorgegebenen Wege einzuhalten. Eine Abweichung von vorgeschriebenen Regelungen kann sich nachteilig auf das Projekt auswirken und möglicherweise zum vorzeitigen Scheitern führen.

Die Ziele des Data Warehouse-Projekts sind knapp und präzise zu formulieren. Sinnvoll erscheint eine Gliederung nach fachlichen, wirtschaftlichen und technischen Zielsetzungen. Auf diese Weise können unerwünschte Interdependenzen erkannt, eingegrenzt und behoben werden. Mögliche Zielkonflikte werden frühzeitig identifiziert und ausgeräumt. Die Arbeit der Zielformulierung sollte nicht unterschätzt werden. Sie ist insofern von Bedeutung, weil sie in einem mehrperiodigem Projekt oft mehrfach geleistet werden muss. Zum einen sind Ziele für das Gesamtsystem aufzustellen und mit den Entscheidungsträgern abzustimmen. Zum anderen müssen auch Ziele für die einzelnen Teilprojekte formuliert werden.

Die Bedeutung der Wirtschaftlichkeitsanalyse für den Business Case im Data Warehousing wird im Kapitel 2.5 diskutiert.

2.4 Der Data Warehouse-Business Case

Unternehmen, die sich mit dem Thema Business Case auseinandersetzen, müssen eine Reihe von Fragen beantworten. Dazu zählen beispielsweise:
- Wie kann der Business Case im Kontext des Unternehmens definiert werden?
- Wie entwickelt sich der Business Case im Projektverlauf weiter?
- Wann und wem wird der Business Case präsentiert?
- Wer ist für die Erstellung des Business Case verantwortlich?

- Welche Funktionen hat der Business Case im Rahmen der Projektplanung?
- Welche Zielgruppen lassen sich identifizieren und beeinflussen diese den Business Case?
- Welche Aufgabe und Funktion übernehmen die Projektbeteiligten?

Die Fragestellungen machen deutlich, dass es nicht ausreicht, vorgegebene Konzepte zu kopieren. Vielmehr zeigt sich, dass in bezug auf den Einsatz- und Verwendungszweck des Business Case im unternehmensspezifischen Kontext noch Klärungsbedarf besteht. Die Fragestellungen dienen als Ausgangspunkt, um exemplarisch eine Reihe von Business Case-Einflussfaktoren abzuleiten. Die Einflussfaktoren sollen zeigen, dass der Business Case kein standardisierbares Instrument zur Entscheidungsvorbereitung und -unterstützung ist, sondern problem- und zielgruppenorientiert erstellt werden muss.

- *Unternehmensorganisation*: Aufbau- und Ablauforganisation bestimmen Entscheidungs- und Kommunikationsstrukturen bzw. -wege im Unternehmen (vgl. Schulte-Zuhrhausen 1995, S. 205-245). Ein Data Warehouse-Projekt wird oft aus strategischen Überlegungen durchgeführt (vgl. Clemons 1991, S. 24; Ferdinandi 1999, S. 26; Lusti 1998, S. 287; Soeffky 1998, S. 19). Aus diesem Grund wird die Entscheidung für die Initiierung eines Data Warehouse-Projekts von Mitgliedern der Unternehmensführung getroffen. Damit ist die potentielle Zielgruppe eindeutig identifiziert und der Business Case kann inhaltlich auf die Informationsempfänger zugeschnitten werden. Beispielsweise ist die Unternehmensführung eher an finanzorientierten Informationen interessiert als an technischen oder organisatorischen Aspekten des Data Warehouse. Ein Beispiel soll dies verdeutlichen. Die Kosten für die Durchführung eines initialen Data Warehouse-Projekts können im allgemeinen gut spezifiziert werden (vgl. Ferdinandi 1999, S. 102; Potthof 1998, S. 93). Darüber hinaus ist die Abschätzung der zu erwartenden Kosten für den Betrieb (Administration, Wartung/Pflege und Weiterentwicklung) von Bedeutung (vgl. Soeffky 1998, S. 54). Im Hinblick auf den Business Case für die Unternehmensführung ist folglich einer der inhaltlichen Schwerpunkte eindeutig festgelegt. Die Unternehmensführung übernimmt Entscheidungsverantwortung, Kompetenzverteilung und Aufgabendelegation. In dieser Funktion tritt sie ausschliesslich als Projektsponsor auf. Dieser Prozess ist top-down-orientiert. Die Erstellung des Business Case wir an beteiligte Fachabteilungen des Projekts delegiert. Die Fachabteilung nimmt bezüglich des Business Case die ausführenden Aufgaben wahr und sorgt für einen reibunglosen Kommunikationsverlauf, der bottom-up verläuft. Die zugrunde liegende Organisationsform (z.B. Linien-, Sparten oder Matrixorganisation) determiniert die top-down bzw. bottom-up ablaufenden Prozesse.
- *Projektgegenstand/-inhalt*: Kennzeichnend für ein initiales Data Warehouse-Projekt ist, dass es sowohl Eigenschaften eines Innovationsprojekts besitzt als auch als Infrastrukturprojekt bereichs- und unternehmensübergreifende Veränderungsprozesse auslöst (vgl. Mucksch, Behme 1997, S. 80). Innovationen, die gleichzeitig infrastrukturelle Veränderungen im Unternehmen bewirken, stellen eine eigenständige Projektkategorie dar, die nicht mit traditionellen Investitionsprojekten konkurrieren (vgl. von Dobschütz 1999, S. 61). Insofern unter-

scheidet sich ein Data Warehouse-Projekt von anderen Investitionen in Informationstechnologie. Innovationsvorhaben lassen sich nicht mit den Methoden der klassischen Investitionsrechnung bewerten und entscheiden. Es müssen vielmehr Verfahren zum Einsatz kommen, die eine Bewertung von Nutzen und Risiko ermöglichen. Ebenfalls werden solche Projekte nicht ausschliesslich durch den Projektinitiator finanziert, sondern anwender- bzw. fachbereichsübergreifend (vgl. von Dobschütz 1999, S. 62). Neben der Klärung der anteiligen Kostenübernahme, ist über Projektverantwortung und -durchführung sowie eine projektspezifische Aufgabenverteilung zu entscheiden. Auf diese Weise wird festgelegt, welcher Projektpartner für den Business Case oder für Teile des Business Case verantwortlich ist.

- *Projektbudget*: Die Höhe des Projektbudgets für das Data Warehouse-Projekt nimmt insofern Einfluss, da in den Unternehmen die Entscheidungsbefugnis über die Verteilung des Projektbudgets von der hierarchischen Stellung des Entscheidungsträgers abhängig ist. Ein hohes Investitionsvolumen ist im allgemeinen charakteristisch für innovative IT-Projekte. Aus diesem Grund sind Data Warehouse-Projekte mit einem höheren Projektbudget ausgestattet und folglich von der Unternehmensführung zu genehmigen. Die Verlagerung der Entscheidungskompetenz in die Unternehmensführung führt zu den im Einflussfaktor Unternehmensorganisation erläuterten Vorgängen. Dies gilt speziell für die Genehmigung des Gesamtprojekts Data Warehouse. Ein Data Warehouse-Teilprojekt mit der Zielsetzung, einen Data Mart zu realisieren, kann unter der Voraussetzung eines bereits existierenden Data Warehouse aufgrund eines geringeren Investitionsvolumens durch den Fachbereich entschieden werden. Demzufolge können für den Business Case Entscheidungs- und Kommunikationswege sowie -zeiten erheblich verkürzt werden.
- *Projektdauer/-risiko*: Die Einflussgrössen Projektdauer und Projektrisiko sind kaum voneinander zu trennen. Gerade Innovationsprojekte mit einer strategischen Ausrichtung beinhalten aufgrund ihres innovativen Charakters und ihrer hohen Projektkomplexität ein hohes Projektplanungsrisiko (vgl. von Dobschütz 1999, S. 62). Mehrperiodige, komplexe Projekte mit einem hohen Projekterfolgsrisiko bauen aufgrund ihrer langfristigen Ausrichtung eine erhebliche Kostenbelastung auf (vgl. Weis 1995, S. 568). Diese Eigenschaften geben dem Business Case als Mittel zur Projektrechtfertigung gegenüber den Entscheidern einen wesentlich höheren Stellenwert. Im Verlauf des Business Case muss deutlich werden, dass trotz des hohen Investitionsrisikos der Return on Investment (ROI) und ein betrieblicher Nutzenzuwachs erreicht werden kann. Daher lautet bei der Implementierung des Data Warehouse die Empfehlung – unabhängig von der angestrebten Data Warehouse-Architektur – ein sukzessives Vorgehen anzustreben, um das Projektrisiko und die Kostenbelastung minimieren zu können sowie eine Komplexitätsreduktion des Gesamtprojekts zu erreichen.
- *Projektplanung*: Gerade in bezug auf die Erwartungen des Managements, in kurzer Zeit Erfolge zu erzielen, hat die Projektplanung einen hohen Stellenwert. Wie bereits zuvor erwähnt, ist das Gesamtprojekt in kleine überschaubare Teil-

projekte zu unterteilen (vgl. Groffmann 1997, S. 16). Analog zur Strukturierung des Gesamtprojekts ist für jedes Teilprojekt ein separater Business Case zu erstellen. Im Verlauf der Projektdurchführung stellt sich für das Projektmanagement die Frage, zu welchem Zeitpunkt der entsprechende Business Case den Entscheidungsträgern zu präsentieren ist. Eine wichtige Rolle spielt dabei die Priorisierung der Teilprojekte, die schliesslich die Reihenfolge und den Zeitpunkt der Präsentation des Business Case bestimmt. Die Beziehung zwischen dem Business Case für das Gesamtprojekt und dem Business Case für Teilprojekte wird in Abb. 1 deutlich. Im ersten Schritt wird durch den Projektinitiator (Unternehmensführung, Fachbereich oder IT-Abteilung) idealerweise im Business Case für das Gesamtprojekt ein erster Teilprojekt-Business Case integriert. Der Teilprojekt-Business Case beschreibt beispielsweise den mit dem Initialprojekt zu erstellenden Data Mart (vgl. Jung, Winter 2000). Dieser Data Mart und unmittelbar folgende Data Mart-Projekte sollten auf Unternehmensfunktionen fokussieren, die zentrale Geschäftsprozesse des Unternehmens steuern oder sogar Kernkompetenzen des Unternehmens unterstützen (vgl. Ferdinandi 1999, S. 106).

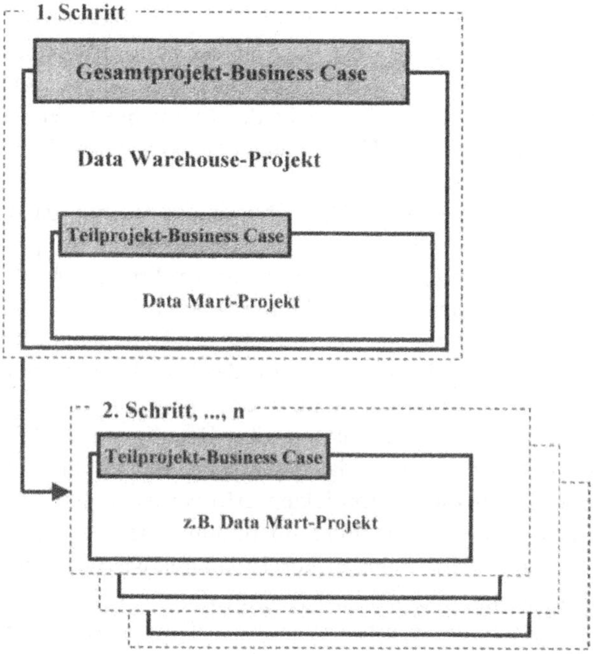

Abb. 1 Beziehung zwischen Gesamtprojekt- und Teilprojekt-Business Case

Darüber hinaus kann bereits im Gesamtprojekt-Business Case auf zukünftige Folge- oder Teilprojekte hingewiesen werden. Folge- bzw. Teilprojekte repräsentieren einen Teilprojekt-Business Case. Im Teilprojekt-Business Case

wird nur noch ein im Data Warehousing-Prozess abgegrenzter Problemausschnitt behandelt. Beispiele für weitere Problemausschnitte sind:
- Data Mart-Projekte;
- Projekte zur Softwareevaluation für den Bereich Business Intelligence oder Metadatenmanagement-Werkzeuge;
- Projekte zur Unterstützung von operativen Geschäftsaktivitäten durch ein Data Warehouse, wie zum Beispiel die Errichtung von Call Centern oder E-Commerce-Anwendungen.

- *Implementierungsstrategie*: Ausgangspunkt ist die geplante Data Warehouse-Architektur. Das geplante Architekturkonzept impliziert die Implementierungsstrategie. Bei der Einführung eines unternehmensweiten, zentral organisiertem Data Warehouse wird für das Projekt ein Gesamtprojekt-Business Case erstellt. Dieses Vorgehen ist top-down-orientiert. Dagegen ist die Strategie in Projekten mit der Zielsetzung, bereichsspezifische Data Marts zu bilden, bereits vorgegeben. Die Implementierung eines Data Marts repräsentiert ein eigenständiges Projekt (Folge- oder Teilprojekt), auf das möglicherweise bereits im Gesamtprojekt-Business Case hingewiesen wird oder das erst durch die Umsetzung neuer Geschäftsmodelle im Unternehmen entstanden ist. Auf diese Weise gelingt es, auf individuelle Problemstellungen einzugehen. Für jedes dieser Projekte wird ein separater Business Case entworfen. Das Gesamtprojekt als unternehmensweites Infrastrukturprojekt muss vom Management genehmigt werden und dient als Referenzprojekt. Anschliessend besteht die Möglichkeit, durch gezieltes Projektmarketing Folgeprojekte im Unternehmen zu akquirieren. Dieses Vorgehen ist eher bottom-up-orientiert.
- *Kooperationspartner*: Die Realisierung eines Data Warehouse ist nur dann erfolgreich, wenn für die beteiligten Projektpartner die Motivation zur Kooperation besteht. Die Unternehmensführung ist von Beginn an am Projekt zu beteiligen, wobei die Wahl des Zeitpunkts von Faktoren wie Projektplanung, Projektbudget und Projektdauer abhängig ist. Die Aufgabe der Unternehmensführung ist, den Sponsor zu stellen, die Entscheidung für das Projekt zu treffen und zu verantworten sowie schliesslich in der Funktion des Sponsors, das Projekt zu begleiten und im Unternehmen zu vermarkten. Eine Beteiligung der IT-Abteilung ist zwingend notwendig, da sie über das notwendige Wissen und die Erfahrungen verfügt, die bei IT-Infrastrukturprojekten erforderlichen Integrationsaufgaben wahrzunehmen. Die Fachabteilung übernimmt eher vorbereitende und unterstützende Aufgaben im Rahmen der Projektrealisierung, wie z.B. bei einer Informationsbedarfs- oder Anforderungsanalyse sowie in der Testphase (vgl. Ferdinandi 1999, S. 38; Soeffky 1998, S. 21 ff.) Die Wahl der Projektpartner hat entscheidenden Einfluss auf die Erfolgswahrscheinlichkeit des Projekts und kann bei der Formulierung des Business Case zu Ziel- und Interessenkonflikten führen (vgl. Frie 1999, S. 8 ff.).

Die Liste der genannten Einflussfaktoren gibt verständlicherweise nur einen Ausschnitt wieder und kann daher nicht vollständig sein. Desweiteren kann davon ausgegangen werden, dass nicht nur einzelne Einflussfaktoren wirksam werden, sondern sich auch eine Kombination von Einflussfaktoren auf den Business Case auswirken. Es soll vor allem zum Ausdruck kommen, dass es nicht genau „einen" Business Case für alle Data Warehouse-Projekte geben kann. In Abb. 2 sind die erläuterten Einflussfaktoren und Auswirkungen auf den Business Case zusammenfassend dargestellt.

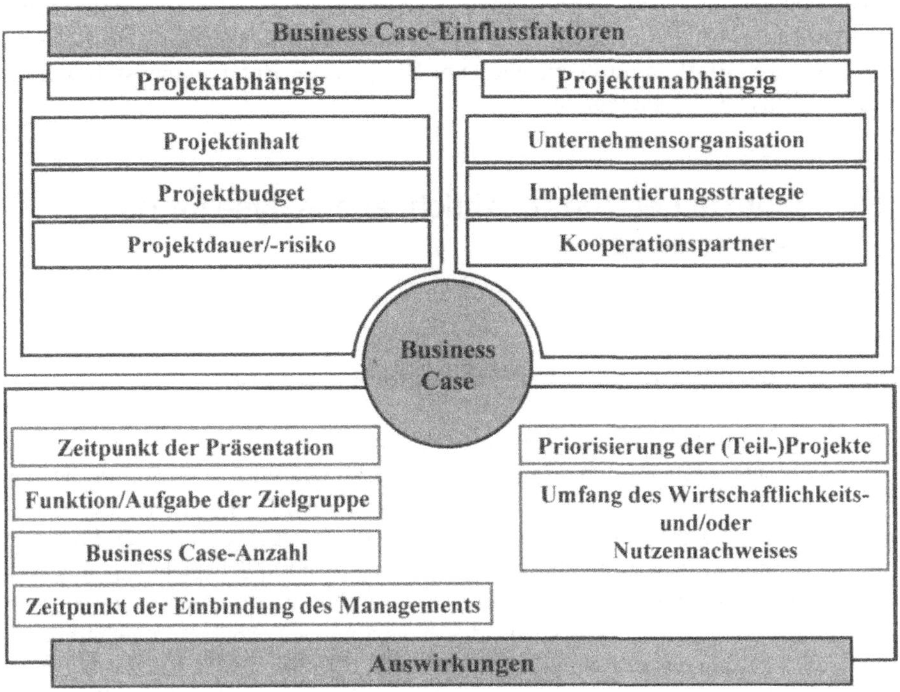

Abb. 2 Auswirkungen von Business Case-Einflussfaktoren

Die Auswirkungen der Einflussfaktoren auf den Business Case können um folgende Überlegungen ergänzt werden. Ein Teil der aufgeführten Einflussfaktoren stellen projektspezifische Grössen dar. Zum Beispiel Projektinhalt, -budget, -dauer und -risiko. Diese können beispielsweise bewirken, dass sich während des Projektverlaufs unterschiedliche Zielgruppen und Zeitpunkte für die Präsentation des Business Case ergeben, oder sie beeinflussen die Entscheidung über den Zeitpunkt zur Einbindung des Managements. Im Hinblick auf die Zielgruppe ist anzumerken, dass entscheidend ist, ob es sich um die Unternehmensführung oder die Fachabteilung handelt. Während die Unternehmensführung den Wirtschaftlichkeits- und Nutzennachweis anfordert, muss die Fachabteilung im allgemeinen den Nachweis führen. Vor allem wird die Fachabteilung weniger die Kosten als Argumentationsbasis für die Projektgenehmigung einsetzen, sondern eher den potentiellen Nutzenzuwachs, der durch den Einsatz des Data Warehouse entsteht. Im Fall des Initialprojekts Data Warehouse ist zu erwarten, dass die Projektkosten anteilsmässig auf die beteiligten Kostenstellen verrechnet werden oder sogar als Gemeinkosten für den Bezug von IT-Dienstleistungen unternehmensweit umgelegt werden.

Im Hinblick auf die Realisierung von Data Marts – im Verlauf des Initialprojekts oder als Folgeprojekt – kann eine eindeutige Kostenzuordnung der beauftragenden bzw. nutzenden Organisationseinheiten erfolgen. Ein anderer Teil der Einflussfaktoren stellen nur kaum veränderbare, d.h. eher projektunabhängige Grössen dar. Dazu zählen zum Beispiel die Unternehmensorganisation oder die Implementierungsstrategie. Charakteristisch für diese Faktoren ist, dass sie auf den Business Case weniger Einfluss ausüben, wie zum Beispiel die Unternehmensführung als oberstes Entscheidungsgremium.

2.5 Aspekte der Wirtschaftlichkeitsanalyse im Data Warehousing

2.5.1 Die Data Warehouse-Investitionsentscheidung

Die IT wird in zunehmendem Masse als eine Möglichkeit angesehen, die Effizienz der Unternehmensabläufe zu steigern oder eine strategische Differenzierung von Mitbewerbern zu erzielen. Auf diese Weise erlangt die IT im Unternehmen strategische Bedeutung mit der Konsequenz, dass über das Ausmass des IT-Einsatzes und damit über IT-Investitionen die Unternehmensführung entscheidet. Die mit einem Data Warehouse ausgelösten organisatorischen und infrastrukturellen Veränderungen im Unternehmen sowie das hohe Innovationspotential rechtfertigen diese Verlagerung der Entscheidungskompetenz. Darüber hinaus hat das Investitionsvolumen für IT inzwischen eine Grössenordnung erreicht, dass alleine aus diesem Grund die Entscheidungen in der Unternehmenshierarchie auf Managementebene getroffen werden. Hinzu kommt, dass IT-Investitionen in zunehmendem Masse mit den anderen im unternehmensweiten Projekt-Portfolio enthaltenen Vorhaben konkurrieren (vgl. Huber 1999, S. 109). Die verfügbaren Ressourcen sind nicht ausschliesslich auf Projekte zu verteilen, die kurzfristig den höchsten bzw. schnellsten Rückfluss der eingesetzten Mittel erwirtschaften, sondern auf solche, die vor allem auch mittel- und langfristig entscheidend zur Sicherung des Unternehmenserfolges beitragen. Der Beitrag der IT zum Unternehmenserfolg lässt sich anhand der Dimensionen Effektivität und Effizienz überprüfen. „Eine Steigerung der Effizienz hilft lediglich die Kosten zu senken. [...] Nur verbunden mit hoher Effektivität kann gesteigerte Effizienz den Unternehmenserfolg mehren" (von Dobschütz 1999, S. 59).

Bisher bilden vorwiegend finanzwirtschaftliche Aspekte zur Beurteilung der Wirtschaftlichkeit von IT-Projekten die Grundlage für die Investitionsentscheidung. Die strategische Ausrichtung des Data Warehouse erfordert, dass im Verlauf des Projekts die Projektleitung die Zustimmung und Unterstützung – das Management-Commitment – von der Unternehmensführung einfordert. Das Management-Commitment bei innovativen Infrastrukturprojekten erhält man selten, wenn der Business Case ausschliesslich eine finanzwirtschaftliche Beurteilung des Investitionsprojekts enthält. In der Vergangenheit verliessen sich Entscheidungsträger hauptsächlich auf die Verwendung klassischer Verfahren der Investitionsrechnung. Die Beurteilung der Wirtschaflichkeit der IT mit Hilfe der klassischen Investitionsrechnungsverfahren (statische und dynamische Verfahren der Investitionsrechnung) reichen nicht aus, um zuverlässige Ergebnisse für Investitionsentscheidungen im Hinblick auf den IT-Einsatz zu liefern (vgl. Clemons, Weber 1990, S. 11 ff.). Daher sind diese Methoden um eine Vielzahl verschiedener Modelle und Methoden ergänzt worden (vgl. Nagel 1990). Während die klassischen Verfahren im wesentlichen ausschliesslich auf vergangenheitsorientierten Kostenanalysen basieren, werden mit den modernen Techniken zur Beurteilung der Wirtschaftlichkeit von Investitionsvorhaben neben Kostenanalysen vor allem auch Nutzen- und Risikoanalysen eingeführt. Speziell für ein Innovationsprojekt ist die Wirtschaftlichkeit und die Ausrichtung an den Geschäftszielen besonders wichtig (vgl. von Dobschütz 1999, S. 58 f.). Aus diesem Grund stützt sich die Argumentation in der Wirtschaftlichkeitsanalyse zur Rechtfertigung des Data Warehouse-Projekts zunehmend auf strategische Leistungs- und Nutzenpotentiale ab. Häufig genannte Argumente für die Rechtfertigung eines Data Warehouse-Projekts sind:

- die Erhöhung der Effektivität der Informationsversorgung für dispositive, entscheidungsunterstützende Aufgaben;
- die Verbesserung der Informationsqualität zur Entscheidungsunterstützung;
- die Erhöhung der Wettbewerbsfähigkeit;
- den Erhalt bestehender bzw. Erwerb neuer Marktanteile;
- die Schaffung oder Erschliessung neuer Märkte;
- die Erhöhung der Kundenzufriedenheit;
- die Verbesserung der Produkt- oder Dienstleistungsqualität.

2.5.2 Ermittlung und Bewertung von Kosten- und Nutzeffekten

Ein Data Warehouse stellt keine konventionelle Investition dar. Im Gegensatz zu konventionellen Investitionsprojekten ist es nicht immer möglich, den Entscheidungsträgern den Nutzen eines Data Warehouse quantifiziert darzulegen. Dagegen lassen sich Kostengrössen verhältnismässig einfach identifizieren. Die Kosten für ein Data Warehouse-Projekt setzen sich im wesentlichen aus den Projektkosten, wie z.B. Hardware, Software und Personal (vgl. Potthof 1998, S. 93 f.; Ferdinandi 1999, S. 102) und den zu erwartenden Betriebskosten für das Data Warehouse zusammen. Aufgrund weniger vorliegender Erfahrungs- oder Richtwerte können die Betriebskosten zunächst nur geschätzt werden. Ein geeignetes Kennzahlensystem zur Kostenermittlung in der Betriebsphase ist in (vgl. Baumöl, Frie 1999) dargestellt. Generell ist festzustellen, dass die Ermittlung der Kostengrössen den verantwortlichen Stellen wesentlich leichter fällt als es bei den Nutzengrössen der Fall ist. Dieser Nachteil trifft besonders auf die monetäre Bewertung des Nutzens zu. Gründe dafür sind in den mit einem Data Warehouse verfolgten Zielen zu finden. Die in Verbindung mit der Zielformulierung stehenden Nutzenpotentiale haben vorwiegend qualitativen Charakter, die im Vergleich zu den Kostengrössen einer systematischen Wirtschaflichkeitsanalyse nur schwierig zugänglich gemacht werden können (vgl. Wiseman 1994, S. 171 ff.; Glen 1996, S. 225 ff.; Hares 1994, S. 195 ff.). Es besteht die Gefahr, dass Unternehmen aufgrund der beschriebenen Schwierigkeiten auf eine Nutzenbewertung für das Data Warehouse verzichten (vgl. Potthof 1998, S. 100). Weitere Gründe für Probleme bei der Nutzenermittlung sind:

- ein hoher Abstand zur Wertschöpfung - die Leistungsprozesse der IT sind weiter von den Leistungsprozessen des Unternehmens entfernt als beispielsweise die von Produktionsbereichen. Die Unterstützungsfunktion der IT im Controlling oder im Personalwesen sind weniger nach ihrem Nutzen bewertbar, sondern höchstens nach ihrem Einsparungspotential (vgl. Huber 1999, S. 111);
- eine fehlende Kommunikation - mangelnde oder fehlende Kommunikation, die aus Interessenkonflikten oder Verständnisschwierigkeiten zwischen den Projektpartnern resultiert, führt dazu, dass Innovationspotentiale durch den Einsatz und die Nutzung neuer Technologien nicht erkannt werden. Daher wird der Weg mit dem geringsten Widerstand gewählt. Es wird versucht, die bisher mit der IT realisierten Ziele noch kostengünstiger anzubieten (vgl. Huber 1999, S. 112);
- ein Zurechnungsproblem - das Zurechnungsproblem ergibt sich aus dem Umstand, dass ein Data Warehouse ein Kooperationsprojekt darstellt, an dem Fachabteilung und IT-Bereich intensiv zusammenarbeiten. Das Problem ist, dass man sich über die Kostenverteilung und -zurechnung im Projekt einigen muss.

Obwohl die Berücksichtigung strategischer Leistungs- und Nutzenpotentiale als Begründung für Investitionsentscheidungen in der betrieblichen Praxis eine hohe Akzeptanz erreicht haben (vgl. Huber 1999, S. 110), ist eine Rechtfertigung eines Data Warehouse-Projekts nur aus strategischen Gründen nicht empfehlenswert. Bei der Nutzenentstehung können drei Phasen unterschieden werden:

1. Informationsbereitstellung,
2. Informationsgewinnung und
3. Informationsverwertung (vgl. Potthof 1998, S. 94).

In allen drei Fällen lassen sich Zeit- und Kosteneinsparungspotentiale konstatieren. Beispielsweise durch die Bereitstellung und Pflege einer zentralen Datenbasis im Data Warehouse anstelle mehrerer isolierter Datenbestände, einen schnelleren Zugriff auf entscheidungsrelevante Informationen, verbesserte Auswertungs- und Analysemöglichkeiten, eine beschleunigte Berichtserstellung, eine Homogenisierung von betriebswirtschaftlichen Begriffen oder eine Reduktion der Berichtsvielfalt.

Eine Kategorisierung von Nutzengrössen kann beispielsweise durch Argumentenbilanzen oder Nutzeffektketten erreicht werden. Mit Hilfe einer Argumentenbilanz können positive und negative Aspekte (Chancen und Risiken) einer Investitionsentscheidung gegenübergestellt werden. Die Gegenüberstellung erfolgt anhand zuvor festgelegter Kategorien (vgl. Abb. 3).

Für ein Data Warehouse-Projekt sind folgende Kategorien für den Aufbau einer Argumentenbilanz anzuführen (vgl. Potthof 1998, S. 98).

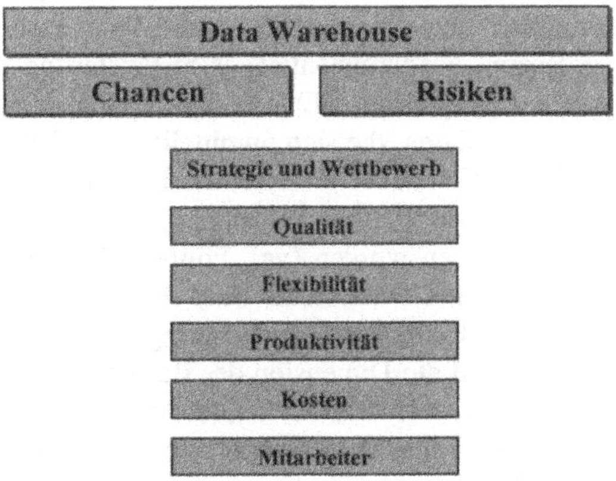

Abb. 3 Kategorien einer Argumentenbilanz für ein Data Warehouse

Mit Nutzeffektketten lassen sich die Auswirkungen von IT-Investitionen visualisieren und transparent machen. Sie helfen, zwischen systembezogenen Eigenschaften und tatsächlichen Nutzeffekten zu unterscheiden. Es sind sowohl positive als auch negative Wirkungszusammenhänge lokalisierbar (vgl. Potthof 1998, S. 18 f.). Abb. 4 zeigt ein Beispiel für eine Nutzeffektkette für ein Data Warehouse.

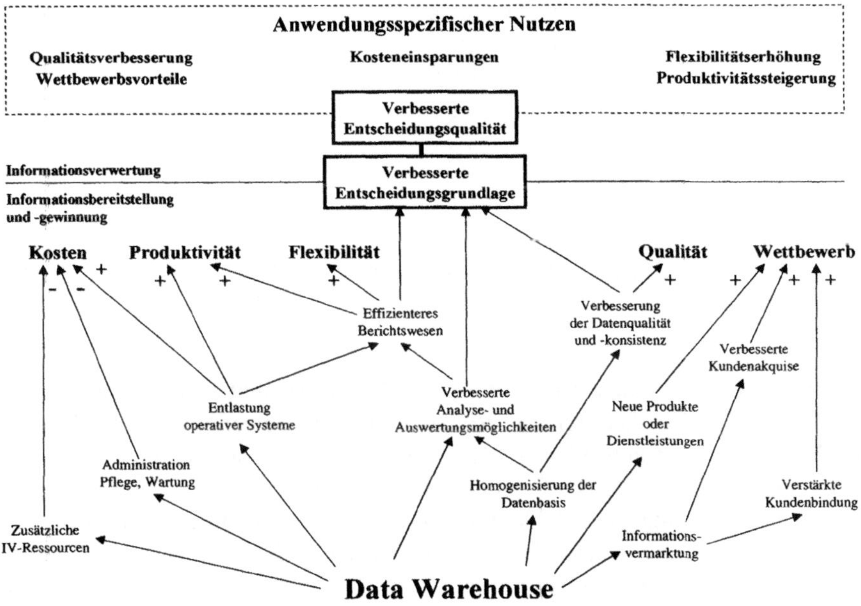

Abb. 4 Nutzeffektkette für ein Data Warehouse (vgl. Potthof 1998, S. 95)

Abb. 4 systematisiert neben den allgemeinen Nutzeffekten eines Data Warehouse gleichzeitig die mit einem weitaus grösseren Nutzenpotential ausgestatteten anwendungsspezifischen Nutzenkategorien (vgl. Potthof 1998, S. 94). Es handelt sich dabei um die Ableitung von Nutzenpotentialen, die sich unmittelbar aus dem Einsatz- und Verwendungszweck eines Data Warehouse in verschiedenen Anwendungsfeldern ergeben. Die Existenz der aufgeführten Nutzenkategorien bei Data Warehouse-Projekten ist empirisch nachgewiesen worden (vgl. Potthof 1998, S. 210-212). Die Beurteilung des Risikos ermittelter Nutzeffekte lässt sich pragmatisch lösen. Zu diesem Zweck werden die drei Risikokategorien „gering", „mittel" und „hoch" gebildet. Der Risikodimension wird die Dimension der Bewertbarkeit von Nutzeffekten mit den Kategorien „monetär bewertbar", „quantitativ" und „qualitativ" gegenübergestellt. Verbindet man beide Dimensionen, so erhält man eine aus neun Feldern zusammengesetzte Matrix (vgl. Abb. 5).

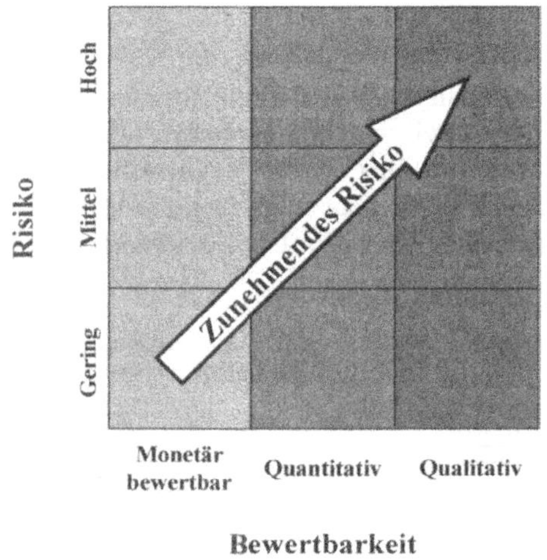

Abb. 5 Einordung von Nutzeffekten anhand von Risiko und Bewertbarkeit (vgl. Potthof 1998, S. 26)

Die Einordnung der Nutzeffekte erfolgt durch eine subjektive Einschätzung der Eintrittswahrscheinlichkeit für das Risiko und ihrer Bewertbarkeit. Im Verlauf einer Investitionsrechnung können Nutzeffekte aus den neun Segmenten berücksichtigt werden. Die einzelnen Segmente weisen in bezug auf die Quantifizierung und ihre Eintrittswahrscheinlichkeit unterschiedliche Rangfolgen auf. Mit verschiedenen Abstufungen zwischen optimistischen und pessimistischen Investitionsszenarien kann eine Investitionsalternative beurteilt werden. Für eine optimistische Investitionsrechnung werden beispielsweise alle monetarisierbaren Nutzeffekte und sichere Kosten berücksichtigt (vgl. Nagel 1990, S. 73 ff.; Potthof 1998, S. 28).

Mit dem Verfahren der Nutzwertanalyse kann die Entscheidungsgrundlage für die Beurteilung der Vorteilhaftigkeit einer IT-Investition operationalisiert werden (vgl. Nagel 1990, S. 71 ff.). Die Nutzwertanalyse ist ein „Verfahren zur Alternativenbewertung, wobei Alternativen auch an solchen Bewertungskriterien gemessen werden, die nicht in Geldeinheiten ausdrückbar sind" (Gabler Wirtschaftslexikon 1995, S. 2439 f.). Synonyme für den Begriff der Nutzwertanalyse sind beispielsweise Scoring-Modell oder Rangfolgemodell. Aus einer Vielzahl von Lösungsalternativen (z.B. Bewertung einer Organisationseinheit mit und ohne Data Mart-Lösung) soll diejenige Alternative mit dem grössten Nutzwert identifiziert werden. Dabei werden die einzelnen Kriterien bewertet und im direkten Vergleich zwischen den Bewertungsobjekten betrachtet. Die Summe der Einzelbewertungen stellt eine feste Entscheidungsgrösse dar. Das Verfahren der Nutzwertanalyse ist überschaubar, einfach anzuwenden und flexibel. Es stellt eine geeignete Methode für die Bewertung der Vorteilhaftigkeit einer Investitionsalternative dar, denn es ermöglicht, neben quantitativen (z.B. Kosten eines Data Mart-Projekts) auch qualitative Grössen (z.B. Vollständigkeit, Aktualität der Data Mart-Datenbasis) zu berücksichtigen. Durch diese Kombination lassen sich die Ziele gesamtheitlich erfassen und die optimale Lösungsalternative finden. Eine Darstellung des Verfahrens anhand der Beurteilung eines realisierten Data Mart-Projekts findet sich in (vgl. Potthof 1998, S. 101 ff.).

3 Ein Business Case-Lebenszyklusmodell

Dieses Kapitel stellt ein Lebenszyklusmodell für den Business Case vor. Mit dem Modell soll gezeigt werden, dass sich der Business Case angefangen von der Idee bis zur Projektinitiierung verändert und weiterentwickelt. Veränderungen werden durch Entscheidungen ausgelöst. Eine positive Projektentscheidung führt zu einer Fortsetzung des Zyklusses. Das Lebenszyklusmodell berücksichtigt sowohl inhaltliche Entwicklungsstufen des Business Case als auch organisatorische Strukturgrössen. Abb. 6 zeigt schematisch das Business Case-Lebenszyklusmodell im Überblick.

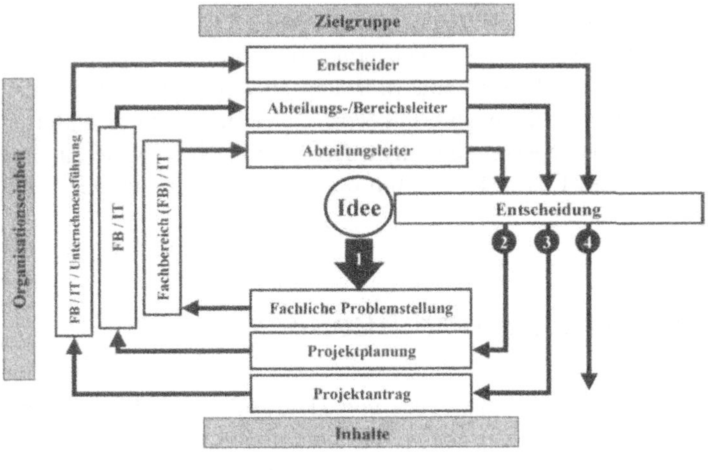

Abb. 6 Das Business Case-Lebenszyklusmodell

Im folgenden werden die Schritte des Lebenszyklusmodells beschrieben.
Zyklus 1: Die Idee, sich mit Data Warehousing zu beschäftigen, bildet den Ausgangspunkt des Modells. Ursachen können beispielsweise veränderte wirtschaftliche Rahmenbedingungen für das Unternehmen sein, Änderungen des Geschäftsmodells aufgrund neuer/modifizierter Produkte oder Dienstleistungen, das Erkennen unzureichender Informationsbereitstellung oder -unterstützung zentraler Management- oder Funktionsbereiche oder die Verwendung bisher nicht verfügbarer IT-Technologien. Die Wirkung ist eine aus den Ursachen abgeleitete fachliche Problemstellung.

Die Problemstellung wird zunächst im Fachbereich oder der IT-Abteilung mit dem Abteilungsleiter diskutiert. Dies erfolgt auch dann, wenn die Projektidee von der Unternehmensführung generiert worden ist. Der Business Case stellt im Idealfall bereits ein schriftlich formuliertes Diskussionspapier dar. Es dient dazu, den beteiligten Gesprächsteilnehmern einen Überblick zu verschaffen. Ziele, Problemlösungsansätze sind kurz beschrieben; Kosten- und Nutzen beruhen auf Annahmen oder Schätzungen. Eher wahrscheinlich ist jedoch eine mündliche Formulierung der Problemstellung, die mit dem Abteilungsleiter diskutiert wird. Im Falle einer positiven Entscheidung wird der nächste Zyklus eingeleitet.
Zyklus 2: Mit Beginn des zweiten Zyklusses nimmt der Business Case konkrete Formen an. Aufbau und Inhalt orientieren sich an der in Kapitel 2.3 empfohlenen Gliederungsstruktur. An den Business Case werden als Entscheidungsgrundlage auf der Ebene Abteilungs- und Bereichsleiter höhere Anforderungen gestellt. IT-Abteilung und Fachbereich müssen als Kooperationspartner auftreten. Im Business Case steht die Projektplanung im Vordergrund. Kosten-/Nutzenüberlegungen werden operationalisiert. Insbesondere die prognostizierten Projektkosten sind zu kalkulieren. Fällt die Entscheidung zugunsten der Fortsetzung des Projekts, beginnt der dritte Zyklus.
Zyklus 3: Im dritten Zyklus wird der Business Case basierend auf der im 2. Zyklus erarbeiteten Business Case-Vorgängerversion zu einem konkreten Projektantrag ausgearbeitet. Der Business Case wird zur Vorlage und Entscheidung bei der Unternehmensführung vorbereitet. Im Mittelpunkt des Business Case steht die Wirtschaflichkeitsanalyse. Das Ziel ist, die Finanzierung des Projekts sicherzustellen und den Projektsponsor in der Unternehmensführung an das Projekt zu binden. Mit der Zustimmung der Unternehmensführung wird der vierte Zyklus gestartet.
Zyklus 4: Der vierte Zyklus repräsentiert nicht den Beginn einer weiteren Entwicklungsstufe des Business Case. Der Beginn des vierten Zyklus markiert den Projektstart.

4 Zusammenfassung und Ausblick

Im Verlauf des Beitrags wurden die Aufgaben und Ziele sowie die Mindestanforderungen an formalen Gestaltungsgrundsätzen für einen Business Case formuliert. Die identifizierten Business Case-Einflussfaktoren bringen zum Ausdruck, dass sich der Business Case in der betrieblichen Praxis als Beschreibungsmittel für ein

Data Warehouse-Projekt nicht standardisieren lässt. Weiterhin wurde gezeigt, dass die Durchführung einer Wirtschaftlichkeits- und Nutzenanalyse ein wesentlicher Bestandteil eines Business Case ist. Der mangelnden Eignung klassischer Verfahren der Investitionsrechnung für die Beurteilung der Wirtschaftlichkeit einer IT-Investition wurden geeignete Lösungsansätze gegenübergestellt. Die exemplarisch vorgestellte Argumentenbilanz und das Nutzeffektkettendiagramm können als Referenzbeispiele dienen, die zwar tendenzielle Aussagen enthalten, aber genügend Ansatzpunkte bieten, um unternehmens- oder projektspezifisch angepasst zu werden. Mit der Beschreibung eines Lebenszyklusmodells für den Business Case wurde deutlich, dass eine evolutionäre Entwicklung des Business Case bis zur Projektintiierung stattfindet.

Weiterer Klärungsbedarf ergibt sich aus den Fragestellungen, die sich unmittelbar für die Data Warehouse-Projekt- bzw. Betriebsphase ableiten lassen. Abb. 7 zeigt diesen Zusammenhang auf.

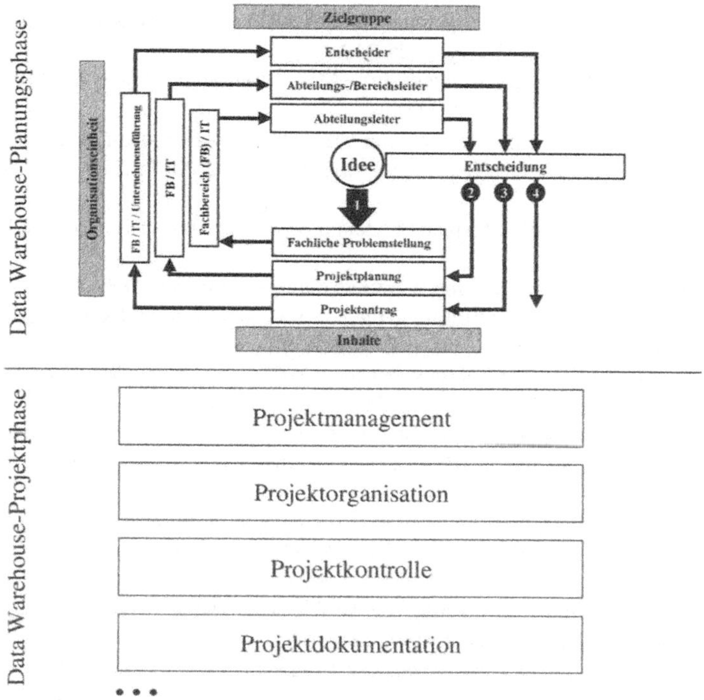

Abb. 7 Der Business Case in der Data Warehouse-Planungs- und -Projektphase

Dazu zählen zum Beispiel:

- Welche Ziele hat der Business Case während des Projektverlaufs?
- Welche Aufgaben übernimmt der Business Case in der Projektphase?
- Wie verändert sich der Business Case bei einer inkrementellen Weiterentwicklung des Data Warehouse?

Literatur

Baumöl, U., Frie, T.: Ein integriertes IV-Controlling-Instrumentarium für Investitions- und Betriebsphase. In: von Dobschütz, L., Baumöl, U., Jung, R. (Hrsg.): IV-Controlling aktuell, Praxis der Wirtschaftsinformatik. Gabler: Wiesbaden 1999, 123-152.

Clemons, E.K.; Weber, B.: Strategic Information Technology Investments. In: Journal of Management Information Systems, 7. Jg., Nr. 2, 9-30 (1990).

Clemons, E.K.: Evaluation of Strategic Investments in Information Technology. In: Communications of the ACM (CACM), 34. Jg., Nr. 1, 22-36 (1991).

Ferdinandi, P.L.: Data Warehousing Advice for Managers. AMACOM - American Management Association: New York et al. 1999.

Frie, T.: Data Warehousing-Business Case. Arbeitsbericht BE HSG/CC DWS/01 des Instituts für Wirtschaftsinformatik der Universität St. Gallen, 1999.

Gabler Wirtschaftslexikon. 13. Aufl., Gabler: Wiesbaden 1995.

Glen, P.: From strategy to implementation: identifying and managing benefits of IT investments. In: Willcocks, L., Investing in Information Systems - Evaluation and Management. Chapman & Hall: London et al. 1996, 225-240.

Groffmann, H.-D.: Das Data Warehouse Konzept. In: HMD - Theorie und Praxis der Wirtschaftsinformatik, 34. Jg., Nr. 195, 8-17 (1997).

Hansen, W.-R.: Vorgehensmodell zur Entwicklung einer Data Warehouse-Lösung. In: Mucksch, H., Behme, B. (Hrsg.): Das Data Warehouse-Konzept. 2. Aufl., Gabler: Wiesbaden 1997, 311-328.

Hares, J.S.; Measuring the value of information technology. John Wiley & Sons Ltd.: Chichester et al. 1994.

Huber, H.: Die Bewertung des Nutzens von IV-Anwendungen. In: von Dobschütz, L., Baumöl, U., Jung, R. (Hrsg.): IV-Controlling aktuell - Praxis der Wirtschaftsinformatik. Gabler: Wiesbaden 1999, 107-122.

IMACO: Unternehmererfolg - Ertragssteigerung mit Data Warehouse. Data Warehousing-Studie, Institut für Informatik (IFI). Universität Zürich: Zürich 1998.

Jung, R., Winter, R.: Data Warehousing - Nutzungsaspekte, Referenzarchitektur und Vorgehensmodell. In: Jung, R., Winter, R. (Hrsg.): Data Warehousing Strategie. Springer: Berlin et al. 2000 (in diesem Buch).

Kütz, M.: Organisatorische Implementierung und Betrieb von Data Warehouses. In: Martin, W. (Hrsg.): ONLINE '98, Congressband VIII - Data Warehousing: Steuern und Kontrollieren von Geschäftsprozessen 1998.

Lusti, M.: Data Warehousing und Data Mining. In: Bruhn et al. (Hrsg.): Wertorientierte Unternehmensführung. Gabler: Wiesbaden 1998, 285-309.

Mucksch, H., Behme, B. (Hrsg.): Das Data Warehouse-Konzept. 2. Aufl., Gabler: Wiesbaden 1997.

Mucksch, H., Behme, B.: Das Data Warehouse-Konzept als Basis einer unternehmensweiten Informationslogistik. In: Mucksch, H., Behme, B. (Hrsg.): Das Data Warehouse-Konzept. 2. Aufl., Gabler: Wiesbaden 1997, 31-94.

Nagel, K.: Nutzen der Informationsverarbeitung - Methoden zur Bewertung von strategischen Wettbewerbsvorteilen, Produktivitätsverbesserungen und Kosteneinsparungen. 2. Aufl., Oldenbourg: München, Wien 1990.

Potthof, I.: Kosten und Nutzen der Informationsverarbeitung - Analyse und Beurteilung von Investitionsentscheidungen. Deutscher Universitäts-Verlag: Wiesbaden 1998.

Schulte-Zuhrhausen, M.: Organisation. Vahlen: München 1995.

Soeffky, M.: Data Warehouse - Prozess- und Systemmanagement. iT Research: Höhenkirchen 1998.

von Dobschütz, L.: IV-Controlling bei Innovationen. In: von Dobschütz, L., Baumöl, U., Jung, R. (Hrsg.): IV-Controlling aktuell - Praxis der Wirtschaftsinformatik. Gabler: Wiesbaden 1999, 53-66.

Weis, E.: Kostenorientiertes Projekt-Controlling. In: Reichmann, T. (Hrsg.): Handbuch Kosten- und Erfolgs-Controlling. Vahlen: München 1995, 565-584.

Wiseman, D.: Information economics: a practical approach to valuing information systems. In: Willcocks, L.: Information Management - The evaluation of information systems investments. Chapman & Hall: London et al. 1994.

Der ETL-Prozess des Data Warehousing

Wolfgang Bartel, Stefan Schwarz, Gerhard Strasser

1 Einleitung

Die Datenqualität und Flexibilität einer Data Warehouse-Umgebung sowie die Konsistenz und der Integrationsgrad der in dieser enthaltenen Daten werden allgemein zu den Hauptfaktoren für ein langfristig erfolgreiches Data Warehousing gezählt (vgl. Martin 1998, S. 31). Alle diese Erfolgsfaktoren werden massgeblich von der Art und Weise der Versorgung des Data Warehouse mit Daten aus den operativen Systemen beeinflusst. Der Teilprozess des Data Warehousing, der diese Datenversorgung leistet, wird als ETL-Prozess bezeichnet.

Der vorliegende Beitrag unterzieht den ETL-Prozess einer genaueren Untersuchung. Hierzu werden einführend in Kapitel 1 die Grundlagen des Data Warehousing aus einer den Integrationsgedanken betonenden Sicht dargestellt. Es ergibt sich somit eine dem Fokus des Beitrags entsprechende Sicht auf das Data Warehousing. Die Betrachtung in diesem Kapitel erfolgt separat sowohl aus architektonischer Sicht als auch aus Prozesssicht.

Aufbauend auf diesen Grundlagen werden in Kapitel 2 die Kernaufgaben des Data Warehousing dargestellt. Dabei werden typische Problemstellung aufgeworfen, die beim Aufbau einer Informationsversorgungsinfrastruktur gelöst werden müssen.

Die in Kapitel 3 dargestellten Problemstellungen stellen Anforderungen an den ETL-Prozess dar. Nach einer Charakterisierung in Kapitel 4 wird in Kapitel 5 deshalb auf die unterschiedlichen Aufgaben des ETL-Prozesses eingegangen und es werden problemadäquate Gestaltungsalternativen aufgezeigt.

Kapitel 6 greift diese hierauf auf und legt Möglichkeiten dar, den ETL-Prozess als Workflow abzubilden. Abschliessend wird in Kapitel 7 ein ETL Workflow-Schema entwickelt. Eine Zusammenfassung mit Ausblick rundet diesen Beitrag ab.

2 Grundlagen einer integrationsorientierten Data Warehousing-Betrachtung

In der Literatur existieren vielzählige Definitionen der Begriffe "Data Warehouse" und "Data Warehousing". Die Definitionen ähneln sich in der Mehrzahl stark und gehen zumeist auf eine Definition von Inmon zurück (vgl. Inmon 1996, S. 33 ff., Jung, Winter 2000). Da dieser Beitrag sich schwerpunktmässig mit dem ETL-Prozess des Data Warehousing beschäftigt, sind genannte Definitionen in diesem Zusammenhang wenig zielführend. Besser geeignet erscheint die Definition von Scheer (vgl. Scheer 1996, S. 74 f.). Er definiert ein Data Warehouse wie folgt:

„Das Data Warehouse ist eine Datenbasis, die durch Integration verschiedener operativer Datenbestände gebildet wird. Bei der Integration werden durch Selektion, Aggregation und Transformation nur solche Daten mit einbezogen, die für die betrieblichen Aufgabenstellungen relevant sind."

Dieser Definition folgend ist der Aufbau einer integrierten Datenbasis als wichtigste Voraussetzung für das Data Warehousing anzusehen. Um diese zu ermöglichen, bedarf es folglich einer Daten- und Datenstrukturintegration der in den operativen Systemen enthaltenen Daten in eine gemeinsamen Datenbasis. Beide Aspekte der Integration müssen durch den ETL-Prozess geleistet werden.

In vielen Data Warehouse-Praxisprojekten hat sich gezeigt, dass zum Entwurf des ETL-Prozesses mit der Integration auf konzeptioneller Ebene im Basis-Data Warehouse zu beginnen ist. Es gilt ein Modell über alle Quellbereiche des Data Warehouse zu erstellen. In diesem werden die Daten strukturell und semantisch integriert. Meist stellt das konzeptionelle Datenmodell des Data Warehouse eine Obermenge der konzeptionellen Datenmodelle der operativen Systeme dar, welche aber unter integrativen Gesichtspunkten rekonstruiert wurden. Es hat sich hierbei in der Praxis als geeignete Vorgehensweise herausgestellt, das konzeptionelle Datenmodell nur für die zuerst implementierten Bereiche bis ins Detail zu verfeinern. Für die in späteren Phasen implementierten Bereiche genügt es, zunächst ein Datenmodell auf hohem Abstraktionsniveau zu erstellen. So kann sichergestellt werden, dass das Data Warehouse im nachhinein noch erweiterbar ist. Trotzdem verzögert die Modellierung den zügigen Aufbau des Data Warehouse nicht wesentlich. Eine detaillierte Beschreibung der Vorgehensweise bei der Errichtung eines Data Warehouse geben Jung und Schwarz (Jung, Schwarz 2000).

Nach der Beschreibung der Integration aus im Basis-Data Warehouse, soll im folgenden näher darauf eingegangen werden, wie der Prozess des Etablierens und der Versorgung einer derartigen integrierten Datenbasis konzeptionell auszuprägen ist.

Hierzu wird die Data Warehousing-Definition von Gardner (Gardner 1998, S. 54) herangezogen, die die oben zitierte Definition von Scheer um den prozessorientierten Aspekt erweitert.

Data Warehousing ist kein Produkt, sondern der Prozess der Zusammenführung und des Management von Daten aus verschiedenen Quellen mit dem Zweck, eine einheitliche, detaillierte Sicht auf einen einzelnen Geschäftsbereich oder das gesamte Unternehmen zu erhalten.

Bei dieser Definition wird der Prozesscharakter des Data Warehousing, im Gegensatz zum statischen architekturbetonten Charakter des Data Warehouse, betont, die Zusammenführung von Daten aus unterschiedlichen Quellen hervorgehoben und besonderer Wert auf das Bereitstellen einer detaillierten Datensicht gelegt. Die detaillierte Datensicht ist einer der zentralen Aspekte des Data Warehouse-Konzepts. Durch sie wird der oben beschriebene hohe Grad an Flexibilität erreicht. Ein Vermindern des Detaillierungsgrads verringert die Flexibilität zwangsläufig, da durch die hierzu benötigten Aggregationen Informationen vernichtet werden.

Die Flexibilität, die ein Data Warehouse ermöglichen sollte, kann in drei Teilbereiche eingeteilt werden:

- *Datenbereitstellungsflexibilität*: ein hohes Mass an Flexibilität im Bereich der Datenbereitstellung ist gegeben, wenn das (Basis-)Data Warehouse die nachgelagerten Komponenten flexibel versorgen kann.
- *Datenauswertungsflexibilität*: um eine hohe Datenauswertungsflexibilität zu erreichen, muss das Basis-Data Warehouse einen maximalen Freiheitsgrad in Bezug auf den Umfang der Auswertungsmöglichkeiten bieten.
- *Datenableitungsflexibilität*: die Forderung nach Datenableitungsflexibilität bedeutet, dass das Basis-Data Warehouse eine flexible Ableitung für die nachgelagerten multidimensionalen Auswertungsstrukturen ermöglicht.

Für jede einzelne der oben genannten Flexibilitätsausprägungen ist eine detaillierte Datenstruktur vonnöten. Die Flexibilitätsanforderungen sind für ein Data Warehouse von elementarer Bedeutung und wirken sich fundamental sowohl auf die Architektur eines Data Warehouse als auch auf den Data Warehousing-Prozess aus. Diese Beziehung ist bilateral.

Die Data Warehouse-Architektur (auch: statische Architektur des Data Warehouse) wird durch die Datenstruktur des Data Warehouse bestimmt.

Das Data Warehousing (auch: dynamische Architektur des Data Warehouse) wird durch den Prozess der Zusammenführung und des Managements der Daten aus den verschiedenen Quellsystemen bestimmt. Sie stellt u.a. die Datenversorgung des Data Warehouse sicher und wird durch eine Prozessarchitektur definiert. Die Prozessarchitektur stellt somit eine existentielle Grundlage des Data Warehouse dar.

3 Kernaufgabe des Data Warehousing

Mit der Ergänzung der Data Warehouse-Definition um das Data Warehousing wird die Datenversorgung als die Kernaufgabe im Bereich des Aufbaus und des Betriebs eines Data Warehouse ausdrücklich adressiert.

Die Quellen eines Data Warehouse sind die einen Geschäftsvorfall bearbeitenden Datenverarbeitungssysteme. Diese Systeme werden üblicherweise als „Transaktionssysteme" oder auch als „operative Informationssysteme" bezeichnet. Zusätzlich können externe Daten hinzukommen. Die externen Daten werden im weiteren vernachlässigt. Grundsätzlich sind externe Daten in ähnlicher Weise wie Daten aus internen operativen Systemen zu behandeln. Eine explizite Unterscheidung bietet in diesem Kontext deshalb keinen wesentlichen Zielbeitrag.

Eine Betrachtung der sich im Einsatz befindlichen Systeme bezogen auf ein Gesamtunternehmen, d.h. bspw. alle Versicherungsapplikationen unabhängig von den verschiedenen Sparten in diesem Versicherungsunternehmen, ergibt heute vielfach folgendes Erscheinungsbild:

- Die (Daten-)strukturen der Quellsysteme sind weitgehend inkompatibel. Die Ursachen hierfür sind vielfältig. Jedoch können die Faktoren "fehlende spartenübergreifende Datenmodellierung", "Verwendung von operativer Standardsoftware unterschiedlicher Hersteller" sowie "Ergänzung von Individualsoftware um Standardsoftware" als bedeutende Einflussgrössen ausgemacht werden.
- Die Datenqualität ist in vielen Fällen (zumindest für dispositive Zwecke) inakzeptabel. Dies äussert sich sowohl durch fehlende Daten als auch durch inkonsistente oder unsinnige Feldinhalte.
- Die Trägersysteme sind extrem heterogen. Softwaresysteme wie Datenbank-, ERP- und Steuerungssysteme stammen von unterschiedlichen Herstellern oder weisen abweichende und teilweise inkompatible Release-Stände auf. Ähnliches gilt für die im Einsatz befindlichen Hardware-Komponenten.

Die oben genannten Problematiken sollen im folgenden kurz an einem Beispiel aus dem Bereich der Lebensversicherung erläutert werden. Das Beispiel wurde, da es nur zur Veranschaulichung der Grundproblematik gedacht ist, bewusst sehr einfach gehalten.

Aus Sicht der Datenmodellierung stellt ein Lebensversicherungsvertrag aufgrund des grossen Spektrums von Konfigurationsmöglichkeiten ein komplexes Datenobjekt dar. Dieses kann durch gängige Methoden der Datenmodellierung abgebildet werden. In diesem Beispiel sind Teile dieses komplexen Datenobjektes in einem Altsystem implementiert, andere Teile jedoch kamen später hinzu oder wurden aus dem Altsystem ausgelagert. Zuletzt genannte Datenfragmente sind in einer als modern zu bezeichnenden EDV Umgebung gespeichert (vgl. Abb. 1). Das Altsystem basiert auf einem MVS System. Die Daten sind in Cobol-Datenstrukturen abgelegt, sie sind redundanzbehaftet und z.T. inkonsistent. Das neuere System ist Client/Server-basiert und bevoratet die Daten auf relationaler Basis. Die Daten können als weitgehend redundanzfrei und sowohl semantisch, als auch strukturell konsistent angesehen werden.

Erste Aufgabe des ETL-Prozesses ist es, physischen Zugriff auf die sehr unterschiedlichen Systeme zu ermöglichen. Anschliessend müssen die Daten, die auf dem Altsystem gespeichert sind, in ihrer Datenqualität derart verbessert werden, so dass diese annähernd der des modernen Systems entspricht. Die Datenqualität über beide Systeme darf nach dem ETL-Prozess keinesfalls ein wesentlich schlechteres Niveau aufweisen als dies bei dem modernen Systems der Fall ist. Dies würde die Akzeptanz derjenigen Benutzer massiv einschränken, deren Auswertungen sich vor Einführung des Data Warehouse auf die Daten des modernen Systems beschränkten. Sie erwarten eine ähnliche Verlässlichkeit der Gesamtdaten, wie sie sie von den Daten des einzelnen Systems gewohnt sind.

Eigenarten der an einer Programmiersprache orientierten Speicherung (z.B. Cobol, C) müssen bereinigt werden. Im Bereich der an sehr häufig verwendeten, an Cobol orientierten Speicherung sollen die Verwendung von zusammengesetzten Feldern und das Umdefinieren von Feldern ("Redefines") beispielhaft genannt werden (zur Vertiefung des Themas vgl. Jung 1998). Die zusammengesetzten Felder in dem Altsystem sind aufzubrechen und in separate Felder zu überführen. Analog sind Umdefinitionen zu behandeln. Das Ergebnis der Veränderung muss zu einer an Relationen orientierten Datenstruktur führen (meist ANSI-ISO SQL konform).

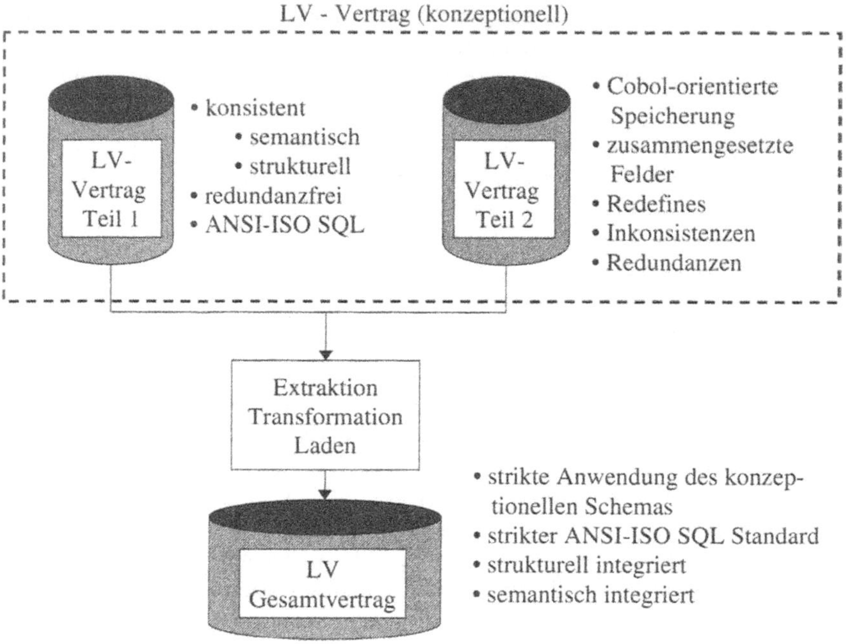

Abb. 1 Einfacher ETL-Prozess für einen Lebensversicherungsvertrag

Nach dem Bereinigen der Datenstrukturen müssen die Dateninhalte von Anomalien befreit werden. In diesem Kontext sind Inkonsistenzen zu beseitigen, soweit sich diese überhaupt bei alleiniger Betrachtung der Datensätze des Altsystems erkennen und beseitigen lassen. Häufig sind hierzu Daten vonnöten, die im Altsystem nicht gespeichert sind. Ebenfalls sind Redundanzen zu eliminieren. Auch diese Aufgabe beherbergt im Detail z.T. gravierende Schwierigkeiten. Bspw. muss definiert werden, welche Daten überhaupt eine Redundanz darstellen. Darüber hinaus muss festgelegt werden, welcher der Datensätze bei Feststellung einer Redundanz gelöscht wird. Zur Verdeutlichung der letzten Ausführungen sei hier ein Beispiel gegeben. Es sei angenommen, dass im Bereich der personenbezogenen Daten Datensätze existieren, die auf Redundanzen hinweisen. Es ist folglich zu entscheiden, ob es sich bei den betreffenden Datensätzen tatsächlich um Redundanzen handelt. Meist entsprechen sich diese Datensätze nicht vollständig.

Jedoch würden die in Abb. 2 dargestellten Datensätze im allgemeinen als redundant bezeichnet und Datensatz 2 aufgrund der ungenaueren Information gelöscht. Ein wenig diffiziler verhält es sich bei der in Abb. 3 aufgezeigten Datenkonstellation. Die Entscheidung, ob hier wirklich eine Redundanz vorliegt, lässt sich nicht mehr auf diese triviale Weise treffen. Auch welcher Datensatz gelöscht werden soll, ist nicht einfach zu beantworten.

Datensatznr.	Vorname	Name	Strasse	Wohnort
1	Emil	Meier	Spisergasse 4	9000 St. Gallen
2	E.	Meier	Spisergasse 4	9000 St. Gallen

Abb. 2 Redundante Datensätze mit trivialer Entscheidungsregel

Die unterschiedliche Schreibweise des Nachnamens kann entweder auf einen Schreibfehler oder auf eine tatsächlich unterschiedliche Schreibweise der Nachnamen zweier Personen hinweisen. Auch die nicht übereinstimmenden Adressangaben können einerseits ein Indiz für einen Umzug der Person oder für die unterschiedliche Identität der Personen sein.

Datensatznr.	Vorname	Name	Strasse	Wohnort
1	Emil	Meier	Spisergasse 4	9000 St. Gallen
2	Emil	Meyer	Höhenweg 7	9000 St. Gallen

Abb. 3 Redundante Datensätze mit nicht trivialer Entscheidungsregel

Wenn es sich um redundante Datensätze handelt, bestehen die Optionen, den kompletten ersten Datensatz zu übernehmen, den kompletten zweiten Datensatz zu übernehmen oder auch diese Entscheidung attributweise zu treffen. Hierbei können externe Informationen, in diesem Fall zugekaufte Adressdateien, Unterstützung bieten.

Nach dem Bereinigen werden die Daten zusammengeführt. Hierzu müssen Attribute in beiden Datenbeständen gefunden werden, die eine eindeutige Zuordnung ermöglichen. Durch die Zusammenführung können wiederum Inkonsistenzen erkennbar werden, so dass weitere Bereinigungsschritte durchgeführt werden müssen.

Den letzten Schritt des ETL-Prozesses stellt das Laden dar. Hierbei werden die strukturell und semantisch integrierten Daten analog zum konzeptionellen Schema in eine relationale Datenbasis überführt.

Zusammenfassend lässt sich folgendes Fazit aus dem oben erläuterten ziehen:

- Schon aufgrund der Heterogenität der Quellsysteme stellt sich der Datenversorgungsprozess für das Data Warehouse als hoch komplexer Prozess dar, dessen Beherrschung mit einem hohen Aufwand verbunden ist.
- Es bedarf der Integration, der in den Quellsystemen enthaltenen Daten sowohl auf Modellebene, als auch auf Ebene der Nutzdaten. Eine Integration der Daten

nur auf konzeptioneller Ebene, wie sie ansatzweise unter dem Schlagwort "logisches Data Warehouse" vorgeschlagen wird, muss als realitätsfern bezeichnet werden.

- Diese Integration und Datenbereinigung stellen Kernaufgaben des Data Warehousing dar. Sie haben einen hohen Einfluss auf die Qualität und damit auf die Akzeptanz des Data Warehouse.

4 ETL-Prozess als Keimzelle für das Data Warehouse

Das Data Warehousing verbindet die Elemente der Data Warehouse-Architektur (vgl. Schwarz 1999, S. 2 f.). Diese bilden somit Kopplungspunkte für die Teilprozesse des Data Warehousing. Der ETL-Prozess ist ein Teilprozess des Gesamtprozesses Data Warehousing, der zeitlich kurz nach dessen Initialisierung lokalisiert werden kann. Er ist für die Koppelung der operativen Systeme mit dem Basis-Data Warehouse zuständig. Innerhalb dieses Teilprozesses werden die benötigten Daten aus den operativen Systemen extrahiert, geeignet transformiert und dann in die Zielstruktur, das Basis-Data Warehouse, eingefügt. Der ETL-Prozess ist somit der Teilprozess, der einen Hauptteil der Zusammenführung und des Management der Daten aus den verschiedenen Quellsystemen leistet.

Diese oben beschriebene Einordnung des ETL-Prozesses in den Gesamtprozess des Data Warehousing und in die Data Warehouse-Architektur wird in Abb. 4 verdeutlicht. Die Darstellung basiert auf dem Data Warehouse Framework von Gardner (vgl. Gardner 1998, S. 56).

5 Aufgaben und Gestaltungsalternativen des ETL-Prozesses

Wie oben beschrieben, hat der ETL-Prozess zur Aufgabe, das Basis-Data Warehouse mit geeigneten Daten aus den operativen Systemen zu versorgen. Da, wie gezeigt wurde, die Quellsysteme oft sehr unterschiedliche Strukturen aufweisen, bildet der ETL-Prozess häufig komplexe und komplizierte Logik ab, um diese Strukturunterschiede zu überbrücken.

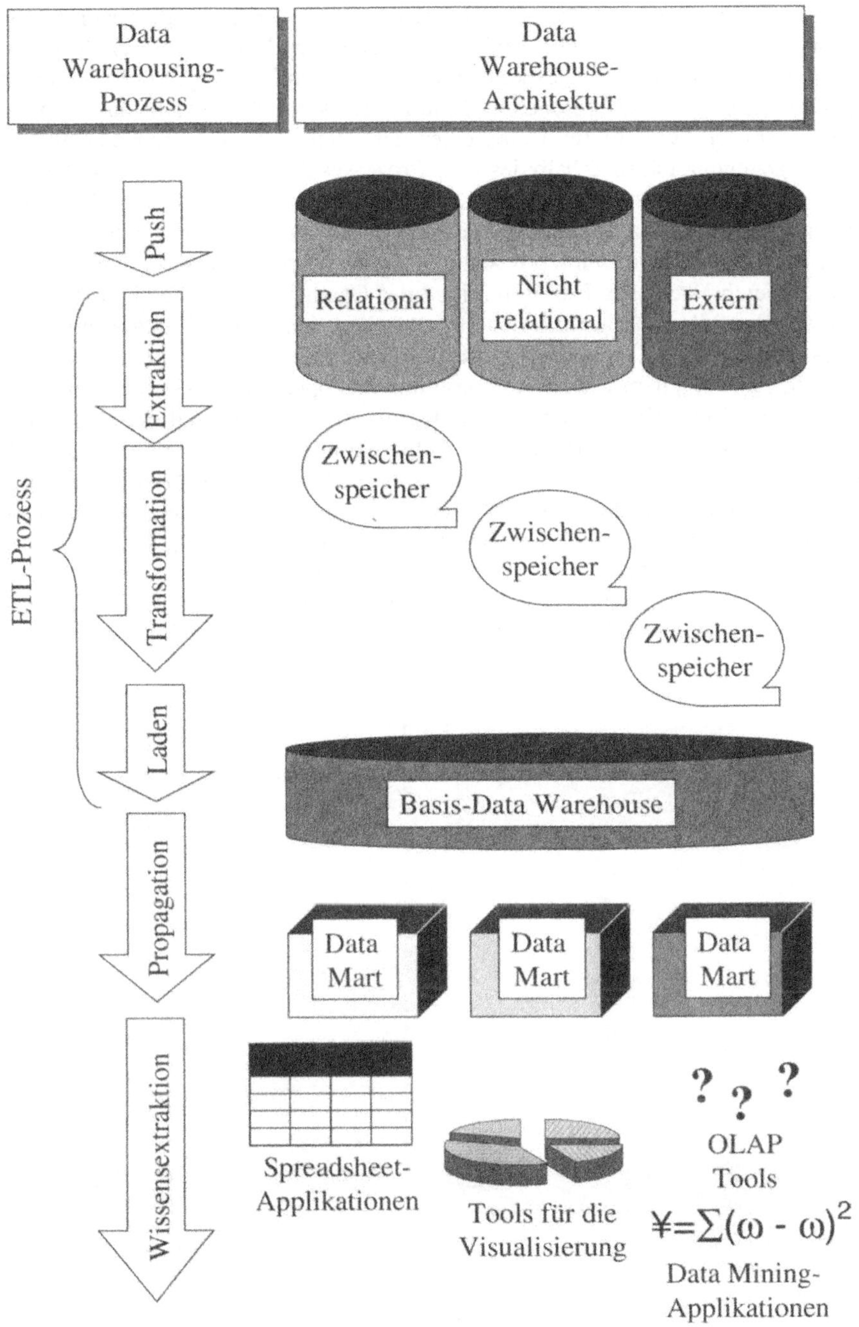

Abb. 4 Integration von Data Warehouse-Architektur und Data Warehousing-Prozess

Darüber hinaus muss innerhalb des Prozesses dafür Sorge getragen werden, dass syntaktische oder semantische Fehler in den Daten nicht in das Basis-Data Warehouse übertragen werden. Dies kann zum einen durch Bereinigen der Daten innerhalb des ETL-Prozesses geschehen. Eine zweite Möglichkeit stellt das Etablieren einer Feedback-Schleife für Datenfehler dar. Hierbei wird, wenn eine unzureichende Datenqualität innerhalb des ETL-Prozesses festgestellt wird, eine Meldung an das operative System gegeben, dass bestimmte Dateninhalte den Qualitätsanforderungen des Data Warehouse nicht genügen. Innerhalb des operativen Systems sind diese Fehler nun zu beseitigen. Beide Verfahrensweisen haben sowohl Vor- als auch Nachteile. Das Bereinigen der Daten innerhalb des ETL-Prozesses bewirkt, dass die Aussagenkonsistenz zwischen dem Data Warehouse und den operativen Systemen vermindert wird. Dies wird beim Etablieren einer Feedback-Schleife zwischen dem Data Warehouse und den operativen Systemen vermieden. Allerdings wirkt sich eine derartige Implementation negativ auf die Performance des ETL-Prozesses und damit auf die Aktualität der im Data Warehouse enthaltenen Daten aus. Zusätzlich ist die Störanfälligkeit des ETL-Prozesses bei Implementierung einer Feedback-Schleife als wesentlich grösser anzusehen, da die Prozesskomplexität bedeutend erhöht wird. Der sich hieraus ergebene Wartungs- und Pflegeaufwand kann, neben einer (permanenten) Erhöhung der Betriebskosten, ebenfalls Auswirkungen auf die Aktualität der Daten im Data Warehouse haben, sowie eine Verminderung der Datenbereitstellungsflexibilität bewirken.

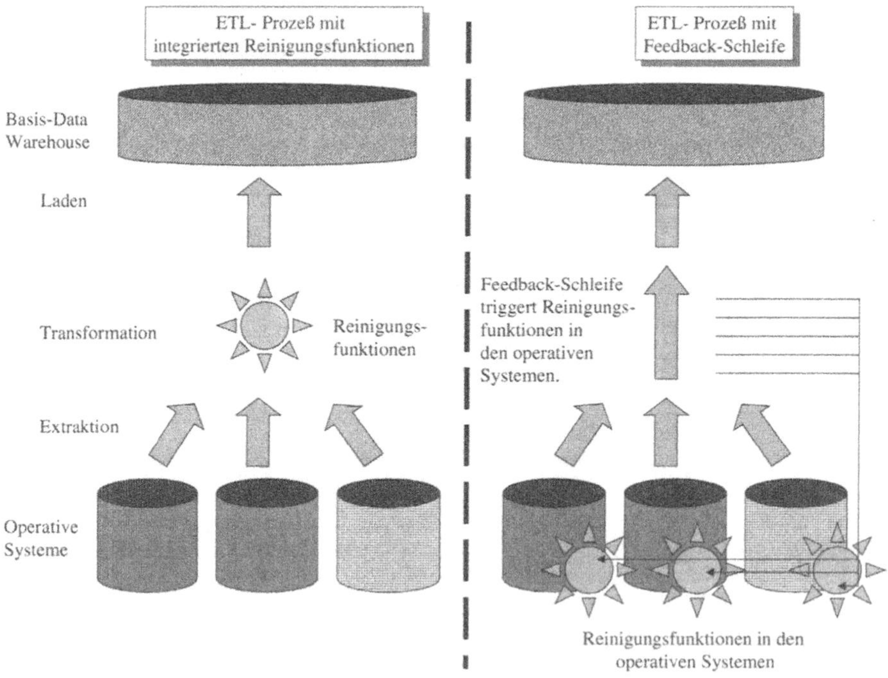

Abb. 5 Unterschiedliche Einbindung von Reinigungsfunktionen in den ETL-Prozess

Schon aus dem Namen ist eine Dreiteilung des inneren Aufbaus des ETL-Prozesses erkennbar. Diese strukturiert den ETL-Prozess auf oberster Ebene in die drei Teile Extraktion, Transformation, Laden. Im folgenden werden diese einzelnen Prozessabschnitte genauer untersucht.

Im Extraktionsschritt erfolgt die Selektion der Basisdaten in eine oder mehrere Zwischenspeicher (auch: Staging Area, Staging Engine). Hierzu müssen u.a. die Zugriffspfade und -methoden bekannt sein. Diese sind bei typischen Data Warehouse-Projekten mit einer grossen Anzahl von berücksichtigten operativen Systemen sehr heterogen.

Bei der Extraktion lassen sich in der Praxis zwei unterschiedliche Vorgehen feststellen. Einige Implementationen erzeugen in diesem ersten Schritt eine 1:1-Kopie der Daten des operativen Systems. Das Extrakt wird allerdings hierbei oft schon in eine relationenähnliche Struktur transformiert. Andere selektieren in diesem Schritt schon eine Untermenge der benötigten Datensätze und Attribute. Die Frage, welche Datensätze bei dieser Selektion nicht benötigt werden, ist besonders sorgfältig zu beantworten. Dies soll am Beispiel von Stornosätzen verdeutlicht werden. Auf den ersten Blick mag es opportun erscheinen, Datensätze, die direkt storniert wurden, zu ignorieren. Dies verhindert allerdings, später Aussagen über Fehlerquoten aus dem Data Warehouse zu gewinnen. In der Praxis ist vermehrt die Auffassung zu erkennen, dass alle Datensätze sowie alle Attribute, die in den relevanten operativen Systemen vorhanden sind, ins Data Warehouse übernommen werden sollten.

Die Transformation besteht aus dem syntaktischen und semantischen Bereinigen der Daten und Datenstrukturen. Unter dem Begriff "syntaktisches Bereinigen" werden hauptsächlich notwendige Anpassungen der Formate subsumiert. Diese werden im Regelfall vereinheitlicht und so konvertiert, dass sie ANSI-ISO SQL-Standard konform sind. Für den Bereich der semantischen Transformationen ist das Bereinigen von inhaltlich sinnlosen Feldinhalten zu nennen. Darüber hinaus gehört aber auch die Behebung von Inkonsistenzen hinzu, die erst durch die Kombination von mehreren Feldern erkennbar ist. Ebenfalls ist das Auflösen von semantisch überladenen Feldern zu dieser Kategorie zu zählen. Eine weitere Aufgabe ist das Beseitigen von Synonymen und Homonymen. Anschliessend werden im Rahmen der Transformation umfangreiche Integrationen und Konsolidierungen durchgeführt. Diese Phasen des Bereinigens und der Integration sind jedoch nicht separierbar, da viele Bereinigungen erst nach der Integration mehrerer Feldinhalte vollzogen werden können. Es ergibt sich in der Regel ein zyklischer Prozess mit Bereinigungs-, Integrations-, Prüfungs- und Konsolidierungsschritten. Das Ergebnis dieses Zykluses sind lokal abgebildete Strukturen, die der Zielstruktur des Data Warehouse entsprechen. Diese sind z.T. strukturell sehr komplex.

Zusätzliche Komplexität wird durch die Notwendigkeit des Synchronisierens in diesen Prozesschritt eingebracht. Es bestehen starke zeitliche und sachlogische Abhängigkeiten zwischen vielen Aktivitäten dieses Transformationsprozesses. Diese gilt es möglichst kosten-, zeit- und risikooptimal aufzulösen. Gerade in komplexen Data Warehouse-Umgebungen kann dies oft nur heuristisch gelöst werden.

Nach Abschluss der Transformationen können die entstandenen komplexen "Datenobjekte" in die entsprechenden Data Warehouse-Strukturen geladen werden.

Bei Betrachtung des gesamten ETL-Prozesses lässt sich feststellen, dass dieser nicht nur in die drei oben beschriebenen Bereiche Extraktion, Transformation und Laden eingeteilt werden kann, sondern sich diese wiederum in kleinere Prozessbereiche untergliedern, die eigene Prozesspeicher aufweisen. Diese sind mit den entsprechenden Prozesschritten bestückt und so logisch gekoppelt. Dieses Strukturmuster weist grosse Ähnlichkeiten mit der Struktur eines Workflow auf.

6 Abbildung des ETL-Prozesses als Workflow

Wie oben dargelegt, ist Flexibilität eine Hauptanforderungen an ein Data Warehouse. Im Bereich der Datenbereitstellungsflexibilität wird diese massgeblich von der Ausgestaltung und Art der Durchführung des ETL-Prozesses beeinflusst. Primäres Ziel eines Workflow ist die Steuerung von (Geschäfts-)Prozessen.

Die Workflow Management Coalition definiert einen Workflow als "vollständig oder teilweise automatisierten Geschäftsprozess, während dessen Ausführung Dokumente, Informationen oder Aufgaben, von einem Prozessteilnehmer zum nächsten gereicht werden, um an diesen Aktionen auszuführen, die auf Grundlage von prozeduralen Regeln definiert sind" (Workflow Management Coalition 1996). Die Definition und auch die Steuerung dieser automatisierten Prozesse wird anhand von Prozessmodellen vorgenommen. Hierdurch wird eine grösstmögliche Flexibilität in Bezug auf die Prozessentwicklung und -steuerung erreicht.

Es erscheint also lohnend, sich die Flexibilitätsvorteile eines Workflow Management-Systems für den Entwurf und die Steuerung des ETL-Prozesses nutzbar zu machen (vgl. bspw. Bouzeghoub et al. 1999). Um die Anwendbarkeit eines Workflow bzw. einer Workflowsteuerung für den ETL-Prozess zu demonstrieren, gilt es, dessen Metamodell auf für einen Workflow essentielle Elemente zu überprüfen. Beispielhaft werden in diesem Zusammenhang ereignisgesteuerte Prozessketten (EPK) zur Modellierung des ETL-Prozesses genutzt. Diese Modellierungsmethode ist in der Praxis weit verbreitet und soll deshalb hier zur Anwendung kommen. Inhaltlich sind andere Prozessmodellierungsmethoden wie bspw. Petri Netze oder Vorgangskettendiagramme in diesem Kontext als gleichwertig anzusehen. Sie weisen z.T. ineinander überführbare Metamodelle auf.

Das wesentliche Kennzeichen eines Workflow ist die Bearbeitungsreihenfolge der zu einem Prozess gehörenden Funktionen. Die Reihenfolge der Bearbeitung (auch: Kontrollfluss) ergibt sich durch inhaltliche oder zeitliche Abhängigkeiten. Diese Abhängigkeiten werden durch Ereignisse ausgedrückt. Für den Bereich der ETL-Prozesse sind dies definierte Zustände von Datenobjekten oder zeitbezogene Ereignisse. Sie können folglich sowohl Auslöser oder Ergebnis von Funktionen sein. Boolsche Verknüpfungsoperatoren befriedigen die bestehenden Anforderungen im Bereich der Kombinatorik für Ereignisse. Die beschriebenen Zusammenhänge werden in Abb. 6 verdeutlicht.

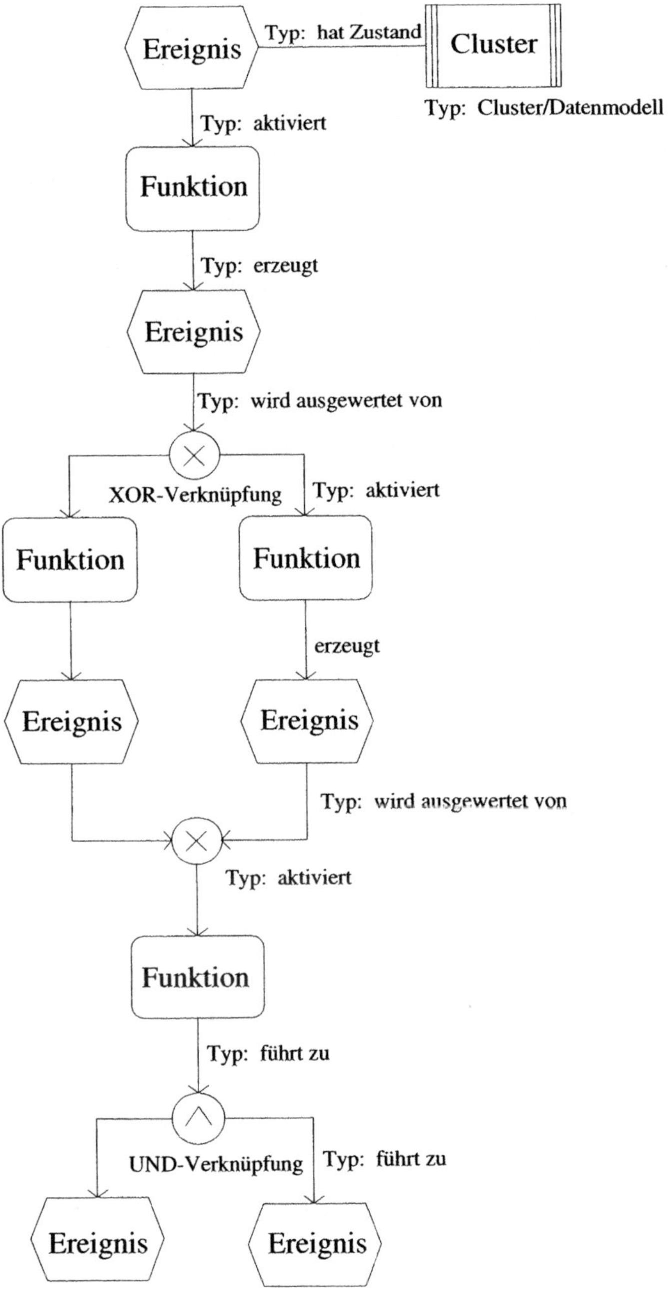

Abb. 6 Objekttypen einer ereignisgesteuerten Prozesskette mit Kontrollfluss

7 ETL Workflow-Schema

Das ETL-Workflow Schema ist eine am ETL-Prozess orientierte Instanz eines allgemeinen Prozessmodells. Er umfasst folgende wesentliche Komponenten:

- ETL-Prozesskontext

  Der ETL-Prozesskontext grenzt den im Schema beschriebenen Realitätsausschnitt von seiner Umwelt ab. Dies geschieht bei Verwendung der ereignisgesteuerten Prozesskette durch Ereignisse. Sie fungieren als Schnittstellen, die eine Synchronisation und Kommunikation des ETL-Prozesses mit externen Prozessen (auch: Umweltobjekte) ermöglichen. Diese Umweltobjekte sind alle Quellen und Senken von Kontrollinformationen sowie Nutzdaten, insb. die Prozesse in den operativen Systemen und dem Basis-Data Warehouse. Die Beziehungen des ETL-Prozesses mit seiner Umwelt können bidirektional sein. Auslösende Ereignisse können die Informationsweitergabe von anderen Prozessen an den ETL-Prozess unterstützen. Ereignisse, die das Ergebnis von ETL-Funktionen sind, ermöglichen die Synchronisation und Kommunikation in der entgegengesetzten Richtung. In Abb. 7 wird das oben erläuterte anhand eines real existierenden ETL-Teilprozesses verdeutlicht.

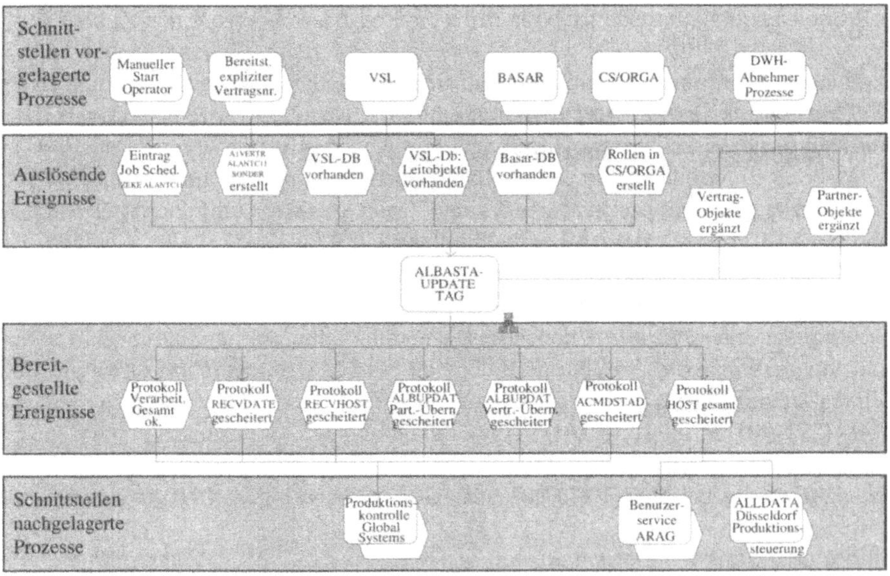

Abb. 7 Prozesskontext des ETL-Teilprozesses „Allabasta Update (Tag)“ (Praxisbeispiel)

- ETL-Prozesskette
  Die ETL-Prozesskette ist der Ablaufplan des ETL-Prozesses. Sie dokumentiert, welche Funktionen innerhalb des betreffenden ETL-Teilprozesse durch welche Ereignisse in welcher Art und Weise gekoppelt sind. Somit sind aus der Prozesskette alle Zustände des ETL-Prozesses in Form von Ereignissen ersichtlich.
  Ereignisse innerhalb der ETL-Prozesskette können sowohl Kontroll- als auch Nutzdaten repräsentieren. Die ETL-Prozesskette beschreibt folglich den gesamten Nutz- und Kontrolldatenfluss.
  Im Anhang ist beispielhaft eine ETL-Prozesskette abgebildet. Sie ist der betrieblichen Praxis entnommen und stellt den ETL-Teilprozess, welcher für das tägliche Update Basis-Data Warehouse Daten eines Versicherungsunternehmens zuständig ist, dar.
  Aus der ETL-Prozesskette sind unmittelbar ersichtlich:
  - Alle vorhersehbaren Prozessstörungen
  - Alle Wiederanlaufpunkte nach Prozessabbrüchen
  - Alle Synchronisations- bzw. Asynchronisationspunkte bei der Abstimmung innerhalb von Erzeuger-Verbraucher Systemen
  - Alle ETL-Daten in ihrem aktuellen Bearbeitungszustand
  - Alle ETL-Funktionsfolgen

  Die Ereignisgesteuerte Prozesskette im Anhang A zeigt den ETL-Teilprozess aus Abb. 7 in verfeinerter Darstellung. In dieser Prozesskette sind alle beschriebenen Elemente vorhanden.
- Lokale ETL-Prozessdaten
  Während des Ablaufes des ETL-Prozesses werden immer wieder (oft nur temporäre) Datenbestände aufgebaut. Man bezeichnet diese als lokale Prozessdaten (auch: Staging Area-Daten). Sie werden vom ETL-Prozess produziert und zu einem späteren Zeitpunkt weiterverarbeitet. Zumeist löscht der ETL-Prozess die lokalen Daten nach ihrer Weiterverarbeitung wieder.
- DWH-Ladestruktur
  Die Ladestruktur ist die Datenstruktur, in der die ETL-Daten nach dem Abschluss aller Transformationen und vor Beginn des Ladeprozess vorliegen. Es handelt sich hierbei zumeist um komplexe, hierarchische Datenstrukturen. Sie entsprechen in grossen Teilen thematisch analogen Datenstrukturen im Basis-Data Warehouse.
  Abb. 8 zeigt den zentralen Ausschnitt aus einer komplexen hierarchischen Ladestruktur. Sie stellt die zentralen Aspekte eines Lebenversicherungsvertrages konzeptionell dar. Sie ist aus einem Praxisprojekt entnommen und findet sich auch im zugehörigen Basis-Data Warehouse analog wieder.

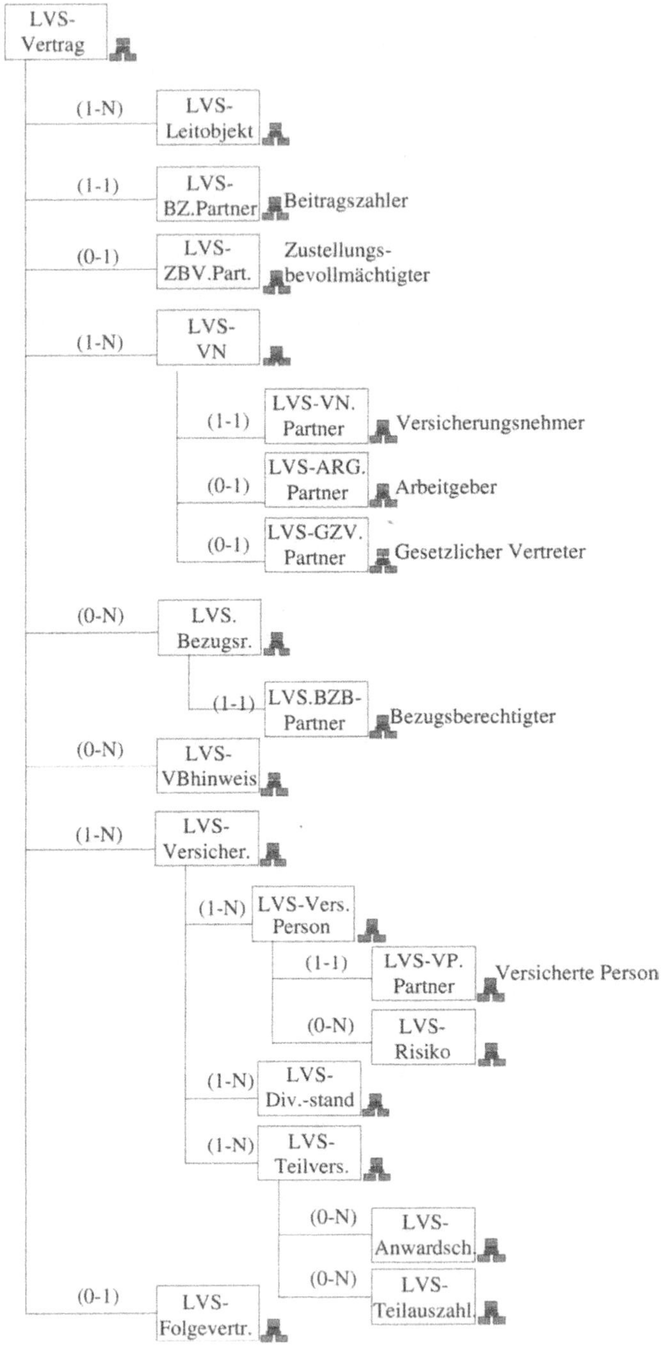

Abb. 8 Ausschnitt aus der lokalen Datenstruktur „Lebensversicherungsvertrag" (Praxisbeispiel)

- Beschreibung der Verarbeitungslogik
  Die Verarbeitungslogik wird für die Funktionen der Prozesskette in Form von strukturiertem Text und/oder Pseudo-Code angegeben. Die ETL-Prozesskette sollte im Normalfall derart detailliert sein, dass die Beschreibung der Verarbeitungslogik nur wenige Zeilen umfasst.

8 Zusammenfassung und Ausblick

Der Beitrag hat die besondere Bedeutung des ETL-Prozesses als Teil des Data Warehousing herausgestellt. Diese entsteht, da der ETL-Prozess die Lücke zwischen den operativen Systemen und dem Data Warehouse schliesst. Er stellt somit im bildlichen Sinn die "Lebensader" des Data Warehouse dar. Je effizienter und flexibler die Datenversorgung des Data Warehouse gestaltet ist, desto geeignetere Informationen kann das Data Warehouse anbieten.

Weiterhin wurde gezeigt, wie der ETL-Prozess durch Workflow-Technologien unterstützt werden kann. Die Flexibilität, die ein Workflow Management-System bieten kann, birgt auch bedeutende Potentiale für den ETL-Prozess. Um die Eignung des Workflow-Paradigmas für die Unterstützung von ETL-Prozessen zu untersuchen, wurde ein Abgleich zwischen den Charakteristika eines ETL-Prozesses und den Anforderungen eines Workflow vorgenommen. Das Ergebnis dieses Abgleichs wurde in einem ETL Workflow-Schema aufbereitet.

Die Realisierung eines ETL-Prozesses mit Workflow-Unterstützung ist jedoch noch nicht Realität. Hierzu sind insb. im Bereich der aktiven Verwendung von Metadaten noch einige Weiterentwicklungen vorzunehmen. Das Ziel, die Ermöglichung einer flexibleren Anpassung der Informationsversorgung des Data Warehouse, lässt derartige Bemühungen lohnend erscheinen.

Literatur

Bouzeghoub, M., Fabret, F., Matulovic-Broqué, M.: Modeling the Data Warehouse Refreshment Process as a Workflow Application. In: Gatziu, S. et al. (Hrsg.): Proceedings of the International Workshop on Design and Management of Data Warehouses (DMDW'99). Swisslife/Rentenanstalt: Zürich 1999, 6.1-6.12.

Codd, E.F., Codd, S.B., Salley, C.T.: Providing OLAP (On-Line Analytical Processing) to User Analysts - An IT Mandate. http://www.aborsoft.com/essbase/wht_ppr/coddTOC.html, Stand: 15.2.1999, 1993.

Gardner, S.R.: Building the Data Warehouse. In: Communications of the ACM, 41. Jg., Nr. 9, 52-60 (1998).

Gupta, A., Mumick, I.S.: Maintenance of Materialized Views - Problems, Techniques, and Applications. IEEE Data Engineering Bulletin, Special Issue on Materialized Views and Warehousing, 18. Jg., Nr. 2, 3-18 (1995).

Hull, R., Zhou, G.: A Framework for Supporting Data Integration Using the Materialize and Virtual Approaches. In: Proceedings of ACM SIGMOD Intl. Conference Management of Data 1996, 481-492.

Inmon, W. H.: Building the Data Warehouse. 2. Aufl., John Wiley & Sons: New York et al. 1996.

Jung, R.: Reverse Engineering. Deutscher Universitäts Verlag: Wiesbaden 1998.

Jung, R., Schwarz, S.: Deploying the Business Case to Reduce the Risk of Large Scale Data Warehousing. In: Proceedings of IRMA 2000, Anchorage, AL 2000.

Jung, R., Winter, R.: Data Warehousing: Nutzungsaspekte, Referenzarchitektur und Vorgehensmodell.In: Jung, R., Winter, R. (Hrsg.): Data Warehousing Strategie. Springer: Berlin, Heidelberg 2000, siehe Beitrag in diesem Band.

Kimball, R., Reeves, L., Ross, M., Thornthwaite, W.: The Data Warehouse Lifecycle Toolkit. John Wiley & Sons: New York et al. 1998.

Martin, W.: Data Warehouse, Data Mining und OLAP - Von der Datenquelle zum Informationsverbraucher. In: Martin, W. (Hrsg.): Data Warehousing - Data Mining – OLAP. ITP: Bonn 1998, 17-37.

Rockart, J.F.; De Long, D. W.: Executive Support Systems - The Emergence of Top Management Computer Use. Dow Jones-Irwin: Homewood 1988.

Scheer, A.-W.: Data Warehouse und Data Mining: Konzepte der Entscheidungsunterstützung. In: Management & Computer, 4. Jg., Nr. 1, 74-75 (1996)

Schwarz, S.: Organisationskonzepte im Data Warehousing. Arbeitsbericht BE HSG/CC DWS/02 des Instituts für Wirtschaftsinformatik der Universität St. Gallen 1999.

Schwarz, S.: Integriertes Metadatenmanagement - Ein Überblick. In: Jung, R., Winter, R. (Hrsg.): Data Warehousing Strategie. Springer: Berlin, Heidelberg 2000, siehe Beitrag in diesem Band.

The Workflow Management Coalition: Specification of the Workflow Management Coalition. Terminology & Glossary, Document Number WFMC-TC-1011, Document Status - Issue 3.0, http://www.aiim.org/wfmc/standards/docs/glossy3.pdf, Stand: 19.10.1999, 1999.

Massnahmen und Konzepte zur Sicherung der Datenqualität

Markus Helfert

1 Einleitung

Die Datenqualitätssicherung eines Data Warehouse ist ein entscheidender Erfolgsfaktor von Data Warehousing-Projekten. Daten bilden die Basis für Analysen und Auswertungen des Data Warehouse. Qualitativ hochwertige und somit geeignete Auswertungen sind nur auf Grundlage korrekter und den Anforderungen entsprechender Daten zu erreichen, woraus sich die hohe Bedeutung von Aspekten der Datenqualität ergibt.

Beim Data Warehousing ist es zunächst notwendig, aus den Anforderungen der Benutzer entsprechende Qualitätsanforderungen an die Daten abzuleiten. Erst so können Qualitätsdefizite erkannt und entsprechende Reaktionen eingeleitet werden. Zur Sicherung der Datenqualität sind Massnahmen und Konzepte, wie beispielsweise Organisationskonzepte, Abläufe und Methoden zu entwickeln und umzusetzen sowie geeignete Werkzeuge auszuwählen. Langfristig können qualitativ hochwertige Daten ausschliesslich durch eine umfassende Berücksichtigung von Datenqualitätsaspekten beim Gesamtprozess Data Warehousing erreicht werden.

Diese Konzepte und Massnahmen sollen im folgenden zusammenfassend dargestellt werden. Ausgehend von einer allgemeinen Begriffsabgrenzung für Datenqualität werden Aspekte der Datenqualität im Kontext des Data Warehousing betrachtet. Anschliessend werden Ansätze eines methodenbasierten Qualitätsmanagements vorgestellt, wobei ausgehend von der Definition und den Qualitätsmessungen mögliche Ursachen mangelnder Datenqualität auf Basis von entsprechenden Analysemethoden abgeleitet werden. Abschliessend werden Ansätze zur Verbesserung der Datenqualität erläutert und ein Überblick über verfügbare Werkzeuge gegeben.

2 Datenqualität

2.1 Begriffsabgrenzung

In der Literatur finden sich zahlreiche Ansätze zur Bestimmung und Beschreibung von Daten- und Informationsqualität (vgl. hierzu u.a. Wand, Wang 1996, S. 92; Tayi, Ballou 1998, S. 56; Huang et al. 1999, S. 43). Es können verschiedene Sichtweisen des Qualitätsbegriffes unterschieden werden (vgl. Münzer 1995, S. 22 f). Eine anwenderbezogene Sichtweise stellt den Anwendungsnutzen in den Vordergrund. Daten, die die Informationsbedürfnisse des Anwenders am Besten erfüllen, sind qualitativ hochwertig. Die produktbezogene Sichtweise definiert Qualität über explizite Eigenschaften der Daten bzw. des Informationsprodukts. Wird dagegen der Herstellungsprozess zur Qualitätsbestimmung verwendet, so ergibt sich eine prozessorientierte Sichtweise. Datenqualität wird durch den Prozess der Informationsproduktion bestimmt. Mit Hilfe einer systemtheoretischen Sichtweise, deren Basis die Systemabbildung ist, findet sich ein weiterer Ansatz zur Definition von Datenqualität. Zur Begriffsabgrenzung und zur Verdeutlichung der Komplexität von Datenqualitätsaspekten sollen im folgenden die systemtheoretische und die anwenderbezogene Sichtweise näher dargestellt werden.

Datenqualität im Rahmen des systemtheoretischen Ansatzes wird als Übereinstimmung zwischen einem Informationssystem und einem Realsystem definiert (vgl. Orr 1998, S. 67). Der Status sowohl des Realsystems, als auch des Informationssystems ist durch Zustände zu beschreiben. Im Sinne des systemtheoretischen Ansatzes bilden Informationssysteme mit qualitativ hochwertigen Daten die Zustände des Realsystems vollständig, eindeutig und korrekt ab. Jedem Zustand im Informationssystem ist ein aussagekräftiger Zustand des Realsystems zugeordnet (vgl. Huang et al. 1999, S. 36-40). Aufgrund der subjektiv beeinflussten Systemabbildung wird diese, auf den ersten Blick formale Begriffsabgrenzung, von subjektiven Aspekten aufgeweicht (vgl. Gardyn 1997, S. 278) und ist so für eine objektive Datenqualitätsdefinition wenig geeignet.

Anforderungen, die Datenbezieher an Daten stellen, bilden die Grundlage für eine anwenderbezogene Sichtweise. Im Rahmen dieser Sichtweise definiert sich Datenqualität als eine subjektive Eigenschaft der Daten. Diese Sichtweise begründet die Norm DIN ISO 8402, die Qualität als die Gesamtheit von Merkmalen einer Einheit bezüglich ihrer Eignung, festgelegte und vorausgesetzte Erfordernisse zu erfüllen beschreibt. Neben dieser Norm, findet die anwenderbezogene Sichtweise Eingang in die amerikanischen Literatur, in der Datenqualität als „fitness for purpose" oder „fit for use" definiert wird (vgl. Shanks, Danke 1998, S. 294; Huang et al. 1999, S. 43). Hier wird offensichtlich die subjektive Zweckorientierung zum Ausdruck gebracht.

Die anwenderbezogene Qualitätsabgrenzung drückt die geforderte Subjektorientierung beim Data Warehousing aus (vgl. Inmon 1992, S. 29) und stellt so eine geeignete Begriffsbasis zur Festlegung von Datenqualität beim Data Warehousing dar. Daher soll diese als Definitionsgrundlage Verwendung finden. Aufbauend auf der anwenderbezogenen Sichtweise umfasst Datenqualität beim Data Warehousing die Gesamtheit von Merkmalen der im Data Warehouse zur Verfügung gestellten Daten bezüglich deren Eignung, die Ziele des Data Warehousing zu unterstützen. Insbesondere sollen durch qualitativ hochwertige Daten, die im Unternehmen ablaufenden Informationsprozesse unterstützt werden. Auf Grundlage dieser Definition werden im folgenden relevante Merkmale von qualitativ hochwertigen Daten klassifiziert und verdeutlicht.

2.2 Datenqualitätsmerkmale

Allgemein ist ein Qualitätsmerkmal eine an einem Qualitätsobjekt festzustellende qualitative oder quantitative Eigenschaft, durch die gleichartige Qualitätsobjekte unterschieden werden können und die für die Messung, Beurteilung und Bewertung der Qualität herangezogen werden kann (vgl. Schwarze, 1998, S. 280). Für Datenqualität werden als wichtige Merkmale Relevanz (relevancy), Genauigkeit (accuracy), Vollständigkeit (completeness), Widerspruchsfreiheit (consistency), Anwendungsbezug (context), Interpretierbarkeit (interpretability), Zugriffsmöglichkeit (access) und Sicherheit (security) sowie der zeitliche Bezug (timeliness) genannt (vgl. Huang et al. 1999, S. 43; Wand, Wang 1996, S. 92; Münzer 1995, S. 29).

Diese, häufig auch in empirischen Studien genannten Qualitätsmerkmale können systematisiert und in vier Kategorien eingeteilt werden (vgl. Huang et al. 1999, S. 43). Die einzelnen Kategorien sind zusammenfassend in Tab. 1 dargestellt, wobei zur Verdeutlichung beispielhaft einige Merkmale von Datenqualität genannt werden.

Die Kategorie der inneren Datenqualität fasst Qualitätsmerkmale zusammen, die Daten aus ihrer Art heraus besitzen. In diese Kategorie fallen Qualitätsmerkmale wie Genauigkeit, Objektivität, Glaubwürdigkeit und Vertrauenswürdigkeit. In der Kategorie der kontextabhängigen Datenqualität werden Merkmale der Daten klassifiziert, die aus dem Anwendungszusammenhang resultieren. Relevanz, Vollständigkeit, Anwendungsbezug und der zeitliche Bezug sind neben Informationsgehalt die Merkmale dieser Kategorie. In der Kategorie der Darstellungsqualität werden Qualitätsmerkmale zusammengefasst, die aus der Darstellung der Daten entstehen. Interpretierbarkeit, Widerspruchsfreiheit, knappe Datendarstellung und Verständlichkeit sind Merkmale dieser Kategorie. Zugriffsmöglichkeit und Sicherheit werden in der Kategorie Zugangsqualität zusammengefasst.

Kategorie	**Merkmale von Datenqualität**
Innere Datenqualität	Genauigkeit, Objektivität, Glaubwürdigkeit, Vertrauenswürdigkeit
Kontextabhängige Datenqualität	Relevanz, Vollständigkeit, Anwendungsbezug und zeitlicher Bezug, Informationsgehalt
Darstellungsqualität	Interpretierbarkeit, Widerspruchsfreiheit, knappe Darstellung, Verständlichkeit
Zugangsqualität	Zugriffsmöglichkeit, Sicherheit

Tab. 1 Datenqualitätskategorien (vgl. Huang et al. 1999, S. 43)

Eine ähnliche Gliederung klassifiziert Qualitätsmerkmale in den pragmatischen Charakter, die inhaltliche Bedeutung sowie die strukturellen, technischen Eigenschaften von Daten (vgl. Shanks, Darke 1998, S. 300 ff.; Münzer 1995, S. 30). Die erste Merkmalsgruppe nimmt Bezug auf die Verwendungseignung und die Wirkung von Daten in konkreten Anwendungssituationen. Die zweite Merkmalsgruppe ist semantisch geprägt und bezieht sich auf das Verhältnis zwischen den zugrunde gelegten Sachverhalten und den sie beschreibenden Daten. Die letzte Kategorie bezieht sich auf die technische und syntaktische Ebene.

Die aufgezeigten Klassifikationsansätze stellen ausschliesslich einen Ausschnitt vorhandener Ansätze dar und sollen zur Verdeutlichung der Qualitätsmerkmale dienen. Eine weitere Einteilung findet sich beispielsweise in (Jarke, Vassiliou 1997, S. 303).

3 Datenqualität beim Data Warehousing

Bei zahlreichen empirischen Untersuchungen werden regelmässig Aspekte der Datenqualität als ein Hauptproblem für ein erfolgreiches Data Warehousing genannt (vgl. Kay 1997, S. 5; Martin 1998, S. 31). Vielfach scheitern Data Warehousing-Projekte aufgrund von Problemen der Datenqualität, indem gestellte Anforderungen, insbesondere an die Aussagekraft der Daten, nicht oder nur teilweise erfüllt werden können. Schätzungen gehen dahin, dass der Aufwand für die Extraktion, das Bereinigen und die Transformation der Quelldaten bis zu 70% der gesamten Data Warehousing-Projektdauer betragen kann (vgl. Soeffky 1999, S. 8). Häufig begründet sich die mangelnde Datenqualität weniger in technischen als in organisatorischen und methodischen Defiziten.

Unzureichende Datenqualität beim Data Warehousing führt neben dem zusätzlichen Aufwand für ein nachträgliches Bereinigen der Daten zu Akzeptanzproblemen des Data Warehouse, mangelnder Unterstützung der operativen Geschäftsprozesse sowie Falschbeurteilungen und somit unzureichenden Entscheidungen. Unternehmensinterne Akzeptanzschwierigkeiten des Data Warehouse ergeben sich durch falsche Daten und unglaubwürdige Berichte, die häufig nicht die erwartete Aussagekraft haben. Die Verwendung falscher Kundeninformationen kann zu Kundenbeschwerden und Kundenabwanderungen führen, so dass unzureichende Daten des Data Warehouse häufig für ein Kundenbeziehungsmanagement ungeeignet sind. Kundensegmente und Verkaufspotentiale werden falsch eingeschätzt sowie Kosten- und Rentabilitätsberechnungen auf falscher Zahlenbasis begründet. Die Ansammlung unerwünschter Risiken kann durch Fehlentscheidungen auf Grundlage unzureichender Daten entstehen.

Konventionellen Ansätzen zur Datenqualitätssicherung bei transaktionsorientierten Systemen lassen sich auf das Data Warehousing übertragen, jedoch ergeben sich aufgrund der Subjektorientierung, der Integration unterschiedlicher Datenbestände sowie der Zeitorientierung und der Nicht-Volatilität einige Besonderheiten (vgl. Inmon 1992, S. 29). Getrennte transaktionsorientierte Systeme werden zu einer einheitlichen Datenbasis zusammengefasst und unterschiedlichen Benutzergruppen zugänglich gemacht. Für unterschiedliche Standards und Dateninterpretationen, die in voneinander unabhängigen Systemen verwendet werden, erfolgt eine Vereinheitlichung durch ein Data Warehouse. Dynamische Änderungen der Datenmodelle und Datenbeschreibungen erfordern bei einer zeitraumbezogenen Datenhaltung andere Konzepte als bei zeitpunktbezogenen operativen Systemen.

Aufgrund der mangelnden Fundierung von Konzepten und Massnahmen zur Sicherstellung der Datenqualität und den in zahlreichen Projekten erkennbaren Problemen wird derzeit am Institut für Wirtschaftsinformatik der Universität St. Gallen ein Konzept zur Sicherstellung der Datenqualität beim Data Warehousing entwickelt. Dieses soll im folgenden im Überblick dargestellt werden.

4 Ein Ansatz zur Sicherung der Datenqualität

4.1 Datenqualitätsmanagement

Zur Entwicklung eines Ansatzes zur Sicherung der Datenqualität beim Data Warehousing soll zunächst der Begriff des Qualitätsmanagements abgegrenzt und ein aus dem Produktionsbereich übernommener Ansatz aufgezeigt werden. Aufbauend auf diesen Grundlagen, wird der Ansatz des methodenbasierten Datenqualitätsmanagements, das derzeit an der Universität St. Gallen entwickelt wird, vorgestellt.

Nach DIN ISO 9000 ist Qualitätsmanagement derjenige Aspekt der Gesamtführungsaufgabe, welcher die Qualitätspolitik festlegt und zur Ausführung bringt (vgl. Schwarze 1998, S. 277). Hierzu gehören sämtliche Elemente, die zur Bewirtschaftung der Qualität verwendet werden (vgl. Seghezzi 1996, S. 160), wie beispielsweise eine Aufbauorganisation mit Regelungen von Verantwortlichkeiten, die Ablauforganisation, einzuhaltende Standards und Normen sowie Massnahmen, Werkzeuge und Hilfsmittel des Qualitätsmanagements (vgl. Schwarze 1998, S. 281). In Anlehnung an diese Definition legt ein Datenqualitätsmanagement für das Data Warehousing die Qualitätspolitik für das Data Warehousing fest und bringt diese zur Ausführung. Aussagen über die Ausgestaltung der Qualitätspolitik und den Elementen die zur Bewirtschaftung der Datenqualität verwendet werden, sind zu bestimmen.

Der ursprünglich aus der Produktion stammende Ansatz des Total Quality Management wurde auf Aspekte der Datenqualität übertragen (vgl. Wang 1998, S. 59). Kernpunkte des Total Quality Management (TQM) Ansatzes sind die Verankerung der Qualitätsüberzeugung in die Unternehmenskultur und die Anwendung von Prinzipien und Methoden. Die Qualitätsverbesserung wird durch einen kontinuierlichen Prozesskreislauf aus den Prozessen Definieren, Messen, Analysieren und Verbessern erreicht. Zunächst werden Qualitätsdimensionen identifiziert und Qualitätsziele abgeleitet. Ein Messsystem, das Messwerte den Qualitätsdimensionen zuordnet, operationalisiert die Qualitätsziele und misst die realisierte Datenqualität. Bei Abweichungen zwischen der vorhandenen Datenqualität und den Qualitätszielen, werden deren Ursachen analysiert und Verbesserungsmassnahmen abgeleitet. Dieser kontinuierliche Verbesserungsprozess ist in Abb. 1 schematisch dargestellt.

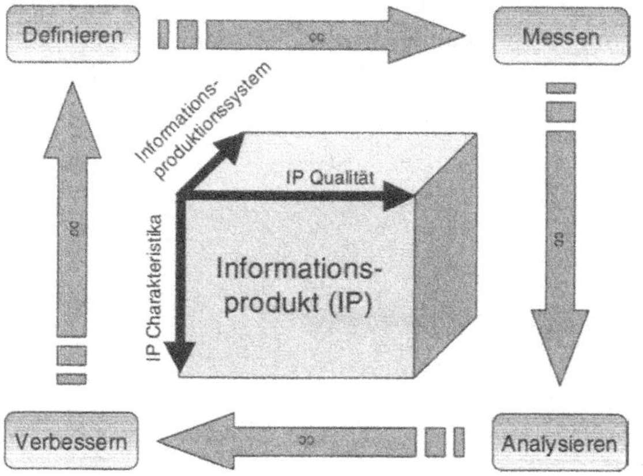

Abb. 1 Prozesskreislauf nach TQM (vgl. Wang 1998, S. 60)

Hierauf aufbauend entwickelt *English* eine Vorgehensweise zur kontinuierlichen Verbesserung der Datenqualität (vgl. English, 1999, S. 70 ff.). Kernprozesse des Ansatzes sind die Definition und die Festlegung von Datenqualitätsanforderungen, die Datenqualitätsbestimmung, die Kostenbewertung nicht qualitativer Daten, die Datenbereinigung und -umstrukturierung sowie die Verbesserung der Informationsprozessqualität. Langfristig soll der Wert qualitativer Daten durch Schaffung einer Datenqualitätskultur im Unternehmen bewusst vermittelt werden. Daten sollen nicht mehr als Nebenprodukt der Geschäftsprozesse verstanden, sondern als notwendige Ressource für Informationsprozesse gesehen werden. Eine Übersicht dieser Vorgehensweise findet sich in Abb. 2.

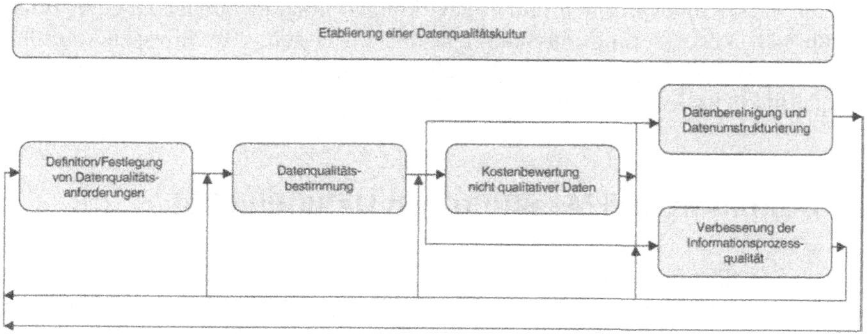

Abb. 2 Total Data Quality Management (vgl. English 1999, S. 70)

Ein Datenqualitätsmanagement umfasst, neben der von *English* dargestellten Vorgehensweise, eine Aufbauorganisation sowie unterstützende Methoden und Werkzeuge. Daher wird dieser Ansatz durch das methodenbasierte Datenqualitätsmanagement weiterentwickelt. Das methodenbasierte Datenqualitätsmanagement verankert die Ablauforganisation, bestehend aus den Prozessen Definieren, Messen, Analysieren und Verbessern, in einer Aufbauorganisation. Durch entwickeln geeigneter Methoden und Empfehlungen für Standards und Normen, wird das Datenqualitätsmanagement methodisch unterstützt. Im Überblick ist das methodenbasierte Datenqualitätsmanagement in Abb. 3 abgebildet.

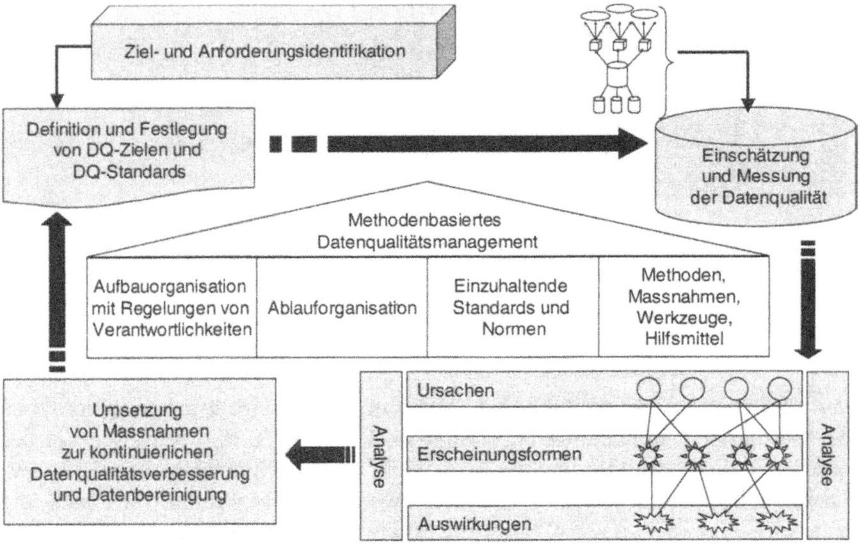

Abb. 3 Methodenbasiertes Datenqualitätsmanagement

Im folgenden werden zunächst Ansätze zur Definition von Datenqualitätszielen und zur Messung der Datenqualität aufgezeigt. Ein Analyserahmen begründet Ursachen, Erscheinungsformen und Auswirkungen unzureichender Datenqualität, wodurch sich Verbesserungsmassnahmen ableiten lassen. Abschliessend werden in einem Überblick die auf dem Markt befindlichen Werkzeuge zur Sicherung der Datenqualität beim Data Warehousing dargestellt.

4.2 Definition und Messung von Datenqualität

Zur Operationalisierung von Qualitätszielen und der Messung vorhandener Datenqualität ist ein Messsystem notwendig, welches durch Qualitätsmerkmale und Qualitätsmessungen beschrieben wird. Qualitätsmessungen finden durch Zuordnung von Qualitätswerten zu den Qualitätsmerkmalen statt (vgl. Jeusfeld et al. 1999, S. 10). Die Anwendung eines Messsystems ermöglicht es

- Qualitätsziele zu definieren,
- Aussagen über die vorhandene Datenqualität zu treffen sowie
- durchgeführte Verbesserungsmassnahmen zu bewerten.

Zur Unterstützung dieser Anforderungen wäre ein objektives Messsystem notwendig, das anhand von Qualitätsmerkmalen Datenqualitätsziele operationalisiert und den Grad der Erreichung festgelegter Qualitätsziele objektiv misst. Die Eignung der Daten und somit die Datenqualität hängt aber von subjektiven Qualitätsanforderungen ab, so dass leider kein universell anwendbares Messsystem existieren kann. Die Dateneignung bestimmt sich häufig über den konkreten Anwendungszweck, so dass Datenqualität meist ausschliesslich anwendungsabhängig bestimmbar ist.

Es finden sich unterschiedliche Ansätze zur Messung von Datenqualität (vgl. Koamea 1994, S. 2). Einerseits kann Datenqualität mit Hilfe subjektiver Wahrnehmungen der Datenbezieher gemessen werden. Andere Ansätze entwickeln ein Messsystem anhand innerer Datenqualitätsmerkmale, wie beispielsweise Vollständigkeit und Korrektheit. Bei diesen scheinbar objektivierbaren inneren Datenqualitätsmerkmalen findet sich jedoch keine einheitlich, objektivierbare Definition. Die Definition der Qualitätsmerkmale und ein daraus entwickeltes Messsystem ist meist intuitiv von der konkreten Situation abgeleitet.

Huang et al. schlagen ein aus drei Kategorien bestehendes Messsystem vor (vgl. Huang et al. 1999, S. 60). Subjektive Einschätzungen der Datenqualität werden durch ein subjektives Messsystem, bestehend aus einem zielgerichteten Fragebogen erfasst. Durch Befragung der Datenbezieher soll dieser Fragebogen die Qualitätseinschätzung erfassen. Ein objektives, anwendungsunabhängiges Messsystem ermittelt die Datenqualität anhand quantifizierbarer, objektiver Variablen. Als Beispiel objektiver Variablen werden Datenqualitätsmerkmale wie Korrektheit, Vollständigkeit, Widerspruchsfreiheit und Aktualität genannt. Jedoch ist, wie beispielsweise das Datenqualitätsmerkmal Vollständigkeit zeigt, deren anwendungsunabhängige Objektivierbarkeit fraglich. Als dritte Klasse wird ein anwendungsabhängiges Messsystem vorgeschlagen, welches die Qualität mit Hilfe anwendungsabhängiger Variablen misst. Dieses misst die Datenqualität anhand von bereichsspezifischen Variablen und benötigt konkretes Wissen über Daten, deren Anwendungsbereiche und Formate.

Eine Möglichkeit der automatisierten Datenqualitätsmessung findet sich durch eine Variante des GQM-Ansatzes (vgl. Jeusfeld et al. 1999) und basiert auf einer formalen Repräsentation formulierter Qualitätszielen (Goals) und den Abfragen (Questions) zur Bestimmung der Datenqualität.. Ein methodisches Vorgehen bei der Qualitätsmessung (Metric) soll zu objektiven Messergebnissen führen. Die automatisierte Messung wird durch formale Abbildung der Messverfahren in einer angereicherten Metadatenbank erreicht. Durch die formale Repräsentation sind jedoch nicht alle Qualitätsziele operationalisierbar.

Aufgrund der oben dargestellten Unzulänglichkeiten bestehender Ansätze zur Gestaltung und Entwicklung von Messsystemen wird an zur Zeit eine Methode zur Erstellung anwendungsabhängiger Messsysteme entwickelt. Im Gegensatz zur Entwicklung eines allgemeingültigen Messsystems hat die Entwicklung einer Methode den Vorteil, die jeweiligen anwendungsspezifischen und unternehmensindividuellen Besonderheiten berücksichtigen zu können und Hilfestellungen zur Messsystementwicklung zu bieten. Die Integration des Messsystems in das Metadatenmanagement wird bei der methodischen Entwicklung des Messsystems berücksichtigt und ermöglicht so eine weitgehend automatisierte Datenqualitätsmessung.

Anhand der oben beschriebenen Datenqualitätskategorien und den zugeordneten Qualitätsmerkmalen lassen sich bestimmte grundlegende Messmethoden identifizieren, die je nach anwendungsspezifischen und unternehmensindividuellen Besonderheiten anzupassen sind. Zur Messung der inneren Datenqualität eignet sich die Datenanalyse, die Daten beispielsweise auf syntaktische Korrektheit, Widerspruchsfreiheit und Einhaltung von Konsistenzbedingungen untersucht. Die kontextabhängige Datenqualität, die die Relevanz, Vollständigkeit und den zeitlichen Bezug der Daten in konkreten Anwendungssituationen misst, kann durch eine Anwendungsanalyse gemessen werden. Eine Interpretationsanalyse untersucht die Darstellungsqualität der Daten, die die Verwendung konsistenter Datenbeschreibungen und Verschlüsselungen prüft. Die Zugangsqualität der Daten wird durch eine Zugriffsanalyse ermittelt. Hier werden Zugriffsmöglichkeiten sowie Aspekte der Datensicherheit erfasst. Ergebnis der Qualitätsmessung ist ein Qualitätsbericht, der den Qualitätszustand der Daten beschreibt.

Zur Identifikation von Verbesserungsmassnahmen sind Erscheinungsformen, die Merkmale unzureichender Datenqualität darstellen, der zentrale Ausgangspunkt. Erscheinungsformen stellen die Negation der Datenqualitätsmerkmale dar und dienen so der Beschreibung von Kriterien unzureichender Datenqualität. Im folgenden werden die Erscheinungsformen in ein Analyserahmen eingeordnet, welcher zur Entwicklung eines Analyseansatzes dient. Ziel ist es, Beziehungen zwischen Erscheinungsformen, Ursachen und Auswirkungen unzureichender Datenqualität zu erarbeiten.

4.3 Analyse unzureichender Datenqualität

4.3.1 Analyserahmen

Der folgende Abschnitt stellt grob die Beziehungen zwischen Erscheinungsformen, Ursachen und Auswirkungen unzureichender Datenqualität dar und dient so als Grundlage zur Entwicklung eines methodenbasierten Analyseansatzes.

Für das Erkennen unzureichender Datenqualität und zur Auswahl geeigneter Verbesserungsmassnahmen ist es notwendig, für Kategorien von Erscheinungsformen Analysemethoden zu definieren und deren Ursachen zu identifizieren. So können den mit bestimmten Erscheinungsformen in Beziehung stehenden Ursachen systematisch Lösungsansätze zugeordnet werden. Zur wirtschaftlichen Durchführung eines Qualitätsmanagements sind Wirtschaftlichkeitsuntersuchungen notwendig. Diese legen Prioritäten bei der Umsetzung von Verbesserungsmassnahmen fest und benötigen Informationen über Auswirkungen unzureichender Datenqualität sowie den Kosten für Verbesserungsmassnahmen. Während Kosten für Verbesserungsmassnahmen relativ einfach zu beziffern sind, ist die

Bestimmung der Auswirkungen unzureichender Datenqualität und der umgesetzten Verbesserungsmassnahmen aufwendig und häufig nicht lösbar.

Die Zuordnung von Ursachen und Auswirkungen zu Erscheinungsformen ist in Abb. 4 skizziert und begründet die Systematik des methodenbasierten Analyseansatzes. Analysemethoden identifizieren Erscheinungsformen, denen Ursachen und Auswirkungen zugeordnet werden. Ursachen dienen zur Erkennung von Lösungsansätzen. Auswirkungen dienen als Basis von Wirtschaftlichkeitsuntersuchungen. Im folgenden Abschnitt soll, basierend auf diesem Analyserahmen, ein Ausschnitt des methodenbasierten Analyseansatzes erläutert werden.

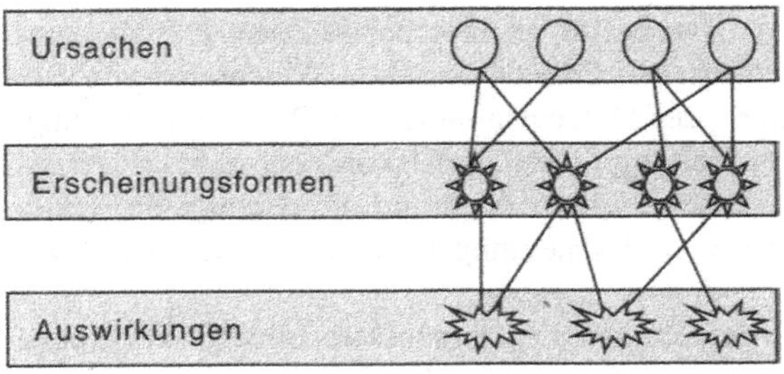

Abb. 4 Analyserahmen unzureichender Datenqualität

4.3.2 Methodenbasierter Analyseansatz

Der im vorhergehenden Abschnitt aufgezeigte Analyserahmen, stellt grobe Zusammenhänge zwischen Ursachen, Erscheinungsformen und Auswirkungen unzureichender Datenqualität dar und schafft so die Grundlage für die Entwicklung eines methodenbasierten Analyseansatzes. Ziel ist es, Lösungsansätze zur Verbesserung der Datenqualität aufgrund von Erscheinungsformen vorzuschlagen und Grundlagen für Wirtschaftlichkeitsuntersuchungen zu schaffen. Ausgehend von den bereits genannten Analysemethoden werden Kategorien von Erscheinungsformen abgeleitet, die ihrerseits auf bestimmte Ursachen zurückzuführen sind. Die Zuordnung von Lösungsansätzen zu den Ursachen unterstützt die Identifikation geeigneter Massnahmen zur Verbesserung der Datenqualität. Die Darstellung von Ergebnissen im Bereich der Wirtschaftlichkeitsuntersuchungen soll im Rahmen dieses Artikels nicht stattfinden.

Im Abschnitt „Definition und Messung von Datenqualität" werden vier grundlegenden Messmethoden

- Datenanalyse,
- Anwendungsanalyse,
- Interpretationsanalyse sowie
- Zugriffsanalyse

genannt. Diese ermitteln anhand von Merkmalen unzureichender Datenqualität Erscheinungsformen. Erscheinungsformen innerer Datenqualität fassen Merkmale zusammen, die Daten an sich besitzen. Hierzu zählen beispielsweise inkorrekte

Werte, syntaktische Fehler, Schlüsselanomalien und das Auftreten von Duplikaten. In der Kategorie der kontextabhängigen Datenqualität, werden die Erscheinungsformen zusammengefasst, die aus der Datenanwendung resultieren. In dieser Kategorie finden sich vor allem Erscheinungsformen der Unvollständigkeit, der Nichtrelevanz und der Nichtaktualität. Ungenügende Dateninterpretationen, wie beispielsweise nicht interpretierbare Schlüsselsysteme und frei verwendete Textfelder, werden in der Kategorie der Darstellungsqualität zusammengefasst. Als vierte Kategorie ergibt sich die Zugangsqualität, die Erscheinungsformen wie Schutzverletzungen und fehlende Zugriffsmöglichkeiten zusammenfasst.

Den vier Kategorien von Erscheinungsformen werden Ursachen unzureichender Datenqualität zugeordnet. Als Ursache für unzureichende Datenqualität kommen die zu lösenden Problembereiche im Rahmen des Data Warehousing in Betracht. So ergeben sich die Bereiche der Datenerfassung, der Datenmodellierung, des Datenprozesses, der Datenbeschreibung, des Zugriffskonzepts und der technische Architektur als prinzipielle Ursachen. In Abb. 5 sind die wichtigsten Beziehungen zwischen den Kategorien von Erscheinungsformen und den Ursachen dargestellt.

Ausgehend von den Ursachen lassen sich Lösungsansätze bilden. Werkzeuge zur Plausibilitäts- und Konsistenzregelprüfung sowie Werkzeuge für den Datenprozess bieten beispielsweise technische Lösungsansätze, die zur Verbesserung von Ursachen im Bereich der Datenerfassung und des Datenprozesses verwendet werden können. Durch Anwenden von Modellierungsstandards und –methoden können die Daten- und Metamodelle sowie die Datenprozesse verbessert werden. Organisationskonzepte für die Aufbau- und Ablauforganisation stellen einer der wichtigsten Ansätze zur Beseitigung von Ursachen unzureichender Datenqualität dar und beziehen sich vorwiegend auf die Datenerfassung, die Datenbeschreibung sowie Zugriffskonzepte. Schnittstellen und technische Standards legen Architekturentscheidungen fest und bestimmen so den technischen Aufbau. In Abb. 5 ist dieser Zusammenhang zwischen Analysemethoden, Erscheinungsformen, Ursachen und Lösungsansätze zusammenfassend dargestellt. Ein Beispiel zur Verbesserung der Datenqualität, die Werkzeugunterstützung, wird im nächsten Abschnitt exemplarisch dargestellt und soll derzeitige technische Lösungsmöglichkeiten verdeutlichen.

4.4 Werkzeuge zur Unterstützung des Datenqualitätsmanagements

Werkzeuge sind zur Unterstützung des Datenqualitätsmanagements wichtig und sollen daher im folgenden kurz dargestellt werden. Der Markt für Data Warehousing Werkzeuge ist vielfältig, wobei einzelnen Anbieter sich häufig auf einen bestimmten Funktionsbereich spezialisieren. Dies lässt sich teilweise auch im Bereich des Datenqualitätsmanagements feststellen, so dass die angebotenen Werkzeuge in Kategorien eingeteilt werden können (vgl. English 1999, S. 312; Neely 1998, S. 313 f.). Hierbei werden

- Auditing-Werkzeuge,

- Werkzeuge zur Erkennung von Geschäftregeln,
- Bereinigungs-Werkzeuge (Cleansing/Transformation),
- Werkzeuge zur Kontrolle bei der Dateneingabe,
- Metadatenmanagement-Werkzeuge sowie
- Migrationswerkzeuge

genannt. Wenngleich diese Klassifizierung als noch unvollständig angesehen werden muss, können dennoch anhand einiger Beispiele die Einsatzmöglichkeiten der Werkzeuge aufgezeigt werden.

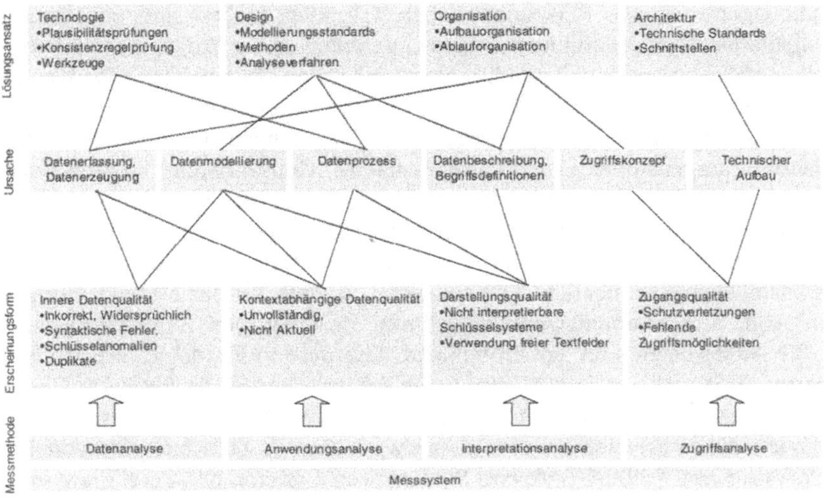

Abb. 5 Methodenbasierte Analyse

Auditing-Werkzeuge überprüfen den Inhalte von Datenfeldern auf Widersprüche, wobei im allgemeinen die Daten mit einer Menge von aufgestellten Geschäftsregeln verglichen werden. Diese Regeln müssen meist explizit definiert werden und beschreiben vor allem die Qualitätsmerkmale Vollständigkeit, syntaktische Korrektheit und Widerspruchsfreiheit. Automatisch generierte Ergebnisberichte dokumentieren entsprechende Regelabweichungen. Beispiele dieser Kategorie sind Quality Manager von Ardent Software, InnovativeAnalyzer von Innovative Systems sowie WizRule von WizSoft.

Zur Generierung entsprechender Geschäftsregeln können Werkzeuge eingesetzt werden. Diese Werkzeuge bilden Regeln, entsprechend in den Daten erkennbarer Beziehungen, ab. Die Regeln werden in Form von Beziehungsbeschreibungen bzw. in Form von Wenn-Dann-Aussagen beschrieben. Beispiele dieser Kategorie sind WizRule von WizSoft, Migration Architect von Evoke Software und die Data Mining Suite von Information Discovery.

Nach der Datenextraktion werden die Daten üblicherweise in einen temporären Speicher geladen, wobei häufig Bereinigungs-Werkzeuge (Cleansing Tools) zur Datentransformation eingesetzt werden. Diese Werkzeuge werden beispielsweise zur Bereinigung von Namen- und Adressendaten verwendet. Neben der Bereinigung entsprechend festgesetzter Regeln, können die zu überprüfenden Daten mit weiteren unabhängigen Datenquellen verglichen und entsprechend bereinigt werden. Die werkzeugbasierte Bereinigung der Daten kann in sieben Aufgabenschritte unterteilt werden (vgl. Neely 1998, S. 314). Zunächst müssen die Daten in atomare Einheiten zerlegt werden. Dieser Aufgabenschritt wird als Parsing bezeichnet. Anschliessend werden die Einheiten entsprechend der im Data Warehouse üblichen Regelungen standardisiert, wobei beispielsweise unterschiedliche Abkürzungen in standardisierte Begriffe überführt werden. Die standardisierten Einheiten können mit bekannten Daten aus anderen Datenquellen verglichen und entsprechend korrigiert werden. Beispiele solcher Vergleichsquellen sind unabhängige Adresslisten der Post oder anderen Adresslieferanten sowie Produktverzeichnisse. Anschliessend werden Duplikate eliminiert und Daten des gleichen Objektes zusammengeführt. Im Rahmen der Datenumformung werden Daten inhaltlich angepasst. Beispielsweise werden unterschiedliche Währungsbeträge auf eine Standardwährung umgerechnet. Durch das sogenannte „Householding" werden Beziehungen zwischen den einzelnen Informationsobjekten festgestellt. So werden beispielsweise individuelle Datensätze mit der gleichen Adresse zu einem Haushalt gruppiert. In einem letzten Schritt werden die Resultate der Datenbereinigung in den Metadaten dokumentiert. Die einzelnen Schritte bei der Datenbereinigung sind in Abb. 6 zusammenfassend dargestellt. Beispiele von Bereinigungswerkzeuge für Adressdaten sind das Produkt i.d. Centric von Firstlogic, die Produkte Dictionary, Edit und Verify von Innovative Systems sowie die Produkte Code 1 Plus und Merge/Purge Plus von Group 1 Software. Allgemeine Bereinigungswerkzeuge werden beispielsweise von Vality mit dem Produkt Integrity, von Trillium Software mit Trillium Software System, von Carleton mit Pure View sowie von Informatica mit Power Center angeboten.

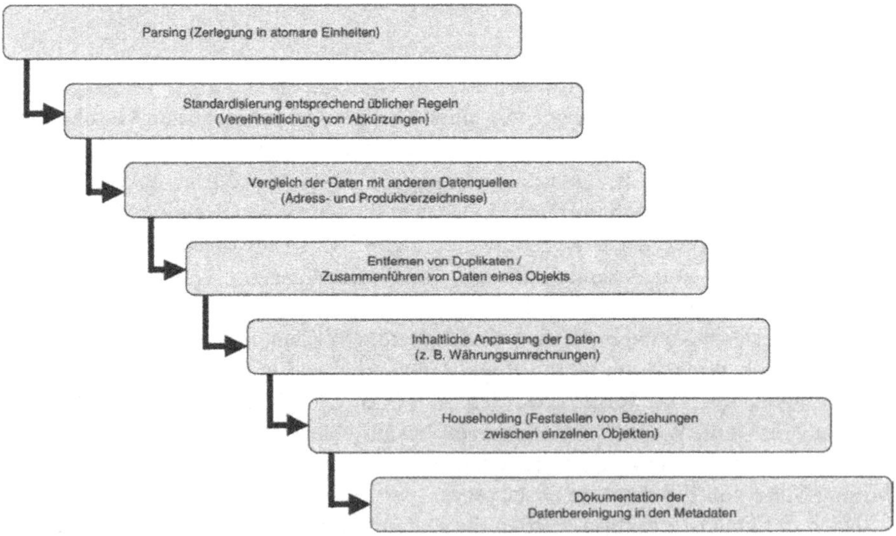

Abb. 6 Schritte zur Datenbereinigung

In den operativen Systemen können Werkzeuge zur Kontrolle bei der Dateneingabe eingesetzt werden, so dass möglichst qualitativ hochwertige Daten in die operativen Systeme gelangen. Diese Werkzeuge überprüfen anhand entsprechender Regeln die Dateneingabe, um z. B. definierte Standardisierungen einzuhalten und potentielle Duplikate zu erkennen. Beispiele dieser Werkzeuge sind Trillium Software System von Trillium Software und NADIS von Group 1 Software sowie Integrity von Vality.

Für das Metadatenmanagement werden ebenfalls zahlreiche Werkzeuge angeboten. Eine Auswahl dieser Werkzeuge findet sich u. a. in (Frie, Strauch 2000, S. 5). Diese Werkzeuge sind zur automatisierten Verwaltung der Metadaten hilfreich und unterstützen die Sicherung und Verbesserung der Datenqualität, indem sie beispielsweise Beschreibungen über Informationsobjekte und die auf diese Objekte bezogenen Geschäftsregeln verwalten. Mit Hilfe von Metadatenmanagement-Werkzeugen wird auch eine Versionskontrolle sowie die Verwaltung von Begriffsdefinitionen, Synonymen und Homonymen unterstützt. Weiter sind die Datenquellen, die Datenbewegungen und die Datentransformationen sowie die Datenaufbereitungen nachvollziehbar.

Migrations-Werkzeuge dienen zur Überführung von Daten eines Datenhaltungssystemes in ein weiteres und beeinflussen so die Datenqualität im Data Warehouse. Passport von Carleton, ETI EXTRACT von Evolutionary Technologies International und Warehouse Executive von Ardent Software zählen zu dieser Kategorie.

Aufgrund der grossen Anzahl der vorhanden Werkzeuge sollten die oben genannten Produkte nur beispielhaft die Produktkategorie verdeutlichen. Die Zuordnung erfolgte anhand der Produktschwerpunkte. Allerdings werden von den einzelnen Herstellern meist auch andere Produktkategorien abgedeckt. Eine ausführliche Liste von Herstellern, die sich mit Werkzeugen zur Verbesserung der Datenqualität im Data Warehouse beschäftigen, findet sich beispielsweise in (English 1999, S. 315 ff.).

5 Schlussbetrachtung

Insgesamt kann festgestellt werden, dass die Sicherstellung der Datenqualität zu einem der entscheidenden Erfolgsfaktoren beim Data Warehousing zählt. Hierbei ergeben sich jedoch zahlreiche Problemfelder und Schwierigkeiten. Zunächst stellt sich die Frage nach Merkmalen qualitativ hochwertiger Daten, wobei sich insbesondere die subjektive Qualitätsauffassung problematisch darstellt. Zur kontinuierlichen Datenqualitätsverbesserung gilt es, die Ursachen zu erkennen und geeignete, wirtschaftlich sinnvolle Verbesserungsmassnahmen umzusetzen. Die vielfach durchgeführte Datenbereinigung sollte nicht die Regel sonder die Ausnahme bilden. In der Praxis zeigt sich jedoch ein anderes Bild. Aufgrund der nicht unternehmensweit übergreifenden Standards und Begriffsdefinitionen werden die Daten aus den bereichsspezifischen operativen Systemen extrahiert und anschliessend an die Standards des Data Warehouse angepasst. Dieses Vorgehen führt nicht nur zu erheblichem Mehraufwand sondern resultiert auch in mangelnder Datenqualität. Daher kann die Sicherstellung einer angemessenen Datenqualität ausschliesslich über ein umfassendes Datenqualitätsmangement erfolgen, das unternehmensweit alle Belange der Datenqualität berücksichtigt. Hierzu sind Verantwortungsbereiche zu schaffen und standardisierte Abläufe einzuführen. Diese organisatorische Umsetzung und Verwirklichung einer Datenqualitätskultur stellt sich als langfristige Aufgabe dar, die es zu lösen gilt. Der hier vorgestellte methodenorientierte Ansatz zur Sicherung der Datenqualität gibt entsprechende Anhaltspunkte zur Umsetzung eines Datenqualitätsmanagements.

Literatur

English, L.: Improving Data Warehouse and Business Information Quality - Methods for reducing costs and increasing profits. Jon Wiley & Sons: New York et al. 1999.

Frie, T., Strauch B.: Kriterienkatalog für Metadaten-Management-Werkzeuge; Arbeitsbericht BE HSG/CC DWS/03 des Instituts für Wirtschaftsinformatik der Universität St. Gallen, 2000.

Gardyn E.: A Data Quality Handbook for a Data Warehouse. In: Strong, D.M., Beverly K.K. (Hrsg.): Proceedings of the 1997 Conference on Information Quality. Cambridge, MA, 1997, 267-290.

Huang, J., Lee Y.W., Wang R.Y.: Quality Information and Knowledge. Prentice Hall: Upper Saddle River, NJ 1999.

Inmon W.H.: Building the Data Warehouse. Wiley & Sons: New York et al. 1992.

Jarke, M., Vassiliou, Y.: Data Warehouse Quality - A Review of the DWQ Project. In: Strong, D.M., Beverly K.K. (Hrsg.): Proceedings of the 1997 Conference on Information Quality. Cambridge, MA, 1997, 299-313.

Jeusfeld, M.A., Jarke M., Quix C.: Qualitätsanalyse im Data Warehouse. Informatik – Informatique, 5. Jg., Nr. 3, 9-13 (1999).

Kay, E.: Dirty Data Challenges Warehouse; Software Magazine. 17. Jg., Nr. 11, 5-8 (1997).

Martin W.: Data Warehouse, Data Mining und OLAP - Von der Datenquelle zum Informationsverbraucher. In: Martin, W. (Hrsg.): Data Warehousing. ITP: Bonn 1998, 17-38.

Münzer, B.: Aspekte der Datenqualität - Analyse vorhandener Ansätze und weitergehende Systematik des Qualitätsbegriffes. Diplomarbeit der Universität Konstanz 1995.

Neely M. P.: Data Quality Tools for Data Warehousing - A Small Sample Survey. In: Chengalur-Smith I., Pipino L.L. (Hrsg.): Proceedings of the 1998 Conference on Information Quality. Cambridge, MA, 1998, 310-320.

Orr, K.: Data Quality and Systems. Communications of the ACM, 41 Jg., Nr. 2, 66-71 (1998).

Schwarze, J.: Informationsmanagement - Planung, Steuerung, Koordination und Kontrolle der Informationsversorgung im Unternehmen. Neue Wirtschafts-Briefe: Herne, Berlin 1998.

Seghezzi H. D.: Integriertes Qualitätsmanagement - das St. Galler Konzept. Hanser: München 1996.

Shanks G., Darke P.: Understanding Data Quality in Data Warehousing - A Semiotic Approach. In: Chengalur-Smith I., Pipino L.L. (Hrsg.): Proceedings of the 1998 Conference on Information Quality. Cambridge, MA, 1998, 292-309.

Soeffky M.: Wissensmanagement/Datenaufbereitung für das Data Warehouse kostet die meiste Zeit. Computerwoche-Focus, Nr. 1 vom 23.04.1999, 8-10.

Tayi, G. K., Ballou D.: Examining Data Quality. Communications of the ACM, 41. Jg., Nr. 2, 54-57 (1998).

Wang R. Y.: A Product Perspective on Total Data Quality Management. Communications of the ACM, 41. Jg., Nr. 2, 58-65 (1998).

Wand, Y., Wang R. Y: Anchoring Data Quality Dimensions in Ontological Foundations. Communications of the ACM, 39. Jg., Nr. 11, 86-95 (1996).

Organisationskonzepte im Data Warehousing

Markus Meyer, Bernhard Strauch

1 Organisation und Data Warehouse: Stand der Diskussion

Die momentane Data Warehouse-Diskussion wird eher techniklastig geführt. Bestehende Standardwerke (vgl. z.B. Inmon 1996 oder Devlin 1997) konzentrieren sich mehrheitlich auf Architektur- und Designproblematiken oder auf Fragen des technischen Datenbankmanagement und leisten damit einen eher informatiklastigen Beitrag zum Data Warehousing. Wenn von Organisation die Rede ist, dann meistens im Zusammenhang mit der Organisation der Datenbestände (z.B. Fragen der Trennung von Warehouse und Marts oder der Datenmodellierung mit Starschemen). Somit ist heute ein Stand erreicht, wo nicht mehr in erster Linie die Technik das Hauptproblem im Data Warehousing darstellt. Die Probleme bestehen vielmehr in den organisatorischen Regelungen, die getroffen werden müssen, damit ein Data Warehouse effizient und effektiv eingesetzt werden kann (vgl. Finnegan, Sammon 1999, S. 191 oder Watson, Haley 1998, S. 35). Ein Organisationsmodell, welches einerseits typische Aufgaben, Rollen, Verantwortlichkeiten und andererseits ein ideales Vorgehen im Data Warehousing definiert, ist somit für ein umfassendes Data Warehouse-Konzept als Brücke zwischen Geschäftsanforderungen der Unternehmung und Informationstechnologie unabdingbar.

2 Grundlagen und Bedeutung der Organisation

Organisation ist ein zentrales Forschungsthema der Sozialwissenschaften und wird in zahlreichen Ansätzen aus verschiedenen Blickwinkeln betrachtet. Die instrumentelle Organisationslehre versteht unter Organisation die Gesamtheit aller formalisierten Regelungen (vgl. Gomez, Zimmermann 1993, S. 17) zur Gestaltung von Arbeitsabläufen, damit

- die **Ziele** einer Unternehmung optimal unterstützt (vgl. Schanz 1992, S. 1462),
- **Spezialisierungsvorteile** genutzt werden und
- durch **Koordination** die durch Spezialisierung erschwerte Ausrichtung der verschiedenen Arbeitsprozesse auf übergeordnete Gesamtziele gewährleistet ist (vgl. Mertens, Knolmayer 1998, S. 2 f).

Organisation ist somit ein bewusst einsetzbares Instrument zur effektiven und effizienten Führung einer Unternehmung. Resultat der Organisation ist eine Strukturierung in Form einer Aufbau- und Ablauforganisation (vgl. Bleicher 1991, S. 35), in welcher Aufgaben im dynamischen Ablauf festgelegt und verschiedenen Stellen zugeordnet werden. Die richtige Organisationsform ist jedoch nur beschränkt wissenschaftlich begründbar (vgl. Mertens, Knolmayer 1998, S. 1), immer situationsabhängig und von spezifischen Rahmenbedingungen oder der konkreten Zielsetzung in einer Unternehmung beeinflusst. Ausgehend von dem in diesem Buch zugrunde gelegten Data Warehouse-Verständnis lassen sich dennoch gewisse Gestaltungsprinzipien herleiten.

3 Spezielle Anforderungen des Data Warehousing an die Organisation

Was ist typisch für die Entwicklung und den Betrieb eines Data Warehouse und welche Anforderungen resultieren daraus für die Organisation des ganzen Data Warehousing-Prozesses?

1. Integration und Komplexität
   Bei einer Neuentwicklung eines operativen Systems kann vielfach auf der "grünen Wiese" (unter Einhaltung von unternehmensweiten Standards) begonnen werden. Ein Data Warehouse dagegen baut auf bereits bestehenden operativen Systemen als Datenquellen auf. Diese Abhängigkeit kann zu Konflikten zwischen Anforderungen aus Abwicklungs- und Managementinformationssicht gegenüber den operativen Quellen führen. Hinzu kommt der fachbereichs- und applikationsübergreifende Charakter eines Data Warehouse, was die Abstimmung der vielen Bedürfnisse und Interessen noch zusätzlich erschwert. Diese Faktoren machen eine Data Warehouse-Entwicklung zu einem komplexen Schnittstellenprojekt zwischen Informationsbedürfnissen der Geschäftsfront und der Informatik als Betreiberin der bestehenden operativen Datenquellen.
   Unter diesen Voraussetzungen verfolgt ein Data Warehouse ein Integrationsziel, indem verschiedene fachbereichsspezifische Bedürfnisse in einem konsistenten Datenmodell abgebildet werden müssen. Geschäftsfalldaten (z.B. zu Verkaufstransaktionen) aus verschiedenen Systemen müssen mit zentralen Kerndaten (z.B. Kundendaten oder Produkteinformationen) zusammengebracht werden. Bezüglich Organisation verlangt diese Komplexität und Integration ein besonders hohes Mass an Koordination zwischen den verschiedenen Beteiligten, was durch ein Organisationsmodell sichergestellt werden muss.
2. Produktionsprozess von Informationen
   Informationen in einem Data Warehouse müssen produziert werden. Vielfach wird dieser Aspekt vergessen, da bestehende Data Warehouse-Konzepte oft davon ausgehen, dass die gewünschten Daten bereits in den Quellen vorhanden und einfach zugänglich sind. In der Praxis ist es jedoch gerade die Abbildung von Transaktionen aus den operativen Systemen in die gewünschten Managementsichten, welche den grössten Aufwand im Data Warehousing verursacht (vgl. Chamoni, Gluchowski 1998, S. 16). Je nach Komplexität der Quellapplikation ist für eine korrekte Erfassung und Abbildung der gewünschten Geschäfte beträchtliches betriebliches Know-how notwendig (z.B. für die Erkennung von bestimmten Produkten oder zur Unterscheidung zwi-

schen effektiven und stornierten Transaktionen). Diese Abbildungslogik in der Schnittstelle zu den operativen Systemen determiniert die Qualität der Realitätsabbildung und ist somit eine entscheidende Komponente im Data Warehousing.
Ein Organisationsmodell muss diesen Prozessgedanken der Datenproduktion von der Datenquelle bis zur Bereitstellung der Daten an die Endbenutzer aufnehmen. Bei der Programmierung der Schnittstelle ist das betriebliche Know-how über die Geschäftsfälle mit dem applikatorischen Know-how eng zu verbinden, damit garantiert werden kann, dass die richtigen (vom Management benötigten) Daten richtig (mit korrekter Abbildung der betrieblichen Realität) ins Data Warehouse gelangen.

3. Dauernde Aufgabe in einer Unternehmung
   Data Warehousing ist kein einmaliges Projekt mit klarem Projektabschluss (vgl. Gardner 1998, S. 54). Sowohl die Informationsbedürfnisse der Endbenutzer wie auch die operativen Applikationen als Datenquellen sind vielen Änderungen unterworfen, welche sich permanent auf ein Data Warehouse auswirken. Neue Informationsbedürfnisse müssen abgebildet oder Schnittstellenprogramme an Änderungen in den operativen Quellen angepasst werden. Das Organisationsmodell hat somit die Pflege und Weiterentwicklung einer entscheidungsorientierten Datenbasis als Funktion in der Unternehmensorganisation dauerhaft zu verankern. Die Abgrenzung zu anderen Funktionen (Fachbereiche, Applikationsentwicklung, Informatikbetrieb etc.) ist zu regeln. Dies bedeutet nicht, dass ein Data Warehouse in der Anfangsphase nicht auch in Projektform aufgesetzt werden kann. Eine rasche Überführung in die bestehende Unternehmensorganisation ist jedoch unumgänglich.

4 Skizzierung eines Organisationsmodells für das unternehmensweite Data Warehousing

4.1 Regelung der grundsätzlichen Datenverantwortlichkeiten

In einem Data Warehouse werden verschiedene Geschäftsgebiete durch unterschiedliche Dateninhalte abgebildet. Eine erste Gliederung besteht darin, mit dem Data Ownership-Konzept die Verantwortlichkeiten für Daten nach den verschiedenen Dateninhalten zu strukturieren (vgl. Gray, Watson 1998, S. 177).

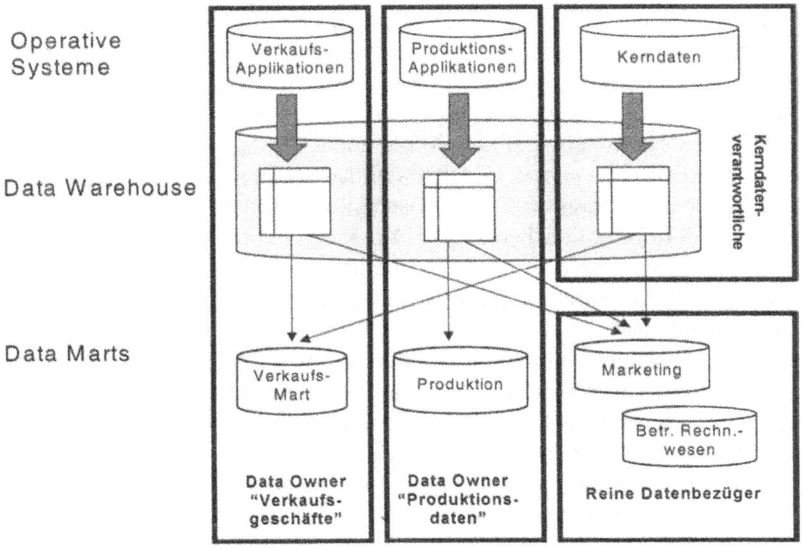

Abb. 1 Data Ownership-Konzept

Geht man davon aus, dass die verschiedenen Fachbereiche an der Geschäftsfront Besitzer ihrer eigenen Informationssysteme sind und als Auftraggeber gegenüber der Informatikabteilung auftreten, dann kann die Datenverantwortung in einem Data Warehouse nur bei den Fachbereichen liegen. Die Verantwortung im Data Warehousing erstreckt sich sowohl auf die Produktion wie auch auf die Nutzung von Daten, wobei die Fachbereiche jeweils unterschiedliche Rollen übernehmen können:

1. Datenproduzenten
   Idealerweise ist der geschäftsverantwortliche Fachbereich auch zuständig für die richtige Abbildung seiner Geschäfte in einem Data Warehouse. Als Auftraggeber für die operativen Systeme verfügt er über die nötige enge Verbindung zu den Quellapplikationen und besitzt das nötige Geschäftswissen für das Erschliessen der Daten. Beispiele dazu sind der Fachbereich "Verkauf", der für die richtige Abbildung von Umsatzzahlen pro betreutes Produkt und/oder Marktgebiet verantwortlich ist oder auch der Fachbereich "Produktion", der für Daten zu Stückkosten und Qualitätskenngrössen aus den Produktionsprozessen zuständig ist.
2. Datenbezüger
   Hiermit sind die eigentlichen Kunden eines Data Warehouse als Bezüger von Managementinformationen gemeint. Zu Auswertungszwecken beziehen sie Daten aus dem Data Warehouse in ihren fachbereichsspezifischen Data Mart.

   Ein Fachbereich kann sich gleichzeitig in der Rolle eines Datenbezügers wie auch eines -produzenten befinden. Dies ist im obigen Beispiel für den Fachbereich "Verkauf" der Fall. Nebst seiner Abbildungsverantwortung für die Verkaufsgeschäfte im Data Warehouse benötigt dieser Fachbereich gleichzeitig einen Data Mart, um seine fachbereichsspezifischen Informationsbedürfnisse für bestimmte Verkaufsstatistiken abdecken zu können.

Fachbereiche, die keine eigentliche Geschäftsverantwortung hinsichtlich der Abwicklung des Tagesgeschäfts tragen, treten als reine Datenbezüger auf. Typischerweise zu nennen sind hier Marketingabteilungen oder das betriebliche Rechnungswesen, welche Geschäftsfalldaten beispielsweise für Mailingaktionen oder die innerbetriebliche Kostenallokation benötigen. Im Idealfall bringen sie ihre Informationsbedürfnisse zu einem Geschäftsfall beim entsprechenden Datenproduzenten ein, welcher die konsolidierten Anforderungen der verschiedenen Data Marts in einer Schnittstelle zum jeweiligen operativen Quellsystem realisiert.

Durch die so erreichte einmalige Abbildung eines Geschäftsfalles in einem Data Warehouse in all seinen nachgefragten Ausprägungen werden systembelastende Doppelspurigkeiten bei Quellenanschlüssen und damit auch Abstimmungsprobleme zwischen verschiedenen Data Marts reduziert, da alle Datenbezüger auf dieselbe Datenbasis zugreifen. Zudem begünstigt eine solche Verteilung der Datenverantwortungen eine hohe Datenqualität im Data Warehouse, da derjenige Fachbereich die korrekte Abbildung von operativen Daten gewährleistet, der selber schon das unabdingbare Geschäftswissen und die direkten Kontakte zu den operativen Systemen als Datenquellen mitbringt.

3. Kerndatenverantwortliche
   Eine spezielle Rolle spielen bereits in den operativen Systemen die Kerndatenbanken (z.B. Kundendaten, Produktinformationen, Organisations- und Kostenstellenstruktur). Je nach Datenintegrationsgrad der operativen Systeme bilden diese Datenbanken in einer Unternehmung eine zentrale Infrastrukturkomponente und logische Referenz für alle operativen Applikationen. Normalerweise treten für die Entwicklung von Kerndatenbanken verschiedene Fachbereiche zusammen als Auftraggeber auf, deren Anforderungen eine zentrale Stelle entgegennimmt und koordiniert. Es macht nun Sinn, die Kompetenzen zu nutzen und diesen Zentralen in der operativen Systemwelt die Verantwortung für die Abbildung der Kerndaten im Data Warehouse zu übergeben. Die Datenproduzentenrolle für Kundendaten könnte beispielsweise vom zentralen Datenmanagement, für Strukturdaten wie Kostenstellen oder Profit Center-Informationen vom Controlling übernommen werden.

Das hier skizzierte Data Ownership-Konzept repräsentiert einen Idealfall, der in der Realität selten vollständig anzutreffen sein wird. Das Konzept soll jedoch als Zielvorstellung dienen, denn sowohl die Datenproduzenten- wie auch die Datenbezügerrollen treten in jedem Data Warehouse-Projekt auf und müssen durch Fachbereiche übernommen werden.

4.2 Idealtypische Aufbauorganisation

Entlang dieser generellen Datenverantwortlichkeiten lassen sich die Aufgaben, die im Data Warehousing-Prozess anfallen, verschiedenen organisatorischen Einheiten zuordnen. In untenstehender Grafik wird deutlich, wie die Data Warehousing-Organisation als eigenständige Funktion das Verbindungselement zwischen Informationsbedürfnissen aus den Fachbereichen und der operativen Systementwicklung resp. dem -betrieb darstellt. Bei der generellen Aufgabenverteilung spielt es noch keine Rolle, ob das Data Warehouse vorerst als Projekt oder als eigenständige Abteilung in einer bestehenden Unternehmensstruktur organisiert ist.

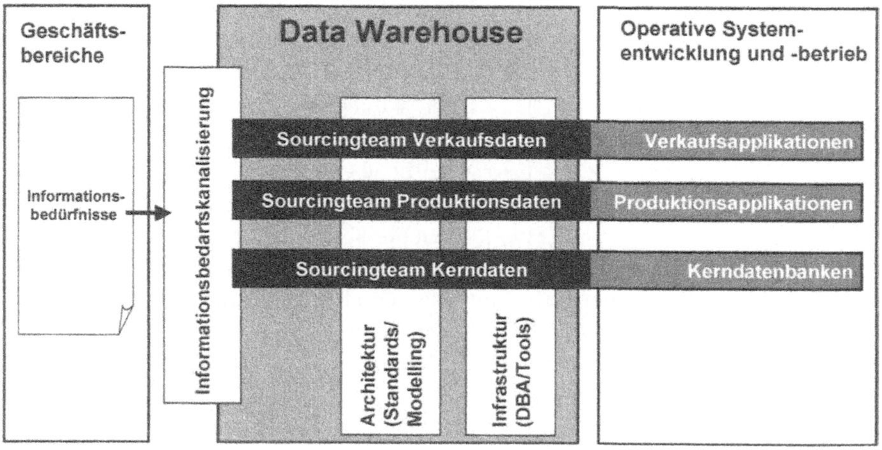

Abb. 2 Data Warehousing-Organisation

Grundsätzlich können prozessorientierte Sourcingteams entlang der Datenverantwortlichkeiten in der horizontalen Achse der Matrix von Koordinationseinheiten und zentralen Dienstleistungen in der vertikalen unterschieden werden. Nachfolgend werden die einzelnen organisatorischen Einheiten anhand einer Kurzbeschreibung der Aufgabenbereiche und der benötigten Anforderungen an die Stelleninhaber erläutert.

4.2.1 Sourcingteams

Die Sourcingteams bestehen gleichzeitig aus Fachbereichsvertretern mit dem nötigen betrieblichen Know-how zur Abbildung der Geschäftsfälle und aus Informatikern zur technologischen Umsetzung der Anforderungen in Schnittstellen zu den operativen Quellen.

Organisationseinheit	Aufgabenbereiche
Fachbereichsvertreter Business Engineer für MIS-Daten. Fachliches und Informationsmanagement-Know-how	Auftraggeber eines Sourcingteams zur Abbildung der Geschäftsfälle des jeweiligen Fachbereichs: • Erhebung, Gliederung und Priorisierung der Informationsbedürfnisse ihres eigenen Fachbereichs; • Einbindung von Informationsbedürfnissen anderer Fachbereiche über die eigenen Geschäftsfälle; • Identifikation geeigneter Datenquellen; • Inhaltliche Definition der Schnittstellenlogik aus den operativen Systemen; • Definition des logischen Datenmodells im Data Warehouse; • Aufbau und Pflege der Metadaten; • Inhaltliche Qualitätsgarantie; • Auskunftsperson zur fachlichen Interpretation der abgebildeten Daten.
Informatiker Idealerweise mit betrieblichem Grundverständnis und Kenntnis der operativen Systemumgebung	Technische Implementation von der Quelle bis zum Ziel (End-to-End) für die Daten eines Fachbereichs: • Umsetzung der Schnittstellenlogik in Programme; • Planung und Implementation eines möglichst automatisierten Produktionsprozesses; • Definition und Implementation des physischen Zieldatenmodells; • Laden der Daten ins physische Zieldatenmodell; • Technische Qualitätsgarantie; • Technische Ansprechperson für die operativen Quellsysteme.

Tab. 1 Organisationseinheiten und Aufgabenbereiche der Sourcingteams

Diese beiden Einheiten arbeiten in einem Team eng zusammen, wobei die Fachbereichsvertreter linienmässig in den Fachbereichen verbleiben und nur funktional die Auftraggeberrolle gegenüber den Informatikern übernehmen. Diese Teambildung bringt so entscheidende Vorteile. Erstens wird das für eine korrekte Schnittstellenprogrammierung notwendige Fach- und Informatikwissen zusammengebracht. Zweitens erweist sich im Data Warehousing eine stark arbeitsteilige Gliederung der einzelnen Entwicklungsschritte als problematisch, da die inhaltlich richtige Entwicklung der Schnittstellenlogik ein iterativer Vorgang ist (vgl. auch Kap. 5.4). Die Konkretisierung der Endbenutzeranforderungen auf Code-Ebene in den operativen Systemen bedarf erfahrungsgemäss vieler Rückfragen und zusätzlicher Abklärungen. Ebenso erfordert die regelmässige Produktion der Daten eine fachliche und technische Qualitätssicherung von der Quelle bis zum Endbenutzer. Unter diesen Voraussetzungen erweist sich die prozessorientierte Verankerung einer End-to-End-Verantwortung in einem Team als vorteilhaft. Drittens werden die Sourcingteams durch die Teambildung zu technischen und fachlichen Spezialisten für bestimmte Dateninhalte in einem Data Warehouse und bieten eine einzige Ansprechstelle für die zentralen Services und Koordinationseinheiten.

4.2.2 Zentrale Services und Koordination

Organisationseinheit	Aufgabenbereiche
Informationsbedarfskanalisierung Betriebswirtschafter mit breitem, fachbereichsübergreifendem Wissen	Erkennen von Synergiepotentialen in den verschiedenen Informationsbedürfnissen: • Entgegennahme der Informationsbedürfnisse der einzelnen Fachbereiche; • Identifikation gleicher oder ähnlicher Bedürfnisse; • Einbringung der konsolidierten Bedürfnisse in die verantwortlichen Sourcingteams; • Übergeordnete Priorisierung der Anforderungen aus den verschiedenen Fachbereichen; • Methodische Unterstützung bei der Informationsbedarfsermittlung.
Datenarchitektur Wirtschaftsinformatiker als Datenmodellierer und Data Warehouse-Spezialisten	Koordination und Setzen von Standards, die zur Integration der verschiedenen Datenquellen notwendig sind: • Aufsetzen eines übergeordneten logischen Datenmodells als Ordnungsrahmen; • Definition der zur Integration der Daten notwendigen einheitlichen Schlüsselstandards; • Vorgaben bezüglich Historisierung; • Vorgaben bezüglich Metadatenkonzeption; • Qualitätssicherungsstandards; • Sicherheitsstandards; • Namensstandards; • Aufsetzen eines zentralen Release- und Changemanagement; • Interessenvertreter des Data Warehouse in der unternehmensweiten Informationssystemarchitektur.

Organisationseinheit	Aufgabenbereiche
Infrastruktur Informatiker mit Datenbank- und Werkzeug-Know-how	Bereitstellung und Betrieb einer funktionsfähigen, automatisierbaren und stabilen technischen Infrastruktur: • Implementierung von Datentransfer-, ETL-, Produktions-, Backup-, Qualitätskontroll- und Auswertungswerkzeugen; • Support dieser Werkzeuge; • Ansprechpartner für Sourcingteams bei technischen Fragen; • Datenbankadministration; • Betrieb der technischen Plattform.

Tab. 2 Organisationseinheiten und Aufgabenbereiche Zentrale Services und Koordination

Einerseits stellen diese "vertikalen" Organisationseinheiten die Koordination der Tätigkeiten der verschiedenen Sourcingteams hinsichtlich übergeordneter Gesamtziele sicher. So erkennt die Informationsbedarfskanalisierung überlappende Informationsbedürfnisse zwischen verschiedenen Fachbereichen oder die Datenarchitektureinheit stellt durch Standards ein integriertes Datenmodell sicher. Zur Sicherstellung dieser Integration haben die Koordinationseinheiten Weisungsbefugnis gegenüber den Sourcingteams.

Andererseits sind diese Organisationseinheiten Service Center für die verschiedenen Sourcingteams. Besonders das Infrastrukturteam mit dem technischen Know-how über die Data Warehouse-Plattform wird in den verschiedenen Entwicklungsphasen eines Quellenanschlusses vom Datentransfer bis zum Laden der Zieltabellen beigezogen. Es stellt die gesamte Technik für einen ETL-Prozess bereit, in dem die verschiedenen Werkzeuge miteinander und mit der operativen Systemplattform zusammen funktionieren. Mit dem Ziel einer Automatisierung muss so z.B. das Datentransferwerkzeug in das Job-Kontrollwerkzeug eingebunden werden können, damit ein Anstoss der nachgelagerten Transformationsprogramme ohne manuelle Interaktion möglich ist. Ebenso muss bei Ladefehlern auf der Zieldatenbank im ETL-Werkzeug der Transformationsprozess noch einmal ausgelöst werden, nachdem die Datenbank wieder in den alten Zustand gebracht wurde.

Die Datenproduktionsverantwortung verbleibt jedoch immer beim jeweiligen Sourcingteam, welches die inhaltliche und technische Korrektheit der geladenen Daten garantieren muss. Eine Zentralisierung von gewissen technischen Aufgaben in einer Serviceeinheit ist somit nur dann sinnvoll, wenn diese Tätigkeiten ohne Fachwissen und für alle Sourcingteams in gleicher Weise ausgeführt werden können. Ein solches Beispiel wäre die technische Überwachung und Vollständigkeitskontrolle des Datentransfers aus allen Quellapplikationen.

4.3 Einordnung in die Unternehmensorganisation

Die adäquate Einordnung der Data Warehouse-Organisationseinheiten im Gesamtunternehmen ist von einer Vielzahl von unternehmensspezifischen Faktoren abhängig (vgl. Schwarz 1999, S. 12), wodurch eine allgemeingültige Organisationsempfehlung verunmöglicht wird. Abgeleitet aus der bisher beschriebenen Charakteristik und der generellen Architektur eines Data Warehouse können jedoch wichtige Gestaltungskriterien formuliert werden.

Verankerung der Data Warehouse-Entwicklung
Die Informatikorganisation eines Unternehmens ist typischerweise in eine Applikationsentwicklung und in einen Betrieb unterteilt (vgl. Mertens, Knolmayer 1998, S. 64). Diese Trennung ist auch im Data Warehousing sinnvoll.

Was die Entwicklung betrifft, so ist aus der Architektur eines Data Warehouse die logische und physische Trennung von den operativen Systemen erkennbar. Dieses Charakteristikum legt nahe, in der Informatikorganisation einer Unternehmung die Data Warehouse-Entwicklung neben die operative Applikationsentwicklung hierarchisch auf die gleiche Stufe zu stellen. Erste Priorität in einer Unternehmung behält dabei richtigerweise die operative Systementwicklung zur Sicherstellung der Geschäftsabwicklung. Die Realisierung von MIS-Schnittstellen droht dabei oft aus Dringlichkeitsgründen hinausgeschoben zu werden. Durch eine eigenständige Abteilung für die Data Warehouse-Entwicklung wird die zweite und immer wichtiger werdende Priorität der Informationsversorgung verankert und die MIS-Anliegen können konsolidiert und konzentriert gegenüber den operativen Systemen eingebracht werden.

Auslagerung des Data Warehouse-Betriebs
Innerhalb der Infrastruktureinheiten lassen sich die Aufgaben zum Betrieb der technischen Plattform eines Data Warehouse in bestehenden Rechenzentren zentralisieren. Eine solche Auslagerung ist hingegen erst möglich, wenn stabile automatisierte Produktionsprozesse und Qualitätskontrollen anhand klarer Drehbücher implementiert sind. Wichtig dabei ist jedoch, dass die einzelnen Sourcingteams über den Betrieb ihrer Schnittstellenprogramme die Gesamtverantwortung behalten, auch wenn bestimmte technische Arbeitsschritte in die Rechenzentren ausgelagert werden. Dies vor allem deshalb, weil eine grosse Abhängigkeit von den operativen Systemen auch bezüglich der Datenqualität besteht. Jeder Ladeprozess kann durch unvorhergesehene Konstellationen in den Schnittstellenprogrammen zu Verarbeitungsproblemen führen oder auch inhaltlich falsche Daten produzieren.

Permanente Schnittstellen zur Geschäftsfront wie zu den operativen Systemen
Die für das Sourcingteam wichtigen organisatorischen Schnittstellen zu den Fachbereichen wie zu den operativen Systemverantwortlichen sind zu institutionalisieren. Einerseits sind in den Fachbereichen Stellen mit den Fachbereichsvertretern zu bestimmen, welche die Datenverantwortung des jeweiligen Fachbereichs im Data Warehouse übernehmen. Andererseits sind auf Seite der operativen Systeme die jeweiligen technischen und fachlichen Ansprechpartner für Datenanschlüsse

festzulegen. Je enger diese Stellen mit den Sourcingteams zusammenarbeiten, desto schneller können neue Anschlüsse realisiert werden und desto besser ist die Qualität der gebauten Schnittstellenprogramme und damit auch die Datenqualität im Data Warehouse. Eine gewisse zeitliche Stabilität dieser Zusammenarbeit im gleichen Personenkreis garantiert dabei den notwendigen Aufbau des Know-how.

Nach dieser Skizzierung der grundsätzlichen Aufgabenbereiche und aufbauorganisatorischen Verantwortlichkeiten und Aufgaben folgt die ablauforganisatorische Sicht mit Kriterien für ein Vorgehensmodell zum Aufbau und Betrieb eines Data Warehouse.

5 Das Konzept des Business Engineering als Umsetzungsrahmen für ein Vorgehensmodell für den Aufbau und Betrieb eines Data Warehouse

5.1 Ausgangslage

Das Wesen eines Data Warehouse liegt in der Bereitstellung von dispositiven Informationen, die von den einzelnen Fachbereichen im Unternehmen und der Unternehmensführung benötigt werden. Ein Data Warehouse muss demzufolge den geschäftlichen und organisatorischen Anforderungen der Fachbereiche und der Unternehmensführung genügen. Ein Vorgehensmodell zur Erstellung eines Data Warehouse muss diese Anforderungen berücksichtigen. Dementsprechend sollte sich ein Vorgehensmodell auf die Bedürfnisse der Fachbereiche und der Unternehmensorganisation konzentrieren sowie finanzielle Restriktionen beachten (vgl. Finnegan, Sammon 1999, S. 183). Betrachtet man dahingehend bereits existierende Vorgehensmodelle im Bereich des Data Warehousing, so lässt sich folgendes feststellen:

- Die Vorgehensmodelle und Methoden bewegen sich auf einem sehr hohen Abstraktionsniveau und liefern selten detaillierte Handlungsanweisungen. Beispiele für bereits existierende Vorgehensmodelle und Methoden liefern die Autoren Barry Devlin (vgl. Devlin 1997), Bill Inmon (vgl. Inmon 1996), Sean Kelly (vgl. Kelly 1997), Ralph Kimball (vgl. Kimball et al. 1998), Anahory und Murray (vgl. Anahory, Murray 1997) u.a.
- Die mit der Aufbauorganisation bestimmten Rollen und Organisationseinheiten werden kaum den Aktivitäten der Methode zugeordnet. Ebenso sind mei-

stens keine Beschreibungen der Ergebnisse vorhanden. Es wird häufig beschrieben, was zu tun ist aber nicht wer, wie und in welcher Reihenfolge.

- Die Vorgehensmodelle berücksichtigen hauptsächlich technische Aspekte. Die Ermittlung von Anforderungen der Fachbereiche wird meist nur am Rande berücksichtigt. Eine Integration der vielfältigsten Anforderungen in ein Gesamtkonzept Data Warehousing ist somit in den seltensten Fällen möglich.
- Die Vorgehensmodelle unterscheiden kaum zwischen dem Aufbau eines Kern-Data Warehouse, dem Erstellen eines Data Marts und dem Betrieb eines Data Warehouse. Obwohl angenommen wird, dass ungefähr 50% der Entwicklungsressourcen benötigt werden, um ein bereits bestehendes Data Warehouse zu unterhalten (vgl. Kimball et al. 1998, S. 716), wird der Beschreibung der Prozesse zur Wartung und Weiterentwicklung eines Data Warehouse bisher nur untergeordnete Bedeutung zugemessen.

5.2 Definitionen

Unter einem *Vorgehensmodell* (process model) versteht man die Beschreibung des Lebenszyklus' eines Software-Produktes in Form von Aktivitäten. Es wird festgelegt, in welcher Reihenfolge die Aktivitäten durchgeführt werden können und welche Überschneidungen zulässig sind. Ein Vorgehensmodell stellt zudem Informationen über die für eine Aktivität relevanten Objekte und die einzusetzenden Methoden und Werkzeuge bereit (vgl. Schönthaler, Német 1992, S. 15). Eine *Methode* ist eine Vorschrift zur Durchführung einer Aktivität und zur Repräsentation ihrer Ergebnisse (vgl. Alpar et al. 1998, S. 198).

5.3 Das Konzept des Business Engineering

Business Engineering stellt ein ganzheitliches Vorgehensmodell für die Konzeption und Umsetzung von unternehmerischen Veränderungen dar, die der Übergang der Gesellschaft ins Informationszeitalter mit sich bringt (vgl. Winter 1999). Es schliesst dabei die Restrukturierung und Entwicklung neuer betrieblicher Informations- und Kommunikationssysteme, wie auch Geschäftsprozesse und die durch diese umgesetzten Geschäftsmodelle und Geschäftsstrategien mit ein (vgl. Österle 1995, S. 13 ff.). Der Aspekt der "Ganzheitlichkeit" im Business Engineering erfordert, dass neben technischen bzw. fachlichen Gesichtspunkten auch die zur erfolgreichen Umsetzung von Veränderungen notwendigen kulturellen und politischen Faktoren berücksichtigt werden (vgl. Winter 1999). Beispielsweise ist das Verhältnis zwischen Fachbereichen, Unternehmensleitung und Softwarespezialisten häufig belastet durch unterschiedliche Sichtweisen und gegenseitiges Misstrauen (vgl. Hansen 1997, S. 325). Gerade aber die Überwindung kultureller und politischer Widerstände, die sich bei der Einführung eines Data Warehouse im Unternehmen ergeben, zeichnet erfolgreiche Projekte aus (vgl. Watson, Haley 1998, S. 36). Beispiele für Auslöser möglichen Widerstands sind Ängste der Mitarbeiter vor der neuen Technologie und politische "Spiele" als Kompensation des

Kontrollverlust der IT-Abteilung. Abbildung 3 veranschaulicht die zwei grundlegenden Dimensionen sowie die drei Betrachtungsebenen, die für die fachliche Dimension explizit getrennt werden. Neben dieser Unterscheidung der Betrachtungsebenen "Geschäftsstrategie", "Geschäftsprozesse" und "Informations- und Kommunikationssysteme" werden im Business Engineering weitere Systemsichten wie z.B. Datensicht, Funktionssicht, Organisationssicht, Steuerungssicht etc. unterschieden (vgl. Meyer, Winter 1997, S. 26). Obwohl es beim Data Warehousing nicht um das (Re)Engineering von Geschäftsprozessen geht, lassen sich die auftretenden Probleme grundsätzlich den gleichen Dimensionen und Betrachtungsebenen zuordnen (vgl. Meyer, Winter 1997, S. 27).

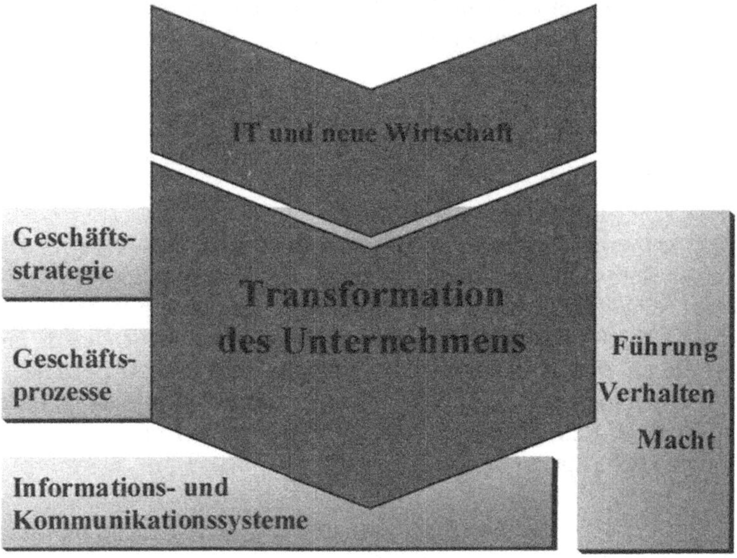

Abb. 3 Die Business Engineering-Landkarte (vgl. Österle, Winter 2000, S. 12)

5.4 Entwicklung eines Umsetzungsrahmen für Data Warehousing-Vorgehensmodelle

Data Warehousing ist im Gegensatz zum Business Engineering als datenzentrierter Ansatz zu verstehen. Die vom Management zur Geschäftslenkung benötigten Informationen sind in bestimmten Sichten zu modellieren, die entsprechenden Daten geeignet abzulegen und bedürfnisgerecht zugänglich zu machen (vgl. Meyer, Winter 1997, S. 4). Entsprechend dieser Anforderungen ist der Umsetzungsrahmen für ein Vorgehensmodell (vgl. Abb. 4) zu gestalten.

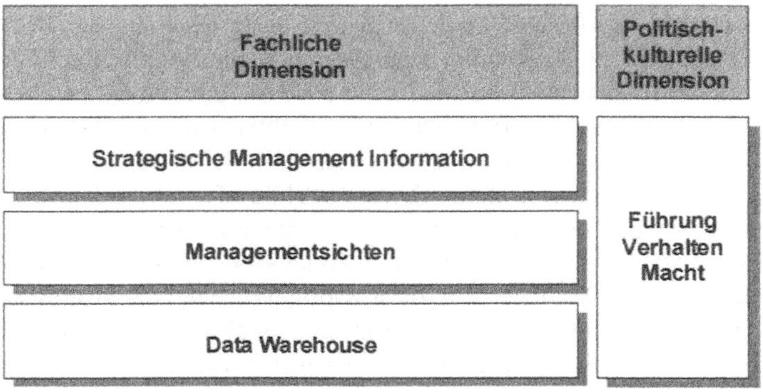

Abb. 4 Umsetzungsrahmen für Data Warehousing-Vorgehensmodelle

- Fachliche Dimension: Betrachtungsebene "Strategische Management Information"
  Data Warehousing muss grundsätzlich mit der Geschäftsstrategie abgeglichen werden. Aus den Geschäftsstrategien und den Führungsgrössen der Geschäftsprozesse können benötigte Managementinformationen abgeleitet werden, die, wenn sie konkret vorliegen, wieder Rückschlüsse auf die Geschäftsstrategien und die darunterliegenden Geschäftsprozesse erlauben. Zusätzlich müssen Strategien für die Entwicklung und den Betrieb des Data Warehouse erstellt werden, damit der benötigte Grad an Verfügbarkeit, Verbreitung und Nutzung von Managementinformationen gewährleistet werden kann. Mit dieser strategischen Betrachtung wird bewusst die Unterstützung operativer Prozesse ausgeklammert. Obwohl alltägliche Geschäftsprozesse in der Praxis durchaus mit einem Data Warehouse abgebildet werden, wie z.B. die optimale Planung der Kundenbesuche eines Vertriebsrepräsentanten (vgl. Hansen 1997, S. 314), liegt der ursprüngliche Nutzen doch in der Bereitstellung von Managementinformationen.
- Fachliche Dimension: Betrachtungsebene "Managementsichten"
  Unter Data Warehousing wird der Prozess verstanden, der auf vorhandene Daten aus verschiedenen operativen Informationssystemen verschiedene Sichten (Bsp. Kundensicht) ermöglicht. Eine Data Warehouse-Lösung muss deshalb die Daten völlig unabhängig von Geschäftsprozessen in logischen Zusammenhängen darstellen. Dieser Zusammenhang kann durch geeignete Managementsichten erstellt werden.
  Die Einordnung dieser Managementsichten in das Business Engineering-Modell ist nicht ohne weiteres möglich. Versteht man diese Sicht nur als Datenmodelle, so können sie der Betrachtungsebene "Informationssysteme" zugeordnet werden. Betrachtet man sie als logische Zusammenhänge verschiedener Geschäftsprozesse und Informationsobjekte (z.B. Kunde, Produkt, Umsatz etc.), so könnten sie unter Umständen in die Betrachtungsebene "Geschäftsstrategie" eingebunden werden. Auf jeden Fall ermöglichen die Managementsichten jedoch - wie die Prozesse - eine Verbindung der Informationssysteme (Data Warehouse) und der Geschäftsstrategie (Strategische Management In-

formation). Die Herleitung dieser Sichten ist das zentrale Ergebnis des Data Warehousing. Deshalb ist es notwendig, Data Warehousing nicht einfach als Prozess im Business Engineering einzuordnen, sondern hier einen eigenen Umsetzungsrahmen zu entwickeln, der allerdings als Untermenge des Business Engineering betrachtet werden kann.

- Fachliche Dimension: Betrachtungsebene "Data Warehouse"
  Data Warehouse-Lösungen sind ein neues Element der Informationssysteme, das in Abhängigkeit der darüberliegenden Betrachtungsebenen "Managementsichten" und "Strategische Management Information" zu entwickeln und zu betreiben ist. Dementsprechend müssen Werkzeuge evaluiert, Datenbanken modelliert, Qualitätssicherung der technischen Abläufe betrieben werden und vieles mehr.
- Politisch-kulturelle Dimension
  Beim Data Warehousing gilt es, die politisch-kulturelle Dimension verstärkt zu berücksichtigen, da Fachbereiche und IT-Abteilungen intensiver als bei gewöhnlichen Projekten zusammenarbeiten und organisatorische Grenzen überwinden müssen. Dabei müssen alte Besitzstände ab- und Informationen preisgegeben werden, was für die Beteiligten Machtverlust bedeuten kann (vgl. Devlin 1997, S. 314). Die Art des Denkens und des Handelns unterscheidet sich im Data Warehousing von der Entwicklung und dem Betrieb operativer Systeme, da es nicht mehr genügt, die Spezifikationen der Fachbereiche entgegenzunehmen und danach losgelöst umzusetzen. Vielmehr ist es erforderlich, sich mit den Geschäftsanforderungen auseinanderzusetzen und diese gemeinsam (Fachbereich und IT-Abteilung) zu entwickeln. Für die beteiligten Personen bedeutet dies, dass sie sich mit abteilungsübergreifenden Fragestellungen aktiv beschäftigen und sich initiativ zeigen sollten (vgl. Kelly 1997, S. 70ff). Dazu bedarf es gegenseitigen Vertrauens, dass früh aufgebaut werden muss, bevor überhaupt mit einem ersten Data Warehouse-Projekt begonnen werden kann (vgl. Devlin 1997, S. 306).

Der Zusammenhang zwischen dem Business Engineering-Modell und dem Umsetzungsrahmen für Data Warehousing-Vorgehensmodelle innerhalb der fachlichen Dimension verdeutlicht sich anhand des Informationskreislaufs (vgl. Abb. 5) im Unternehmen. Die Logik des Business Engineering legt ein Top-down Vorgehen nahe, in dem ausgehend von der Geschäftsstrategie die Geschäftsprozesse und aus den Geschäftsprozessen die entsprechenden Informationssysteme abgeleitet werden (vgl. Österle 1995, S. 23). Der Prozess bildet dabei das Bindeglied zwischen Strategie- und Systementwicklung. Analoges gilt für das Data Warehousing. Ausgehend von den strategischen Informationsbedürfnissen des Management lassen sich Sichten ableiten, die wiederum als Ausgangslage zur Entwicklung eines Data Warehouse dienen. Dabei stellen diese Sichten das Bindeglied zwischen den Strategischen Management Informationen und den Daten im Data Warehouse dar.

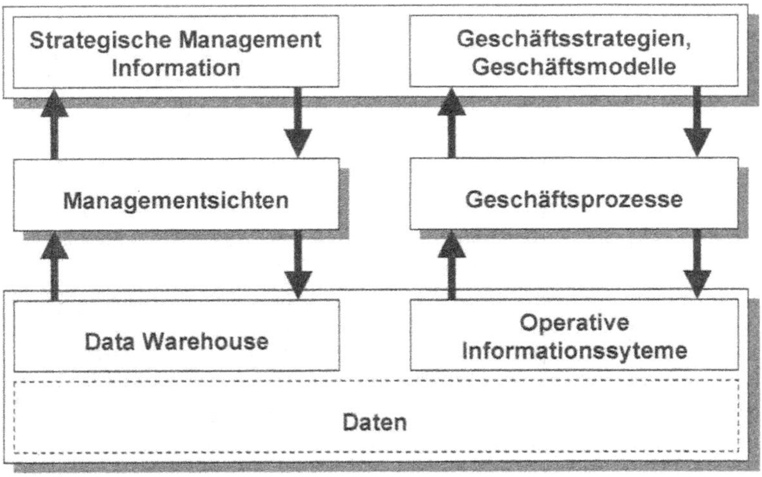

Abb. 5 Informationskreislauf

5.5 Analyse bereits existierender Vorgehensmodelle

Aufgrund einer qualitativen Einordnung (vgl. Abb. 6) der einzelnen Schritte bereits existierender Vorgehensmodelle in den beschriebenen Umsetzungsrahmen, können folgende Tendenzen bezüglich der Gesamtheit der betrachteten Vorgehensmodelle festgehalten werden:

1. Die fachliche Dimension des Umsetzungsrahmens wird grundsätzlich durch die Vorgehensmodelle bereits weitreichend unterstützt.
2. Obwohl die Zuordnung der einzelnen Schritte des entsprechenden Vorgehensmodells innerhalb der fachlichen Dimension nicht immer eindeutig ist, lässt sich doch feststellen, dass die Betrachtungsebenen "Managementsichten" und "Strategische Management Information" keine bedeutende Berücksichtigung in den Vorgehensmodellen finden. Dies liegt z.T. daran, dass die Diskussion im Data Warehousing immer noch zu sehr auf die technischen Aspekte fokussiert und betriebswirtschaftliche Anforderungen noch zu stark vernachlässigt werden.
3. Die Betrachtungsebene "Data Warehouse" wird durch die bestehenden Vorgehensmodelle bereits intensiv unterstützt. Dies zeigt einerseits, dass Aspekte der technischen Umsetzung bereits hervorragend abgedeckt werden, andererseits werden dadurch die anderen Betrachtungsebenen und Dimensionen vernachlässigt.
4. Die politisch-kulturelle Dimension findet kaum Berücksichtigung durch die bestehenden Vorgehensmodelle. "Weiche" Aspekte wie die Mobilisierung des Management, Team-Management, Stakeholder-Analyse, Informationskonzepte etc. werden - wenn überhaupt - nur am Rande einbezogen.

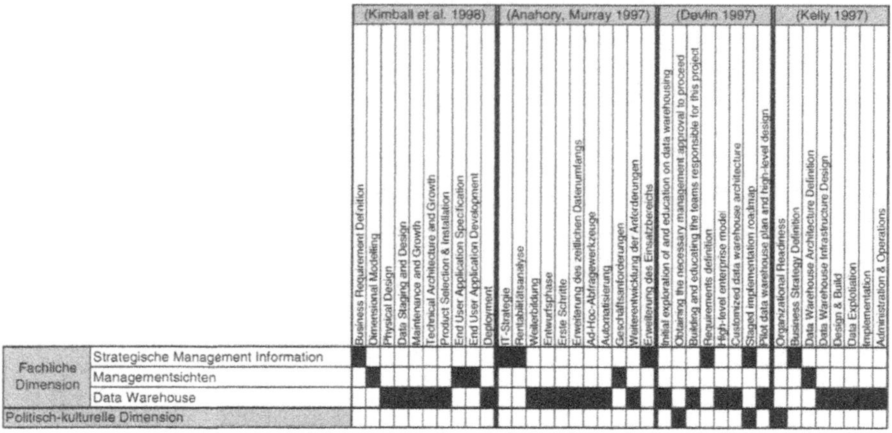

Abb. 6 Qualitative Einschätzung existierender Vorgehensmodelle

6 Die Entwicklung eines Data Warehousing-Vorgehensmodells

Die Analyse bereits bestehender Vorgehensmodelle vor dem Hintergrund des Business Engineering als Umsetzungsrahmen zeigt, dass viele Vorgehensmodelle sich auf die Umsetzung von Teilbereichen im Data Warehousing beschränken. Ein integriertes Gesamtkonzept, wie es das Business Engineering mit seinen Dimensionen darstellt, steht kaum zur Verfügung. Mit dem Data Warehousing-Vorgehensmodell, das im Rahmen des Kompetenzzentrums Data Warehousing Strategie CC DWS am Institut für Wirtschaftsinformatik der Universität St. Gallen entwickelt wird, soll versucht werden, dem oben bereits dargestellten Umsetzungsrahmen gerecht zu werden und den Informationskreislauf im Unternehmen (vgl. Kapitel 5.4) zu berücksichtigen. Dabei soll eine komponentenorientierte Entwicklungsstrategie berücksichtigt werden, die Jung und Winter in ihrem Artikel in diesem Buch vorschlagen.

6.1 Erstellung der unternehmensweiten Plattform (Kern-Data Warehouse)

Das Data Warehousing-Vorgehensmodell des CC DWS unterscheidet explizit zwischen der Erstellung eines Kern-Data Warehouse und dem Aufbau eines abhängigen Data Marts bzw. Inkremente. Jedes Inkrement bzw. jeder Data Mart setzt auf einer Plattform (z.B. Kern-Data Warehouse) auf, die es in einem ersten Schritt zu definieren gilt. Zu diesem Zweck wird ein Business Case erstellt, die Data Warehouse-Architektur gewählt, entsprechende Software evaluiert, beschafft und gegebenenfalls ein Migrationsplan erstellt (vgl. Abb. 7). Bereits in dieser ersten Phase gilt es politische Konflikte zu bewältigen, da u.a. bestimmt werden muss, wer diese Plattform finanziert bzw. ob Fachbereiche, die sich nachher mit einem Data Mart an die Plattform anschliessen, eine "Vorfinanzierung" zurückerstatten müssen, zu welchen Konditionen diese erfolgen soll etc.

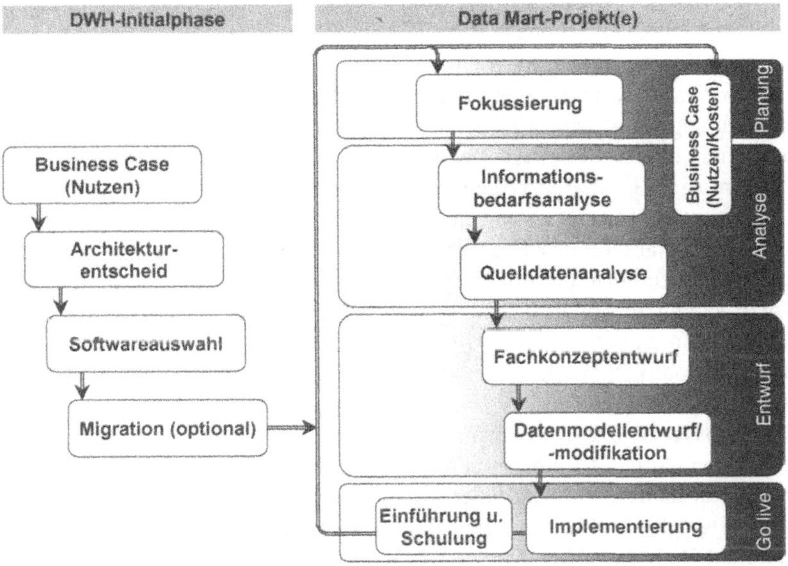

Abb. 7 Data Warehousing-Vorgehensmodell

6.2 Erstellung der Inkremente bzw. Data Marts

Ist die grundlegende Plattform bereitgestellt worden, so können Data Marts darauf aufgebaut werden. Mit dem ersten Schritt "Fokussierung" sollen die am Projekt beteiligten Personen grundsätzlich mit dem Thema Data Warehousing vertraut gemacht werden. Gleichzeitig gilt es, mögliche kulturelle und politische Hinder-

nisse im Vorfeld zu identifizieren und uneingeschränktes Commitment zum Projekt vom Management, von den Fachbereichen und der IT-Abteilung zu erhalten. Zusätzlich gilt es die notwendigen Massnahmen für das Projektmarketing einzuleiten und einen Sponsor für das Projekt zu finden. Dieser Schritt deckt hauptsächlich die politische und kulturelle Dimension des Umsetzungsrahmens im Data Warehousing-Vorgehensmodell des CC DWS ab. Es darf dabei aber nicht vergessen werden, dass Konflikte im Unternehmen nicht nur vor dem Projektstart entstehen können, sondern während des gesamtem Lebenszyklus des Data Warehouse.
Die fachliche Dimension des Umsetzungsrahmen wird im Vorgehensmodell des CC DWS durch die folgenden Schritte unterstützt:

1. Betrachtungsebene "*Strategische Management Information*":
   - Business Case (Nutzen/Kosten)
     Analog zur Erstellung der Plattform kann für jeden zu erstellenden Data Mart ein separater Business Case erstellt werden. Der Business Case dient als Kommunikationsbasis und Entscheidungsunterstützung. Zudem unterstützt der Business Case die Projektdokumentation und das Projektmarketing (vgl. Frie 1999, S. 7).
   - Informationsbedarfsanalyse
     Mit der Informationsbedarfsanalyse werden die Informationsbedürfnisse des Management und der Fachbereiche ermittelt. Wichtige Hinweise auf bestehende und zukünftige Bedürfnisse nach strategischen Informationen liefern die Geschäftsstrategie, Prozessführungsgrössen, Berichtswegsanalysen und Interviews mit dem Fachbereich und dem Management. In der Praxis fällt es den Fachbereichen äusserst schwer, ihren Informationsbedarf zu formulieren. Dies liegt teilweise daran, dass der Fachbereich seinen Informationsbedarf selbst nicht kennt, oder dass keine geeigneten Instrumente zur Verfügung stehen, die eine Kommunikation mit der Informatikabteilung erleichtern.
   - Quelldatenanalyse
     Ein grosser Teil der Bedürfnisse nach strategischen Managementinformationen kann jedoch nicht befriedigt werden, da die notwendigen Daten nicht vorhanden sind und/oder nicht in der geforderten Qualität vorliegen. Hier gilt es abzuschätzen, ob eine Integration externer Datenquellen oder die Erhöhung der Datenqualität den zu erwartenden Nutzen rechtfertigt. Allenfalls gilt es den Business Case anzupassen und die Erwartungen bzw. die Informationsbedürfnisse zu korrigieren.
2. Betrachtungsebene "*Managementsichten*":
   Im Business Engineering sind die Geschäftsprozesse das verbindende Element zwischen operativen Informationssystemen und den Geschäftsstrategien. Die Geschäftsprozesse sind das Vehikel zur Kommunikation zwischen der IT-Abteilung und der Geschäftsstrategie bzw. der zu ihrer Umsetzung beauftragten Fachbereiche. Data Warehousing ist jedoch ein datenzentrierter Ansatz. Das verbindende Element zwischen Geschäftsbedürfnissen (Betrachtungsebene "Strategische Management Information") und der technischen Realisierung (Betrachtungsebene "Data Warehouse") sind unterschiedliche Managementsichten analog der Prozesssicht beim Business Engineering. Diese Managementsichten gestalten sich aus dem konzeptionellen Entwurf der

Fachbereiche (Fachkonzeptentwurf) und dem logischen Modell durch die IT-Abteilung (Datenmodellentwurf sowie Datenmodellmodifikation der Plattform) und leiten sich aus den Informationsbedürfnissen des Management und der Fachbereiche ab. Aus diesem Grunde ist die aktive Mitarbeit der Fachbereichsvertreter bei den logischen Datenmodellen wichtig. Ergebnisse der Betrachtungsebene "Managementsichten" können logische Datenmodelle sein sowie Kennzahlen, die den Lebenszyklus der Datenmodelle unterstützen und beeinflussen.

3. Betrachtungsebene "Data Warehouse":
   Auf der Betrachtungsebene "Data Warehouse" geht es darum, das Data Warehouse zu implementieren (Implementierung). Die Verankerung und Gestaltung der Data Warehouse-Organisation innerhalb der Gesamtorganisation des Unternehmens dürfen jedoch nicht vernachlässigt werden, da sie bedeutenden Anteil am Erfolg haben. Änderungen am Data Warehouse üben immer Einfluss auf die Managementsichten aus, welche wiederum auf die Betrachtungsebene "Strategische Management Information" einwirken.

Literatur

Anahory, S., Murray, D.: Data Warehouse - Planung, Implementierung und Administration. Addison-Wesley-Longman: Bonn et al. 1997.

Alpar, P., Grob, H.L., Weimann, P., Winter, R.: Unternehmensorientierte Wirtschaftsinformatik. Vieweg: Braunschweig, Wiesbaden 1998.

Bleicher, K.: Organisation. Gabler: Wiesbaden 1991.

Chamoni, P., Gluchowski, P.: Analytische Informationssysteme - Einordnung und Überblick. In: Chamoni, P., Gluchowski, P. (Hrsg.): Analytische Informationssysteme Springer: Berlin 1998, 3-25.

Devlin, B.: Data Warehouse - from Architecture to Implementation. Addison-Wesley: Reading et al. 1997.

Finnegan, P., Sammon, D.: Foundations of an Organisational Prerequisites Model for Data Warehousing. In: Pries-Heje, J., Ciborra, C., Kautz, K., Valor, J., Christiaanse, E., Avison, D., Heje, C. (Hrsg.): Proceedings of the 7th European Conference on Information Systems. Copenhagen Business School: Copenhagen 1999, 182-193.

Frie, T.: Data Warehousing - Business Case, Arbeitsbericht BE HSG/CC DWS/01 des Instituts für Wirtschaftsinformatik der Universität St. Gallen, 1999.

Gardner, S.R.: Building the Data Warehouse; Communications of the ACM, 41. Jg., Nr. 9, 52-60 (1998).

Gomez, P., Zimmermann, T.: Unternehmensorganisation - Profile, Dynamik, Methodik, St. Galler Management-Konzept. Band 3, 2. Aufl., Campus: Frankfurt a. Main 1993.

Gray, P., Watson, H.J.: Decision Support in the Data Warehouse. Prentice Hall: New Jersey 1998.

Hansen, W.: Vorgehensmodell zur Entwicklung einer Data Warehouse-Lösung. In: Mucksch, H., Behme, W. (Hrsg.): Das Data Warehouse-Konzept. Gabler: Wiesbaden 1997, 311-328.

Inmon, W.: Building the Data Warehouse. John Wiley & Sons: New York et al. 1996.

Kelly, S.: Data Warehousing in Action. John Wiley & Sons: Chichester et al. 1997.

Kimball, R., Reeves, L., Ross, M., Thornthwaite, W.: The Data Warehouse Lifecycle Toolkit. John Wiley & Sons: New York et al. 1998.

Mertens, P., Knolmayer, G.: Organisation der Informationsverarbeitung. 3. Aufl., Gabler: Wiesbaden 1998.

Meyer, M., Winter, R.: Data Warehousing as an Information Management Problem. Arbeitsbericht IM HSG/IWI1/9 des Instituts für Wirtschaftsinformatik der Universität St. Gallen, 1997.

Österle, H.: Business Engineering. Springer: Berlin et al. 1995.

Österle, H., Winter, R.: Business Engineering. In: Österle, H., Winter, R. (Hrsg.): Business Engineering. Springer: Heidelberg 2000, 3-20.

Schanz, G.: Organisation. In: Frese, E. (Hrsg.): Handwörterbuch der Organisation. Poeschel: Stuttgart 1992, 1459-1471.

Schönthaler, F., Németh, T.: Software-Entwicklungswerkzeuge - Methodische Grundlagen. Teubner: Stuttgart 1992.

Schwarz, S.: Organisationskonzepte im Data Warehousing. Arbeitsbericht BE HSG/CC DWS/02 des Instituts für Wirtschaftsinformatik der Universität St. Gallen 1999.

Watson, H., Haley, B.: Managerial Considerations; Communications of the ACM, 41. Jg., Nr. 9, 32-37 (1998).

Winter, R.: Der St. Galler Ansatz zum Business Engineering. In: Konferenzband Know-TechForum 1999 Potsdam; Potsdam, 1999.

Integriertes Metadatenmanagement – Ein Überblick

Stefan Schwarz

1 Metadaten - Integrationskomponente des Data Warehouse

„Metadata is the data warehouse´s Gordian knot,
and Alexander and his sword are nowhere in sight."
(Kimball et al. 1998, S. 447)

Ein Data Warehouse ist eine komplexe Anordnung von verschiedenartigen Soft- und Hardwarekomponenten. Diese wiederum bettet sich in ein Gesamtgefüge ein, das u. a. von unterschiedlichen Benutzertypen (Endbenutzer, Entwickler, Administratoren) geprägt ist. Auf konzeptioneller Ebene wird dieses Gesamtgefüge durch Architekturen, Prozess- und Datenmodelle, organisatorische Konzepte u. ä. beschrieben (vgl. Abb. 1)

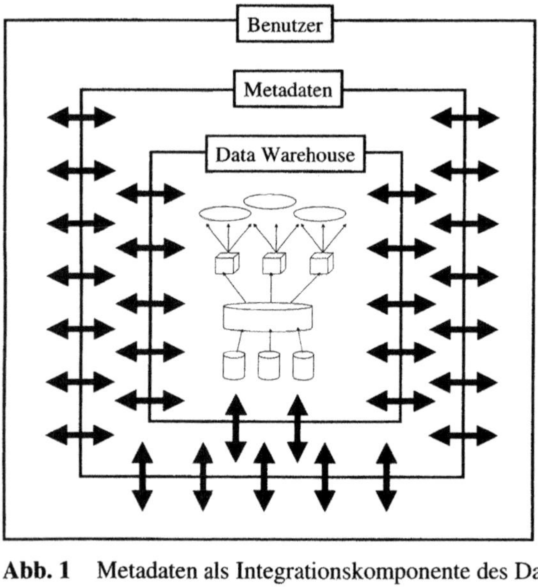

Abb. 1 Metadaten als Integrationskomponente des Data Warehouse

Erst die Gesamtheit aller Einzelkomponenten und deren möglichst effiziente Abstimmung aufeinander ermöglichen es, das Data Warehousing betriebswirtschaftlich sinnvoll einzusetzen. Doch gerade die Abstimmung der vielen Einzelkomponenten stellt in der betrieblichen Praxis oft ein schwierig zu lösendes Problem dar. Da der Abstimmungsprozess repetitiv und kontinuierlich abläuft, ist es nötig, ihn möglichst effektiv kontrollieren zu können. Neben weiteren Aspekten, wie z. B. organisatorischen Massnahmen, bedingt eine effektive Kontrolle des Data Warehousing eine integrierte Beschreibung aller Komponenten. Das Mittel hierzu sind Metadaten.

Sucht man in der Literatur nach Definitionen des Begriffes Metadaten, resultiert dies häufig in Beschreibungen wie „Metadaten sind Daten über Daten" (bspw. Corey, Abbey 1997, S. 203). Diese Definition ist anschaulich, jedoch zu wenig differenziert, um eine detaillierte Untersuchung zu ermöglichen. Weiterführende Charakterisierungsansätze versuchen, Metadaten im Kontext des Data Warehousing durch beispielhafte Auflistungen zu veranschaulichen (bspw. Inmon et al. 1996, S. 82 ff.). Diese können in keinem Fall vollständig sein, und bieten in Zweifelsfällen wenig Unterstützung. Ob es sich z. B. bei dem Gültigkeitszeitraum eines Vertrages um ein Datum oder um ein Metadatum handelt, ist kontextabhängig und kann somit durch blosse Auflistung nicht abgegrenzt werden.

Ein deutlich zielführenderer Weg besteht darin, eine Einteilung zu entwerfen, die es erlaubt, Metadaten strukturiert zu erfassen. Bei genauer Definition der Einteilungskriterien wird auf diese Weise die Möglichkeit geschaffen, das Themengebiet Metadaten detailliert abzugrenzen. Einige Autoren versuchen, eine Einteilung von Metadaten vorzunehmen, indem sie sich an der Architektur der Data Warehouse-Umgebung orientieren (bspw. Muksch, Behme 1997, S. 271). Dieser Schritt erscheint sinnvoll, da je nach Wahl der Architektur und je nach Ausprägung der einzelnen Architekturkomponenten sich die für das Data Warehousing relevanten Metadaten wesentlich unterscheiden. Jedoch weist auch dieses Vorgehen Nachteile auf. Durch die Unterteilung des Untersuchungsgebietes werden einige Aspekte des Metadatenmanagement nur implizit berücksichtigt. Beispiele hierfür sind Zugriffsberechtigungen, Benutzerprofile oder die Verwaltung von lokalen Metadaten. Ebenfalls wird der integrative Charakter von Metadaten, die durch eine gesamtheitliche Beschreibung des Gesamtgefüges Data Warehouse das Zusammenwirken der einzelnen Komponenten offenlegen können, weniger stark betont.

Generell gilt es anzumerken, dass die Menge aller Daten, die man unter dem Begriff Metadaten kategorisiert, sehr vielschichtig und umfangreich sein kann. Dies ist insofern nicht verwunderlich, da sich in den Metadaten u. a. die Komplexität widerspiegelt, die durch das Data Warehouse beherrschbar gemacht werden soll. Zusätzlich gilt es, die dem Data Warehousing inhärente Dynamik zu berücksichtigen. Sie steigert die Komplexität der Metadatenhaltung signifikant.

An dieser Stelle soll noch auf eine Besonderheit hingewiesen werden, die in der Literatur häufig wenig Beachtung findet. Ein und dieselben Daten können kontextabhängig sowohl als Metadaten genutzt werden, als auch eine inhaltliche Datenbasis bilden. Daten, die bspw. angeben, welcher Benutzer welche Daten erzeugt hat, werden im allgemeinen als Metadaten klassifiziert. Bilden diese Benutzerdaten jedoch bspw. die Grundlage für eine Auslastungsanalyse der Mitarbeiter, verlieren sie in diesem Kontext ihren Metadatencharakter und bilden eine inhaltliche Datenbasis. Diese Erkenntnis hat insb. Auswirkungen auf die Modellierung der Metadaten. Eine strikte Unterscheidung von Metadaten und inhaltlich genutzten Daten kann nicht konsequent und vollständig vorgenommen werden. Die in der Praxis häufig anzutreffende (z. T. sogar physische) Trennung von Nutzdaten und Metadaten schränkt die Anwendungsvielfalt einer Data Warehouse-

Umgebung ein. Sie lässt sich oft jedoch aus Praktikabilitätserwägungen nicht vermeiden.

Aus oben genannten Gründen – insb. der Kontextabhängigkeit - wird für den vorliegenden Überblick eine sehr weitreichende Definition des Begriffs „Metadaten" verwendet. Folgende Abgrenzung soll für die weiteren Ausführungen das definitorische Grundgerüst bilden:

> *„Metadaten im Rahmen des Data Warehousing sind all diejenigen Daten, die geeignet sind, Fragen über die im Data Warehouse enthaltenen Daten, deren Transformation und des sie umgebenden Systems zu beantworten" (Rowohl et al. 2000, S. 5).*

2 Etablieren eines integrierten Metadatenmanagement

2.1 Realisierungsalternativen

Viele aktuelle, betriebswirtschaftliche Aufgabenstellungen in Unternehmen erfordern eine Informationsversorgung, die eine unternehmensweite integrierte Sicht auf die in den traditionellen, zumeist spartenorientierten Informationssystemen erzeugten und gespeicherten Daten erlaubt (vgl. dazu den Beitrag von Jung und Winter in diesem Buch; Jung, Winter 2000). Gerade bei steigender Komplexität der traditionellen Informationssysteme ist die Befriedigung dieser Anforderung in zunehmendem Masse nur noch unter Zuhilfenahme von Data Warehouse-Technologien zufriedenstellend zu erreichen. Andere Technologien zur Integration traditioneller Informationssysteme, welchen, im Gegensatz zum Data Warehouse, eine eher dezentrale Zusammenführung von Daten zugrundeliegt, gewinnen ihrerseits in diesen Umgebungen eine immer schwerer zu beherrschende Komplexität. Stellvertretend für Technologien, die einen primär dezentralen (bzw. virtuellen) Integrationsansatz verfolgen, sollen an dieser Stelle das Workflow-Management und die Oberflächenintegration auf Basis von Inter-/Intranet-Technologien genannt werden. Sie benötigen zur Integration zusätzlicher Datenquellen meist Regeln bzw. Schnittstellen, die syntaktische und semantische Tranformationen in die Formate der anderer Systeme erlauben. Es scheint daher konsequent, gerade bei Vorliegen von komplexen Informationssystemumgebungen auf Data Warehouse-Technologien zurückzugreifen, um der Forderung nach einer integrierten Sicht auf Unternehmensdaten nachzukommen.

Mit der Entscheidung für die Einführung eines Data Warehouse ergibt sich zwangsläufig auch der Bedarf zur Errichtung eines geeigneten Metadatenmanagementsystems (vgl. Gentry, Stoddard 1998, S. 45 ff.). Es ist gerade die Komplexitätsbewältigung, die das Etablieren eines Metadatenmanagementsystems im Rahmen einer Data Warehouse-Einführung unabdingbar macht. Denn erst Metadaten erlauben, wie oben erläutert, eine Beschreibung der komplexen Zusammenhänge und Abläufe. Ausgereifte Metadatenmanagementsysteme ermöglichen es darüber hinaus sogar einige Abläufe zu automatisieren. Sie tragen somit nicht nur zur Reduktion der Komplexität des Data Warehousing dar, sondern stellen in vielen Fällen die Einführung und den dauerhaften Betrieb eines Data Warehouse erst sicher.

Im Rahmen der Realisierung existieren verschiedenste Möglichkeiten ein integriertes Metadatenmanagementsystem zu etablieren. Obwohl in der Praxis unterschiedlichste Mischformen vorzufinden sind, lassen sie sich grundsätzlich jedoch auf drei Basisstrategien reduzieren:

1. Integration vieler spezialisierter Metadatenmanagementsysteme, die als Standardsoftware angeboten werden (best of breed-Ansatz)

   Als wesentliche Vorteile dieser Alternative sind die schnelle Einführung z. T. hoch spezialisierter Systeme und der Erwerb von in der Software manifestiertem Know-how zu nennen. Massiv nachteilig wirkt sich in der Praxis häufig die schwierige Integration der spezialisierten Systeme aus. Die Integrationsproblematik begründet sich in diesem Zusammenhang weniger durch technische Restriktionen als durch die Verwendung von produktspezifischen, proprietären Speicherungsformaten. In letzter Zeit wurden die ersten Austauschformate und -protokolle spezifiziert, die potentiell für Verbesserung sorgen könnten. Allerdings existieren noch Defizite in deren Detaillierungsgrad und bezüglich der einheitlichen Umsetzung in der Mehrzahl der Metadatenmanagementsysteme (vgl. hierzu weiterführend Kapitel 3).
2. Einsatz von monolithischen Metadatenmanagementsystemen

   Monolithische Systeme weisen oft einen hohen Integrationsgrad der in ihnen verwalteten Metadaten auf. Allerdings existieren nur wenige Systeme, die tatsächlich das Data Warehousing von der Anbindung der operativen Systeme bis zum Business Intelligence abdecken. Weiterhin weisen fast alle monolithischen Systeme Schwächen in Teilbereichen auf, die z. T. zu signifikanten funktionellen Einschränkungen führen.
3. Eigenentwicklung adäquater Metadatenmanagementsysteme

   Die Eigenentwicklung von Metadatenmanagementsystemen stellt in der betrieblichen Praxis eine bedeutende Alternative zu den beiden oben erläuterten Vorgehensweisen dar. Sie vereint die Vorteile einer adäquaten Spezialisierung in bestimmten Teilbereichen mit der Möglichkeit eines hohen Integrationsgrads der Metadaten. Nachteilig ist die vergleichsweise lange Entwicklungsdauer.

Aus der oben vorgenommenen Kurzcharakterisierung der Basisstrategien wird ersichtlich, dass jede der beschriebenen Alternativen in Teilaspekten und unter bestimmten Umständen Vorteile gegenüber den anderen aufweist. Es existiert demnach keine in jedem Fall zu bevorzugende Strategie.

2.2 Top Down- vs. Bottom Up- vs. spartenweises Vorgehen

Generell bedarf die Einführung eines Metadatenmanagementsystem einer diffizilen Planung. Dies begründet sich zum einen durch die oben beschriebene Komplexität des entstehenden Systems, zum anderen durch die Widerstände, die durch die Vielzahl der persönlich involvierten oder von der Einführung eines Metadatenmanagementsystems betroffenen Mitarbeiter hervorgerufen werden können. In der Praxis scheitern viele Metadatenmanagementsysteme schon während ihrer Einführungsphase aufgrund organisationeller Widerstände oder während ihrer Betriebsphase wegen mangelnder Akzeptanz von Seiten der Benutzer.

Dies ist aus Sicht des Autors, neben der gleichmässigeren Allokation von Ressourcen, der Hauptgrund dafür, eine phasenweise Einführung eines Metadatenmanagementsystems einer Gesamteinführung („Big Bang-Einführung) vorzuziehen. Auf diese Weise kann eine Akzeptanz des Metadatenmanagementsystems erreicht werden, die zwingend für dessen langfristigen Erfolg von Nöten ist.

Darüber hinaus kann es sinnvoll sein, die Einführung eines integrierten Metadatenmanagementsystems zeitlich von der Einführung der eigentlichen Basisinfrastruktur des Data Warehouse zu entkoppeln. Data Warehouse-Projekte sind üblicherweise evolutionär angelegt und weisen in den ersten Ausbaustufen höhere Ressourcenbedarfe pro Teilprojekt auf, da innerhalb dieser Infrastruktur aufgebaut wird, die von späteren Teilprojekten ebenfalls genutzt wird (vgl. dazu den Beitrag von Jung und Winter in diesem Buch; Jung, Winter 2000). Eine zeitlich nach hinten verlagerte Einführung des Metadatenmanagementsystems kann so helfen, diese Belastungsspitzen in der Ressourceninanspruchnahme zu verringern. Inwieweit eine derartige Entkopplung in der Praxis tatsächlich durchführbar ist, hängt von der Art des Metadatenmanagementsystems ab. Eine besondere Rolle spielt hierbei die aktive oder passive Nutzung der Metadaten (vgl. hierzu Abschnitt 2.3).

Hat man sich für eine phasenweise Einführung eines Metadatenmanagementsystems entschieden, gilt es zu überlegen, wie die Einführungsphasen voneinander abzugrenzen sind. In diesem Zusammenhang drängen sich vornehmlich zwei grundsätzlich Einteilungen auf.

Eine erste Überlegung besteht darin, das Metadatenmanagementsystem analog zur evolutionären, oft an organisatorischen Einheiten ausgerichteten Data Mart-Entwicklung auszubauen. Dies kann jedoch bei einer zeitlichen Entkopplung von der Data Warehouse-Entwicklung gravierende Nachteile mit sich bringen. Da sich typischerweise Anfragen an das Data Warehouse über verschiedene organisatorische Einheiten erstrecken, kann bei einer derartigen Vorgehensweise meist nur für einen Teil der Anfrage Unterstützung auf der Basis von Metadaten geleistet werden. Durch die zeitliche Entkopplung existieren folglich permanent Datenbereiche, die nicht durch Metadaten beschrieben sind.

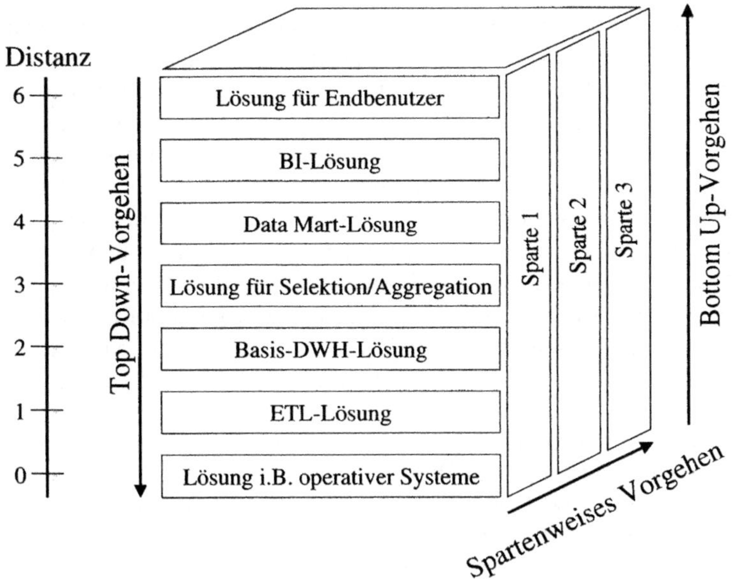

In Anlehnung an: (Rowohl et al. 2000, S. 10)

Abb. 2 Top Down- vs. Bottom Up- vs. spartenweises Vorgehen

Eine zweite grundsätzliche Möglichkeit zur Einteilung der Phasen besteht darin, diese in der Abhängigkeit von den Distanzen der beschriebenen Daten und Prozesse zu den operativen Quellen zu definieren. Abb. 2 zeigt eine derartige Einteilung in sieben Phasen. Als Abgrenzungskriterium dienen in diesem Fall die vom Data Warehousing Prozess durchlaufenden Lösungen. Der Begriff „Lösung" beschreibt in diesem Zusammenhang eine Ansammlung von Softwaresystemen, die gemeinsam einen abgrenzbaren Teilprozess des Data Warehousing unterstützen.

Je nach Art des Data Warehousing-Projekts und den Anforderungen, die an dieses gestellt werden, sind die oben bezeichneten Lösungen unterschiedlich ausgeprägt. In Abhängigkeit von den Ausprägungen kann nun eine Implementation des Metadatenmanagementsystems in einem Top Down- oder Bottom Up-Vorgehen erfolgen. Welches Vorgehen zu präferieren ist, kann nicht generell bestimmt werden, sondern bedarf der Entscheidung im konkreten Einzelfall.

Ein Bottom Up-Vorgehen hat den Vorzug, dass ein Grossteil der zuerst einzubeziehenden Metadaten oft schon in strukturierter und elektronisch verarbeitbarer Form vorliegt. Es handelt sich hierbei z. B. um Feldbeschreibungen der operativen Datenbestände. Diese sind häufig schon in Datenbank-Repositories beschrieben. Einen gravierenden Nachteil stellt der bei diesem Vorgehen oft erst zu einem späten Zeitpunkt realisierbare Nutzen dar. Dieser wird vom Benutzer erst dann wahrgenommen, wenn er den Zusammenhang der für seine Zwecke aufbereiteten Daten mit dem durch Metadaten Beschriebenen erkennen kann. Darüber hinaus wirkt sich der grosse Umfang der Metadaten, der üblicherweise in Lösungen mit kleiner Distanz zur operativen Ebene existiert, ungünstig aus.

Die Top Down-Vorgehensweise hat diese Nachteile nicht. Es werden in einem frühen Stadium der Entwicklung Daten beschrieben, die für die Benutzer von hoher Relevanz sind. Der Umfang dieser Daten ist im Vergleich zu denen auf operativer Ebene eher gering. Die Nachteile des Top Down-Vorgehens liegen in der oft anzutreffenden geringen Strukturiertheit der Daten, die typischerweise in Lösungen mit grosser Distanz vorzufinden sind. Gerade im Bereich von Kennzahlen oder in Berichten sind häufig Vagheiten, Synonyme und Homonyme anzutreffen, die den Entwicklungsprozess eines Metadatenmanagementsystems behindern. Zusätzlich sind die Metadaten auf in Lösungen mit grosser Distanz zumeist nicht geordnet abgelegt, sondern existieren oft nur in Form von implizitem Wissen. Definitionen von Kennzahlen bspw. sind in der Praxis oft nicht an zentraler Stelle abgelegt, sondern können nur durch Befragung der Mitarbeiter erlangt werden.

Abb. 3 zeigt das Hauptmenü des Begriffsinformationssystems BISON, das im Rahmen des Kompetenzzentrums Data Warehousing Strategie bei der Wüstenrot & Württembergische AG entwickelt wurde. Der Begriff „BISON" ist ein Akronym für „Begriffsinformationssystem online". Das System basiert auf WWW-Technologien und integriert sich in das Wissensinformationssystem der Wüstenrot & Württembergische AG.

BISON liegt ein hybrides Vorgehen mit Bottom Up- und Top Down-Komponenten zugrunde. In seiner aktuellen, ersten Entwicklungsstufe konzentriert sich BISON auf die Verwaltung von Metadaten zur Beschreibung von benutzernahen Daten wie Kennzahlen, Begriffen und Berichten (Lösungen mit grosser Distanz). Zusätzlich wurden aber auch von Anfang an wichtige Feldbeschreibungen der operativen Systeme in das System integriert (Lösungen mit kleiner Distanz). Dieses so zum Teil gefüllte Metadatenmanagementsystem wurde im Unternehmen auf breiter Basis über das Unternehmens-Intranet zugänglich gemacht. Jeder Mitarbeiter mit Intranet-Zugang kann auf diese Weise völlig selbständig und unter Benutzung der verfügbaren Beschreibungen operativer Felder, die von ihm benutzten Kennzahlen, Begriffe und Berichte in den Metadaten definieren. Diese Definitionen wiederum sind ebenfalls jedem Mitarbeiter zugänglich und können eine gewisse Zeit lang von jedem geändert werden. In regelmässigen Abständen werden die neu eingetragenen Metadaten von einem Qualitätssicherungsteam gesichtet und ggf. derart angepasst, dass sie möglichst optimal mit bestehenden Kennzahlen, Begriffen und Berichten harmonieren. Nach Abschluss dieser Revision ist eine Abänderung durch Endbenutzer nicht mehr möglich.

Das oben beschriebene, hybride Vorgehen ermöglicht es, mehrere Ziele zugleich zu erreichen. Es entsteht zum einen ein Metadatenmanagementsystem, welches – ausgerichtet an den Bedürfnissen der Benutzer – evolutionär wächst. Nutzeneffekte stellen sich somit frühzeitig ein. Durch die Einbeziehung möglichst vieler Benutzer von Anfang an wird eine frühzeitige und umfangreiche Abdekkung aller Sparten mit Metadaten erreicht. Zusätzlich findet eine selbstregulierende, dezentrale Priorisierung statt, die zur Folge hat, dass zuerst die Bereiche und Lösungen durch Metadaten beschrieben werden, die für die Benutzer von besonderer Bedeutung sind. Zum anderen bewirkt die massive Einbindung der Benutzer, dass viel implizites Metawissen in allgemein zugängliche Metadaten überführt werden kann. Das zentral positionierte Qualitätssicherungsteam garantiert in diesem Zusammenhang die Konsistenz der Metadaten.

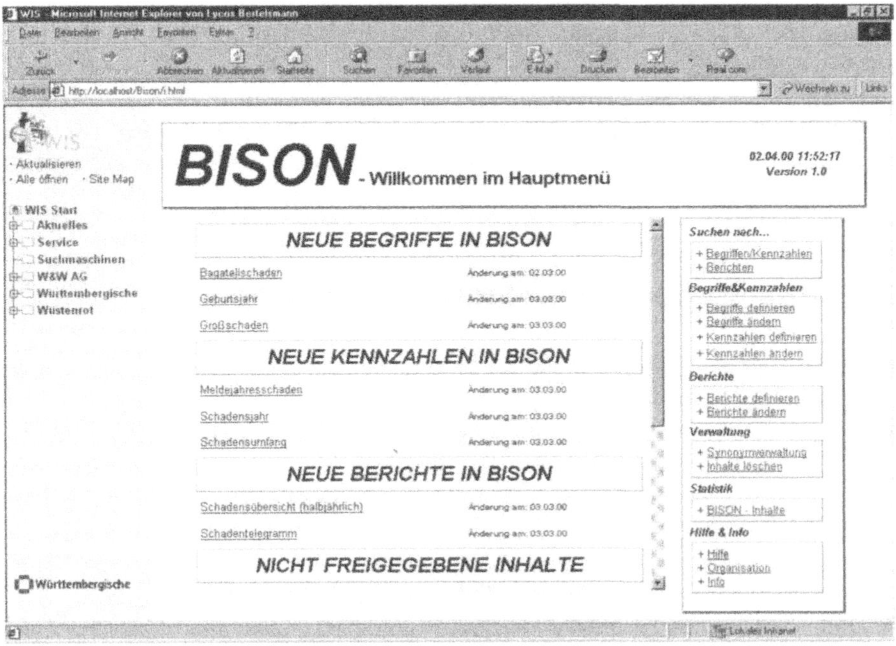

Abb. 3 Das Begriffsinformationssystem BISON der Wüstenrot & Württembergische AG

2.3 Aktive vs. passive Metadatenhaltung

Eine passive Metadatenhaltung dient ausschliesslich der Beschreibung der Daten, Strukturen und Prozesse einer Data Warehouse-Umgebung. Als aktiv wird eine solche Metadatenhaltung bezeichnet, die es nicht nur erlaubt Beschreibungen zu speichern, zu verändern und auszugeben, sondern darüber hinaus aus den gespeicherten Metadaten Aktionen abzuleiten, die Veränderungen in den Daten, Strukturen und Prozessen der Data Warehouse-Umgebung bewirken. Eine aktive Metadatenhaltung kann sich bspw. dadurch auszeichnen, dass das Metadatenmanagementsystem basierend auf den verwalteten Metadaten den Benutzer aktiv darin unterstützt, die von ihm gesuchten Daten im Data Warehouse auf möglichst effiziente Weise zu finden. Ein etwas darüber hinaus gehendes Beispiel besteht darin, dass ein Metadatenmanagementsystem bei einer Veränderung der Metadaten aktiv Einfluss auf den Data Warehousing-Prozess nimmt. Werden bspw. Änderungen in den operativen Quellsystemen in den Metadaten eingetragen, könnte ein aktives Metadatenmanagementsystem daraufhin selbständig den zugehörigen ETL-Prozess anpassen. In der Praxis ist die aktive Verwendung von Metadaten bis zum heutigen Zeitpunkt nur in Ansätzen zu beobachten. Die meisten verfügbaren Metadatenmanagementsysteme unterstützen eine zumeist passive Metadatenhaltung.

Einer aktiven Metadatenhaltung wird i. a. das Potential zu einer immensen Erhöhung der Akzeptanz sowohl von Seiten der Administratoren als auch in einem besonderen Masse von Seiten der Endbenutzer zugesprochen. Es wird bspw. möglich, individuellere und intuitivere Benutzerschnittstellen zur Verfügung zu stellen. Im Bereich der Administration können viele Routineaufgaben, wie z. B. die Aktualisierung der Metadaten, durch eine aktives Metadatenmanagementsystem automatisiert werden.

2.4 Organisation des Metadatenmanagement

Die organisationelle Einbettung eines Metadatenmanagementsystems muss i. d. R. zwei Hauptzielen Rechnung tragen:

- Zum einen ist durch eine geeignete Regelung von Zuständigkeiten und Berechtigungen zu gewährleisten, dass Benutzer nur Zugriff auf die Metadaten erhalten, zu dessen Nutzung sie auch berechtigt sind. Erstaunlicherweise wird das Thema Datenschutz im Zusammenhang mit Metadaten in der Praxis i. a. mit sehr niedriger Priorität behandelt, obwohl viele von Metadaten existieren, die aus datenschutzrechtlicher Sicht besonderer Behandlung bedürfen.
- Zum anderen ist in der Praxis häufig erkennbar, dass die Akzeptanz eines Metadatenmanagementsystems unter einer zu schwach ausgeprägten oder kontraproduktiven Organisation leidet.

Auf diese beiden Aspekte wird im folgenden kurz näher eingegangen.

2.4.1 Zugriffsbeschränkungen für Metadaten

Während das Thema der Zugriffskontrolle für die Nutzdaten des Data Warehouse in zunehmendem Masse Betrachtungsobjekt in Wissenschaft und Praxis wird (vgl. bspw. Burkert 2000), kann dies analog für Metadaten nur sehr bedingt beobachtet werden. In den meisten Fällen wird dem Schutz der Metadaten eine weitaus geringere Bedeutung beigemessen; in einigen Fällen wird sogar davon ausgegangen, dass für Metadaten die gleichen Zugriffsberechtigungen gelten können, wie sie auch für die von diesen Metadaten beschriebenen Daten gelten. Diese Annahme ist in den meisten Fällen falsch. Während bspw. die Mitarbeiter in einem Call Center quasi zwingend Zugriff auf alle Daten über Kundenkontakte benötigen, um einen Anrufer optimal beraten zu können, kann ein uneingeschränkter Zugriff auf die zugehörigen Metadaten soziale oder sogar rechtliche Konsequenzen implizieren. Ist es Mitarbeitern z. B. möglich, die Metadaten in der Art auszuwerten, dass ersichtlich wird, wie viele Anrufe von welchem Mitarbeiter zu welcher Zeit bearbeitet wurden, ist die daraus gewonnene Information evtl. nicht nur schädlich für das soziale Klima in der entsprechenden Organisationseinheit, sondern, zumindest aus Datenschutzgründen, als bedenklich einzustufen. Darüber hinaus wird in

Metadatenbeständen geregelt, welcher Mitarbeiter Zugriff auf welche Daten erhält. Eine systematische Auswertungsmöglichkeit dieser Informationen von Seiten der Benutzer würde unerlaubte Zugriffe auf Data Warehouse-Daten mit besonderen Schutzanforderungen erleichtern.

Aus dem oben Beschriebenen wird deutlich, dass für Metadaten ein eigenständiges Datenschutzkonzept existieren muss. Die separate, manuelle Pflege von Zugriffsrechten für Metadaten ist jedoch in der Praxis aus Gründen der Knappheit an Ressourcen (meist Personal) und der Komplexität der Metadaten selten praktikabel. Es stellt sich somit, wie schon bei der Diskussion über die Pflege der Zugriffsrechte für Data Warehouse-Nutzdaten, die Frage, wie Zugriffsregelungen möglichst automatisiert erzeugt werden können. Eine pragmatische Vorgehensweise könnte darin bestehen, Heuristiken zu benutzen. In der Literatur wird bspw. vorgeschlagen, Testbenutzer zu selektieren, die für eine Gruppe von Benutzern ein repräsentatives Benutzungsprofil im Hinblick auf Metadaten vermuten lassen. Für diese Personen werden die Zugriffe auf die Metadaten protokolliert und im Nachhinein derart ausgewertet, dass daraus Zugriffsbeschränkungen abgeleitet werden können (vgl. Rowohl et al. 2000, S. 38 f.). Diese Zugriffsbeschränkungen gelten dann für alle Mitglieder der repräsentierten Gruppe. Zusätzliche Zugriffsrechte für Metadaten müssen beantragt werden und können einer qualifizierten Prüfung unterzogen werden. Diese Vorgehensweise eignet sich allerdings hauptsächlich für Benutzergruppen, die routinemässige Arbeiten auf Data Warehouse-Daten ausführen. Benutzer, deren Arbeit stark explorativen Charakter besitzt, z. B. Data Miner, würden durch eine solche restriktive Zugriffsbeschränkung in ihrer Arbeit zu stark eingeschränkt. Ihre Anforderungen an Metadaten sind mit heuristischen Mitteln nicht zu bestimmen.

2.4.2 Akzeptanz

Ein grundsätzliches, bei jedem Metadatenmanagementprojekt zu lösendes Problem besteht darin, den einzelnen Benutzern die mit Hilfe des neuen Systems für sie erzielbaren Vorteile zu vermitteln. Dies ist zumeist aus mehreren Gründen erschwert.

Zum einen muss eine Vielzahl von Benutzern ihr Metawissen in dieses System integriert haben, bevor ein wirklicher Nutzen aus diesem generiert werden kann. Nur eine ausreichend vollständige Beschreibung der Data Warehouse-Umgebung durch Metadaten kann nutzenstiftend eingesetzt werden. Bei Beteiligung einer grossen Anzahl von Benutzern folgt hieraus, dass eine z. T. beachtliche zeitliche Verzögerung zwischen der Bereitstellung von Metadaten und deren produktivem Einsatz auftreten kann. Aus dieser Grund kann leicht der Eindruck entstehen, dass kein Fortschritt im Rahmen des Metadatenmanagementprojekts stattfindet.

Zum anderen sehen einige Mitarbeiter in ihrem Wissen über die Daten des Unternehmens(bereichs) einen komparativen Vorteil gegenüber ihren Kollegen, der ihnen ein Gefühl der „Unersetzbarkeit“ oder Sicherheit suggeriert. Bei Berücksichtigung dieser Betrachtungsweise wird wiederum erklärbar, warum einige Mitarbeiter ihr zum Teil profundes Metawissen nur ungern in Form von Metadaten allgemein zugänglich machen wollen.

Darüber hinaus stellt die Qualität der Metadaten ein bedeutendes Akzeptanzkriterium dar. Aufgrund der oft anzutreffenden Komplexität eines Data Warehouse, ist es für den Benutzer oft nicht nachvollziehbar, in welcher Weise einzelne Datenelemente zusammenhängen. Dies begründet die enorme Relevanz der Richtigkeit von zugehörigen Metadaten. Sie unterstützen den Benutzer beim Verständnis von Datenkonstellationen, der Interpretation von Auffälligkeiten in den Daten und dem Ziehen von Schlüssen. Beim Vorliegen von falschen Metadaten wird der Benutzer folglich ohne sein Zutun fehlgeleitet. Metadaten sind in diesem Fall nicht nur unproduktiv, sondern wirken aus sich selbst heraus destruktiv. Unter diesem Gesichtspunkt ist das Entstehen eines Akzeptanzproblems von Seiten des Benutzer leicht erklärlich.

2.4.3 Lösungsvorschlag für die Metadatenorganisation

Aus den in den Abschnitten 2.4.1 und 2.4.2 dargestellten Gründen, gilt es das Metadatenmanagement in eine Organisationsform einzubetten, die hilft jene Schwachpunkte zu beheben. Abb. 4 zeigt schematisch, wie eine zentrale Organisationseinheit - hier mit Clearingstelle bezeichnet – in geeigneter Weise organisatorisch eingeordnet werden kann. Sie ist konzeptionell an eine aufbauorganisatorisch zentral verankerte Koordinierungsstelle für den Gesamtbereich des Data Warehousing (vgl. Schwarz 1999, S. 10) angelehnt. Inwiefern die beiden genannten Kontrollinstanzen in Personalunion besetzt werden können, hängt u. a. von vielen Einflussfaktoren, die aus dem Data Warehouse-Projekt selbst stammen können oder auch vom Unternehmen determiniert sind, ab. Beispielhafte Einflussfaktoren sind die Qualifikation der betroffenen Mitarbeiter und die Unternehmensgrösse. Grundsätzlich ist sowohl eine organisatorische Trennung der Metadaten-Clearing-Stelle von einer Stelle zur Verwaltung des Gesamt-Data Warehouse als auch eine organisatorische Vereinigung der beiden Verwaltungsfunktionen denkbar.

Der Clearing-Stelle ist zuständig für die inhaltlich-fachliche Administration der Metadaten. Sie hat geeignete Massnahmen zu treffen, um eine möglichst hohe Qualität und Vollständigkeit der Metadaten zu erreichen. In Zusammenarbeit mit den Fachbereichen gilt es, permanent auf eine Komplementierung der Metadaten hinzuarbeiten. Während dieses ständigen Prozesses sind Kontrollmechanismen zu entwickeln und zu implementieren, die Synonyme, Homonyme, Konsistenz etc. im bestehenden Metadatenmanagementsystem verhindern.

Zusätzlich zu ihrer Kontrollfunktion ist die Clearing-Stelle aber auch Ansprechpartner für die Fachbereiche. Sie koordiniert die Erweiterungsplanung für das Metadatenmanagement in einem evolutionären Abstimmungsprozess mit einzelnen Benutzern oder Benutzergruppen. In grösseren Organisationseinheiten sind hierzu Ansprechpartner (AP) als personelle Schnittstellen zwischen der Clearing-Stelle und der Fachabteilung zu bilden. Aufgrund ihrer koordinierend wirkenden Zusammenarbeit mit einer Vielzahl von Organisationseinheiten muss die Clearing-Stelle unabhängig von den Interessen einzelner Benutzer bzw. Benutzergruppen agieren können. Nur so ist ein weitgehend autonomes, auf die Maximierung des Gesamtnutzens ausgerichtetes Verhalten, das falls nötig auch gegen das Interesse einzelner Fachbereiche gerichtet sein kann, möglich.

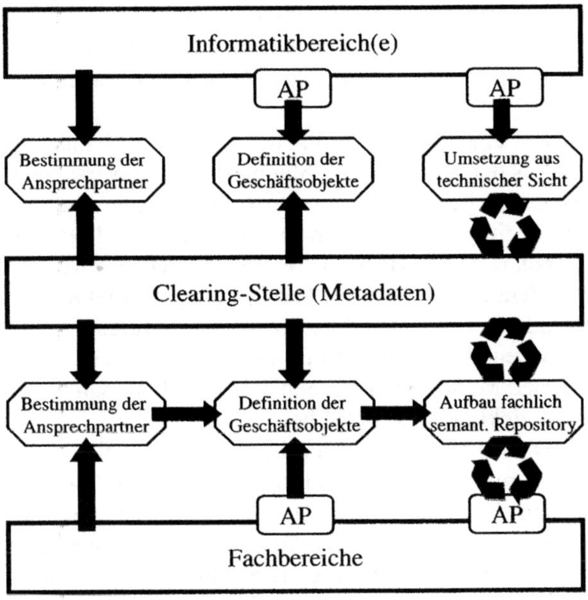

In Anlehnung an: (Rowohl et al. 2000, S. 40)

Abb. 4 Die Clearingstelle als zentrale Organisationseinheit des Metadatenmanagements

In Diskussionen mit Data Warehousing-Praktikern stellte sich heraus, dass auch für Metadaten das Konzept des Data Ownership als geeignet empfunden wird. Die Fachbereiche tragen als Meta Data Owner für die in ihrem Einflussbereich erzeugten Metadaten insofern die Verantwortung, als dass sie bspw. Veränderungen der operativen Systeme weitergeben müssen, um das Metadatenmanagementsystem aktuell zu halten.

3 Standardisierte Austauschformate für Metadaten

Beinahe genauso umfangreich wie die Anzahl und die Vielfalt der Systeme auf dem Gebiet des Metadatenmanagements im Rahmen von Data Warehousing (Frie, Strauch 1999, S. 4) ist die Variationsbreite der Speicherungs- und Austauschformate zwischen diesen Systemen. Dies führt vor allem bei der Wahl eines best of breed-Vorgehens (vgl. Abschnitt 2.1) zu einer mangelnden Durchgängigkeit und Integration der Metadaten. Aber auch im Bereich der weitgehenden Eigenentwicklung des Metadatenmanagementsystems würden sich Standards für die Speicherung und den Austausch von Metadaten positiv auswirken. Die eigenentwikkelten Systeme könnten z. B. bei Firmenzusammenschlüssen einfach kombiniert oder ineinander überführt werden, ein Zusammenwirken mit zugekauften Komponenten würde vereinfacht und die Zukunftsfähigkeit des Metadatenmanagementsystems erhöht.

Diese Vorteile wurden auch von einer Vielzahl von Herstellen von Metadatenmanagementsystemen erkannt. Aus der Vielzahl von Standardisierungsversuchen, die noch vor einiger Zeit existierten, heben sich gerade in letzter Zeit zwei ab. Hierbei handelt es sich um die Spezifikationen „Open Information Model" (OIM) und „Common Warehouse Metadata Interchange" (CWM). Das OIM wird von einigen Firmen im Rahmen der Meta Data Coalition (MDC) getragen, geht aber in wesentlichen Teilen auf Entwicklungen zurück, die von dem Softwareunternehmen Microsoft durchgeführt wurden. Die Entwicklung des CWM begann Ende 1998 mit einer Ausschreibung der Management Group (OMG). Insgesamt trug eine Vielzahl von Firmen zur Entwicklung des CWM bei.

Generell wird als Ziel beider Bemühungen angegeben, eine hersteller- und plattformunabhängige Standardisierung der Austauschformate und des Managements von Metadaten zu erreichen. Um eine möglichst weite Durchdringung des Marktes zu erreichen, versuchen beide Zusammenschlüsse möglichst viele Herstellerfirmen in ihren Standardisierungsprozess zu integrieren. Beide Spezifikation sind mit Hilfe von nicht-proprietären Standards, wie bspw. UML, beschrieben und frei verfügbar. Da der Standardisierungsprozess beider Spezifikationen noch nicht abgeschlossen ist, beziehen sich die in diesem Abschnitt gemachten Angaben ausschliesslich auf die unter (o.V. 2000) und (o.V. 1999) veröffentlichten Spezifikationen.

Da sich beide Spezifikationen noch in ihrer Entwicklungsphase befinden, weisen sie z. T. noch erhebliche Definitionslücken für einzelne Bereiche auf. Während bspw. das OIM Teile des Data Warehouse-Management unberücksichtigt lässt, weist das CWM Lücken in der Abbildung nicht technischer Metadaten auf.

Zur Zeit scheint weder definitiv absehbar, wie die weitere Entwicklung im Bereich der Standardisierung der Metadatenformate verlaufen wird, noch welche der beiden oben beschriebenen Spezifikationen letztendlich in den meisten Metadatenmanagementsystemen implementiert wird. Es scheint jedoch zunehmend ein Trend im Verhalten der Hersteller erkennbar zu werden. Dieser zielt darauf ab, sich zumindest einer der beiden Spezifikation zu nähern.

4 Zusammenfassung und Ausblick

Dieser Beitrag gibt einen Überblick über aktuelle Problematiken des Metadatenmanagements, die zur Zeit in vielen Data Warehouse-Projekten bearbeitet werden. Insbesondere das Gebiet des Vorgehens beim Aufbau und Betrieb eines Metadatenmanagementsystems wurde im Rahmen dieses Beitrages unter verschiedenen

Aspekten und Gesichtspunkten diskutiert. Hierbei wurde Wert auf die Berücksichtigung von Themen gelegt, die, nach Überzeugung des Autors, in der sonstigen Diskussion des Themas zu wenig Beachtung geniessen, ihre negativen Auswirkungen aber den Erfolg eines Data Warehouse-Projekts direkt gefährden können.

Darüber hinaus wurde die aktuelle Diskussion über die Standardisierung von Metadatenformaten aufgegriffen, wesentliche Tendenzen beschrieben und die Entwicklung in diesem Bereich abgeschätzt.

Zusammenfassend lässt sich attestieren, dass trotz der von Wissenschaft und Praxis angebotenen Lösungsbeiträge für einzelne Fragestellungen des Metadatenmanagements noch immenser Forschungsbedarf besteht. Bezogen auf das diesem Beitrag vorangestellte Zitat von Ralph Kimball wird deutlich, dass die Bedeutung eines integrierten Metadatenmanagements einer immer breiteren Basis offensichtlich wird. Dies wird dem Autor durch viele Gespräche mit Praktikern und Wissenschaftler dieses Fachgebiets stets wieder vor Augen geführt. Eine endgültige bzw. umfassende Lösung, die eine Analogie zum Schwert des Alexander herstellen könnte, ist zur Zeit nicht erkennbar. Vielmehr wird sich durch viele mehr oder weniger kleine Entwicklungsschritte im Bereich der Theorie sowie der Soft- und Hardware ein immer effizienteres Metadatenmanagement im Rahmen des Data Warehousing betreiben lassen.

Literatur

Burkert, H.: Datenschutz. In: Jung, R., Winter, R. (Hrsg.): Data Warehousing Strategie. Springer: Berlin et al. 2000 (in diesem Buch).

Frie, T., Strauch, B.: Kriterienkatalog für Metadatenmanagement-Werkzeuge. Arbeitsbericht BE HSG/CC DWS/03 des Instituts für Wirtschaftsinformatik der Universität St. Gallen, 1999.

Gentry, G., Stoddard, D.: The Value of a Meta Data Initiative. Journal of Data Warehousing, 3. Jg., Nr. 1, S. 44-50 (1998).

Corey, M.J., Abbey, M.: Oracle Data Warehousing. Oracle Press: Berkley et al. 1997.

Inmon, W.H., Welch, J.D., Glassey, K.L.: Managing the Data Warehouse. John Wiley & Sons: New York et al. 1996.

Jung, R., Winter, R.: Data Warehousing: Nutzungsaspekte, Referenzarchitektur und Vorgehensmodell. In: Jung, R., Winter, R. (Hrsg.): Data Warehousing Strategie. Springer: Berlin et al. 2000 (in diesem Buch).

Kimball, R., Reeves, L., Ross, M., Thornthwaite, W.: The Data Warehouse Lifecycle Toolkit. John Wiley & Sons: New York et al. 1998.

o. V.: Common Warehouse Metamodel (CWM) Specification. OMG Dokument ad/2000-01-01; OMG: Needham, MA 2000; http://www.omg.org/cgi-bin/doc?ad/00-01-01.

o. V.: Meta Data Coalition - Open Information Model. MDC: Austin, Texas 1999; http://www.mdcinfo.com/OIM/MDCOIM11.pdf.

Muksch, H., Behme, W.: Das Data Warehouse-Konzept. 2. Aufl., Gabler: Wiesbaden 1997.

Rowohl, F., Schwarz, S., Strauch, B.: Entwicklung einer integrierten Metadatenmanagement-Lösung für das Data Warehousing; Arbeitsbericht BE HSG/CC DWS/04 des Instituts für Wirtschaftsinformatik der Universität St. Gallen, 2000.

Schwarz, S.: Organisationskonzepte im Data Warehousing. Arbeitsbericht BE HSG/CC DWS/02 des Instituts für Wirtschaftsinformatik der Universität St. Gallen, 1999.

Datenschutz

Herbert Burkert

1 Das Konzept des Datenschutzes

Die Konzepte des Data Mining und Data Warehousing haben aus dem Blickwinkel des Datenschutzes eines gemeinsam: Sie sind – zurückhaltend formuliert – die Herausforderung, die man schon lange erwartet hat (vgl. Schweizer 1999, S. 107).

Datenschutz meint hier den Inbegriff rechtlich normierter Regelungen, die dazu dienen, die individuellen und gesellschaftlichen Werte der Persönlichkeit, der Privatheit und der informationellen Selbstbestimmung auch in der Welt der digitalen Informationsverarbeitung zu bewahren und ihnen zur Geltung zu verhelfen.

Diese Regelungen haben sich in den vergangenen dreissig Jahren ausgehend von Deutschland und Schweden weltweit verbreitet. Auf UN-Ebene gibt es eine entsprechende Empfehlung (Guidelines concerning computerized personal data files, adopted by the General Assembly on 14 December 1990). Die OECD hat eine Empfehlung (Recommendation of the Council concerning Guidelines governing the protection of privacy and transborder flows of personal data - 23rd September, 1980), der Europarat eine Konvention (Übereinkommen zum Schutz des Menschen bei der automatischen Verarbeitung personenbezogener Daten - Konvention Nr. 108 - vom 28. Januar 1981) und die Europäische Union Richtlinien (die allgemeine Richtlinie 95/46/EG vom 24.Oktober 1995; Richtlinie 97/66/EG Richtlinie im Bereich der Telekommunikation vom 30.1.1998) zu diesem Thema.

Die gesetzlichen Regelungen sind national und regional unterschiedlich. Die USA etwa verfügen über kein allgemeines Datenschutzgesetz für den privaten Sektor – es gibt solche Regelungen nur für Einzelbereiche, während etwa alle EU-Staaten solche allgemeinen Gesetze haben.

Neben diesen allgemeinen Regelungen finden sich hoch ausdifferenzierte spezialgesetzliche Regelungen etwa für den Telekommunikationsbereich.

Die tragenden Prinzipien des Datenschutzes werden auf einige Grundprinzipien zurückgeführt und finden sich so oder leicht variiert in den erwähnten regionalen Rechtsinstrumenten und allen nationalen Gesetzen wieder. Die Prinzipien, so wie sie in der Konvention des Europarates (Übereinkommen zum Schutz des Menschen bei der automatischen Verarbeitung personenbezogener Daten - Konvention Nr. 108 - 28. Januar 1981) in den Art. 5ff. ausformuliert worden sind, sollen hier als Anschauung für die weitere Diskussion dienen: "Personenbezogene Daten, die automatisch verarbeitet werden,

a) müssen nach Treu und Glauben und auf rechtmässige Weise beschafft sein und verarbeitet werden;
b) müssen für festgelegte und rechtmässige Zwecke gespeichert sein und dürfen nicht so verwendet werden, dass es mit diesen Zwecken unvereinbar ist;
c) müssen den Zwecken, für die sie gespeichert sind, entsprechen, dafür erheblich sein und dürfen nicht darüber hinausgehen;
d) müssen sachlich richtig und wenn nötig auf den neuesten Stand gebracht sein;
e) müssen so aufbewahrt werden, dass der Betroffene nicht länger identifiziert werden kann, als es die Zwecke, für die sie gespeichert sind, erfordern.

[...] Für den Schutz personenbezogener Daten, die in automatisierten Dateien/Datensammlungen gespeichert sind, werden geeignete Sicherungsmassnahmen getroffen gegen die zufällige oder unbefugte Zerstörung, gegen zufälligen Verlust sowie unbefugten Zugang, unbefugte Veränderung oder unbefugtes Bekanntgeben.

[...] Jedermann muss die Möglichkeit haben,

a) das Vorhandensein einer automatisierten Datei/Datensammlung mit personenbezogenen Daten, ihre Hauptzwecke sowie die Bezeichnung, den gewöhnlichen Aufenthaltsort oder den Sitz des Verantwortlichen für die Datei/Datensammlung festzustellen;
b) in angemessenen Zeitabständen und ohne unzumutbare Verzögerung oder übermässige Kosten die Bestätigung zu erhalten, ob Daten über ihn in einer automatisierten Datei/Datensammlung mit personenbezogenen Daten gespeichert sind, sowie zu erwirken, dass ihm diese Daten in verständlicher Form mitgeteilt werden;
c) gegebenenfalls diese Daten berichtigen oder löschen lassen [...]"

2 Die Herausforderungen

Datenvorratshaltung für unbestimmte spätere Zwecke war eine der grossen Befürchtungen, die seit Beginn der Datenschutzdiskussion geäussert wurden. Der Stand der Technik, die Kosten der Speicherung und Probleme bei komplexen Verarbeitungsvorgängen waren damals zwar auch als praktische Hinderungsgründe angesehen worden. Aber im Blick auf die technische Entwicklung, die die elektronische Datenverarbeitung bereits hinter sich hatte, war dies keine Garantie; es gab keine grundsätzlichen Hindernisse, dass solche Konzepte Wirklichkeit werden würden. Deshalb wurde es wichtig, weitgehend technikunabhängige Prinzipien wie Zweckbestimmung, Datenqualität und Transparenz normativ festzuschreiben.

2.1 Befürchtungen

2.1.1 Zweckbestimmung

Bereits bei nur kursorischem Lesen der Datenschutzprinzipien wird deutlich – die Erfordernisse der Zweckbestimmung werden zum Problem:

Datenschutzkonzepte bauen wesentlich auf die (vorherige) Zweckbestimmung und die Einhaltung dieses Zwecks ("Personenbezogene Daten ... b) müssen für festgelegte und rechtmässige Zwecke gespeichert sein und dürfen nicht so verwendet werden, dass es mit diesen Zwecken unvereinbar ist, c) müssen den Zwekken, für die sie gespeichert sind, entsprechen, dafür erheblich sein und dürfen nicht darüber hinausgehen; ...").

Data-Warehousing-Konzepte bauen auf umfassende Datenzusammenstellungen, deren Teilbestände jeweils in anderen Zusammenhängen zusammengeführt wurden. Data Warehouses sind in der Regel darauf ausgelegt, von mehreren, in der Regel nicht vorher definierten Nutzern mit nicht klar vordefinierten Zielen befragt zu werden. Sie lösen sich vom operativen Zusammenhang, in dem sie entstanden sind; sie umfassen längere Zeiträume und suchen semantische Aggregationen zu erreichen (vgl. Möncke 1998, S. 561).

Selbst wenn "künftiges Warehousing" (als das Zusammentragen von Datenbeständen in geeigneter Form) oder "Data Mining" (als Verfahren, Zusammenhänge aus diesen Datenbeständen zu ermitteln) als Zweck genannt ist, so kann doch gerade nicht genau angeben werden, welche Kenntnisse aus den zusammengetragenen Daten ermittelt werden können und zu welchen neuen Verwendungen dies führen wird.

So werden denn auch Data Warehouses als "Warnsignal" für den Datenschutzbeauftragten (Möller 1998) oder etwas neutraler als "Herausforderung" (Möncke 1998) bezeichnet, denn - wie ausgeführt - die Regeln der Zweckbestimmung sind in mehrfacher Weise in Frage gestellt: Werden ohne Zustimmung Teilbestände zu grösseren zusammengeführt, stimmt in der Regel der vergangene Zweck nicht mit dem zukünftigen überein. Wird als Zweck (auch) "Warehousing" angegeben ist, erscheint er nicht als hinreichend konkret, um ausreichend einschränkend Verwendungszusammenhänge zu begrenzen.

2.1.2 Datenqualität

Aber auch das eher pragmatische Prinzip der Datenqualität ("Personenbezogene Daten ... müssen sachlich richtig und wenn nötig auf den neuesten Stand gebracht sein" - vgl. oben) ist betroffen, wenn Daten von unterschiedlicher Herkunft, unterschiedlicher Genauigkeit und in unterschiedlichen Verfahren erhoben zusammengeführt und bearbeitet werden.

Hier mögen schon im Eigeninteresse Analyse-, Auswahl und Bewertungsmethoden vor zu grossen Verfälschungen schützen, dennoch sind für die Betroffenen nachteilige "Verschmutzungen" nicht ausgeschlossen (Cavoukian 1998).

2.1.3 Transparenz und Einfluss des Betroffenen

Ein weiteres Problem aus Sicht des Datenschutzes ist die Transparenz: Erfahren Betroffene (im Augenblick der Erhebung) davon, dass ihre Daten solchen Verfahren unterworfen werden? Haben sie die Möglichkeit, darüber zu entscheiden, ob sie eine solche Verarbeitung für ihre Daten zulassen wollen? Wissen sie zumindest in den Grundzügen um den Sinn und Zweck, um die Leistungsfähigkeit dieser Verfahren? Was wird aus ihren Zugangsrechten während und nach solchen Verfahren?

2.2 Hintergrund

Hinter der Anmahnung dieser Datenschutzgrundsätze stehen Befürchtungen. Um sie genauer zu verstehen und einzuschätzen, ist es notwendig, einen Schritt über die üblichen Erstbegründungen des Datenschutzes (Schutz der Privatsphäre und der wenn auch gesellschaftlich eingebundenen so doch grundsätzlichen informationellen Selbstbestimmung) hinauszugehen.

Zunächst: "Schutz der Privatsphäre" folgt der Erkenntnis, dass Individuen zur ihrer individuellen und sozialen Entwicklung auch den geschützten unbeobachteten Raum brauchen, dass Beobachtung oder auch nur vermutete Beobachtung abweichende politische Willensbildung und -äusserung behindert.

Aber: Verfahren wie solche im Zusammenhang mit Warehousing sprechen noch eine andere Ebene an: Indem diese Verfahren nach noch nicht entdeckten, möglicherweise prognosekräftigen Relationen in Daten suchen, die (zumindest auch) Verhalten dokumentieren, rühren sie an einem zumindest weit verbreitenden Grundverständnis menschlicher Freiheit, der Mensch unterläge eben nicht (ihm noch dazu nicht unmittelbar einsichtigen) Determinanten, sondern bestimme sein Leben selbst oder er sei zumindest normativ nach diesem Selbstverständnis zu behandeln.

Dieser kurze Exkurs war notwendig, um aufzuzeigen, wie stark Data Warehousing Wertvorstellungen berührt, die im Datenschutz *eine* rechtliche Ausprägung gefunden haben, die sich aber auch in anderen Bereichen - etwa im Gentechnikrecht - entwickeln.

Und wieder gilt: Selbst wenn auf die Begrenzungen solcher Verfahren verwiesen wird, etwa die Notwendigkeit, schon ein Vorverständnis über mögliche Relationen zu haben, um Interpretationsfehler zu vermeiden - so wird dies als eben eine wiederum entwicklungsbedingte aber nicht sachnotwendige Beschränkung verstanden. Der Bedarf an normativer Eingrenzung bleibt erhalten.

2.3 Weiterungen

Neben diesen eher fundamentalen Einwänden stehen aber auch konkrete Befürchtungen, die über den Datenschutz im engeren Sinn hinausgehen. So wird angenommen, dass sich Warehousing-Konzepte nicht mehr allein auf den privaten Sektor beschränken lassen, sondern ebenso auf den öffentlichen Sektor und auf die Zusammenführung von Datenbeständen aus dem öffentlichen und privaten Sektor angewendet werden (Baeriswyl 2000).

Derartige erweiterte Anwendungen werden als so attraktiv eingeschätzt, dass sie noch bestehende normative Trennlinien zwischen den beiden Bereichen überspringen werden. Dann - so die Voraussicht - werden nicht mehr allein individuelle Werte sondern auch demokratische Strukturentscheidungen (Gewaltenteilung, demokratische Kontrolle) betroffen sein. (vgl. Möller 1998, S. 560).

3 Ansätze zu datenschutzkonformem Data Warehousing

Um eine datenschutzkonforme Anwendung von Data-Warehousing-Konzepten – zumindest im privaten Sektor – zu ermöglichen, wird bei drei Elementen des Datenschutzes angesetzt:

- bei der Frage des Personenbezugs,
- bei der Einwilligung (im weitesten Sinn) und
- bei der schon erwähnten Zweckbestimmung.

3.1 Personenbezug

Grundvoraussetzung für die Anwendbarkeit datenschutzrechtlicher Regelungen ist der "Personenbezug".

Man müsse unterscheiden, so wird argumentiert, zwischen der Identifikation einer Person im "Warehouse" und der Verbindung dieser Warehouse-Person mit einer realen Person (vgl. Möncke 1998, S. 564).

Würden hier z.B. konsistente anonyme Schlüssel zur internen Identifikation in der Datenbank benutzt, so entstünde der Personenbezug ausschliesslich im Augenblick der Zuordnung von identifizierenden Daten einer realen Person zu diesen anonymen Schlüsseln. Diese Vorgehensweise liesse einerseits die Nutzung von Data-Mining-Verfahren unberührt und sicherte bei einer entsprechenden Ausgestaltung dennoch die Persönlichkeitsrechte der Betroffenen.

Anonymisierung im Rahmen des Datenschutzrechts ist jedoch ein normativer Begriff. Eine echte, diesen Erfordernissen genügende Anonymisierung ("faktische Anonymisierung") liegt danach erst dann vor, wenn die Bewertung des Reanonymisierungsriskios zu dem Schluss führt, dass dieses wegen des damit verbundenen Aufwandes im Bezug zum Wert der Informationen als sehr gering einzuschätzen ist (so etwa Büllesbach 2000, S. 13).

Eine solche Definition der Anonymisierung öffnet zahlreiche Beurteilungsspielräume, die sowohl für Anwender als auch für Betroffene wenig befriedigend sind. So fordert etwa die Einbeziehung des Aufwandes der Entschlüsselung eine eingehende Betrachtung des jeweiligen Gesamtsystems. Dabei muss der Wert der Informationen für einen im Rahmen des Systems denkbaren Angreifer und möglicherweise vorhandenes Zusatzwissen hinzugezogen werden. Erst wenn die Wiederherstellung eines Personenbezugs unmöglich geworden ist, so scheint es, besteht hinreichend Garantie, diese Daten als faktisch anonymisert dem Geltungsbereich von Datenschutzgesetzen zu entziehen.

Vor diesem Hintergrund besteht in der juristischen Bewertung Zurückhaltung, zwar nicht unmittelbar auf eine Person beziehbare Daten ohne weiteres zugleich auch als anonymisierte Daten ohne Personenbezug einzuschätzen und sie aus dem Anwendungsbereich der Datenschutzregelungen zu entlassen.

3.2 Einwilligung

Der zweite Weg, solche Konzepte als mit dem geltenden Datenschutzrecht vereinbar zu beurteilen, führt über die Einwilligung.

Diese Einwilligung kann entweder explizit vorliegen oder implizit im Rahmen eines Vertragsschlusses durch eben diesen Vertragsschluss, wenn ein solcher Vertrag die Verwendung von erhaltenen Daten in Warehouse-Konzepten erkennbar einbezieht.

Zum Teil wird auch versucht - je nach nationaler Ausprägung der Rechtssätze - diese Zuordnung zum Vertrag einer Beurteilung von aussen zu unterziehen: Dann wird überprüft, ob die entsprechende Verwendung im Rahmen eines Vertrages im berechtigten Interesse des Verwenders ist, zur Erfüllung dieses Interesses tauglich und notwendig ist und - als zusätzliches Wertungsinstrument - ob schutzwürdige Belange des Betroffenen verletzt sind. Auch eine solche Abwägung muss aber zumindest bei der Wirksamkeit des Vertragsschlusses den subjektiven, dem Vertragspartner zuzurechnenden Erfahrungshintergrund mit einbeziehen.

Daraus folgt, dass zur wirksamen Einwilligung oder Einbeziehung in den Vertragszweck eine Kenntnis der entsprechenden Verfahren gehört.

Allerdings ist problematisch, bis zu welcher Tiefe hier die Kenntnis über Bearbeitungskonzepte vermittelt werden muss, damit überhaupt eine wirksame Einwilligung vorliegt, vor allem wenn auch zeitlich zurückliegende Datenbestände mit einbezogen werden (Baeriswyl 2000).

3.3 Zweckbestimmung

Mit ähnlichen Argumenten wie bei der Einwilligung begegnet man auch dem Vorwurf der mangelnden Zweckbestimmung: Wenn auch nur eine hinreichend allgemeinverständliche Differenzierung der Anwendungs- und Verwendungszusammenhänge gefunden werden kann, so wird der Verweis darauf als ausreichende Zweckbestimmung anzusehen sein. Dabei wird nicht zu Unrecht auf die oft recht vagen Zweckbeschreibungen für andere Systeme der personenbezogenen Datenverarbeitung verwiesen.

4 Bewertung und Ausblick

Die Situation erscheint wenig befriedigend: Rückt man von einer grundsätzlichen Kritik ab und blickt man auf die dargestellten eher pragmatischen Versuche, Data Warehousing mit datenschutzrechtlichen Rahmenbedingungen in Einklang zu bringen, so bleibt doch der Grundwiderspruch zwischen (erhoffter) Effizienz (hier des Data Warehousing) und Datenschutz erhalten. Es scheint allerdings bezeichnend, dass hier zumeist eher von einer Gefährdung des Datenschutzes durch Warehousing als von einer Gefährdung des Warehousing durch den Datenschutz gesprochen wird (statt vieler: vgl. Möncke 1998, S. 568). An vielen Stellen bleiben diese Regelungen darüber hinaus wertungsoffen. Die Bewertungen werden zwar allmählich durch die Entscheidungen der Gerichte deutlicher, aber es bleiben Unsicherheiten für Anwender wie für Betroffene.

Unter den dargestellten pragmatischen Lösungen, mit Data-Warehousing-Konzepten unter den gegenwärtigen Bedingungen des Datenschutzes zu arbeiten, scheinen immerhin die Lösungen zumindest ausbaufähig, die mit ausreichend starken Anonymisierungsmethoden arbeiten. Ob solche Verfahren dann allerdings noch den gewünschten Nutzwert erbringen können, wenn es um die konkrete Umsetzung im wirtschaftlichen Alltag geht, bleibt offen (Baeriswyl 2000).

Gelegentlich wirken allerdings diese Versuche, am Wortlaut gesetzlicher Regelungen entlang das Gewünschte möglich zu machen, etwas mühsam. Wichtiger wäre es, so scheint mir, einen der Grundgedanken des Datenschutzes aufzunehmen, der hinter den gesetzlichen Ausprägungen steht: Ob als Bürgerinnen oder Bürger, ob als Kundinnen oder Kunden, die Betroffenen sollen nicht zum blossen (Daten-)Objekt der Informationsverarbeitungsverfahren anderer gemacht werden.

Die gegenwärtig wichtigste Aufgabe scheint mir daher, dass Anwender und Nutzer solcher Verfahren die Betroffenen ausreichend über die Bedeutung, Anwendung und Auswirkungen dieser Verfahren informieren und Konsens suchen (vgl. Büllesbach 2000, S. 17).. Dies kann, wie kürzlich vom Datenschutzbeauftragten des Kantons Zürich, Dr. Bruno Baeriswyl, vorgeschlagen, in der Form von – zu veröffentlichenden – unternehmensweiten Datenschutzstandards geschehen, die sich explizit auch mit solchen Fragen auseinandersetzen (Baeriswyl 2000). Jede Vermeidung von Transparenz löst Akzeptanzprobleme immer nur sehr kurzfristig.

Aber auch diese Versuche, Akzeptanz zu gewinnen, werden das Grundproblem von Data Warehousing und Data Mining nicht lösen:

Im Rahmen von solchen Verfahren aufgefundene Regelhaftigkeiten können an konkreten Einzelpersonen "erprobt" werden, soziale Gruppen können abgeteilt und gemäss dieser Abteilung unterschiedlich behandelt werden. In dieser Kraft der Unterscheidung – entweder weil diese Konzepte ihre Leistungsfähigkeit unter Beweis gestellt haben oder auch nur allein, wenn sie in ihnen vermutet wird – liegt die eigentliche soziale Herausforderung bei der Anwendung derartiger Verfahren: Diese Verfahren sind ein nicht unwesentlicher Beitrag zu – etwa im Sinne zuteilender Gerechtigkeit – erwünschter aber auch unerwünschter sozialer Diskriminierung.

Datenschutz kann und wird nur *ein* Mittel sein, mit solchen Diskriminierungen angemessen umzugehen.

Literatur

Baeriswyl, B.: Data Mining und Data Warehousing: Kundendaten als Ware oder geschütztes Gut? In: Recht der Datenverbeitung, Nr. 1, 6-11 (2000).

Büllesbach, A.: Datenschutz bei Data Warehouses und Data Mining. In: Computer und Recht, 11-17 (2000).

Cavoukian, A.: Data Mining: Staking a Claim on your Privacy. Toronto 1998 (Broschüre des Information and Privacy Commissioner - Ontario).

Möller, F.: Data Warehouse als Warnsignal an die Datenschutzbeauftragten. In: Datenschutz und Datensicherung, 22. Jg., Nr. 10, 555-560 (1998).

Möncke, U.: Data Warehouses - eine Herausforderung für den Datenschutz? In: Datenschutz und Datensicherung, 22. Jg., Nr. 10, 561-569 (1998).

Schweizer, A.: Data Mining, Data Warehousing. Datenschutzrechtliche Orientierungshilfen für Privatunternehmen. Orell Füssli Verlag: Zürich 1999.

Zur Positionierung und Weiterentwicklung des Data Warehousing in der betrieblichen Applikationsarchitektur

Robert Winter

1 Einleitung

In Analogie zum Begriffspaar „Datenbank" – „Datenbanksystem" wird im folgenden als Data Warehouse-System die Gesamtheit der Applikationen und Datenbanken bezeichnet, die das Data Warehouse i.e.S. (d.h. die Datenbank, die entscheidungsrelevante, integrierte, historisierte, u.U. verdichtete Daten enthält) nutzbar macht (vgl. Böhnlein, Ulbrich-vom Ende 2000, S. 17). Data Warehousing bezeichnet die Gesamtheit aller Aktivitäten, die mit der Entwicklung und dem Betrieb des Data Warehouse-Systems verbunden sind.

Data Warehouse-Systeme haben sich als neue Schicht betrieblicher Applikationen etabliert. Der Grund liegt darin, dass sich die direkte Basierung entscheidungsunterstützender, „dispositiver" Applikationen auf geschäftsvorfallabwickelnden, „operativen" Applikationen als technisch oder wirtschaftlich nicht machbar erwiesen hat: Häufig ist es aufgrund der Schnittstellenkomplexität und der mangelnden Datenqualität (Inkonsistenzen zwischen verschiedenen operativen Applikationen erfordern komplexe Integrationsmechanismen) technisch nicht möglich, dispositive Applikationen zeitnah mit konsistenten, integrierten Daten aus operativen Applikationen zu versorgen. Selbst technisch mögliche „Direktanschlüsse" scheitern in komplexen Applikationslandschaften fast immer an einer Wirtschaftlichkeitsanalyse: Es ist nicht wirtschaftlich möglich, eine Vielzahl dispositiver Applikationen direkt mit einer Vielzahl operativer Applikationen zu verknüpfen und diese Verknüpfungen über einen längeren Zeitraum an Veränderungen der Applikationslandschaft anzupassen. Das Data Warehouse-System entkoppelt als Zwischenschicht dispositive und operative Applikationen und ist damit in der Lage, Integrationsmechanismen sowie die daraus gewonnenen Daten für dispositive Applikationen wiederverwendbar zu realisieren und die Anpassung an Änderungen von Applikationen auf jeweils eine einzige Schnittstelle zu begrenzen. Die Wirkung des Data Warehouse-Systems als Zwischenschicht wird in Abb. 1 illustriert.

Die Basis eines Data Warehouse bilden die operativen Applikationen des Unternehmens bzw. die dazugehörigen Datenhaltungssysteme; hier reicht das Spektrum von Dateien über hierarchische Datenbanken bis hin zu relationalen und objektorientierten Datenbanken. Darüber hinaus werden vielfach auch externe Daten, z.B. demoskopische Daten und Marktdaten, in das Data Warehouse integriert (vgl. Möller 1998). Darauf bauen Schnittstellensysteme oder Extraktionsprozeduren auf, die die Daten der operativen Applikationen übernehmen, in das Format bzw. logische Datenmodell des Data Warehouse transformieren. Die Daten des Data Warehouse werden durch Aufbereitungssysteme oder Bereitstellungsprozeduren gefiltert und/oder aggregiert und stehen danach den betreffenden dispositiven Applikationen zur Auswertung zur Verfügung bzw. werden in die Datenhaltungssysteme der dispositiven Applikationen geladen. Die Architektur des Data Warehouse-Systems in Abb. 1 ist stark idealisiert; eine ausführliche Beschreibung findet sich in Abschnitt 4).

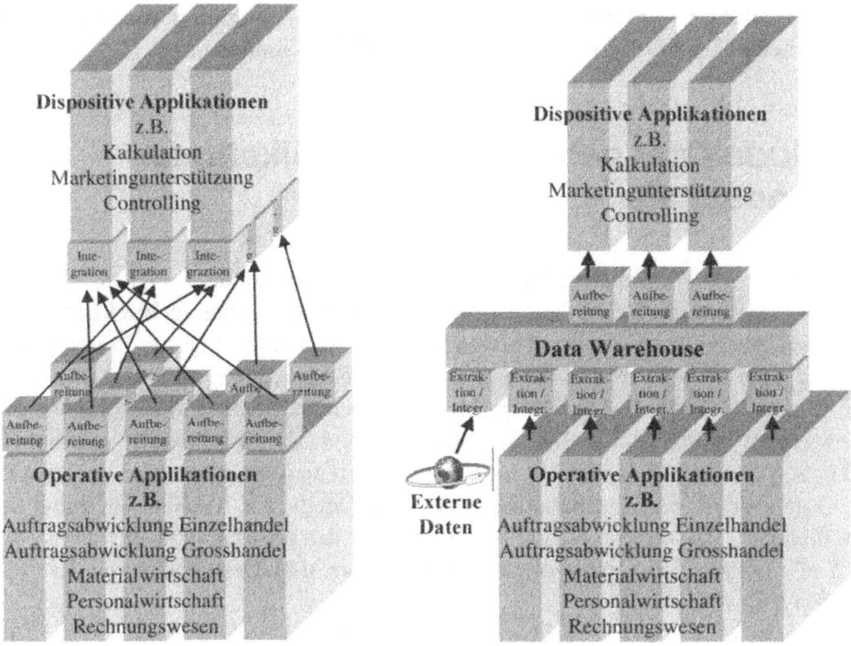

Abb. 1 Data Warehouse-System als Zwischenschicht

Die **wissenschaftliche Auseinandersetzung** mit dem Phänomen Data Warehousing findet aus Nutzungssicht (hauptsächlich durch die Disziplinen Betriebswirtschaftslehre und Wirtschaftsinformatik), Modellierungs- und Organisationssicht (hauptsächlich durch die Disziplin Wirtschaftsinformatik) sowie Implementierungssicht (hauptsächlich durch die Disziplin Informatik) statt. Auch wenn die Unterschiedlichkeit dieser Sichten oft zu Parallelarbeit, Widersprüchen und/oder Begriffsverwirrung führt, ist doch die Notwendigkeit einer wissenschaftlichen Auseinandersetzung mittlerweile unbestritten.

In diesem Beitrag wird die Weiterentwicklung des Data Warehousing als Komponente der betrieblichen Applikationsarchitektur untersucht. Damit wird versucht, Entwicklungstendenzen der betrieblichen Data Warehouse-Nutzung und damit auch zukünftige Themen anwendungsorientierter Wirtschaftsinformatik-Forschung abzuleiten. Zu diesem Zweck wird in Abschnitt 2 ein Modell der betrieblichen Applikationslandschaft entwickelt und das Data Warehouse-System darin positioniert. In Abschnitt 3 wird die aktuelle Weiterentwicklung der betrieblichen Applikationslandschaft durch Einführung horizontaler Applikationen beschrieben. Ein anderes aktuelles Phänomen im Data Warehousing ist die Einführung von Operational Data Stores als neue Architekturschicht, mit der sich Abschnitt 4 beschäftigt. Eine sich aus den beiden letztgenannten Entwicklungen ergebende, veränderte Rolle von Data Warehouse-Systemen und die daraus resultierende Informationslogistik-Architektur werden in Abschnitt 5 beschrieben. Abschnitt 6 fasst die auf diese Architektur bezogenen neuen Forschungsfragen zusammen.

2 Modell der betrieblichen Applikationslandschaft

Obwohl in der Wirtschaftsinformatik-Literatur weitgehende Einigkeit über die wettbewerbsstrategische Bedeutung der **Informationssystemarchitektur** sowie über die Zweckmässigkeit der Verwendung des Architekturbegriffs besteht, (vgl. Lehner et al. 1995, S. 59), findet sich dafür keine eindeutige, generelle Definition (vgl. Schmalzl 1995, S. 13). Beispielsweise bezeichnet Scheer die Komponenten eines Informationssystems und ihre Beziehungen als Architektur (vgl. Scheer 1995, S. 3). Österle definiert die Informationssystem-Architektur als Grobstruktur der Organisation, der Geschäftsfunktionen, der Daten, der Applikationen und der Datenbanken (vgl. Österle et al. 1992, S. 26), die den konzeptionellen Rahmen für die Entwicklung von Organisation, Applikationen und Datenbanken bildet (vgl. Österle et al. 1992, S. 69).

In Analogie zur Architekturlehre im Bauwesen (vgl. Lehner et al. 1995, S. 58; Sinz 1997, S. 2) sollte die Informationssystemarchitektur

- im Sinne eines Bauplans des Informationssystems die Spezifikation und Dokumentation der Applikationen und ihrer Beziehungen unter allen relevanten Blickwinkeln sowie
- die Konstruktionsregeln für die Erstellung des Bauplans

umfassen.

Die Applikationslandschaft ist eine wichtige Komponente der Applikationsarchitektur. Sie dokumentiert auf aggregierter Ebene die wichtigsten Applikationen des Unternehmens und ihren Zusammenhang (d.h. die wichtigsten Informations- und Steuerflüsse zwischen Applikationen). In vielen Unternehmen ist die Applikationslandschaft historisch, d.h. über einen längeren Zeitraum gewachsen. Im schlimmsten Fall wurden Applikationen planlos neben- und hintereinander eingeführt. Erfolgte eine zumindest rudimentäre Architekturplanung, orientierte sich die Strukturierung von Applikationen an Funktionalbereichen (z.B. Auftragsabwicklung, Materialwirtschaft, Rechnungswesen) oder an produkt(gruppen)orientierten Sparten. In einem Versicherungsunternehmen finden sich beispielsweise in der Regel für jede Produktgruppe (Sparte, z.B. Einzellebens-, Einzelkranken-, Gruppen- oder Sachversicherung) eigene Applikationen mit eigener Datenhaltung. Im Extremfall werden von jeder Sparte separate Kundenstammdaten und ein separates Produktmodell verwaltet. Als Konsequenz wird ein Versicherungsnehmer, der mit einem Unternehmen mehrere Versicherungsverträge abgeschlossen hat, auch in mehreren Applikationen redundant als Kunde geführt. Eine für den Geschäftserfolg und die Kundenbeziehung negative Konsequenz ist, dass der Kunde von Unternehmensseite nicht als ein Kunde identifizierbar und ansprechbar ist. Der Kunde wird mehrere Rechnungen erhalten, Cross-Selling-Potenziale bleiben mangels umfassender Kundeninformationen ungenutzt und der Kunde muss sich u.U. über Marketingaktionen ärgern, durch die ihm Versicherungen angeboten werden, die er bereits mit der betreffenden Gesellschaft abgeschlossen hat.

Ein erstes, einfaches Modell der Applikationslandschaft stellt Applikationen in einem Raum dar, der durch die Dimensionen „Funktion", „Produkt(gruppe)" und „Prozess" aufgespannt wird. In der Dimension „Funktion" werden die verschiedenen Funktionalbereiche (z.B. Antragsbearbeitung, Schadenbearbeitung) abgetragen. In der Dimension „Produkt(gruppe)" werden die verschiedenen Produkte bzw. Produktgruppen abgetragen. In der Dimension „Prozess" wird der Ablauf der operativen Geschäftsprozesse abgetragen.

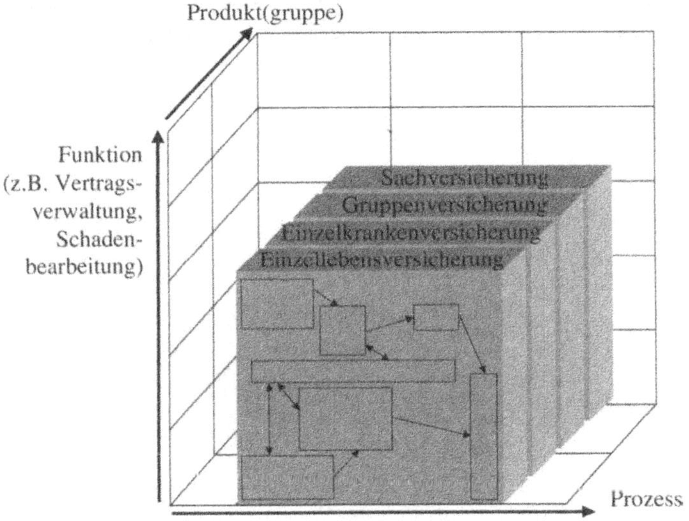

Abb. 2 Einfaches Modell mit vertikalen Applikationen

Abb. 2 zeigt beispielhaft die Positionierung traditioneller operativer Applikationen (am Beispiel eines Versicherungsunternehmens) in einem entsprechenden dreidimensionalen Raum. Traditionelle Applikationen umfassen verschiedene Komponenten, die in ihrer Gesamtheit alle funktionalen Aspekte und die vollständigen Geschäftsprozesse für eine bestimmte Produktgruppe abdecken (vgl. Imhoff 1999, S. 2-3). Die Applikationslandschaft setzt sich aus einer relativ kleinen Zahl solcher Applikationen(saggregate) zusammen, die aufgrund ihres optischen Erscheinungsbilds auch in diesem Modell als „vertikale" Applikationen bezeichnet werden können.

Eine erste grundlegende Erweiterung „vertikal" geprägter Applikationslandschaften besteht in der Zusammenführung bestimmter Querschnittsfunktionen in separate Applikationen. So lassen sich z.B. durch Auslagerung der Kundenverwaltung aus allen vertikalen Applikationen in eine einzige, produkt(gruppen)übergreifende Partner-Applikation die weiter oben beschriebenen Redundanzprobleme weitgehend vermeiden; dies gilt zumindest solange, bis sich die Applikationslandschaft – z.B. durch die Fusion zweier Unternehmen – stark verändert und der Integrationsprozess wiederholt werden muss. Ähnliche Vorteile werden durch die Auslagerung aller konfigurierungs-orientierten Funktionalitäten aus den vertikalen Applikationen in eine einzige, produkt(gruppen)übergreifende Produkt-Applikation oder die Auslagerung aller abrechnungs- und berichtsorientierten Funktionalitäten aus den vertikalen Applikationen in eine einzige, produkt(gruppen)übergreifende Abrechnungs- und Berichtsapplikation erzielt (vgl. Koch 1993; Leist, Winter 1998; Schönsleben, Leuzinger 1996). Obwohl die von derartigen Querschnittsapplikationen verwalteten Daten von allen anderen Applikationen gelesen werden und damit den Charakter von „reference data" haben, sind sie als operative Daten zu betrachten (vgl. Devlin 1997, S. 141 f.). Die sich ergebende, modifizierte Applikationslandschaft wird durch Abb. 3 illustriert.

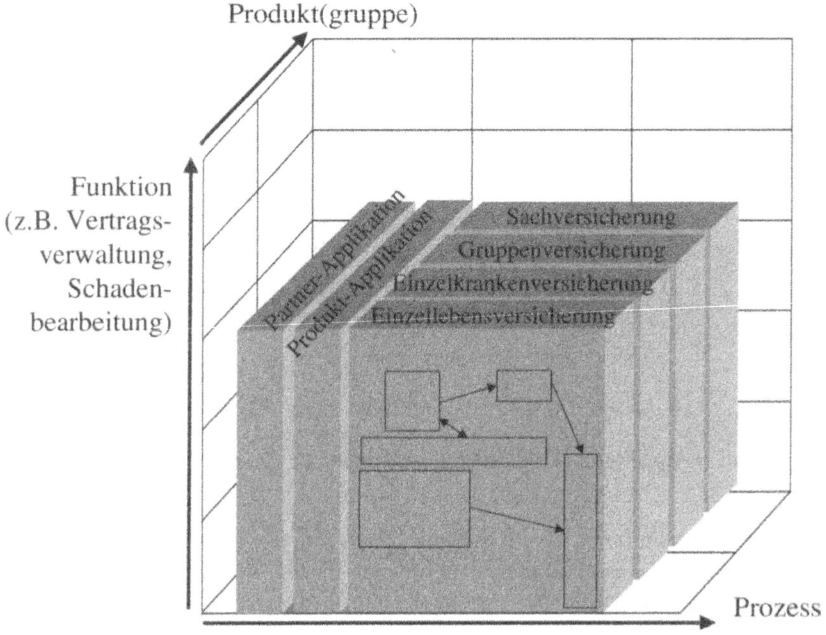

Abb. 3 Vertikale Applikationen und Querschnittsapplikationen

In einer durch Querschnitt-Applikationen erweiterten, vertikal geprägten Applikationslandschaft stellt das Data Warehouse-System eine Zwischenschicht dar, durch die geschäftsfall-orientierte Daten aus operativen Applikationen und Daten aus Querschnitt-Applikationen zu entscheidungsorientierten Informationen aufbereitet werden. Um das Entstehen und die Wartung einer Vielzahl individueller Schnittstellen zwischen Quell-Applikationen und entscheidungsunterstützenden Applikationen zu vermeiden, werden die bereinigten Quelldaten in einer (logisch) zentralen, konsistenten Datenbank, dem Data Warehouse, zusammengeführt. Diese Datenbank wird ihrerseits von allen entscheidungsunterstützenden Applikationen als Datenbasis genutzt. Die sich ergebende Applikationslandschaft wird durch Abb. 4 illustriert.

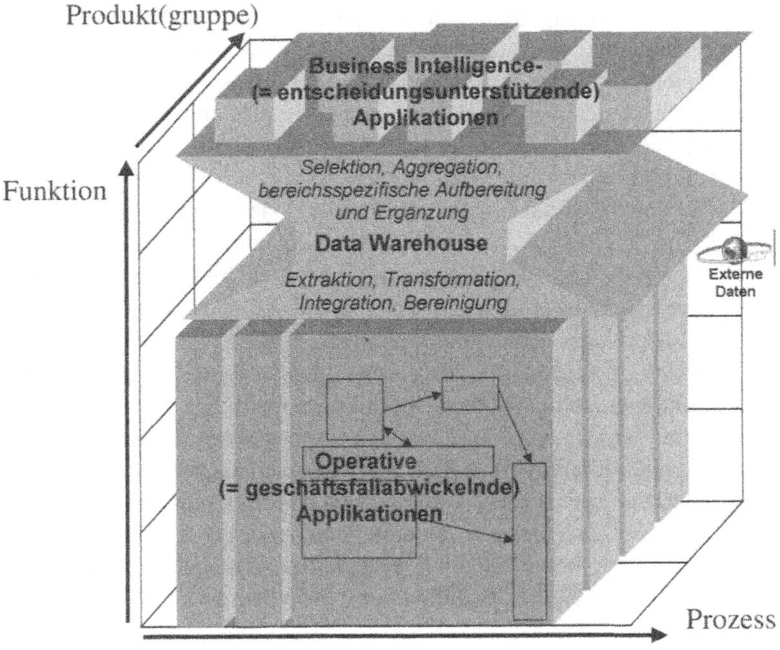

Abb. 4 Data Warehouse-System als Zwischenschicht

Zur Vereinfachung wird das Data Warehouse-System in Abb. 4 als kompakte Architekturschicht dargestellt. In der Realität werden für die Extraktion, Transformation, Integration/Bereinigung/Qualitätssicherung, Übernahme in das Data Warehouse, Freigabe, Sicherung, Selektion, Aggregation und Aufbereitung/Ergänzung von Daten unterschiedliche Systemschichten gebildet. Das Data Warehouse-System kann ausserdem nicht nur als zentrales System, sondern auch dezentral oder gar virtuell realisiert werden (vgl. z.B. Böhnlein, Ulbrich-vom Ende 2000, S. 24-25).

3 Einführung horizontaler Applikationen

Während die Auslagerung von Applikationselementen, die z.B. die Verwaltung von Kunden- und Lieferanten-Stammdaten, die Produktkonfigurierung oder das

Berichts- und Abrechnungswesen in dedizierte Querschnittsapplikationen auslagern, bereits Anfang der 90er Jahre einsetzte, wurden aufgrund der stark zunehmenden Bedeutung elektronischer und telefoniebasierter Zugangskanäle erst in letzter Zeit auch zugangskanalspezifische Funktionalitäten in dedizierte Applikationen ausgelagert. Grundlage ist auch in diesem Fall die Erkenntnis, dass bestimmte Zugangsfunktionen nicht für jedes Produkt bzw. jede Produktgruppe in den jeweiligen Abwicklungsapplikationen repliziert werden sollten. Nur wenn produktspezifisches und zugangskanalspezifisches Applikationswissen unabhängig voneinander implementiert wird, ist ein effizientes Multikanalmanagement möglich, d.h. können Entscheidungen über den Vertrieb bestimmter Produkte an bestimmte Kundensegmente unter Nutzung bestimmter Vertriebs- bzw. Zugangskanäle gezielt geplant und schnell umgesetzt werden.

Die Abgrenzung zugangskanalspezifischer Applikationen wird im wesentlichen durch das jeweils im Vordergrund stehende Zugangsmedium impliziert: Kunden fordern immer nachdrücklicher den Zugang zu Produkten bzw. Dienstleistungen nach ihrer Wahl sprachgesteuert über das Telefonnetz, PC-basiert über das Internet, Handy/WAP-basiert über das Mobiltelefonnetz, schriftstückbasiert über den Briefverkehr, über SB-Terminals oder über Aussendienst- bzw. Innendienstmitarbeiter. Zugangsfunktionen sollten deshalb produkt(gruppen)übergreifend in speziell auf einen bestimmten Zugangskanal zugeschnittenen Applikationen erfolgen, z.B. Call Center-Applikation, WWW-Portal, WAP-Portal, Letter Center/Document Management-Applikation, SB Terminal-Applikation oder Innendienst-Applikation. Neben der Unterstützung eines jeweils anderen Zugangskanals können sich diese Applikationen auch durch unterschiedlich ausgelegte Sicherheitsprüfungen und abweichende Funktionsumfänge (z.B. Innendienst-Applikation vs. WWW-Portal) unterscheiden.

Im weiter oben eingeführten Modell der Applikationslandschaft stellen sich zugangskanalspezifische Applikationen als „horizontale" Applikationen dar: Bestimmte Funktionalitäten werden über alle Produkte bzw. Produktgruppen hinweg für einen bestimmten Abschnitt des Prozesses in dedizierten Applikationen zusammengefasst. Die Positionierung horizontaler Applikationen wird in Abb. 5 illustriert.

Im Prinzip ändert die Einführung horizontaler Applikationen an der Positionierung von Data Warehousing-Systemen nichts: Auch horizontale Applikationen dienen als operative Applikationen der Abwicklung von Geschäftsfällen und erzeugen bzw. verwalten damit operative Daten. Die gleiche Zwischenschicht, die zur Transformation operativer Daten aus vertikalen Applikationen und Querschnittapplikationen in entscheidungsunterstützende Informationen dient, kann auch zur Transformation operativer Daten aus horizontalen Applikationen in entscheidungsunterstützende Informationen genutzt werden.

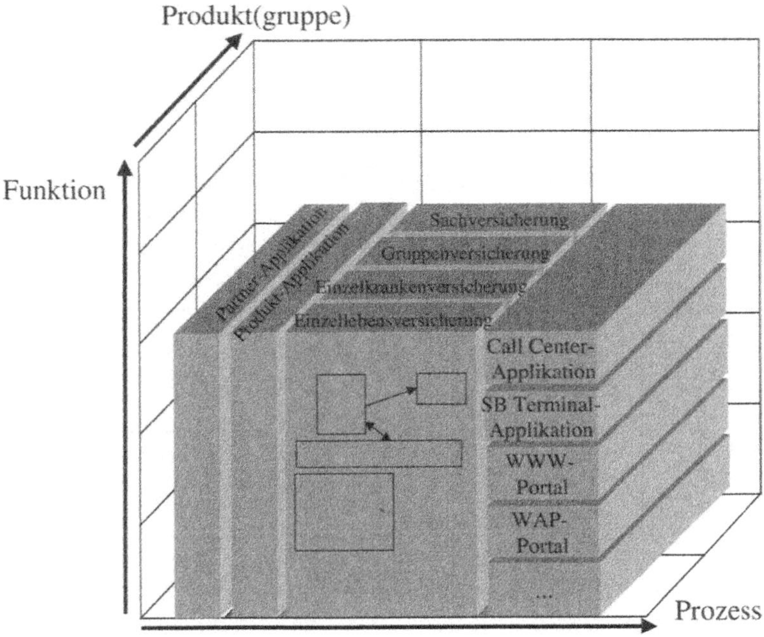

Abb. 5 Applikationslandschaft mit horizontalen Applikationen

4 Einführung von Operational Data Stores

Die Transformation operativer Daten in entscheidungsunterstützende Informationen durch ein Data Warehouse-System nimmt einen gewissen Zeitraum in Anspruch und erzeugt Informationen, die im Normalfall nicht verändert werden dürfen und die im Normalfall aggregiert sind. Oft besteht jedoch ein dringender Bedarf, sehr schnell auf integrierte, detaillierte Daten aus verschiedenen operativen Applikationen zuzugreifen. Da ein real-time-Zugriff auf integrierte, detaillierte Daten aus operativen Applikationen durch das Data Warehouse-System nicht abgedeckt werden kann, wurde das Konzept des Operational Data Store eingeführt (vgl. Devlin 1997, S. 143 f.; Kimball et al. 1998, S. 20). In einem Operational Data Store werden operative Daten sehr zeitnah zusammengeführt, so dass eine neue Architekturschicht entsteht, deren Daten an Informationsobjekten orientiert, aktuell, änderbar, detailliert, integriert und vor allem real-time zugänglich sind (vgl. Imhoff 1999, S. 4; Imhoff 1998, S. 1-2). Die Positionierung von Operational Data Stores „zwischen" operativen Applikationen und dem Data Warehouse-

System wird aus der Gegenüberstellung der Eigenschaften der jeweils verwalteten Daten in Tabelle 1 deutlich.

	Operative Applikation	Operational Data Store	Data Warehouse
Orientierung	Geschäfts-vorfall	Informations-objekt	Entscheidungs-relevanter Sachverhalt
Zeitbezug	aktuell	aktuell	Historisiert
Änderbarkeit	read-write	read-write	read-only
Aggregations-grad	detailliert	detailliert	u.U. aggregiert
Integrations-grad	isoliert	integriert	integriert
Zugänglich-keit	real-time	real-time	abgeleitet / verzögert

Tab. 1 Operative Applikation, Operational Data Store und Data Warehouse

Ob die Einführung von Operational Data Stores als Zwischenschicht wirklich notwendig ist, sollte im Einzelfall entschieden werden: Solange es nur um die Bereitstellung von Daten für Auswertungen geht, können die durch Operational Data Stores abgedeckten Informationsbedarfe oft auch durch Auslagerung von Funktionalitäten in Querschnitt-Applikationen oder durch häufigere bzw. schnellere Aktualisierungen des Data Warehouse erfüllt werden. Derartige Data Stores sind Komponenten des Data Warehouse-Systems und bilden keine eigene Architekturschicht. Sobald jedoch operative Applikationen Daten mit Hilfe von Operational Data Stores in real-time austauschen, d.h. sobald auch ein schreibender Zugriff auf integrierte, aktuelle Daten erfolgt, ist die Einführung einer zusätzlichen Architekturschicht notwendig (vgl. Kimball et al. 1998, S. 20).

5 Die veränderte Rolle des Data Warehousing-Systems

Eine ähnliche Rolle, wie sie das Data Warehouse-System für die Entkopplung von operativen Applikationen und entscheidungsunterstützenden Applikationen spielt, kommt Operational Data Stores für die Entkopplung „vertikaler" und „horizontaler" operativer Applikationen zu (vgl. Imhoff 1999, S. 5). Auch im Fall der Operational Data Stores ist es im Normalfall sinnvoller, wenige Data Stores zur Integration der verschiedenen vertikalen und horizontalen operativen Applikationen zu benutzen als zwischen Applikationen, die Daten austauschen, jeweils paarweise individuelle Schnittstellen zu implementieren.

Es mag an der Ähnlichkeit der Entkopplungsfunktion liegen, dass auch zur Applikationsintegration genutzte Operational Data Stores oft im Data Warehouse platziert werden oder dass vorgeschlagen wird, das Data Warehouse auch unmittelbar für operative, kundenorientierte Dienstleistungen wie z.B. das Kundenbeziehungsmanagement oder e-Commerce zu nutzen (vgl. z.B. Ovum 1999). Im vorhergehenden Abschnitt wurde jedoch bereits ausgeführt, dass Operational Data Stores dann, wenn sie definitionsgemäss (d.h. mit Schreibzugriff auf ihre Daten) eingesetzt werden, nicht Teil des Data Warehouse sein können. Die sich ergebende Applikationslandschaft wird durch Abb. 6 illustriert. Zwischen vertikalen und horizontalen operativen Applikationen lässt sich durch sorgfältig modellierte Operational Data Stores ein effizientes „Closed Loop"-Modell realisieren. Zwischen operativen Applikationen und Business Intelligence-Applikationen kann zwar durch sorgfältige Modellierung des Data Warehouse-Systems eine effiziente Bereitstellung entscheidungsunterstützender Informationen realisiert werden; es muss jedoch bei einem „Open Loop"-Konzept bleiben, weil Informationsrückflüsse definitionsgemäss ihren Weg nicht durch das Data Warehouse nehmen, sondern über Aktionen der Entscheider mehr oder weniger mittelbar in operative Applikationen eingehen.

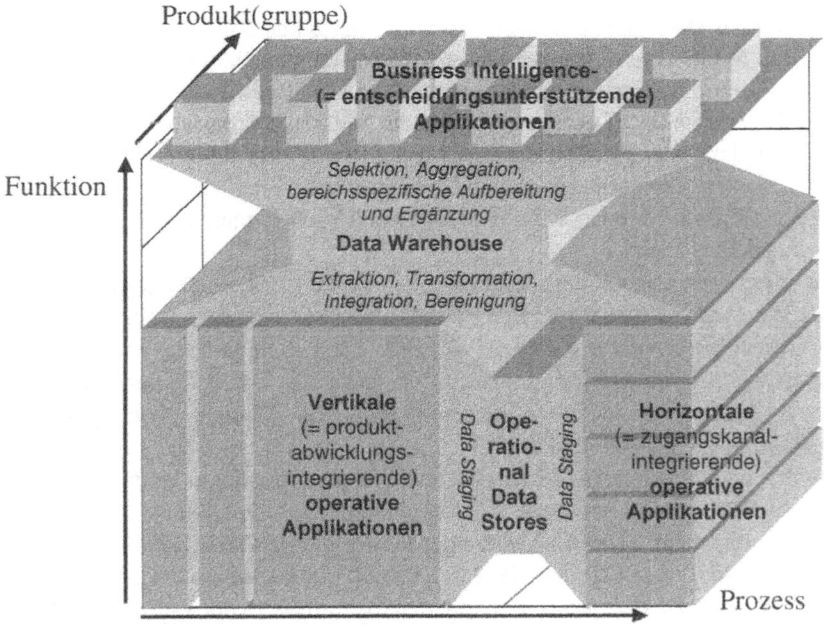

Abb. 6 Erweiterte Applikationslandschaft

Obwohl Operational Data Stores und das Data Warehouse-System offensichtlich unterschiedliche Rollen wahrnehmen, können bei der Entwicklung und beim Betrieb dieser Systeme zwei bedeutsame Synergien genutzt werden:

- Daten in Operational Data Stores sind bereits integriert und in real-time verfügbar. Sie stellen damit eine hervorragende Datenquelle für das Data Warehouse-System dar. Zwar wird es weder möglich noch sinnvoll sein, das Data Warehouse ausschliesslich aus Operational Data Stores zu speisen (vgl. Imhoff 1998, S. 4). Es sollte jedoch jede Möglichkeit genutzt werden, integrierte Daten aus Operational Data Stores zu beziehen und nicht für die Einspeisung ins Data Warehouse redundant integrieren zu müssen.
- Die Metadaten-Infrastruktur, die für den sinnvollen Betrieb eines Data Warehouse-Systems aufgebaut und aufrechterhalten werden muss, sollte prinzipiell auch für die Modellierung und den Betrieb von Operational Data Stores wiederverwendet werden können. Auf Metaebene unterscheiden sich nämlich real-time-Applikationsintegration und Datenaufbereitung für entscheidungsunterstützende Zwecke nicht signifikant.

6 Zusammenfassung und Ausblick

Mit diesem Beitrag wurde der Versuch unternommen, die verschiedenen Arten operativer Applikationen, dispositive Applikationen, das Data Warehouse-System und Operational Data Stores als sich sinnvoll ergänzende Komponenten einer generalisierten betrieblichen Applikationsarchitektur darzustellen. Es wurde gezeigt, dass Data Warehouse-Systeme und Operational Data Stores zwar aufgrund fundamentaler Unterschiede als unterschiedliche Architekturschichten realisiert werden sollten, aber dass sich gleichzeitig durch aufeinander abgestimmte Modellierung dieser Architekturschichten bedeutende Synergien realisieren lassen müssten.

In diesem Zusammenhang müssen jedoch noch viele Fragen konzeptionell oder empirisch geklärt werden:

- Wie gross sind die Gemeinsamkeiten des Metadatenmanagements zwischen Data Warehouse-System und Operational Data Stores genau? Ist es sinnvoller, auf Grundlage erprobter Konzepte aus dem Data Warehousing-Bereich durch Anpassungen Lösungen für die Integration operativer Applikationen abzuleiten, oder ist sogar die Erweiterung zu einem generellen Metadatenkonzept für die Applikationsintegration denkbar?
- Lassen sich Metamodelle, Methoden und Vorgehensmodelle für die Data Warehouse-Entwicklung auch auf die Entwicklung von Operational Data Stores übertragen? Ist auf dieser Grundlage gar die Ableitung genereller Metamodelle, Methoden und Vorgehensmodelle für die Applikationsintegration denkbar?
- Im Gegensatz zu den meisten vertikalen operativen Applikationen und den meisten dispositiven Applikationen kommen für horizontale operative Applikationen häufig Standardsoftwarelösungen zum Einsatz (z.B. CRM-Applika-

tionen, E-commerce-Applikationen, Call Center-Applikationen). Daraus könnte sich die Chance ergeben, zumindest für wichtige Teilbereiche der Informationslogistik Referenzmodelle zu entwickeln.

- Sind Organisationskonzepte aus dem Data Warehousing-Bereich auf den Bereich der Integration operativer Applikationen übertragbar?

Literatur

Böhnlein, M., Ulbrich-vom Ende, A.: Grundlagen des Data Warehousing - Modellierung und Architektur. Bamberger Beiträge zur Wirtschaftsinformatik Nr. 55, Bamberg, Februar 2000.

Devlin, B.: Data Warehouse – from Architecture to Implementation. Addison-Wesley: Reading u.a. 1997.

Imhoff, C.: The Corporate Information Factory, DM Review, December 1999, http://www.dmreview.com/editorial/dmreview, 29-03-2000.

Imhoff, C.: The Operational Data Store: Hammering Away, DM Review, July 1998, http://www.dmreview.com/editorial/dmreview, 29-03-2000.

Kimball, R., Reeves, L., Ross, M., Thornthwaite, W.: The Data Warehouse Lifecycle Toolkit - Expert Methods for Designing, Developing and Deploying Data Warehouses. John Wiley & Sons: New York et al. 1998.

Koch, G.: Ein Datenmodell als Schlüssel einer flexiblen Gestaltung von Versicherungsprodukten, in: Versicherungswirtschaft, 16/1993, 1052-1055, 1993.

Lehner, F., Maier, R., Hildebrand, K.: Wirtschaftsinformatik - theoretische Grundlagen. Hanser: Wien 1995.

Leist, S., Winter R.: Nutzung generischer Produktmodelle im Finanzdienstleistungsbereich am Beispiel des Ergebniscontrolling. In: Wirtschaftsinformatik, 40. Jg., Nr. 4, 281-289, (1998).

Möller, F.: Data Warehouse als Warnsignal an die Datenschutzbeauftragten. In: Datenschutz und Datensicherheit (DuD), 22. Jg., nr. 10, 555-560 (1998).

Österle, H., Brenner, W., Hilbers, K.: Unternehmensführung und Informationssystem: der Ansatz des St.Galler Informationssystem-Managements. 2. Aufl., Teubner: Stuttgart 1992.

OVUM Evaluates: CRM Strategies: Technology Choices for the Customer-focussed Business. OVUM Ltd.: London 1999.

Scheer, A.W.: Wirtschaftsinformatik. 6. Aufl., Springer: Berlin et al. 1995.

Schmalzl, J.: Architekturmodelle zur Planung der Informationsverarbeitung von Kreditinstituten. Physica: Heidelberg 1995.

Schönsleben, P., Leuzinger, R.: Innovative Gestaltung von Versicherungsprodukten - flexible Industriekonzepte in der Assekuranz. Gabler: Wiesbaden 1996.

Sinz, E.J.: Architektur betrieblicher Informationssysteme. In: Rechenberg, P., Pomberger, G. (Hrsg.): Handbuch der Informatik. Hanser: München 1997.

Teil 2

Praxisberichte

Data Warehousing bei den ARAG-Personenversicherungen

Gerhard Strasser, Wolfgang Bartel

1 Das Unternehmen

Die ARAG-Personenversicherungen als Teil der ARAG-Gruppe decken die Sparten Lebens-und Krankenversicherung ab. Die Hauptglieder der Versicherungsgruppe im Inland sind die ARAG-Rechtsschutz, die ARAG-Allgemeine und die ARAG-Lebens- und ARAG-Krankenversicherung. Einige Kennzahlen der ARAG-Personenversicherungen:

- Beitragseinnahmen 1998 gesamt: ca. 725 Mio DM
- Innendienstmitarbeiter: ca.350
- Mitarbeiter Organisation /Gesamt-EDV: ca.100 (einschl. Töchter, ohne Externe)
- Standort: München

Dieser Bericht ist eine Zusammenfassung der Data Warehouse-Aktivitäten der ARAG-München in den Jahren 1997 bis August 1999.

Die diesem Bericht zugrunde liegenden Materialien für den Teil „Das Data Warehouseprojekt Vertriebscontrollingsystem der ARAG-München" sind von den Herren Roland Pfeiffer und Wolfgang Neuber zur Verfügung gestellt worden.

2 Die Ausgangssituation für das Data Warehousing bei der ARAG-München

Eine Bestandsaufnahme des gesamten Berichtswesens aus technologischer Sicht ergab Anfang 1997 folgendes Ergebnis:

- das gesamte Statistik- und Controllingwesen ist technologisch nicht mehr zeitgemäss;
- die Datenbeschaffung / Datenaufbereitung ist äusserst schwerfällig und nur mit hohem Aufwand zu leisten;
- die Anforderungen an die Informationsbereitstellung steigen durch die Umsetzung von Unternehmensstrategien in den Bereichen Marketing, Point of Service und Customer Relationship explosionsartig.

3 Die Data Warehouse-Strategie der ARAG-München

Aus der Bestandsaufnahme und den Anforderungen aus den unternehmensstrategischen Zielsetzungen ergab sich die Strategie für das Data Warehousing in der ARAG-München „quasi von selbst". Diese Strategie zum Aufbau und den Betrieb des Prozesses Data Warehousing konzentriert sich auf drei Zielrichtungen: Die Zielrichtung 1 (ab 1997) legt den Focus auf die Themenstellungen Data Warehouse für die Informationsbereiche Vertriebscontrolling und Unternehmenssteuerung. Die Zielrichtung 2 (ab 1998) hat den Aufbau eines Basis-Data Warehouse mit den Hauptanwendungsgebieten Point of Service, Marketing, Customer Relationship, Electronic Business usw. zum Ziel.

Die Zielrichtung 3 (ab 2001) vereinigt beide Zielrichtungen durch eine gemeinsame Datenversorgung aus einem Business Information Warehouse.

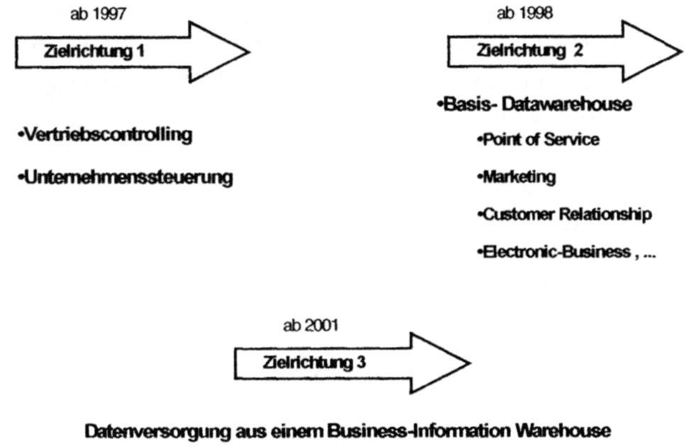

Abb. 1 Die Data Warehouse-Strategie

4 Das Data Warehouse-Projekt Vertriebscontrollingsystem der ARAG-München

Zur Umsetzung der Zielrichtung 1 Vertriebscontrolling/Unternehmenssteuerung wurde Mitte 1997 das Data Warehouse-Projekt „Vertriebscontrollingsystem" aufgesetzt.

Das Thema „Data Warehouse" wurde massgeblich vom Vorstand der ARAG-Personenversicherungen initialisiert. Somit verfügte das Projekt von Anfang an über den „richtigen" Sponsor.

Eine weitere wichtige Festlegung war und ist eine Vorgehensweise, die auf die personellen Ressourcen des Hauses passt. Man entschied sich dabei von Anfang an für einen „Think big, start small Ansatz" und nicht für einen „Big Bang". Als erste wichtige und tragende Projektstufe wurde die Reorganisation des Controllings für die Vertriebe der Sparte Lebensversicherung festgelegt.

Wie bei jedem anderen IT-Projekt auch ist die Definition der Fachanforderungen eine oder die Sollbruchstelle für den gesamten Projekterfolg. Als wesentliches Stilmittel zur Definition der Fachanforderungen werden regelmässig für jeden Themenblock Workshops durchgeführt. Hier wird zwischen den beteiligten Fachabteilungen und dem Projektkernteam festgelegt ,wer welche Informationen wann und wie benötigt. Weiterhin werden die kritischen Erfolgsfaktoren für jede Realisierungsstufe festgelegt und entsprechend in der Projektabwicklung berücksichtigt.

4.1 Die Basissoftware

Eine Grundsatzentscheidung von weitreichender Bedeutung ist die Auswahl der Basissoftware zur technischen Realisierung und für den Betrieb des Data Warehouse. Die ARAG-München hat sich im Rahmen des Data Warehouse-Projektes für die Software von SAS entschieden. Wesentliche Gründe für diese Entscheidung waren:

- SAS ist Weltmarkführer im Bereich Data Warehousing;
- SAS ist ganzheitlicher Anbieter (Datenzugriff, -Management, -Präsentation);
- SAS bietet umfangreiche Unterstützung in allen Projektphasen (Consulting);
- SAS-Software bietet Plattformkompatibilität in allen Schichten der Anwendung;
- SAS-Software unterstützt viele Standardschnittstellen und Datenhaltungssysteme;
- SAS-Software unterstützt Rapid Application Development;
- SAS-Software stellt eine mächtige Middleware bereit;
- SAS-Software unterstützt neueste Technologien (EIS/OLAP, Internet/Intranet);

SAS bietet eine modulare Produktstrategie („Think big, start small“-Ansatz möglich).

4.2 Die Projektergebnisse (Stand 5/99)

Im Standardberichtswesen gibt es zur Zeit 5 Bereiche (Antragsstatistiken, LV-Produktion/Provision, Kostenstellenrechnung, Saldenliste und Personalübersicht). Insgesamt 12 Kategorien bzw. Dimensionen zeigen ca. 65 Analysevariablen (zusätzlich Veränderungsraten bzw. Planabweichungen und anderen Kennzahlen) aus den verschiedensten Blickwinkeln. Im derzeitigen Standardberichtswesen werden diese Daten in 63 Berichten dargestellt.
Wesentliche Ergebnisse des Data Warehouse-Projektes Vertriebscontrollingsystem sind bisher:

a) Fachlich:

- Reorganisation der Antragsstatistiken LV;
- Reorganisation der Statistiken LV Produktion/Storno aus dem Partnervertrieb;
- Reorganisation der Personalübersichten für den Stamm- und Partnervertrieb;
- Reorganisation der Übersichten aus der Kostenstellenrechnung (aus SAP);

- Reorganisation der Saldenübersichten des Vertriebes.

b) Technisch:
- Plattformübergreifende, automatisierte Datenbeschaffung;
- Integrierte Datenhaltung inkl. Metadatenmanagement;
- „Dynamische Benutzeroberflächen";
- Ad hoc-Abfragen (Data Mining);
- Planungstool zur dezentralen Datenerfassung;
- Anbindung des Aussendienstes via ISDN / Internet;
- aktive Anbindung von MS-Office.

4.3 Der Aufbau des Data Warehouse-Vertriebscontrollings

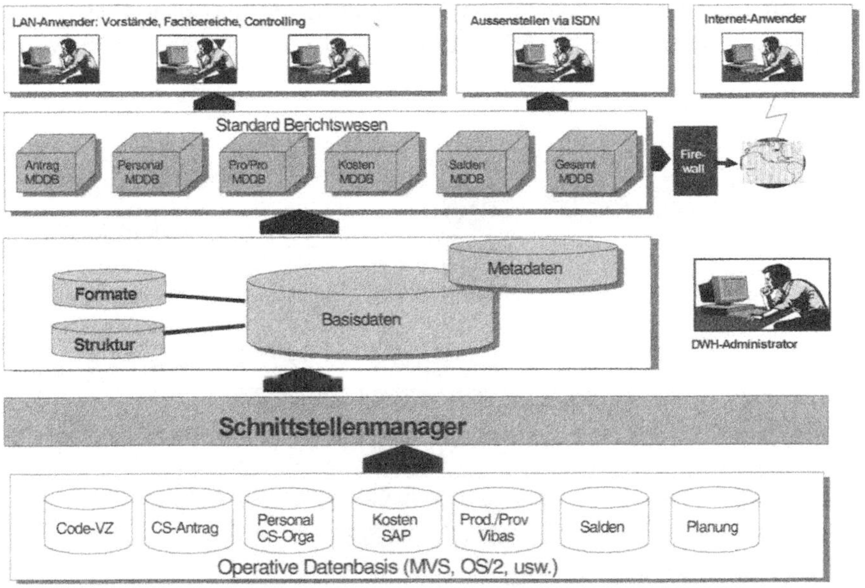

Abb. 2 Der Aufbau des Data Warehouse-Vertriebscontrollings der ARAG-Personenversicherungen

Die Datenbeschaffung

Die Schnittstellen werden von einem Batchjob täglich auf ihren Aktualitätsgrad abgefragt. Sind neue Daten vorhanden, läuft ein vollautomatischer Updatejob, der die SAS-Tables im Basis-Informationspool kontinuierlich erweitert. Neue Daten stehen täglich (Antragsbestand/Mitarbeiterverwaltung u. AD-Struktur), ansonsten monatlich zur Verfügung. Die Updates der multidimensionalen Datenwürfel (MDDB) erfolgen ebenfalls in den Batchjobs.

Die Datenhaltung

Derzeit sind drei Bereiche im Data Warehouse-Vertriebscontrolling: Metadaten/Basisinformationspool/Multidimensionale Datenwürfel Die Metadaten beinhalten das Modell (Dimensionen / Analysevariablen). Im Basisinformationspool liegen die Ist- und Plandaten ohne Vertriebsstruktur, nur mit der tiefsten Hierarchiestufe ‚MA-Nr'. In einem separaten Pool wird die aktuelle Vertriebsstruktur abgelegt. Beim Update der MDDBs wird diese mit den Basisinformationsdaten zusammengeführt. Damit sind die Werte neutral von vergangenen Strukturänderungen darstellbar. Die Formate werden aus den aktuellen Code-Verzeichnissen gelesen und im Pool gespeichert. Die multidimensionalen Datenwürfel sind die Basen für das Standardberichtswesen. Gefilterte Sichten (i.d.R.) werden darin strukturiert mit dem Ziel einer optimalen Performance abgelegt. Diese Datenwürfel erlauben fast beliebig viele Dimensionen und Analysevariablen. Übergreifende Dimensionen sind Zeit und Vertriebsstruktur. Diese sind in allen MDDBs vorhanden.

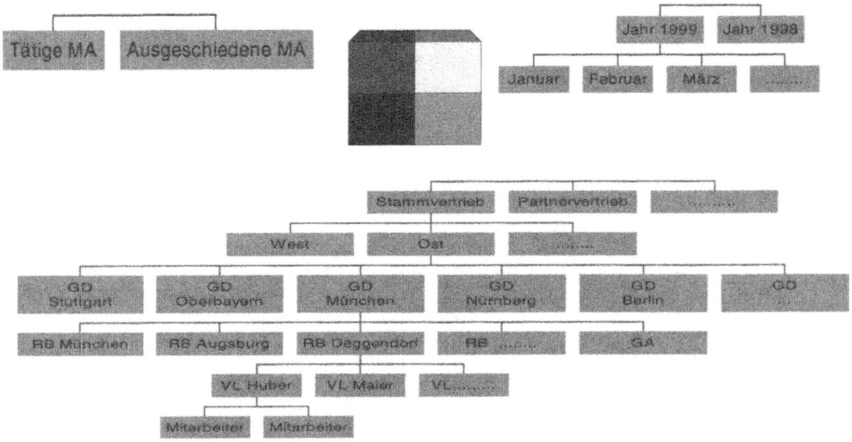

Abb. 3 Multidimensionale Datenhaltung (Beispiel)

Die Benutzeroberfläche

Entscheidend für die Akzeptanz eines Data Warehouse durch die Fachanwender ist, neben der Richtigkeit und zeitgerechten Verfügbarkeit der Daten, die Präsentation.

Dementsprechend wurde die Benutzeroberfläche nach den folgenden Prinzipien ausgestaltet:

- Übersichtlichkeit in der Darstellung;

- leicht zu handhaben (Button in/Button out);
- vom Anwender veränderbares Layout (Dimensionen, Analysevariablen, computed Values);
- Drill-Stufen beliebig (Drill down, Down, Expand);
- Information über die vorhandene Datenbasis und die selektierte Auswahl (Navigationsleisten);
- Tabellen und Graphiken;
- performante Ausgabe;
- Erstellung ohne Programmcode, damit flexibel änderbar.

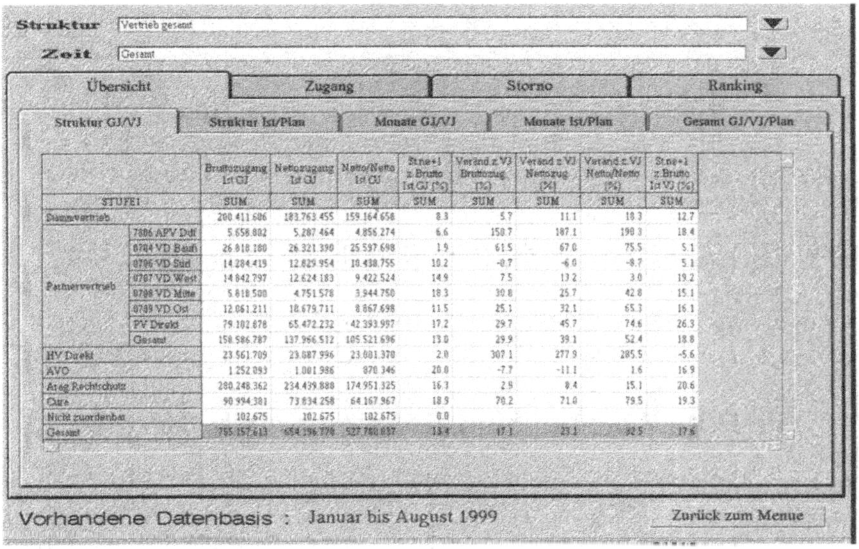

Abb. 4 Die Benutzeroberfläche (Beispiel)

5 Das Basis-Data Warehouse der ARAG-München

Die Zielrichtung 2 der Data Warehouse-Strategie der ARAG-München hat den Aufbau eines Basis-Data Warehouse zum Ziel. Gefordert wird die Bereitstellung einer detaillierten Datensicht (z.B. Vertrag). Die Forderung nach einem Basis-Data Warehouse hat durch die konsequente Umsetzung der Kundenorientierung und der *Point of Service*-Strategie in der ARAG-München eine hohe Bedeutung erhalten. Der Aufbau des Basis-Data Warehouse erfolgt im Rahmen des Datenmanagements durch den „Bereich Architektur“.

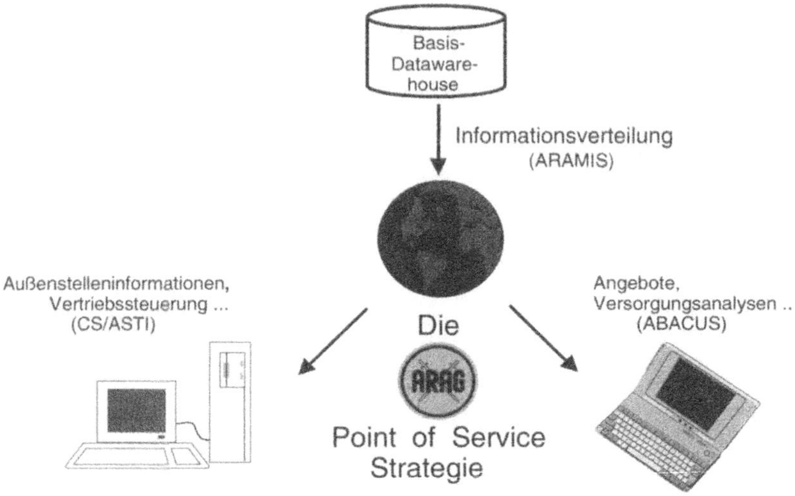

Abb. 5 Das Data Warehouse als Keimzelle der *Point of Service*-Strategie

5.1 Die Data Warehousing-Definition nach Gardner

Das Data Warehousing in der ARAG-München folgt der Definition des Data Warehousing nach Gardner: Data Warehousing ist kein Produkt, sondern der Prozess der Zusammenführung und des Managements von Daten aus verschiedenen Quellen mit dem Zweck eine einheitliche, detaillierte Sicht auf einen einzelnen Geschäftsbereich oder das gesamte Unternehmen zu erhalten (vgl. Gardner 1998, S 52 ff.) Diese Definition betont den Prozess der Zusammenführung und die detaillierte Sicht auf die Daten des Data Warehouse.

Die detaillierte Datensicht ist der zentrale Gesichtspunkt eines Data Warehouse. Sie ist der Garant für die

- Datenbereitstellungsflexibilität,
- Datenauswertungsflexibilität und
- Datenableitungsflexibilität.

Durch die zentrale Anforderung der Flexibilität wird die Architektur eines Data Warehouse bestimmt. Die statische Architektur eines Data Warehouse wird durch die Datenstruktur, durch das Datenmodell des Data Warehouse bestimmt. Die dynamische Architektur des Data Warehouse wird durch den Prozess der Zusammenführung und des Managements der Daten aus den verschiedenen Quellsystemen bestimmt.

Die dynamische Architektur stellt die Versorgung des Data Warehouse sicher. Die dynamische Architektur wird durch die Datenversorgungsprozesse und durch die Prozessarchitektur definiert.

5.2 Die Aufgabenstellung Basis-Data Warehouse

Die Schaffung eines Basis-Data Warehouse kann in fünf Schwerpunktbereiche konzentriert werden:

- Reengineering der Datenstrukturen;
- Integration der Datenstrukturen der Spartensysteme;
- Reconciling der Datenbestände;
- Installation eines ETL-Prozesssystems;
- Modell- und Metadatenmanagement.

5.3 Reengineering der Datenstrukturen

Grundvoraussetzung für ein Data Warehouse ist die Integration der Daten auf der Modellebene und auf der Nutzdatenebene über alle Quellbereiche des Data Warehouse.

Es ist also ein konzeptionelles Datenschema zu erstellen. In einem konzeptionellen Datenschema werden die Daten ihrer Struktur und ihrer Semantik nach integriert. Das konzeptionelle Datenschema des Data Warehouse umfasst die Datenmodelle der Quellsysteme, die aus einer integrativen Sicht rekonstruiert werden. Die resultierenden „Objekttabellen" liegen in der Regel als „dritte Normalformrelationen" vor (detaillierte Datensicht des Data Warehouse). Dieses Thema hat unter den Begriffen „unternehmensweites Datenmodell" oder auch „Unternehmensdatenmodell" in der Literatur eine breite Behandlung erfahren und soll an dieser Stelle nicht weiter vertieft werden.

5.4 Integration der Datenstrukturen der Spartensysteme

Ein wesentlicher Erfolgsfaktor für ein (Basis-)Data Warehouse ist eine über alle Sparten (in der ARAG-München Leben und Kranken) integrierte Datenstruktur, zum Beispiel eine Partnerdatenstruktur (vgl. Abb. 6).

5.5 Reconciling der Datenbestände

Als Reconciling (vgl. Abb 7) bezeichnet man im Data Warehousing die Wiederherstellung strukturell und semantisch korrekter Daten.

Das Datenmodell des Data Warehouse-Ausschnittes ist die Zielstruktur (statische Architektur). Sie wird als Datenbank physisch umgesetzt. Die „Befüllung" dieser „Data Warehouse-Datenbank" spannt den Prozeß der Zusammenführung und des Managements der Daten aus den verschiedenen Quellsystemen auf (dynamische Architektur). Dies leistet der sogenannte ETL-Prozess (Extraction, Transformation, Loading).

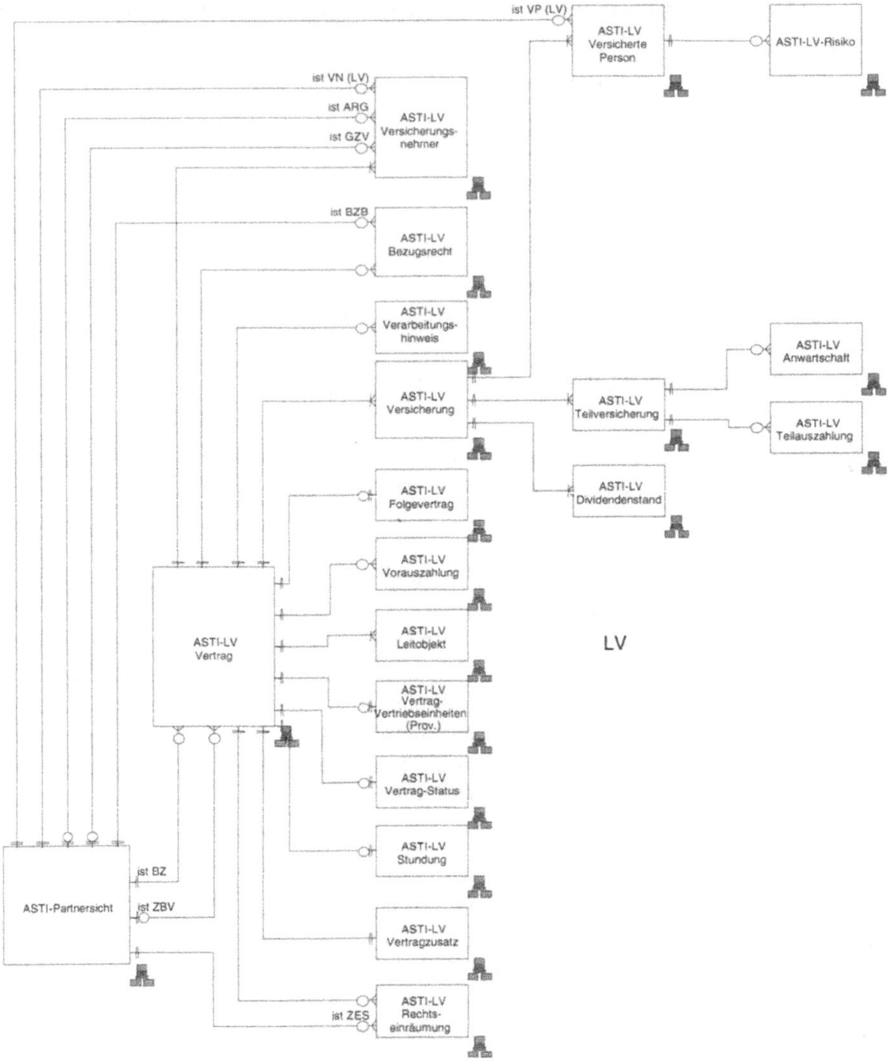

Abb. 6 Partnerdatenstruktur in einer für das Basis-Data Warehouse geeigneten Form

5.6 Installation eines ETL-Prozesssystems

5.6.1 Die Architektur des ETL-Prozesses

Die Aufgabe des ETL-Prozesses ist die „Herstellung" der Data Warehouse-Datenbank. Die Struktur der Datenbank ist durch das Datenmodell (konzeptionelles Schema) festgelegt. Das Herstellungsverfahren mit den dazugehörigen „Montagelogiken" leistet der ETL-Prozeß. Das Akronym ETL steht für Extraktion, Transformation, Loading und weist auf das Grundschema des Herstellungsverfahrens hin. Ausgehend von der Zieldatenstruktur des Data Warehouse werden die Quellstrukturen und damit die Quellsysteme (Liefersysteme) ermittelt. Im Extraktionsschritt erfolgt die Selektion der Basisdaten in eine sogenannte Staging Area oder Staging Engine (Datenbereitstellungsmaschine mit eigenem Speicher). Hierbei ist zu beachten, dass die Daten meist aus heterogenen Quellen verschiedener Zielplattformen stammen. Das Spektrum reicht von relationalen Datenbanken bis zu Dateiformen aller Art. Als wesentliche Leistung des Extraktionsschrittes werden die Datenstrukturen lokal bereinigt. Es finden die notwendigen Formatbereinigungen, in der Regel auf den ANSI-ISO-SQL-Standard statt, weiterhin werden Feldbereinigungen wie die Auflösung von zusammengesetzten Feldern durchgeführt. Anschliessend können die semantischen Bereinigungen soweit wie möglich durchgeführt werden. Es handelt sich hierbei um die Auflösung von Homonymen und Synonymen sowie die Bereinigung von Wertebereichen.

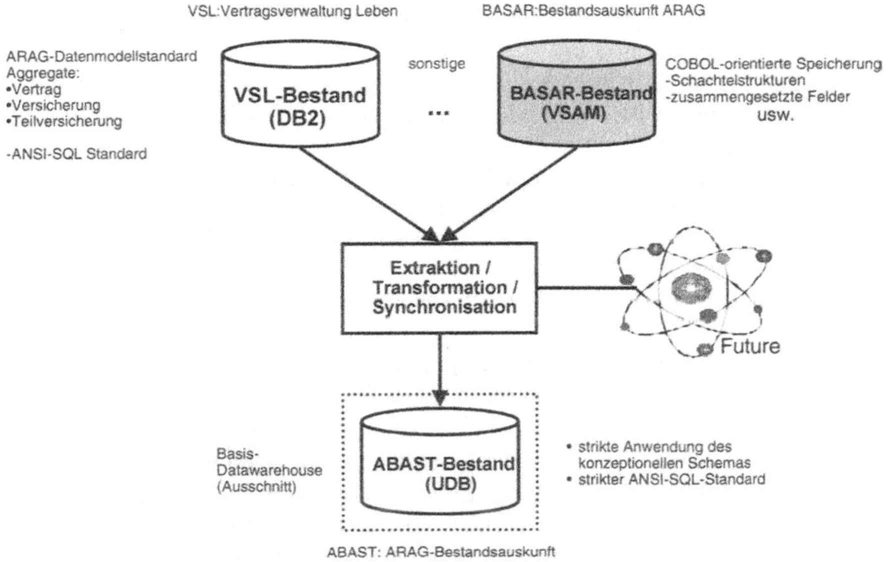

Abb. 7 Beispiel: Reconciling LV-Vertrag-Leben

Der Transfomationsschritt integriert und konsolidiert die lokal bereinigten Strukturen in objektlokale Strukturen der Zielstruktur des Data Warehouse. Es werden strukturell komplexe Objekte aufgebaut. Hierbei können umfangreiche Konsolidierungen und Synchronisierungen entstehen, wie dies meist regelmässig bei dem komplexen Objekt „Partner" der Fall ist.

Nachdem die Quelldaten also „reconciled" sind, können die komplexen Objekte in die entsprechenden Data Warehouse-Strukturen geladen werden.

Als „Architekturfazit" lässt sich festhalten, der ETL-Prozess lässt sich in Prozessbereiche einteilen, die eigene Prozessspeicher aufweisen, horizontal und vertikal mit den entsprechenden Prozessschritten bestückt sind und diese wiederum entsprechend gekoppelt sind. Dieses Strukturmuster weist große Ähnlichkeiten mit der Struktur eines Workflows (automatisierter Prozess) auf.

5.6.2 Das ETL-Workflowschema der ARAG-München

Die Workflow-Definition der Workflow Management Coalition lautet:

The automation of a business process, in whole or part, during which documents, information or tasks are passed from one participant to another for action, according to a set of procedural rules.

Usage

The automation of a business process is defined within a Process Definition, which identifies the various process activities, procedural rules and associated control data used to manage the workflow during process enactment.

The Workflow Management Coalition Specification Workflow Management Coalition Terminology & Glossary Document Number WFMC-TC-1011 Document Status- Issue 2.0 June 96

Aus der Definition läßt sich entnehmen, daß die Grundlage eines Workflows die Prozessdefinition ist. Prozessdefinitionen werden üblicherweise in Form von Prozessmodellen erstellt.

Die Methodik der Prozessmodellierung hat in den Disziplinen Geschäftsprozessmanagement und Workflow Management breite Anwendung gefunden.

Die Methode der „ereignisgesteuerten Prozessketten (EPK)" ist in der Praxis zur Modellierung von „Business-Prozessen" aller „Spielarten" weit verbreitet und kommt deshalb in der ARAG-München zur Anwendung.

Die Methode der EPK zur Modellierung von Workflows

Das wesentliche Kennzeichen eines Workflows ist die Bearbeitungsreihenfolge der zu dem Prozess gehörenden Funktionen. Die Reihenfolge der Bearbeitung (Kontrollfluss) ergibt sich durch die inhaltlichen und zeitlichen Abhängigkeiten. Diese Abhängigkeiten werden durch Ereignisse ausgedrückt. Ereignisse sind entweder Datenobjekte mit einem Zustand oder Zeitereignisse. Ereignisse sind sowohl Auslöser von Funktionen oder Ergebnisse von Funktionen. Dass dabei die Ereignisse in Kombinationen vorliegen, wird durch Verknüpfungsoperatoren („und" , „oder", usw.) ausgedrückt.

Das ETL-Workflowschema ist das Modell des ETL-Workflows. Es umfasst als wesentliche Komponenten (Konstrukte):

- den ETL-Prozesskontext,
- die ETL-Prozesskette,
- die „lokalen" ETL-Prozessstrukturen,
- die DWH-„Ladestruktur" und
- die Regelwerke zur Selektion, Transformation usw.

Der ETL-Prozesskontext

Der ETL-Prozesskontext grenzt den ETL-Prozess über Ereignisse von seiner Umwelt ab. Dabei bezieht der ETL-Prozess von seiner Umwelt Ereignisse und gibt Ereignisse an seine Umwelt (-Objekte) ab. Umweltobjekte sind alle Objekte, die für den ETL-Prozess Ereignisse bereitstellen bzw. vom ETL-Prozess Ereignisse abnehmen. Umweltobjekte bilden die Prozessschnittstellen des ETL-Prozesses. Prozessschnittstellen sind alle Sender und Empfänger von Kontrollmitteilungen, alle Datenlieferanten, sowie das Data Warehouse als „Endereignisabnehmer". Ereignisse sind alle Datenereignisse sowie alle Kontrollmitteilungen.

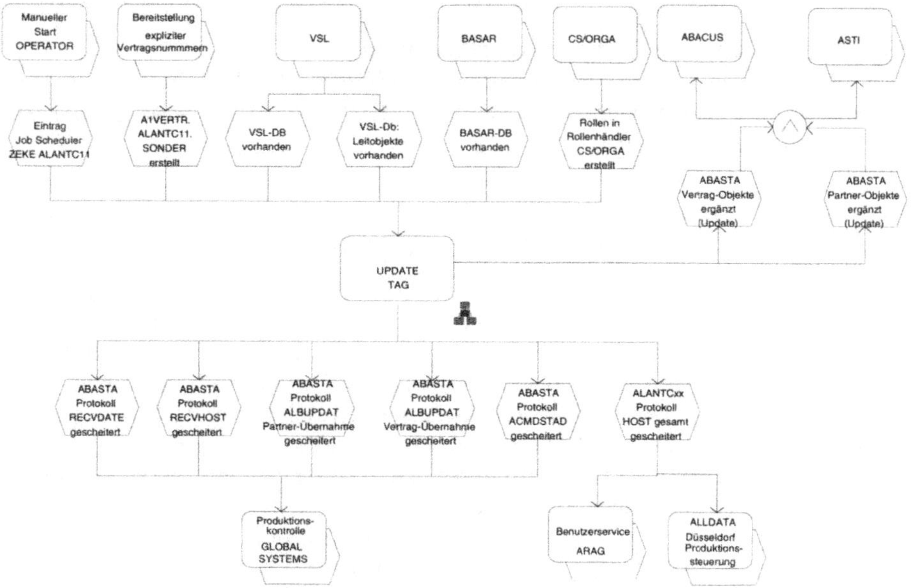

Abb. 8 Beispiel für einen ETL-Prozesskontext

Die ETL-Prozesskette ist der Ablaufplan des ETL-Prozesses. Die Prozesskette legt fest, über welche Ereignisse die ETL-Funktionen wie gekoppelt sind. Aus der Prozesskette sind alle Zustände des ETL-Prozesses durch die Ereignisse festgelegt. Die Ereignisse sind entweder die ETL-Nutzdaten mit dem entsprechenden Bearbeitungszustand oder Kontrollinformationen. Durch die Prozesskette wird demnach der Kontrollfluss und der Datenfluss festgelegt. Aus der ETL-Prozesskette sind unmittelbar ersichtlich:

- alle Prozessstörungen (zum Beispiel bei Datenübernahmen aus heterogen, räumlich getrennten Systemen);
- alle Wiederanlaufpunkte bei Prozessabbrüchen;
- alle Synchronisationspunkte/Asynchronisationspunkte bei Erzeuger-/Verbraucher-„Taktung" der ETL-Funktionen;
- alle ETL-Dateneinheiten mit ihren Bearbeitungszuständen;
- alle ETL-Funktionsfolgen.

Die lokalen ETL-Prozessdaten

Die lokalen ETL-Prozessdaten sind alle Datenobjekte, die die Funktionen des ETL-Prozesses konsumieren oder produzieren.

Die Data Warehouse-Ladestruktur

Die Ladestruktur ist die Zieldatenstruktur (oder Zieldatenstrukturen) eines ETL-Prozesses. Sie wird als „komplexes" hierarchisch strukturiertes Datenobjekt aufgebaut (vgl. Abb. 9). Die Data Warehouse-Ladestruktur ist die Übernahme und Integritätseinheit für die Data Warehouse-Übernahme.

Die Regelwerke zur Selektion, Transformation

Die Regelwerke sind die Verarbeitungsalgorithmen der ETL-Funktionen. Sie werden auf der ETL-Schemaebene meist als Mischform von strukturiertem Text- und Pseudocode angegeben.

5.7 Modell und Metadatenmanagement

Alle Daten, die auf der Modell- oder auch Beschreibungsebene (Build-Time Ebene) anfallen (z.B. Modellgraphiken, beschreibende Attribute usw.) sind Metadaten. Der Gestaltungsrahmen (Methode) wird durch die Metadatenstruktur (Metamodell) festgelegt. Die ARAG-München orientiert sich an der ARIS-Architektur (ARIS - Architektur integrierter Informationssysteme) nach Scheer.

Als Modellierungswerkzeug wird in der ARAG-München das ARIS-Toolset in Verbindung mit Textdokumentation eingesetzt.

Datenquellen:	„Alt-Strukturen" in Textform (Word)
Prozeßabläufe:	eEPK in ARIS
Extraktion/Transformation/ Synchronisation-Regeln:	in Textform (Word)
Informationsbestände:	SERM in ARIS
Schnittstellenobjekte:	SERM in ARIS

Kernstruktur: Businessobjekt: LV-Vertrag (Ausschnitt)

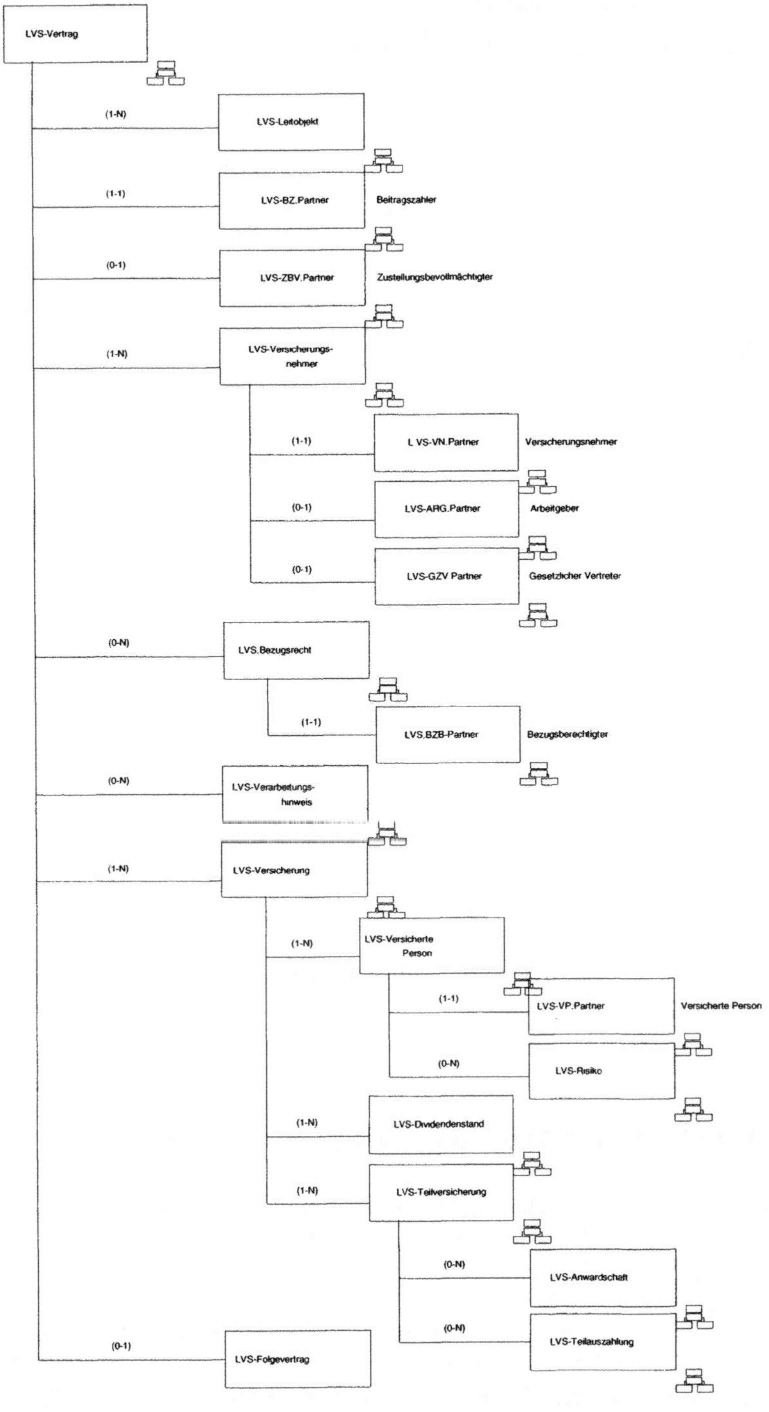

Abb. 9 Beispiel für ein komplexes Datenobjekt

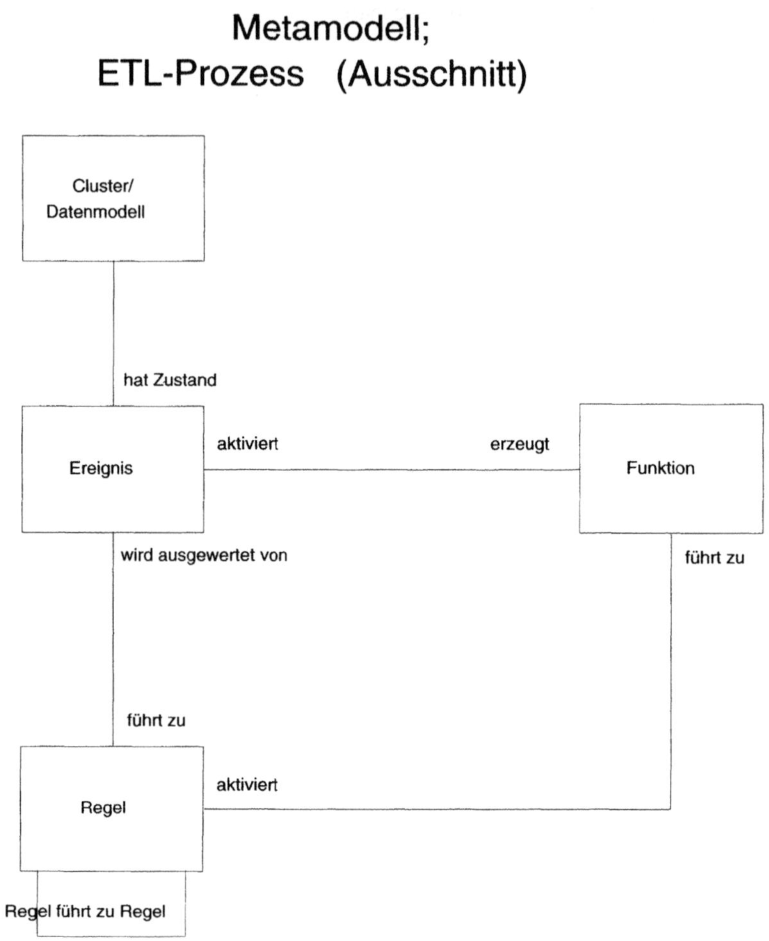

Abb. 10 Die Metadaten der Architektur der Datenversorgung

5.8 Die Realisierung des Basis- Data Warehouse

Das Basis Data Warehouse der ARAG-München ist als UDB-Datenbank realisiert. Aus den SERM-Datenmodellen, die mit dem ARIS-Toolset erstellt werden, wird mit Hilfe eines SQL-DDL Generators die SQL-DDL generiert und anschliessend in die UDB-Umgebung überführt. Die ETL-Prozessketten laufen als „verteiltes“ Prozessystem mit MVS-Host Prozessen und OS/2 PC-Prozessen. Die Realisierung der Prozesskette erfolgt auf der Host-Seite durch eine Job-Steuerung, auf der PC-Seite durch REXX-Prozeduren. Die ETL-Prozesse laufen zur Zeit nachts. Es ist geplant, die Versorgung von der Produktion zu entkoppeln, indem zwei Bestände geführt werden. Damit kann auch während der Produktion tagsüber das Basis-Data Warehouse versorgt werden. Durch eine tägliche Spiegelung des Versorgungsbestandes auf den Produktionsbestand wird der Produktionsbestand aktualisiert.

6 Das Business-Information Warehouse

Die Zielrichtung 3 der Strategie der ARAG-München zum Aufbau eines Data Warehouse vereinigt die Zielrichtungen „Controlling" und „Basis Data Warehouse" durch eine gemeinsame Datenversorgung aus einem Business Information Warehouse. Durch die parallele Entwicklung der Zielrichtungen konnten beide Entwicklungspfade ohne Zeitverzug verfolgt werden, und somit die beiden Strategierichtungen Unternehmenssteuerung nach „innen" und Marktorientierung nach „aussen" wirksam verfolgt werden. Der Nachteil der Zusammenführung der Datenversorgung des Data Warehouse-Vertriebscontrolling mit dem Basis-Data Warehouse wird dabei in Kauf genommen.

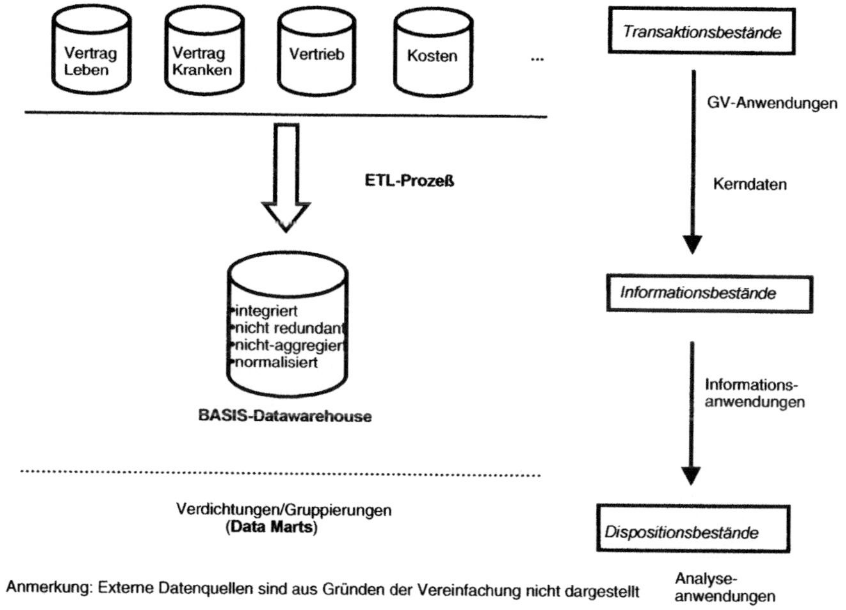

Abb. 11 Das Grundschema des ARAG-Business Information Warehouse

Literatur

Gardner, S.R.: Building the Data Warehouse. In: Communications of the ACM, 41. Jg., Nr. 9, 52-60 (1998).

MASY - Ein Erfahrungsbericht zum Thema Data Warehouse

Andreas Garzotto

1 Einleitung

Bei der Rentenanstalt/Swiss Life, dem grössten Lebensversicherer der Schweiz, entsteht ein unternehmensweites Data Warehouse (DWH). Teile davon sind seit Anfang 1998 in Betrieb, weitere Teile befinden sich in der Entwicklung. Der vorliegende Beitrag beschreibt die Grundstruktur des Data Warehouse und stellt die Erfahrungen dar, die während Entwicklung und Betrieb gesammelt wurden.

Schon seit einigen Jahren ist an der Rentenanstalt/Swiss Life eine Marketing-Datenbank in Verwendung. Vor vier Jahren wurde klar, dass diese in Zukunft an immer mehr Bedeutung gewinnen wird und dass das bisherige System durch ein leistungsfähigeres ersetzt werden muss. Dies war die Geburtsstunde des Vorhabens *Ma*rketing *Sy*stem, kurz MASY.

Eine Datensammlung wie sie für Marketingzwecke verwendbar ist, kann aber, mit geringen Erweiterungen, auch für andere Parteien von Nutzen sein. Ein solches System kann den folgenden Stellen Daten liefern:

- den Sachbearbeitern ein Gesamtbild eines Kunden,
- dem Management und dem Controlling verdichtete Geschäftszahlen,
- der Mathematik Informationen, um umfassende Analysen der Marktfähigkeit bestehender Produkte durchzuführen, neue Produkte zu planen und zu simulieren.

Der Design-Entscheid für die Architektur eines solchen Systems lag nahe: Im Herbst 1996 wurde das Projekt MASY initiiert, in dem ein Data Warehouse (DWH) aufgebaut werden sollte sowie verschiedene darauf aufbauende Anwendungen realisiert werden sollten. Um die Realisierbarkeit nicht zu gefährden, entschied man sich, in einem ersten Projekt lediglich die wichtigsten Datenquellen aus den verschiedenen Systemen des Geschäftsbereiches Einzelversicherung zu integrieren. Ein wichtiges Projektziel war die Erweiterbarkeit des Systems, so dass später weitere Quellen integriert werden können.

2 Architektur

Die Hauptdiskussion zu Beginn des Projektes war die Frage, ob der Kern des Data Warehouse aus einer normalisierten Datenbank bestehen soll, d.h. in viele, möglichst redundanzfreie Tabellen aufgeteilt sein soll, oder ob eine denormalisierte Repräsentation der Daten mit nur wenigen, zweckgebundenen Tabellen, auf die effizienter zugegriffen werden kann, zu bevorzugen wäre. Eine denormalisierte Repräsentation, d.h. ein Data Mart wäre mit einem kleineren Initialaufwand verbunden gewesen und diverse OLAP-Werkzeuge (Online Analytical Processing) hätten direkt darauf aufsetzen können. Eine normalisierte Datenbank schien ein Zwischenschritt zu sein, der mehr Aufwände verursachte.

Dennoch fiel der Entscheid für eine grösstenteils normalisierte Datenbank, was sich im nachhinein als eine sehr glückliche Entscheidung erwies. Es wäre fraglich gewesen, ob die Komplexität der Aufgabe beherrschbar gewesen wäre, wenn auf diesen Zwischenschritt verzichtet worden wäre. Ausserdem erfordert eine denormalisierte Datenbank massive Änderungen der Ladevorgänge, wenn die Daten verändert werden sollen, während bei einer normalisierten Datenbank meist lediglich die Abfragen auf der Datenbank verändert werden müssen, was eine weitaus weniger komplexe Aufgabe ist. Und natürlich haben sich die Anforderungen an die Auswertungen bereits während der Entwicklung mehrmals verändert, so dass diese Problematik auch tatsächlich zum Tragen kam.

Die zweite wesentliche Entscheidung war, ob ein bestehendes Produkt für die Überführung der Quelldaten in die Data Warehouse-Datenbank verwendet werden soll, oder eine Eigenentwicklung angegangen werden sollte. Eine Analyse des Marktes zeigte uns in 1996, dass die angebotenen Produkte für unser Bedürfnis noch nicht optimal waren: Während die Produkte vor allem Stärken darin aufweisen, schnell grössere Mengen von Daten aus verschiedensten Plattformen zusammenzutragen, steht bei uns die Behandlung der komplexen Zusammenhänge, z.B. zwischen Verträgen und Vertragsteilen oder auch zwischen Vertragsteilen und Personen, welche bestimmte Rollen in diesen Vertragsteilen einnehmen, im Vordergrund. Allein schon weil das gewonnene Wissen über diese Zusammenhänge, d.h. die Metadaten, welche diese beschreiben, eines der wichtigsten "Abfallprodukte" aus einem Data Warehouse-Projekt sind, hat sich rückblickend die Eigenentwicklung gelohnt. Inzwischen sind allerdings Produkte erhältlich, welche unsere Bedürfnisse abdecken und wir sind dabei, auf ein solches Produkt zu migrieren.

Abb. 1 zeigt eine Übersicht der für den Ladevorgang verwendeten Architektur. Die Daten werden in regelmässigen Zeitabständen (typischerweise wöchentlich) aus den verschiedenen Quellsystemen extrahiert und in Form von ASCII-Dateien ans Data Warehouse angeliefert. Dieses Vorgehen wurde gegenüber dem Einsatz von Middleware-Produkten bevorzugt, da ASCII-Dateien von beliebigen Systemen, selbst von externen Datenlieferanten, geliefert werden können und so eine einheitliche Verarbeitung *aller* angelieferten Daten ermöglicht wurde.

Die Daten werden in die Systemkomponente eingespiesen, welche wir als Abgleichsystem bezeichnen. Darin werden die Daten plausibilisiert, in ein einheitliches Format transformiert (z.B. wird jedes Datum in das interne Format umgesetzt und Codetabellen werden vereinheitlicht), verschiedene Daten verknüpft und schliesslich mittels einer Historisierungskomponente in die Datenbank geschrieben. Das Kernstück dabei ist das Verknüpfen, d.h. das Zusammentragen und Verarbeiten von Daten aus verschiedenen Quellen, so dass die benötigten Informationen daraus entstehen. Beispielsweise muss ein Ablaufdatum eines Vertrages zusammengesetzt werden aus dem Ablaufjahr, welches aufgrund der Vertragskomponenten bestimmt werden kann, sowie Monat und Tag, die aus dem Vertragsbeginn abgeleitet werden können; letzteres gilt nur im Normalfall, und je nach Abgangsursache werden verschiedene andere Regeln wirksam.

Als Datenbanksystem wird ein herkömmliches relationales DBMS verwendet. Das zugrunde liegende Datenmodell ist ein Ausschnitt aus dem unternehmensweiten Datenmodell, welches hausintern schon seit mehreren Jahren aufgebaut wurde. Das Vorhandensein dieses Modells war eine wichtige Voraussetzung, um eine normalisierte Datenbank zu bauen, welche die Daten in einer konsolidierten und zusammenhängenden Weise mit einer grossen Ausdrucksmächtigkeit beherbergen kann. Dies wiederum ist notwendig, um die Ausbaufähigkeit der Datenbank sicherzustellen und offen zu bleiben gegenüber neuen Anwendungen mit neuen Anforderungen, die auf dem Data Warehouse aufgesetzt werden.

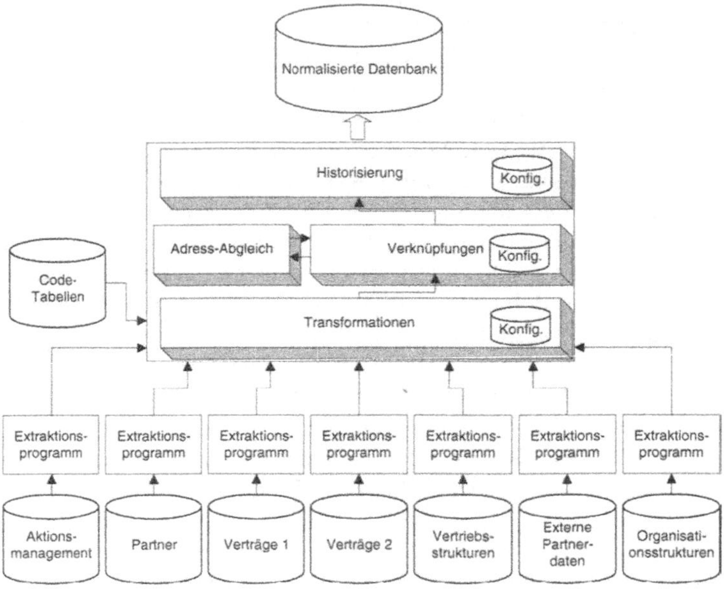

Abb. 1 Der Ladevorgang

Sobald alle Mutationen aus den Zuliefersystemen in der Datenbank nachgeführt sind und ein konsistenter Zustand erreicht ist, wird die gesamte Datenbank kopiert. Diese zweite Datenbank steht für Abfragen sowie für Anwendungen zur Verfügung, wie in Abb. 2 dargestellt ist.

Auf der rechten Seite in Abb. 2 ist die Anwendung "Kundenübersicht" dargestellt. Sie stellt alle relevanten Angaben zu einer Person und ihren Verträgen mittels eines HTTP-Servers zur Verfügung. Auf diese Weise können - vorausgesetzt die Zugriffsberechtigungen sind vorhanden - alle am Intranet der RA/SL angeschlossenen Benutzer mit einem Web-Browser auf die Anwendung zugreifen, ohne dass auf deren Geräten eine spezielle Software installiert werden muss. Diese Anwendung läuft seit Anfang 1998 produktiv und stösst bei den Benutzern auf grosse Akzeptanz.

Links in Abb. 2 ist die Anwendung "Geschäftszahlen" dargestellt. Darin werden Daten aus dem Data Warehouse vorverdichtet und in einer multidimensionalen Datenbank abgelegt. Auf diese Daten kann wiederum mittels eines Web-Browsers über das Intranet zugegriffen werden. Die Anwendung "Geschäftszahlen" stellt den Benutzern OLAP-Möglichkeiten zur Verfügung und befindet sich kurz vor der Ausbreitung.

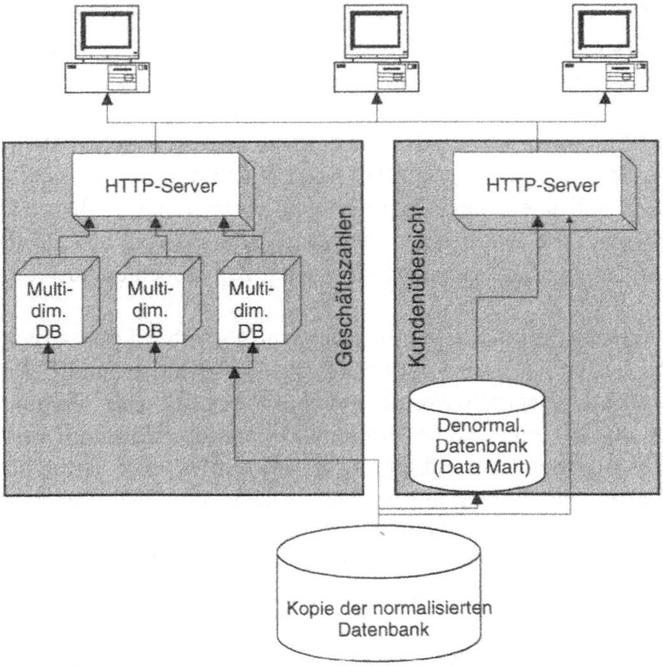

Abb. 2 Auf dem Data Warehouse aufgesetzte Anwendungen

Abgesehen von diesen beiden Anwendungen wurden Zugriffskanäle eingerichtet, welche es der Abteilung Versicherungsmathematik sowie verschiedenen anderen an Auswertungen interessierten Stellen ermöglichen, auf die Daten in einfacher Weise zuzugreifen und sich über die dazugehörigen Metadaten zu informieren. Zur Zeit in Bearbeitung ist ausserdem die Ablösung der bisherigen Marketingdatenbank durch das neue System.

3 Erfahrungen

Im folgenden sind die wesentlichen Erfahrungen zusammengefasst, die bisher mit dem Aufbau und der Nutzung des Data Warehouse gewonnen wurden:

- Ein Data Warehouse ist ein Projekt, welches typischerweise nicht einer bestimmten Abteilung zugeordnet werden kann, sondern übergreifend ist. Ein solches Projekt kann nur funktionieren, wenn es von genügend hoher Stelle getragen und vorangetrieben wird. Ein "Förderer" in der Geschäftsleitung ist sehr hilfreich oder sogar notwendig.
- Wenn auch sehr viele Firmen Data Warehouse-Lösungen anbieten, so dürften diese in den wenigsten Fällen das eigentliche Problem lösen. Genauso wenig wie eine gute Textverarbeitung jemanden zum erfolgreichen Schriftsteller macht, macht ein Data Warehouse-Werkzeug ein Data Warehouse. Das We-

sentliche beim Aufbau eines Data Warehouse ist die Analyse der vorhandenen Daten und ihrer Zusammenhänge. Und dabei können in den meisten Fällen auch externe Data Warehouse-Berater höchstens methodische Unterstützung bieten.

- Es ist wichtig auf Standards zu setzen, insbesondere bei den Schnittstellen zwischen den einzelnen Komponenten eines Data Warehouse, vorausgesetzt das Data Warehouse soll über einige Jahre hinweg einsatzfähig bleiben. Die Anforderungen an ein Data Warehouse verändern sich ständig, und diesen Veränderungen kann nur genüge getan werden, wenn Komponenten auswechselbar sind.
- Wenn Daten aus verschiedenen Quellen in einer konsolidierten Form zusammengeführt werden sollen, ist es absolut notwendig, dass Klarheit und Einigkeit über die verwendeten Begrifflichkeiten besteht. Wenn z.B. unter "Prämie" an einem Ort eine effektiv eingezahlte Bruttoinkassoprämie inklusive Raten- und Risikozuschlägen gemeint ist und an einem anderen Ort eine vertraglich festgelegte Anfangsprämie ohne Ratenzuschläge, dann sind Inkonsistenzen und damit Akzeptanzprobleme vorprogrammiert.
- Umgekehrt provoziert der Aufbau eines Data Warehouse-Diskussionen zum Thema Terminologie und fördert so den Aufbau eines gemeinsamen Verständnis für das Geschäft.
- Es gilt weitgehend das Prinzip *garbage in, garbage out*. Nur wenn die Quelldaten von hinreichender Qualität sind, können auch die Daten im Data Warehouse in entsprechender Qualität vorhanden sein.
- Allerdings erlaubt es - und erfordert es teilweise - ein Data Warehouse, Konsistenzen zwischen den einzelnen Quellsystemen mit wenig Aufwand zu prüfen. Auf diese Weise wurden bei uns bereits viele Korrekturen bei den Quellsystemen veranlasst.
- Insbesondere ältere Systeme konnten aufgrund der Kosten von Speichermedien keine Historie mitführen. Eine Historie ist aber oft für Auswertungen grundlegend. Im Data Warehouse wird die Historie für alle Daten mitgeführt. Konkret wurde sie bei uns teilweise aus archivierten Mutationsdaten auf Magnetbändern rekonstruiert.
- Bei schon länger im Einsatz stehenden Systemen stimmt oft deren Dokumentation nicht mit der Realität überein. Beim Aufbau eines Data Warehouse muss die tatsächliche Semantik von Datenfeldern analysiert werden. Werden die diesbezüglichen Informationen als Metadaten festgehalten, so können diese nicht nur zur Befüllung des Data Warehouse, sondern auch als Nachdokumentation der Altsysteme eingesetzt werden.
- Einer der Hauptnutzen des Data Warehouse ist die Möglichkeit, einen weitaus besseren Überblick über den Geschäftsverlauf zu erhalten. Auswertungen, die vorher mit grösseren Programmieraufwänden verbunden waren oder wegen des Aufwandes gar nicht erst durchgeführt wurden, können mit geringem Aufwand innert kürzester Zeit erstellt werden.
- Eine individuelle Kundenansprache, die nicht am eigentlichen Zielpublikum vorbei Massensendungen verschickt, sondern gezielt potentielle Kunden auf-

grund vieler Selektionskriterien kontaktiert, ist ohne ein Data Warehouse kaum durchführbar.

4 Ausblick

Das Projekt MASY wurde Ende 1999 abgeschlossen, das Gesamtvorhaben Data Warehouse aber noch nicht. Ein kleineres Nachfolgeprojekt, in welchem neu aufgetauchte Anforderungen bearbeitet werden, ist zur Zeit im Gang, und aufgrund des bisherigen Erfolges mit dem Data Warehouse ist ein Nachfolgeprojekt, bei dem weitere Unternehmensbereiche bedient werden sollen, imminent. Weitere Datenquellen müssen erschlossen werden, um dem Ziel eines unternehmensweiten Data Warehouse näherzukommen, insbesondere die Verträge aus der Kollektivversicherung.

Durch die Erschliessung weiterer Quellen wird aber auch die Komplexität der Zusammenhänge zwischen den Daten im Data Warehouse und derer Aufbereitung immer grösser. Damit erhält die Verwaltung der Metadaten eine immer grössere Wichtigkeit. Aus diesem Grund wurde in Zusammenarbeit mit der Universität Zürich und unter Beteiligung des Bundes (KTI) ein Projekt gestartet, in dem es darum geht, bessere Möglichkeiten für die Verwaltung von Metadaten in einem Data Warehouse zu finden. Metadaten ist auch ein Schwerpunktthema im Kompetenzzentrum Data Warehousing Strategie (CC DWS), einem Projekt, das mit verschiedenen Unternehmen im deutschsprachigen Raum unter der Leitung der Universität St. Gallen durchgeführt wird.

Weshalb eine Vorstudie zu einem unternehmensweiten Data Warehouse

Rolf Ammann, Peter Lehmann

1 Zusammenfassung

Der vorliegende Beitrag unterstreicht die Bedeutung von breit abgestützten Vorstudien für grössere Data Warehouse Projekte. Er stellt zunächst die Ausgangslage vor der Bildung eines unternehmensweiten Data Warehouses dar und geht auf Vorgehen, Ergebnisse und Erfahrungen bei der Erarbeitung einer solchen Vorstudie ein. Letztere schloss mit einem Antrag zum Aufbau eines Data Warehouses, welches eine 3-Schichtenarchitektur mit einem ETL-Werkzeug, dedizierte Data Marts und variable Userinterfaces (Web und Abfragetools) umfasst.

Das erste Umsetzungsprojekt kann mit einer erfolgreichen Einführung eines ersten Realisierungsschrittes abgeschlossen werden. Dieser bestätigt die Architektur und verifiziert die Prozesse und Tools. Das Data Warehouse Swisscom - Projekt geht nun mit neuen Realisierungseinheiten weiter.

Die Positionierung des Data Warehousebereiches in der IT-Strategie und die Unterstützung durch das Programm-Management werden aufgezeigt.

2 Einleitung

Nach der Liberalisierung der Telekommunikationsmärkte hat sich die Bedeutung und die Funktion des Marketings in den Telcos grundlegend geändert. Als Folge dieses Wandels sind auch die Anforderungen an den Umfang und die Verfügbarkeit von Informationen stark gewachsen. Customer Life Time Value, Churn Rate, Win Back sind nur einige Schlagworte, welche die Ausrichtung auf kundenzentrierte Analysesysteme und Database Marketing aufzeigen.

Der Druck des Marketings hat denn auch bei Swisscom dazu geführt, den Weg für ein unternehmensweites Data Warehouse zu ebnen. Nur ein Enterprise - DWH ist in der Lage eine strategische Datenbasis für Kundenanalysen zu schaffen, welche Business Unit – übergreifend ist und z. B. detaillierte Kundendaten aus dem Mobile-Bereich mit solchen aus dem Festnetz oder Data Multimedia (Internet) zusammenführen kann.

An diesem Punkt hat das Projekt Data Warehouse Swisscom seinen Anfang genommen. Weshalb aber erst eine Vorstudie? Wieso nicht sofort zwei oder drei Data Marts aufbauen und damit die dringendsten Anforderungen des Marketings sofort erfüllen? Werden hier die Ansprüche der IT auf Systematik und konzeptionelles Vorgehen über diejenigen des Business gestellt? Solche Einwände sind mehr als berechtigt und erfordern klare und überzeugende Antworten.

3 Die Ausgangslage für ein unternehmensweites DWH

Swisscom hat aus der Monopolzeit (als Generaldirektion PTT, Fernmeldedienste) eine Vielzahl von Applikationen, die jeweils eine Produktelinie unterstützen und ihre eigenen Daten pflegten. Viele redundante Datengruppen wurden beschrieben und gepflegt und die inhaltliche, aber auch definitionsbezogene Vielfalt erschwerten, ja verhinderten eine Kundenausrichtung. Die Telecom PTT hatte Abonnenten, die Anschlüsse gemietet hatten. Je nach Produkt (Sprache, Daten, Mobile) waren die Datenstrukturen und die Prozesse unterschiedlich. Begriffe wurden als Synonyme und als Homonyme verwendet. Im Bereich Sprachkommunikation entstand ein erstes Data Warehouse mit Vertrags- und Rechnungsdaten, leider erneut anschluss- und nicht kundenbezogen. Im Bereich Mobile wurde ein Auswertungssystem erstellt, das Data Warehouse Funktionen anbietet und auch soziodemographische Daten miteinbezieht.

Einbettung in IT-Strategie
Das DWH-Projekt kann von einer klaren Positionierung in der IT-Strategie Swisscom profitieren. Zusammen mit einer nachfolgenden Marketing-Nutzungsstudie definiert diese das DWH als strategisches Projekt und als wichtigste Voraussetzung für das Database Marketing. Die aktuelle IT Strategie wirkt auf eine Zentralisierung der Datenbestände mit Mehrfachnutzung in Datenserversystemen, sog. Basissystemen. Das Data Warehouse gilt dabei als der Datenserver für die applikationsübergreifenden Auswertungen. Das Data Warehouse Swisscom ist dabei einerseits ein Enterprise Data Warehouse als physische Datenablage, anderseits eine logische Kopplung gleichartiger Datenbasen.

Programm-Management
Die in der IT-Strategie angedachte Konvergenz der unterschiedlichen Data Warehouse Initiativen kann nicht in einer Hau-Ruck-Aktion geschehen. Die Bedürfnisse des sehr lebendigen Tagesgeschäftes erlauben keinen Stop und eine Vollumstellung nach einer mehrmonatigen Entwicklung. Eine koordinierende Stelle sichert die sanfte Migration und schrittweise Konvergenz zu einer logischen, unternehmensweiten Datenbasis, die für die Erstellung von Data Marts als Hub (und eigentlich als "Single Point of Truth") benutzt werden kann. Swisscom hat für solche projekt- und bereichsübergreifende Koordinations- und Steuerfunktionen das Programm-Management aufgebaut, das zielorientiert der IT-Leitung die projektübergreifenden Informationen liefert, Redundanzen erkennt und auf Synergiepotentiale hinweist ohne die eigenständig laufenden Projekte zu bevormunden.

Notwendigkeit der Bestandesaufnahme und der Normierung der Begriffe und Prozesse
Das Data Warehouse führt Begriffswelten und Denkschemas unterschiedlichster Applikationen und Systeme zusammen. Die gemeinsame Sprache ist eine Herausforderung, die nicht unterschätzt werden darf. Die Vorstudie hilft, sanft und für

die Benutzer- und Auftraggeberseite nachvollziehbar, die Standardisierung bei Begriffen und Verfahren zu initialisieren. Damit wird eine Voraussetzung für effizientes Metadatenmanagement geschaffen.

Aufzeigen der Möglichkeiten und Wecken des Bedürfnisse in den Fachbereichen

In diesem Bereich liegt eine der grössten Herausforderungen im DWH-Projekt. Es gilt einerseits die Möglichkeiten realistisch und mit einem Seitenblick auf die Kosten für Entwicklung, Wartung und Betrieb darzustellen, um so die Bedürfnisse massvoll zu wecken, und anderseits die von Prospekten, Verkäufern und Messen geweckten Erwartungen auf eine sinnvoll machbare Lösung herunterzufahren. Die Hoffnungen auf die Goldgrube, die das Data Warehouse darstellen soll und auch die Befürchtungen, eine Ressourcen verschlingende Black Box zu installieren, müssen mittels Informationsveranstaltungen und in Gesprächen mit Entscheidungsträgern ausgeräumt werden. Die Data Warehouse Idee muss während der Vorstudie entmystifiziert werden.

Begriffsstrukturierung bezüglich Daten, Prozessen

Daten unterschiedlichster Herkunft, unterschiedlichster Beschreibungsqualität können nur auf der Basis eines High Level Datenmodells (Datenfamilien, Entitätsgruppen, etc.) gruppiert werden. Ohne ein solches Klassifikationssystem hätte man keine Übersicht erstellen können und die Einarbeitung neuer oder externer Kräfte wäre mehrfach schwieriger geworden . Das High Level Datenmodell dient auch als Navigationssystem, um sich in der Fülle von vorhandenen Informationen auf den Quellsystemen zurecht zu finden. Swisscom hatte ein High Level Datenmodell aus ISP-Studien, es fehlt jedoch eine Begriffs- und Datenharmonisierung auf operativer Ebene der Applikationen. Hinsichtlich der Prozesse wurden die bestehenden Definitionen durch den internen Umbau des Unternehmens umgestellt, so dass nur kurze Prozessketten aus der Vergangenheit Gültigkeit hatten, jedoch neu verknüpft werden mussten. Die organisatorische Unruhe im Unternehmen, macht die Entwicklung eines Data Warehouses deutlich schwieriger, da die zukünftigen Benutzer noch gar nicht wissen können, was sie einst aus dem Data Warehouse wissen möchten.

Motivieren und verpflichten der Sponsoren

Die Sponsoren des DWH-Projektes haben die Initialisierung des Projektes mit grossem Engagement getragen. Solche Vorhaben zeigen aber in der Regel keine kurzfristigen und vorzeigbaren Ergebnisse. Die Zeitspanne zwischen dem Projekt-Kickoff und dem ersten produktiven Data Mart kann über ein Jahr dauern. Während dieser Zeit werden zwar die Grundlagen für ein unternehmensweites DWH gelegt, diese sind aber für die Auftraggeber zu technisch und haben nur wenig Bezug zu den fachlichen Anforderungen. Es besteht deshalb eine grossen Gefahr, dass die Sponsoren das Interesse am Projekt verlieren oder den Eindruck haben, dass keine Fortschritte erzielt werden.

Aus diesen Gründen ist die Aufrechterhaltung der Motivation der Sponsoren anspruchsvoll. Projektfortschritte müssen verständlich kommuniziert werden. Dies erfordert Wissensvermittlung über Aufbau, Funktion und Design des DWH an die Sponsoren ohne einem technischen Jargon zu verfallen.

Grundlage für Realisierungsplanung und Kostenschätzung
Der Aufbau eines unternehmensweiten DWH erfordert ein solides Fundament. In einer Vorstudie werden die Grundlagen geschaffen, um eine detaillierte Ergebnisstruktur, Aufwandschätzungen und Planungswerte zu erhalten. Diese wiederum ermöglichen es, ein DWH-Projekt nicht als "Fahrt ins Ungewisse" zu beginnen, sondern Meilensteine vorzugeben, welche mit den Auftraggebern abgestimmt sind und den Projektfortschritt klar ausweisen und dokumentieren. Die Sponsoren sind sich dann viel eher bewusst, welche Arbeiten sich hinter der "Black Box" eines DWH verbergen und können zudem ihre Controlling-Aufgaben besser wahrnehmen.

4 Inhalt der Vorstudie

Die Durchführung der Studie erfolgte in 3 Schritten:
1. Analyse der potentiellen Datenbasis (Quellsysteme), Infrastruktur und Organisation für das DWH Swisscom.
2. Analyse der Bedürfnisse der Business Units, der technischen Anforderungen und der Organisation.
3. Auswahl und Beurteilung geeigneter DWH-Architekturen, Organisationsstrukturen und Vorgehensvorschlag für die Realisierung.

Um einen möglichst hohen Konsens zu erreichen, wurde ein breiter Teilnehmerkreis in das Projektteam einbezogen: das Programm Management DWH, Mitarbeiter der bestehenden Data Warehouses in den Bereichen Festnetz, Mobile und Network Services, DWH-Entwickler und -Betreiber, externe Berater und Review-Teams.

Datenbasis
Ausgehend von einem neu erstellten Datenreferenzmodell wurden 26 operationelle Systeme (inkl. Basis-Systeme mit Kunden- und Produktinformationen) und 14 DWH oder DWH-ähnliche Systeme analysiert. Es ergab sich folgendes Bild:
- Die heute bei der Swisscom vorhandenen Daten sind sehr auf einzelne Business Units ausgerichtet.
- Die unitspezifischen Bedürfnisse (Festnetz, Mobile, Netzwerk) werden durch die bestehenden DWH für Festnetz-, Mobile- und Traffic-Daten weitgehend abgedeckt.
- Strategische Anwendungen hingegen, die eine unternehmensweite Datensicht bedingen, können heute nicht über ein DWH gelöst werden.

Rahmenbedingungen der Umsysteme

Eine der wichtigsten, zukünftigen Aufgaben beim Aufbau des DWH Swisscom wird sein, Daten aus den verschiedenen Quellsystemen in einer gesamtunternehmerischen Sicht abzubilden. Die Praxis zeigt, dass eine solche Harmonisierung der Daten mit erheblichem Aufwand verbunden ist, der nicht ausschliesslich in Verbindung mit der Entwicklung eines DWHs geleistet werden kann. Die Entwicklung der Basis-Systeme (Kunden, Produkte) werden deshalb für ein unternehmensweites DWH von zentraler Bedeutung sein.

Analyse der fachlichen Anforderungen und Prioritäten

Die Bedürfnisanalyse auf Nutzerseite zeigt, dass Database Marketing von strategischer Bedeutung ist und unbedingt mit erster Priorität angegangen werden muss. Die Anforderungen umfassen insgesamt den grössten Teil aller für die Swisscom relevanten, strategischen Daten. Dies ist eine gute Voraussetzung für die Entwicklung zukünftiger, strategischer Anwendungen.

Die Analyse der bestehenden DWH-Strukturen und Geschäftsprozesse ergibt zusätzlich wichtige Voraussetzungen und Rahmenbedingungen für ein erfolgreiches DWH:

- *Business Orientierung*: Gezielte Ausrichtung des Dienstleistungsangebotes auf die Anforderungen der BU, direkter Einfluss der BU auf die strategische Ausrichtung des DWH, umfassender Nutzer-Support vom Business Case bis zum Rollout.
- *Klare DWH-Organisationsstrukturen und Verantwortlichkeiten*: Sicherstellung der strategischen Führung durch ein DWH-Board mit Vertretern der Fachbereiche und Business Unit. Übergreifende Regelung von Verantwortlichkeiten (Auftraggeber und System Owner des unternehmensweiten DWH ist der CIO; für die unitspezifischen Data Marts sind die Business Units verantwortlich).
- *Unternehmensweite Abstimmung von DWH-Aktivitäten*: Koordination aller DWH-Vorhaben von Swisscom durch das Programm Management DWH, Priorisierung der DWH Swisscom Vorhaben durch das DWH-PGM-Board.

5 Lösungsvorschlag

Die Systemziele und Anforderungen an DWH-Technologien, Daten- und Metadatenbasis wurden definiert. Ausgehend von den in der Praxis relevanten DWH-Konzepten wurden vier Architekturmodelle untersucht (Enterprise-DWH Architektur, Metadaten-Architektur, Data Mart Architektur, Conformed Star Schema Architektur) und auf ihre Eignung hin beurteilt. Vorgeschlagen wurde die Implementation einer Enterprise-DWH Architektur mit drei Schichten. (vgl. Abb 1).
Dies ermöglicht mittel- bis langfristig einen flexiblen, auf die Anforderungen der Benutzer optimal ausgerichteten, kostengünstigen Aufbau eines unternehmensweiten DWH. Geschäftsprozesse, die im Laufe der nächsten Jahre noch definiert

und umgesetzt werden müssen, können laufend und effektiv im Datenmodell des DWH nachvollzogen und integriert werden.

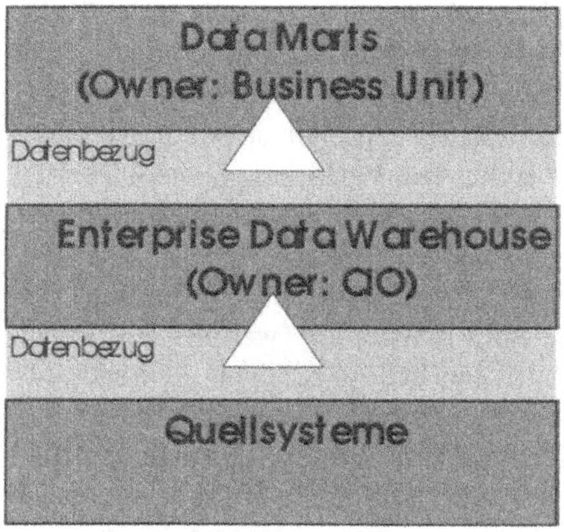

Abb. 1 DWH 3-Schichten Architektur (vereinfachte Darstellung)

Vorgehensplan
Die für den Aufbau des unternehmensweiten DWH Swisscom notwendigen Konzepte und Infrastruktur sollten im Rahmen eines Masterplanes von Februar bis Dezember 1999 entwickelt werden. Für die Umsetzung des geplanten Vorgehens und der angestrebten Architektur wurde ein Pilot spezifiziert und implementiert, welcher einerseits die technologischen Anforderungen verifizieren und andererseits bereits geschäftsrelevanten Nutzen erbringen kann. Als Pilotanwendung müssen konkrete, kundenzentrierte Anforderungen des Database Marketing erfüllt werden. Es standen drei Anwendungen im Vordergrund, welche einen unmittelbaren Nutzen erbringen: Umsatzkennzahlen nach spezifischen Kundenkriterien; Produkte- und Servicewahl von Kundenprogramm-Mitgliedern; Telefonieverhalten spez. Kundensegmente. Die definitive Nomination des Piloten erfolgte in Absprache mit dem Marketing, wobei die Variante Umsatzkennzahlen gewählt wurde.

Nach Abnahme der Pilotanwendung im Hebst 1999 kann die Realisierung der noch zu spezifizierenden ersten Realisierungseinheit Database Marketing starten. Zieltermin für die Einführung ist das 1. Quartal 2000.

Im Endausbau soll das DWH Swisscom alle strategisch bedeutsamen Daten der Swisscom umfassen. Das bisherige DWH wird abgelöst und die relevanten Sourcedaten direkt über die operationellen Systeme, bzw. Fremddaten (soziodemographische Daten) bezogen. Diese Übernahme ist nicht zu unterschätzen und muss exakt und weitsichtig geplant werden. Für eine schrittweise Migration muss vorgängig ein detailliertes Konzept erstellt werden. Für die Zusammenführung der Daten ist ausserdem die vollständige Einführung der Basis-Systeme Kunden und Produkte Voraussetzung, die für Kunden bzw. Produkte/Dienstleistungen eindeutige und unternehmensweite Identifiers verwalten.

Wirtschaftlichkeit des Projektes
Die Wirtschaftlichkeit des Projektes ergibt sich auf drei Ebenen.

1. *Strategisch*: Ein unternehmensweites Data Warehouse ist von strategischer Bedeutung. Schnelles Agieren auf dem Telco-Markt ist nur möglich, wenn dem Management laufend die aktuellsten Kennzahlen zur Verfügung stehen und wenn Zielabweichungen sofort erkannt werden. Mit dem vorgeschlagenen DWH können gerade solche Kennzahlen zur Verfügung gestellt werden. Dies ist heute, mit den im Einsatz stehenden Informationsquellen, nur teilweise und vor allem nicht unternehmensweit möglich.
2. *Quantitativ*: Nach Einführung des DWH ist mit massiven Einsparungen zu rechnen, insbesondere durch technische Rationalisierung (weniger Redundanz in der DWH-Landschaft, reduzierter Aufwand bei zukünftigen Anwendungsentwicklungen durch einheitliche Konzepte, kürzere Entwicklungszeiten)
3. *Qualitativ*: Wirksamere Führungsinformationen durch unternehmensweite Sicht des Kunden und der Produkte, unternehmensweite Kennzahlen, systematischere und umfassendere Konkurrenz- und Marktbeobachtungen, schnelleres Agieren auf Marktgeschehen und Planabweichungen (Wettbewerbsvorteile), verbesserte Planungs- und Entscheidungsgrundlagen, Qualitätsverbesserung, etc..

Eine sehr konservative Kosten-Nutzenrechnung, welche primär die Einsparungen im Bereich Direct Marketing berücksichtigte, ergab, dass bereits die Pilotanwendung einen Pay Back- Zeitraum von nur einem Jahr für die gesamten Projektkosten (Konzeption und Realisierung) möglich machte.

Erfahrungen beim Erstellen der Vorstudie

- Datenredundanzen
  Die Situation der Datenredundanzen muss sehr genau geprüft werden. Das DWH sollte bei physischen Redundanzen, die aus betrieblichen Aspekten maschinell erzeugt werden (Verfügbarkeit, Antwortzeit, etc.) nur mit dem echten Quellsystem einen Datenbezug vereinbaren. Logische Redundanzen, die auch redundant manuell gepflegt werden, sind Kandidaten für eine Qualitätsverbesserung, die mit dem DWH erreicht werden kann. Im DWH wird es möglich, systemübergreifende referentielle Integrität von "Schlüsselbegriffen" und inhaltliche Überprüfung von redundanten Inhalten zu machen. Es kann deshalb sogar in einer Übergangsphase sinnvoll sein, redundante Quelldaten einzubeziehen und durch geeignete Abfragen den Quellsystemen die Rückmeldung zur Qualitätsverbesserung zu geben. Bereinigungen nur im DWH scheinen und nicht sinnvoll, da im operationellen Kundenkontakt sonst weiter mit den fehlerhaften Informationen gearbeitet wird und da sonst bei der nächsten Datenübermittlung die Bereinigung erneut erfolgen müsste.
- Semantische Probleme
  Die semantischen Probleme tauchten vor allem in der Datenanalyse auf, wo es galt, teilweise über 15- jährige Datenmodelle auf die heutige Sicht abzubilden. Die Sprache alter Monopolisten, Techniker und Verwaltungsbeamter musste zugeordnet werden zu Sichten von Marketing in einem deregulierten Markt mit neusten technologischen Ideen. Selbst wenn recht gute Dokumentationen vorhanden sind, ist doch oft die Bedeutung eines Informationselementes nur in

seinem Kontext (lies so wie es die entsprechenden Applikationsprogramme verwenden) zu verstehen.

- Prozessvielfalt
  Die Vielfalt der Organisationseinheiten, der Vertriebskanäle und der Produktgruppen liessen wie bei den Datendefinitionen auch bei den Prozessen einen unstrukturierten und mit semantischen Divergenzen durchsetzten Wildwuchs erkennen. Die Neuorientierung der Marketing-Organisationseinheit (Marketing war beim Monopolisten ein Fremdwort) bietet die Chance, nicht zu viele Altlasten mitzuziehen, sondern neue, aktuellere Prozesse zu unterstützen und Möglichkeiten aufzuzeigen.
- Konkurrenzierende DWH-Projekte
  Die heute bestehenden Teillösungen sind nicht disjunkt. Sie haben, von ihren lokalen Auftraggebern getrieben, recht umfassende Weiterentwicklungs- und Ausbaupläne. Die meisten möchten weitere Datenquellen anzapfen und so entstünde eine neue Redundanzsituation auf der Reporting Ebene. Swisscom versucht durch eine Weisung des CIO und durch den Appell an die Eigenverantwortung der Projektleiter und Auftraggeber, eine klare Landschaft der Data Warehouse Vorhaben zu erhalten, die sich unterstützen, nicht aber konkurrenzieren. Wichtig ist dabei die Einbindung zu einem logischen DWH, das unterstützt durch ein geeignetes ETL-Tool auch die Bildung von Data Marts erlaubt, deren Datenquellen verschiedene Data Warehouses sind.
- Dominanz des Hauptsponsors
  DWH Projekte sind oft Marketingprojekte. Dieses falsche Label hindert weitere Nutzer auf die DWH-Plattform zuzukommen und ihre Anliegen im DWH-Umfeld zu realisieren. Der Hauptsponsor neigt dazu, die knappen Ressourcen für sich zu beanspruchen und er verhindert so den unternehmensweiten Nutzen und er behindert mittelfristig auch sich selbst, da die weiteren eingebrachten Datenquellen meist auch für den Hauptsponsor Nutzen erzeugen könnten. Wir haben deshalb eine geteilte Ownership angestrebt, welche die Enterprise Datenschicht dem CIO zuordnet und die einzelnen Data Mart Projekte den jeweiligen Sponsoren überlässt (vgl. Abb. 1, S. 175).
- Weiterführen des operativen Betriebs bestehender Lösungen vs. schnelle Migration
  Hier stossen täglich der begrenzte Vorrat von Ressourcen und die operativen Bedürfnisse zusammen. Die schnelle Migration ermöglicht das echte Abschalten der alten Lösung hinsichtlich Beratung, Entwicklung, Wartung und Betrieb. Sie erlaubt auch die betrieblichen Mittel frei zu bekommen und verhindert den teuren Parallelbetrieb. Wir wählten einen Mischansatz: Volle Weiterführung während des Pilotprojektes, danach rasche Migration und Ablösung der bisherigen Applikation in einem nächsten Realisierungsschritt auf der neuen Technologie. In der Übergangszeit ist eine ehrliche Bewertung und Priorisierung der anstehenden Vorhaben noch wichtiger als sonst.

- Moderner Architekturansatz vs. gewachsene Strukturen
  Die kontinuierliche Weiterführung bestehender Ansätze führt zu einem "Schrecken ohne Ende". Der harte Wechsel in den modernen Ansatz mit drei Schichten und einem klaren ETL-Prozess ist eine einschneidende Massnahme. Die echte Umstellung zahlt sich durch die neuen Möglichkeiten rasch aus.
- Bisherige Datenstrukturen vs. umfassendes Datenmodell
  Die frühere Ausrichtung auf die Bewirtschaftung und Vermietung von technischen Anlagen an Abonnenten, mehrfach und unterschiedlich für die verschiedenen Produktelinien, ergibt je Applikation eigene Entitätsbegriffe. Da die Umstellung oder Ablösung der Quellsysteme weder kurz noch mittelfristig ein Thema ist, mussten wir nach einem umfassenden, zu einem Vollanbieter in der Telecombranche passenden Modell suchen. In verschiedenen Bereichen gibt es gute und breit eingesetzte Branchenmodelle. Wir fanden, in Übereinstimmung mit andern Telecomfirmen in Europa, kein Modell, das nicht sehr viel Anpassungsbedarf hatte. Wir haben auf Ergebnisse früherer ISP Studien zurückgreifen können und sind mit einem Modell gestartet, das die heutige Unternehmenssicht abbilden kann. Wir haben einigen Widerstand der "Freunde der alten Strukturen" eingehandelt und wir müssen komplexe Transformationen im ETL-Prozess durchführen.

6 Status Quo und Fazit

Die in der Vorstudie erarbeiteten Erkenntnisse haben sich für die Phasen Design und Realisierung als sehr hilfreich erwiesen. Insbesondere zeigte sich das in den nachstehenden Bereichen:

- *Architektur*: Die definierte Architektur konnte in der praktischen Umsetzung auf ihre Machbarkeit hin überprüft und bestätigt werden. Zusätzlich wurde durch ein klares Commitment zu den Entscheiden aus der Vorstudie verhindert, dass Grundsatzdiskussionen über DWH-Architekturen immer wieder von Neuem entfacht wurden.
- *Vorgehen*: Die in der Vorstudie bestimmten Aktivitäten und Ergebnisse haben sich in der Umsetzung bewährt und haben klare Leitlinien für das Projektteam vorgegeben. Grundsätzliche Neuorientierungen oder Strategiewechsel waren nicht notwendig.
- *Planung*: Die erarbeiteten Aufwandschätzungen und daraus abgeleiteten Termine für die Meilensteine des Projektes waren realistisch. Verzögerungen und ungeplanter Aufwand ergaben sich hingegen bei den Schnittstellen zu den Quellsystemen (Abhängigkeit von anderen Systemen und Projekten) und bei der Evaluation und den Kosten im Bereich ETL-Werkzeuge.
- *Kommunikation*: DWH-Projekte zeichnen sich durch eine Vielzahl von Schnittstellen zu Systemen und Organisationen aus. Die Vorstudie erwies sich hier als wertvolles Kommunikationsmittel. Als Basisinformation über geplante Vorha-

ben wurde sie an alle involvierten Partner abgegeben und hat hier viel zu einem gemeinsamen Verständnis des Projektes beigetragen.

Heute steht das Projekt unmittelbar vor der produktiven Einführung und dem Roll-Out des ersten Data Marts, der aus dem unternehmensweiten DWH gespiesen wird. In knapp acht Monaten konnten die Anforderungen des Marketings vollumfänglich umgesetzt und zusätzlich sogar noch weitere, nicht geplante Ausbauwünsche berücksichtigt werden. Bei der Aufnahme von neuen Anforderungen und der Realisierung von zusätzlichen Data Marts lässt sich jetzt auf dem vorhanden Fundament des Enterprise-DWH aufbauen und entsprechend flexibel und rasch reagieren. Die zuvor in die Vorstudie investierte Zeit hat sich als wertvolle Investition in die Zukunft des Data Warehouse Swisscom erwiesen.

Data Warehouse-Strategie in der Logistik der Schweizer Armee

Guido Grütter

1 Einleitung

Die Schweizer Armee ist ein Instrument der schweizerischen Sicherheitspolitik. Die Strategie der bisherige Sicherheitspolitik zielte auf Sicherheit durch Autonomie ab. Dabei galt der schlimmste Fall als Massstab für den Mittelaufwand. Diese Ausrichtung war den Umständen des kalten Krieges angemessen. Das veränderte Umfeld verlangt aber nach einer neuen Strategie. Die Sicherheitspolitik der Schweiz wird neu auf Kooperation ausgerichtet. Dabei geht es um eine optimale Abstimmung der zivilen und militärischen Mittel und eine verstärkte Zusammenarbeit mit befreundeten Staaten und Sicherheitsorganisationen sowie um ein intensives Engagement bei der Friedenssicherung. Diese neue Sicherheitspolitik verändert auch die Gewichtung der bisherigen Armeeaufträge:

- Friedensunterstützung und Krisenbewältigung
- Prävention und Bewältigung existentieller Gefahren
- Raumsicherung und Verteidigung

Die neue Sicherheitspolitik hat auch bedeutende Auswirkungen auf die Logistik der Armee.

Bisher hatte die Logistik dafür zu sorgen, dass sämtliche Ausrüstung und Vorräte der Armee in sehr kurzer Zeit an die militärischen Einheiten abgegeben werden konnten. Dies war für die Planung und Führung der Logistik sehr einfach. Die Ausrüstung und Vorräte waren flächendeckend über die Schweiz gelagert. Dezentrale, einfache Kontroll- und Informationssysteme, unterstützten die dauernde Erhaltung einer sehr hohen materiellen Bereitschaft.

Mit der neuen Sicherheitspolitik verändern sich die Aufgaben der Logistik nicht. Es wird auch in Zukunft darum gehen, in Friedenzeiten, in Krisenlagen wie auch in einem militärischen Konflikt, die militärischen Verbände sowohl in der Ausbildung wie auch im Einsatz logistisch zu unterstützen. Die Leistung der Logistik besteht weiterhin in der Bereithaltung der Ausrüstung und Vorräte. Die veränderte Eintretenswahrscheinlichkeit der Armeeaufträge ermöglicht es jedoch, die bisher sehr hohe Bereitschaft der Ausrüstung und die hohe Menge an einsatzwichtigen Vorräten systematisch der Realität anzupassen. Damit einher geht auch die Tatsache, dass die der Armee, und damit der Logistik, zur Verfügung stehenden finanziellen Mittel laufend reduziert werden.

Mit dem Instrument der differenzierten Bereitschaft der Ausrüstung und der einsatzwichtigen Vorräte können im Bereich der Betriebsausgaben wie auch in den Investitionsausgaben beträchtliche Einsparungen realisiert werden. Trotzdem kann und darf die Armee nicht darauf verzichten, auch für jene Armeeaufträge auszubilden und zu trainieren, deren Eintretenswahrscheinlichkeit heute als sehr tief beurteilt wird.

Aufgrund dieser neuen Ausgangslage musste die Logistik der Armee ihr Planungs- und Führungs- und Informationssystem grundsätzlich verändern. Was bisher dezentral auf einer sehr tiefen Verantwortungsebene erledigt werden konnte, muss nun mittel- bis langfristig, auf dem Top Level der Logistik gesamtheitlich geplant und gesteuert werden. Die existierende Vielzahl dezentraler, auf ausgesprochene Fachbedürfnisse ausgerichtete, operative Informationssysteme, erschweren und verunmöglichen die Planung und Steuerung auf der obersten Ebene der Logistik.

Neben der Entwicklung der strategischen Planungs- und Führungsprozesse der Logistik ist die Data Warehouse Strategie und die entsprechende Umsetzungsplanung ein erster Schritt in eine Top Down Planung und Führung, welche den militärökonomischen Grundsätzen gerecht werden kann.

2 Aus den Prozessen und Informationsbedürfnissen abgeleitete Data Warehouse-Strategie

Die Data Warehouse Strategie ist aus der neuen Definition und den daraus abgeleiteten Prozessen der Logistik der Schweizer Armee hervorgegangen:

> *Die Logistik der Armee ist ein nach einheitlichen Grundsätzen gestaltetes, dynamisches System von Prozessen zur Einsatzunterstützung, welches sowohl für die Ausbildung wie auch für alle Arten des Einsatzes der Armee, allenfalls des Bevölkerungsschutzes, Logistikleistungen nahtlos über jede Lage, in nationaler und internationaler Kooperation, zu erbringen vermag.*
>
> *Ziel des Logistiksystems der Armee ist es, die Mittel bedarfs-, zeit und ortsgerecht den Leistungsempfängern zuzustellen, damit diese ihre bestmögliche Bereitschaft und Durchhaltefähigkeit zur Erfüllung ihres Auftrages erreichen und aufrechterhalten.*

3 Die richtige Information zur richtigen Zeit zum richtigen Empfänger

Die Tatsache, dass eine Vielzahl von Datenbanken und Informationssystemen in den dezentralen Fachbereichen der Logistik verfügbar sind, genügt bei weitem nicht, um die Informationsbedürfnisse auf dem Top Level der Logistikplanung und -führung zu erfüllen. Um die notwendigen Daten zu bestimmen, aus welchen die Top Level Informationen standardmässig oder ad hoc generiert werden sollen, muss Klarheit über die künftigen Planungs-, Führungs-, und Steuerungsprozesse gewonnen werden. Dabei muss der Prozesseigner selbst die notwendigen Informationsbedürfnisse und grundsätzlichen Darstellungsarten der Information bestimmen, welche er in seinem Prozessablauf benötigt.

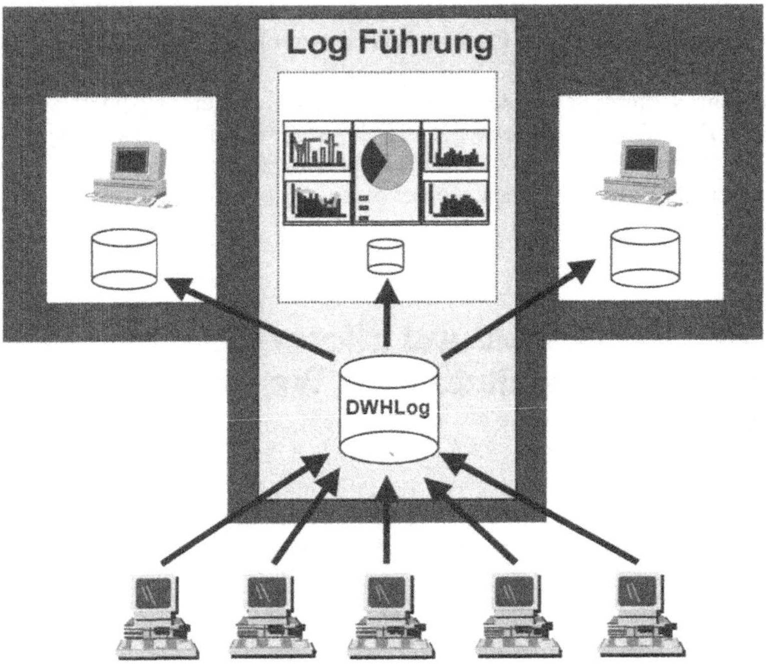

Abb. 1 Data Warehouse-Strategie in der Logistik der Schweizer Armee (Grobdarstellung)

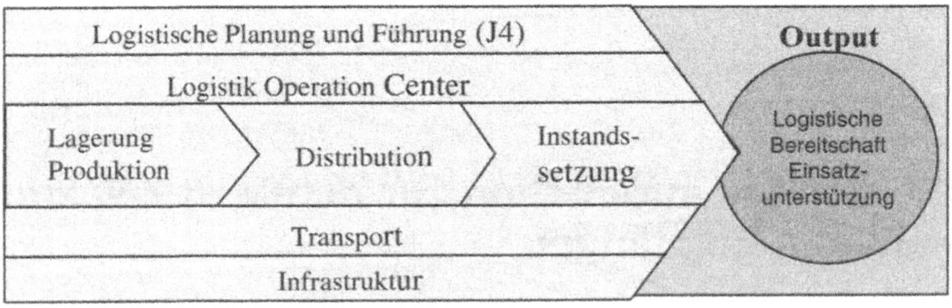

Abb. 2 Metaprozesse der Logistik der Schweizer Armee

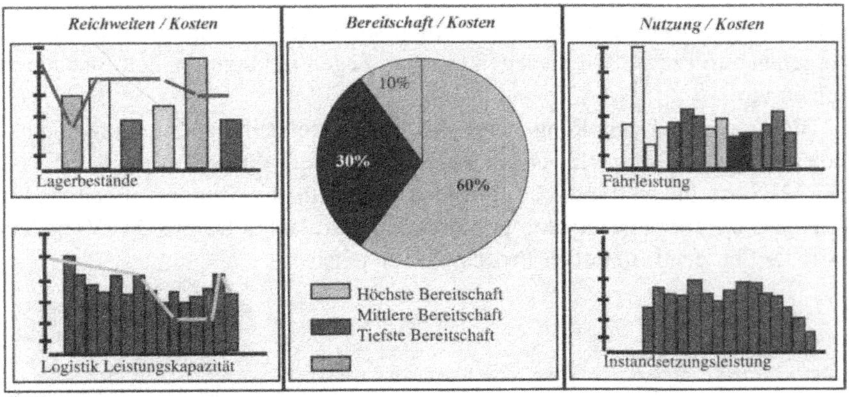

Abb. 3 Ideenskizze „Logistische Führungsinformationen Top Level"

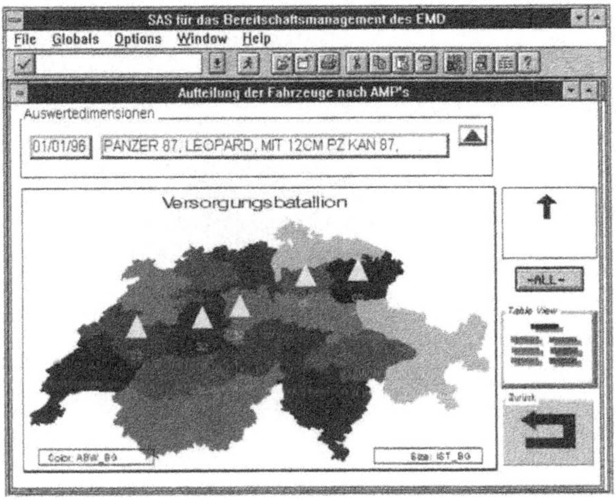

Abb. 4 Prototyping Praxisbeispiel Data Warehouse-Log Auswertung „Material/Lagerorte"

4 Vorgehensmodell zur Realisierung der Data Warehouse-Strategie

Die Data Warehouse-Philosophie hat sich in der Wirtschaft etabliert, ist aber in der Bundesverwaltung, inbesondere im militärischen Bereich, ziemlich neu. Praxisbezogene Abklärungen haben gezeigt, dass ein Data Warehouse-Projekt pragmatisch angegangen und realisiert werden sollte. In der Folge wird das gewählte Vorgehen aufgezeigt. Mit diesem Vorgehen liegen in kürzester Zeit Resultate und Nutzen vor.

Die folgende Darstellung zeigt die Gegenüberstellung eines pragmatischen Projektvorgehens für ein Data Warehouse zum Vorgehen nach HERMES. HERMES ist die verbindliche Vorgabe innerhalb der Bundesverwaltung, nach welcher die Informatikprojekte grundsätzlich abzulaufen haben. Das Vorgehen ist über alle Phasen als iterativer Prozess zu verstehen.

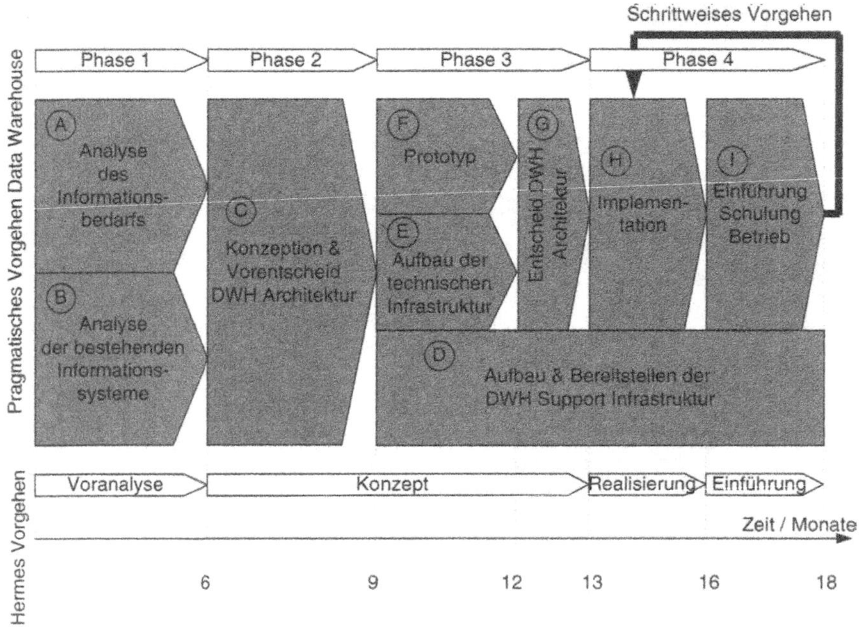

Abb. 5 Vorgehenskonzept Data Warehouse-Logistik

In den nachfolgenden Ausführungen werden die vier Hauptphasen der Realisierung der Data Warehouse-Strategie der Logistik beschrieben.

4.1 Phase 1 - Analyse des Soll- und Ist-Zustandes

Am Anfang des Data Warehouse-Projektes steht die Analyse des Informationsbedarfs bezogen auf die jeweiligen Geschäftsprozesse und -verantwortlichkeiten. Gleichzeitig werden die bestehenden Informationssysteme auf deren Gültigkeit in bezug auf die aktuellen Geschäftsanforderungen analysiert.

Zu den im folgenden beschriebenen Grundlagen und Ergebnissen werden folgende Dokumente nach HERMES verwendet:

- Projekthandbuch;
- Projektplan;
- QS-Plan;
- KM-Plan;
- Wirtschaftlichkeit;
- Bericht Voranalyse.

A) Analyse des Informationsbedarfs

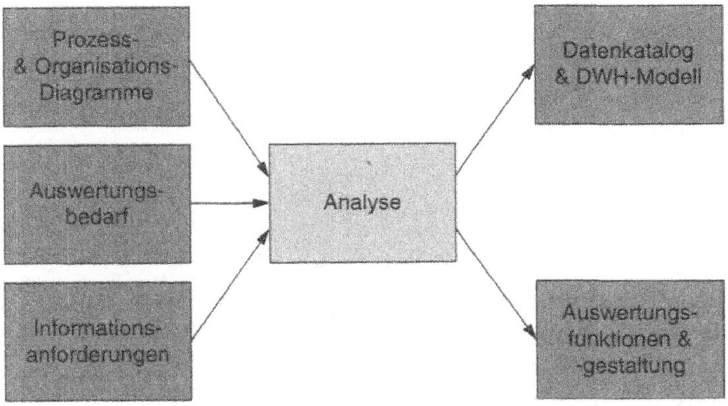

Abb. 6 Analyse des Informationsbedarfs

Input

- *Prozess- und Organisations-Diagramme*: Beschreibung der Prozesse für eine bestimmte Aufgabe oder die Organisationsstruktur für einen bestimmten Bereich oder Beschreibung des entsprechenden Informationsbedarfs, wird zur hierarchischen Zuordnung der Information verwendet.
- *Auswertungsbedarf*: Beschreibung bereits bekannter Auswertungen mit Definition bereits bekannter Formeln zur Berechnung von Resultaten.
- *Informationsanforderungen:* Inhaltliche Definition der zur Entscheidungsfindung geforderten Informationen.

Output

- *Datenkatalog und Data Warehouse-Modell:* Definition des Informationsbedarfs, aufgrund dessen die Entscheidungsfindung zur Führung eines bestimmten Prozesses oder Bereichs erfolgt.
- *Auswertungsfunktionen und -gestaltung*: Definition der Art der Auswertungen (tabellarisch und graphisch) und der mathematischen Auswertefunktionen (inklusive statistische Analysen).

B) Analyse der bestehenden Informationssysteme

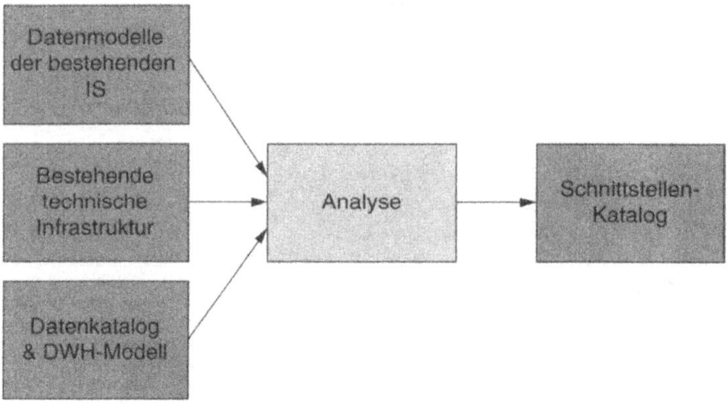

Abb. 7 Analyse der bestehenden Informationssysteme

Input

- *Datenmodelle der bestehenden Informationssysteme*: Beschreibung der Funktion und Datenmodellierung der zu integrierenden Basissysteme.
- *Bestehende technische Infrastruktur*: Beschreibung der bereits eingesetzten Hard- und Software, sowie Netzwerkinfrastruktur.
- *Datenkatalog und Data Warehouse-Modell [Output aus Pkt. A)]*: Definition des Informationsbedarfs, aufgrund dessen die Entscheidungsfindung zur Führung eines bestimmten Prozesses oder Bereichs erfolgt.

Output

- *Schnittstellen-Katalog*: Beschreibung der technischen Datenintegration aus den Basissystemen in das Data Warehouse mit Definition der Leistungsvereinbarungen.

4.2 Phase 2 - Konzeption des Data Warehouse

Mit den Analysen aus Phase 1 werden das Konzept und die Anforderungen an das Data Warehouse definiert. Aufgrund der Anforderungen wird eine Vorentscheidung über die einzusetzende Data Warehouse-Architektur und die allfällig zu beschaffenden Standardkomponenten getroffen. Zu den im folgenden beschriebenen Grundlagen und Ergebnissen werden folgende Dokumente nach HERMES verwendet:

- Projekthandbuch;
- Projektplan;
- QS-Plan;

- KM-Plan;
- Wirtschaftlichkeit;
- Bericht Konzept.

C) Konzeption und Vorentscheid Data Warehouse-Architektur

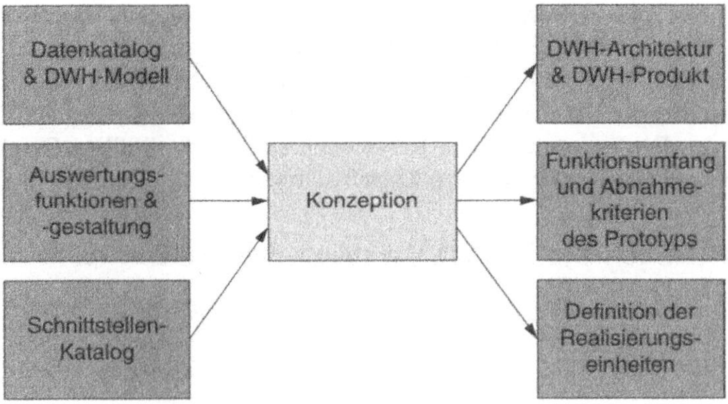

Abb. 8 Konzeption und Vorentscheid Data Warehouse-Architektur

Input

- *Datenkatalog und Data Warehouse-Modell [Output aus Pkt. A)]*: Definition des Informationsbedarfs, aufgrund dessen die Entscheidungsfindung zur Führung eines bestimmten Prozesses oder Bereichs erfolgt.
- *Auswertungsfunktionen und -gestaltung [Output aus Pkt. A)]*: Definition der Art der Auswertungen (tabellarisch und graphisch) und der mathematischen Auswertefunktionen (inklusive statistische Analysen).
- *Schnittstellen-Katalog [Output aus Pkt. B)]*: Beschreibung der technischen Datenintegration aus den Basissystemen in das Data Warehouse.

Output:

- *Data Warehouse-Architektur und -Produkt*: Beschreibung der Systemarchitektur und des zur Erfüllung der Anforderungen gewählten Software-Produkts.
- *Funktionsumfang und Abnahmekriterien des Prototyps*: Definition des zum Test des Konzeptes zu verwendenden Prototyps, sowie der zur Beurteilung notwendigen Abnahmekriterien.
- *Definition der Realisierungseinheiten*: Einteilung des Gesamtvorhabens in zeitlich gestaffelte Realisierungseinheiten.

4.3 Phase 3 - Testen des Konzeptes

Die in der Phase 2 konzipierte Data Warehouse-Architektur wird durch einen Prototyp mit den gewählten Hard- und Software-Komponenten getestet. Es handelt sich hier um einen wiederverwendbaren Prototyp der auf der produktiven Umgebung getestet werden soll. Deshalb sind bereits in dieser Phase die technische wie auch die Support-Infrastruktur aufzubauen. Unter Support-Infrastruktur ist die personelle Unterstützung für den Betrieb des Data Warehouse zu verstehen.

Diese Phase wird durch den definitiven Entscheid (nach zu definierenden Entscheidungskriterien) der Data Warehouse-Architektur abgeschlossen. Ab der Phase 3 ist durch den Beizug von externen Ressourcen und durch allfällige Beschaffungen erstmals mit ausgabenwirksamen Kosten zu rechnen.

D) Aufbau und Bereitstellen der Data Warehouse-Supportinfrastruktur

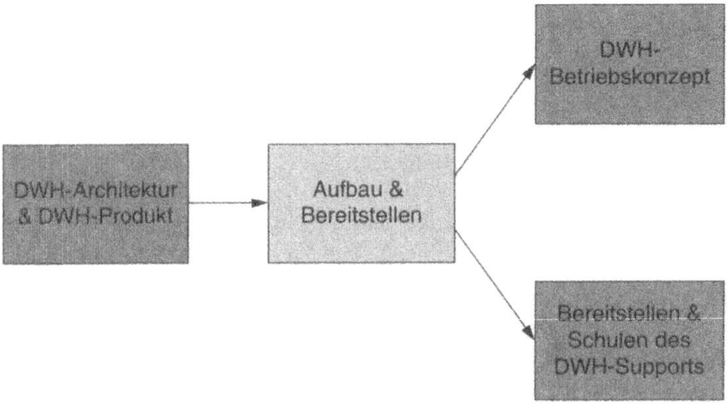

Abb. 9 Aufbau und Bereitstellen der Data Warehouse-Supportinfrastruktur

Input

- *Data Warehouse-Architektur und Data Warehouse-Produkt [Output aus Pkt. C)]:* Beschreibung der Systemarchitektur und des zur Erfüllung der Anforderungen gewählten Software-Produkts.

Output:

- *Data Warehouse-Betriebskonzept*: Definition der Mittel und Zuständigkeiten inklusive Leistungsvereinbarungen zum Betrieb des Data Warehouse.
- *Bereitstellen und Schulen des Data Warehouse-Supports*: Umsetzen der im Betriebskonzept definierten Massnahmen.

E) Aufbau der technischen Infrastruktur

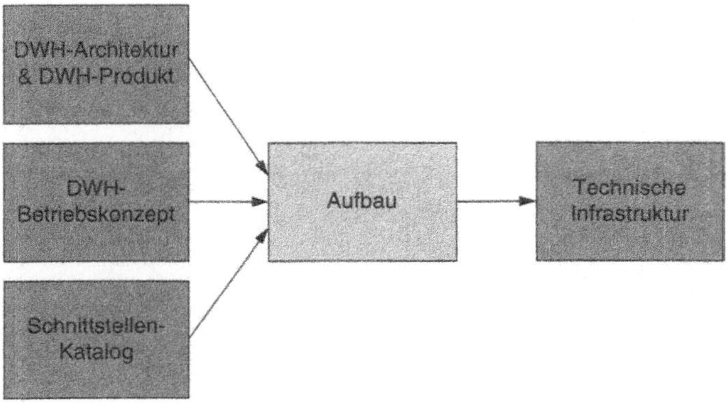

Abb. 10 Aufbau der technischen Infrastruktur

Input

- *Data Warehouse-Architektur und Data Warehouse-Produkt [Output aus Pkt. C)]*: Beschreibung der Systemarchitektur und des zur Erfüllung der Anforderungen gewählten Softwareprodukts.
- *Data Warehouse-Betriebskonzept [Output aus Pkt. D)]*: Definition der Mittel und Zuständigkeiten inklusive Leistungsvereinbarungen zum Betrieb des Data Warehouse.
- *Schnittstellen-Katalog [Output aus Pkt.B)]*: Beschreibung der technischen Datenintegration aus den Basissystemen in das Data Warehouse.

Output:

- *Technische Infrastruktur*: Beschreibung und Implementation der technischen Infrastruktur als Basis zum Betrieb der Data Warehouse-Anwendungen.

F) Implementation und Test

Es wird nur mit dem gewählten Softwareprodukt ein Prototyp implementiert und getestet. Bei Nichterfüllung der Anforderungen wird dieser Vorgang mit einem alternativen Produkt entsprechend wiederholt.

Input

- *Technische Infrastruktur [Output aus Pkt. E)]*: Beschreibung und Implementation der technischen Infrastruktur als Basis zum Betrieb der Data Warehouse Anwendungen.
- *Data Warehouse-Architektur, -Produkt und -Betriebskonzept [Output aus Pkt. C und D)]*: Beschreibung der Systemarchitektur und des zur Erfüllung der Anforderungen gewählten Software-Produkts. Definition der Mittel und Zuständigkeiten inklusive Leistungsvereinbarungen zum Betrieb des Data Warehouse.

- *Funktionsumfang und Abnahmekriterien des Prototyps*: Definition des zum Test des Konzeptes zu verwendenden Prototyps, sowie der zur Beurteilung notwendigen Abnahmekriterien.

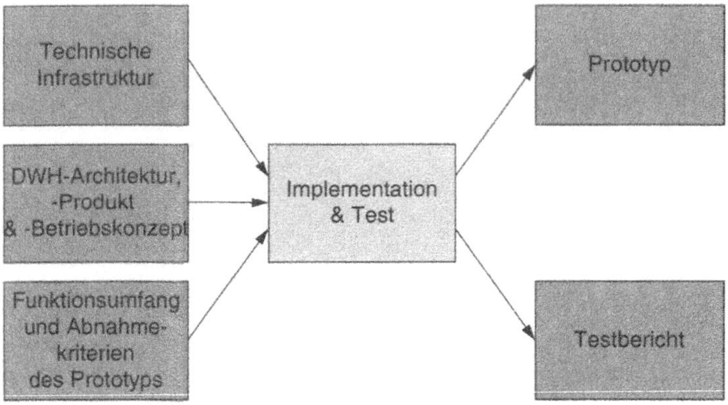

Abb. 11 Implementation und Test

Output

- *Prototyp*: Beschreibung und Implementation des in der Konzeptphase definierten Prototyps.
- *Testbericht*: Bericht über Testbetrieb und Erfüllungsgrad der in der Konzeptphase definierten Abnahmekriterien.

G) Entscheid Data Warehouse-Architektur

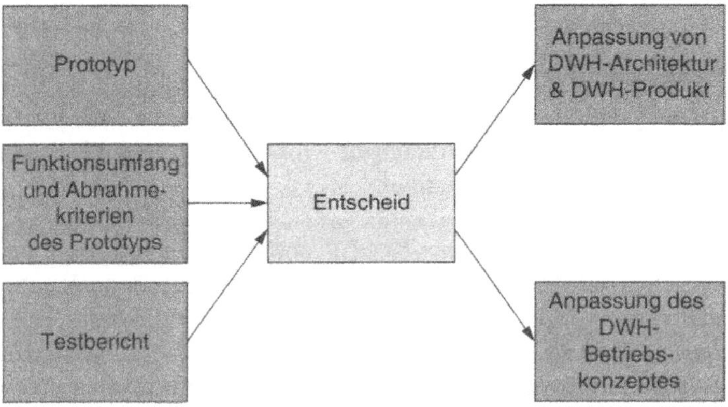

Abb. 12 Entscheid Data Warehouse-Architektur

Input

- *Prototyp [Output aus Pkt. E)]*: Beschreibung und Implementation des in der Konzeptphase definierten Prototyps.
- *Funktionsumfang und Abnahmekriterien des Prototyps [Output aus Pkt. E)]*: Definition des zum Test des Konzeptes zu verwendenden Prototyps, sowie der zur Beurteilung notwendigen Abnahmekriterien.
- *Testbericht*: Bericht über Testbetrieb und Erfüllungsgrad der in der Konzeptphase definierten Abnahmekriterien.

Output

- *Data Warehouse-Architektur und -Produkt (eventuelle Anpassungen)*: Beschreibung der Systemarchitektur und des zur Erfüllung der Anforderungen gewählten Software-Produkts.
- *Data Warehouse-Betriebskonzept (eventuelle Anpassungen)*: Definition der Mittel und Zuständigkeiten inklusive Leistungsvereinbarungen zum Betrieb des Data Warehouse.

4.4 Phase 4 - Implementation und Einführung

Im Zentrum steht das schrittweise Vorgehen, mit welchem innert kürzester Zeit der grösste Nutzen bei kleinstem Risiko erzielt werden kann. Als Schritte können beispielsweise verschiedene Abteilungen mit spezifischen Anforderungen gewählt werden. Wichtig ist die Tatsache, dass ein Data Warehouse keine starre Anwendung ist, sondern sich nach den ändernden Geschäftsstrukturen und -prozessen zu richten hat. Gerade deshalb hat sich die schrittweise Implementation sehr gut bewährt, da laufend auf neue Anforderungen reagiert werden kann.

Zu den im folgenden beschriebenen Grundlagen und Ergebnissen werden folgende Dokumente nach HERMES verwendet:

- Projekthandbuch;
- Projektplan;
- QS-Plan;
- KM-Plan;
- Bericht Projektschlussbeurteilung.

H) Implementation

Input

- *Technische Infrastruktur [Output aus Pkt. E)]*: Beschreibung und Implementation der technischen Infrastruktur als Basis zum Betrieb der Data Warehouse-Anwendungen.
- *Data Warehouse-Architektur, -Produkt und -Betriebskonzept [Output aus Pkt. C und D)]*: Beschreibung der Systemarchitektur und des zur Erfüllung der Anforderungen gewählten Softwareprodukts. Definition der Mittel und Zustän-

digkeiten inklusive Leistungsvereinbarungen zum Betrieb des Data Warehouse.

- *Definition der Realisierungseinheiten*: Einteilung des Gesamtvorhabens in zeitlich gestaffelte Realisierungseinheiten.

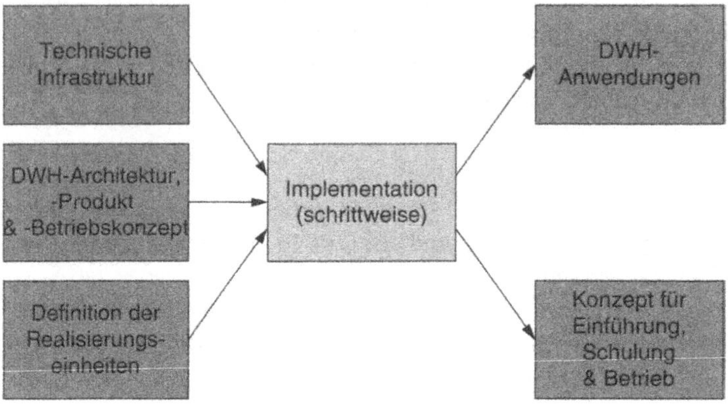

Abb. 13 Implementation

Output

- *Data Warehouse-Anwendungen*: Nach der Definition schrittweise erstellte Realisierungseinheiten inklusive Systemdokumentationen.
- *Konzept für Schulung, Einführung und Betrieb*: Beschreibung des Vorgehens in bezug auf Schulung, Einführung und Betrieb.

I) Einführung, Schulung und Betrieb

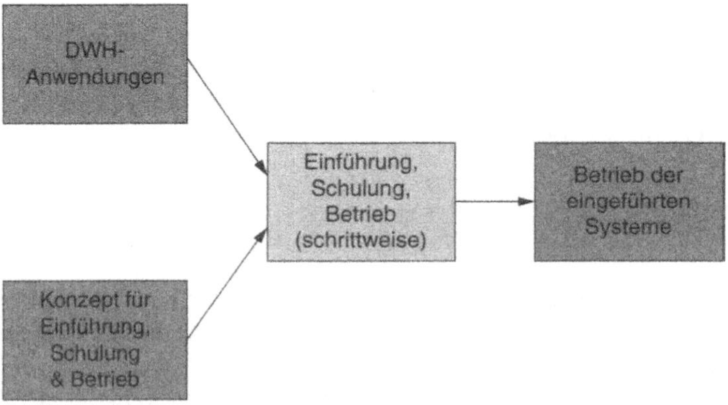

Abb. 14 Einführung, Schulung und Betrieb

Input

- *Data Warehouse-Anwendungen [Output aus Pkt. H)]*: Nach der Definition schrittweise erstellte Realisierungseinheiten inklusive Systemdokumentationen.
- *Konzept für Schulung, Einführung und Betrieb [Output aus Pkt. H)]*: Beschreibung des Vorgehens in bezug auf Schulung, Einführung und Betrieb.

Output:

- Betrieb der eingeführten Systeme

Das Data Warehouse der Hauptabteilung Informatik VBS

Christian Hausammann

1 Umfeld und Projektursprung

Die Hauptabteilung Informatik des Eidgenössischen Departements für Verteidigung, Bevölkerungsschutz und Sport (HAI VBS) entwickelt und betreibt einen grossen Teil der zentralen Informatik-Anwendungen des Departements zugunsten seiner verschiedenen Bereiche. Die Aufgaben dieser Unternehmensbereiche sind aus betrieblicher Sicht stark unterschiedlich. Einige Bereiche weisen Züge von Handelsunternehmen mit zentralen logistischen Aufgaben auf, andere von Dienstleistungs- und sogar von Produktionsunternehmen. Die Bereiche grenzen sich aber nicht nur aus betrieblicher oder organisatorischer Sicht mehr oder minder ausgeprägt voneinander ab, sondern - auch als Folge daraus - natürlich mindestens ebenso sehr durch ihre Informatik. So ist es zu erklären, dass die ca. 50 momentan von der HAI betriebenen grösseren Informatik-Anwendungen logisch (bezüglich Datenstrukturen) und technisch (bezüglich den Datenhaltungssystemen) ein sehr heterogenes Bild ergeben.

In den letzten Jahren machte sich immer mehr ein Problem bemerkbar, welches mit „IDV-Stau“ umschrieben werden kann: ein zunehmendes Bedürfnis der Fachabteilungen an Auswertungen der Daten ihrer operativen Anwendungen. Die Erarbeitung dieser Auswertungen bindet einen nicht unerheblichen Teil der Entwicklungskapazität. Ursprung dieses Bedarfs ist einerseits eine natürliche Erscheinung alternder Applikationen, verstärkt aber andererseits durch die sich in diesen Jahren rasch ändernde betriebliche und organisatorische Umgebung (Unternehmensumstrukturierungen).

Im Januar 1997 begannen erste Überlegungen zur Lösung dieser Problematik. Der Ansatz Data Warehouse versprach in dieser Situation drei Vorteile:

1. „Fachmärkte“ als Dienstleistung für die Fachabteilungen, damit sie ihre Auswertungen effizienter und schneller (d.h. ohne Umweg über die EDV-Abteilung) weitgehend selber erstellen können,
2. Minderung des IDV-Staus in der Informatik und
3. die Möglichkeit, die Veränderungen des betrieblichen Umfeldes aktiv zu unterstützen, indem eine gewisse Datenintegration wenigstens im Bereich der Datenauswertung vorgenommen werden kann.

Im Mai 1997 wurde mit diesen drei Zielen ein Projekt „Data Warehouse HAI VBS“ gestartet. Auftraggeber war die Informatikabteilung selbst.

2 Projektverlauf

Das Projekt wurde in zwei Etappen durchgeführt:

Etappe 1: Prototyp

Eine Data Warehouse-Architektur wurde erarbeitet und als Arbeitshypothese auf zwei Fachsysteme angewandt. Resultat waren zwei „Fachmärkte" in „Ursprungskonsistenz", die den Benutzern in den Fachabteilungen dieser operativen Anwendungen übergeben wurden.

Unter „Fachmarkt" verstehen wir eine Datensammlung, die direkt aus den Daten eines operativen Systems abgleitet wird. Im Gegensatz zum Data Mart, der aus einem (unternehmens- bzw. unternehmensbereichsweiten) Data Warehouse abgeleitet wird, ist der Fachmarkt eine Vorstufe zum Data Warehouse und unterscheidet sich bezüglich seiner Datenkonsistenz ganz wesentlich vom Data Mart. (Eine genauere Beschreibung der Eigenschaften des Fachmarkts findet sich im Abschnitt Architektur und Implementierung.)

Zweck des Prototyps war primär die Gewinnung von Erfahrungen über Bau, Betrieb und Nutzung solcher Fachmärkte und die Erbringung des Beweises der Wirtschaftlichkeit.

Durch Benutzerumfragen wurde sichergestellt, dass für ein Data Warehouse dieser Architektur und dieser Implementierung auch tatsächlich ein entsprechendes Bedürfnis vorliegt und die Voraussetzungen zur Benutzung gegeben sind.

Dauer: ½ Jahre mit 1.5 Personenjahren Aufwand; Team aus zehn Mitarbeitern (Wartungsverantwortliche der Prototyp-Applikationen, Vertreter aus Systemtechnik PC, Netze und Datenbank)

Etappe 2: Infrastruktur

Formulierung der definitiven Architektur und Aufbau der technischen und organisatorischen Infrastruktur für das Data Warehouse, aufgrund der Erkenntnisse aus Etappe 1. Implementierung zweier weiterer Fachmärkte aus Gründen der Qualitätssicherung.

Dauer: ¾ Jahre mit zwei Personenjahren Aufwand (davon ¾ Personenjahre für die beiden Fachmärkte); Team aus 7 Mitarbeitern.

Beide Etappen wurden als eigenständige Projekte nach dem Vorgehensmodell „HERMES" (Phasen-Modell basierend auf dem „V-Modell") (vgl. Bröhl, Dröschel 1995) geführt, mit allen dazu vorgesehenen Entscheidungspunkten.

Beim Übergang von Etappe 1 zu Etappe 2 wechselten die Rollen von Projektauftraggeber sowie Projektlenkung von der Hauptabteilung Informatik in den Informatikrat des Departements. Dies war im Hinblick auf das in Etappe 2 zu erarbeitende Ergebnis „departementsweite organisatorische Infrastruktur" ein sinnvoller und - im nachhinein beurteilt - ein unabdingbarer Schritt (Verankerung im Management).

Der Business Case bei Start von Etappe 1 umfasste das Gesamtprojekt, also beide Etappen. Die Wirtschaftlichkeitsrechnung bezog sich dabei einzig auf den quantifizierbaren Nutzen, welcher durch die Minderung der Aufwände für IDV-Arbeiten im Gesamtunternehmen (nicht nur in der Informatikabteilung), unter Berücksichtigung der Entwicklungs- und Betriebskosten (Speicherkosten, Benutzer-Support etc.), entsteht. Die weiteren Nutzenpotentiale, wie Verkürzung der Durchlaufzeit von Bedarfsformulierung bis Ergebnis, höhere Qualität der Auswertungen, konnten nicht quantifiziert werden und wurden deshalb nicht in diese Wirtschaftlichkeitsrechnung aufgenommen. Der Rationalisierungsgewinn wurde für alle bestehenden operativen Anwendungen geschätzt, welche über eine entsprechende Restlebensdauer und IDV-Budget verfügten und für die es wahrscheinlich erschien, dass auch tatsächlich Benutzer vorhanden sind, welche selber Auswertungen aufgrund der Fachmärkte erstellen werden. Diese eher zurückhaltende Schätzung zeigte, dass von 50 Anwendungen 25 einen Gewinn durch Ersparnis von insgesamt fünf Personenjahren aufweisen, wenn man sie als Fachmarkt in das Data Warehouse aufnimmt. (Die Aufnahme dieser 25 Anwendungen war aber nicht Projektziel, sondern die Bereitstellung eines methodischen, technischen und organisatorischen Gefässes, um dies umsetzen zu können.) Die Wirtschaftlichkeitsrechnung wurde mit den Erkenntnissen aus Etappe 1 wiederholt und bestätigt.

Erschwerender Umstand bei der Lancierung des Projekts war die Tatsache, dass der moderne Begriff „Data Warehouse“ in der Informatik und den informatiknahen Bereichen der Unternehmung in aller Munde war und sich bereits eine Vielfalt verschiedenster Meinungen über Sinn und Unsinn von Data Warehousing gebildet hatte. Obwohl als Hauptziel von Etappe 1 die Gewinnung von Wissen im Entwicklungsteam postuliert wurde, war die Information über den Nutzen des Produkts mindestens ebenso wichtig. Ein Prototyp, der sich in Nutzung befindet, ist dabei ein unschätzbarer Vorteil. Dennoch mussten bis gegen 50% der Zeit für Projektleitungsaufgaben in Aufklärungs- und Überzeugungsarbeit investiert werden. Das für den Projektfortschritt wesentlichste Ergebnis der Etappe 1 war denn auch die Formulierung stabiler und allgemein anerkannter Projektziele.

In Etappe 2 wurde die definitive Architektur erarbeitet und in organisatorische Abläufe und bereitgestellte Technik umgesetzt. Die Hauptergebnisse waren, neben vorgehensmethodischen Leitfäden, vor allem die Beschreibung und der Aufbau der notwendigen organisatorischen Abläufe für den Betrieb des Data Warehouse. Letzteres bildete einen Hauptaufwand, da eine Organisation in den Bereichen

- Entwicklung (von der Bedarfsanmeldung bis zur Einführung) und
- Benutzerunterstützung (von der initialen Schulung bis zum fortlaufenden technischen und inhaltlichen Support)

formuliert werden musste, die

- unternehmensweit funktionierte,
- kompatibel zu den (in den verschiedenen Organisationseinheiten unterschiedlichen) bestehenden Abläufen war und
- in die Aufbauorganisation integriert werden konnte.

Die Bereitstellung der Technik war ein zwar sehr wichtiger, aber - aus Sicht des Aufwands - kleiner Teil. Eine Randbedingung des Projekts lautete „keine oder sehr geringe ausgabenwirksame Kosten". Dies war aus heutiger Sicht betrachtet keine Einschränkung, sondern eine grosse Chance für das Projekt. Die „Nutzung der vorhandenen Mittel" brachte, neben einer grösseren Akzeptanz bei Benutzer, Betreiber und Entscheidungsträger, Vorteile in Bezug auf Freiheit in der Zielformulierung und der individuellen Gestaltung der technischen Data Warehouse-Komponenten. Ganz abgesehen von den nicht vorhandenen Aufwendungen zur Einführung und zum Unterhalt neuer Systemkomponenten und deren Schulung bei Benutzer und technischem Personal.

Bevor wir auf die Prototyp-Applikationen zu sprechen kommen, müssen wir im folgenden Abschnitt einige Angaben über die Architektur des Systems „Data Warehouse HAI VBS" und deren konkreten Implementierung machen.

3 Architektur und Implementierung

3.1 Prozessmodell

Wir teilen unser Modell in drei Schichten ein (vgl. Abb. 1):

1. Operative Systeme und Basisakquisitionen
2. Data Warehouse Datenbasis und Transformationen
3. Analytical Processing

Operative Systeme und Basisakquisition

Die Daten der operativen Systeme werden in der ersten Schicht durch die Basisakquisitionen in eine normalisierte relationale Struktur überführt. Dabei wird jedes operative System für sich isoliert betrachtet, d.h. es gibt für jeden operativen Datenbestand einen Prozess Basisakquisition. Die Daten im Speicher Basisstrukturen sind ein genaues Abbild der Daten der operativen Anwendung. Dieser Speicher existiert ebenfalls genau ein Mal pro operativer Anwendung. Die Transformation, die im Prozess Basisakquisition vorgenommen wird, ist eine (rein technische) Transformation der Datenstruktur von den vielfach nicht-relationalen Herkunftssystemen in die Data Warehouse-Datenbasis. Es ist dazu keine oder nur die Business Logik notwendig, die in der betrachteten operativen Anwendung selber enthalten ist. Die Probleme der Datenvalidierung, die in dieser Schicht auftreten, sind daher ebenfalls technischer („mathematischer") Natur, wie z.B. Schlüsselgenerierung, Umformung von Datentypen etc. Es handelt sich im eigentlichen Sinne um Integritätsverletzungen, die im operativen System zwar auch als Fehler angesehen werden, dort aber toleriert sind. Es findet hier in keinem Falle eine Veränderung des Datenkontextes oder gar von Dateninhalten statt.

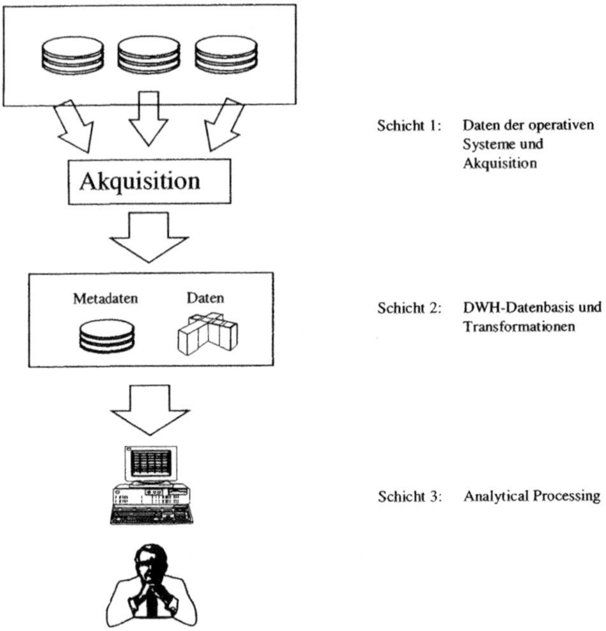

Abb. 1 Drei Schichten

An dieser Stelle haben wir die Daten technisch aus der Isolation der operativen Anwendung befreit („Data in Jail", vgl. Orr 1995). Es ist durch die Überführung auf die Plattform der Data Warehouse-Datenbasis die technische Grundlage geschaffen, sie in Anwendungs-fremde organisatorische Abläufe oder in neue betriebliche Bezüge zu setzen.

Die Daten werden in regelmässigen Abständen (z.B. täglich oder wöchentlich, je nach Aktualitätsanforderungen) erstens physisch und zweitens in ihrer Gesamtheit repliziert. Die physische Replikation wird aus Gründen der Systemisolation vorgenommen, damit z. B. das operative System nicht durch das Data Warehouse gestört wird (Verfügbarkeit). Der Verzicht auf inkrementelle Loads bedeutet in vielen Fällen eine signifikante Reduktion der Komplexität einer Replikation. Konkret implementiert ist die Plattform auf einem IBM OS/390-System mit DB2.

Datenbasis und Transformationen

Die Grundaufgaben der Schicht Data Warehouse-Datenbasis bestehen in der Bereitstellung der Daten in

1. geeigneter Konsistenz und
2. optimaler Struktur

für die Schicht Analytical Processing. Sie enthält also neben den blossen Datenspeichern auch Transformationsprozesse. Dieselben Daten werden in der Datenbasis in verschiedenen Formen und Kontexten geführt. Der ETL-Prozess des in diesem Buch erwähnten Referenz-Modells liegt hier also in zwei getrennten Schichten vor. Alle weiteren Datentransformationen finden auf derselben Plattform statt.

Die technische Connectivity (Erreichbarkeit der Datenspeicher von den Analyse-Prozessoren her) fällt ebenfalls in diese Schicht.

Fachmärkte

In Abb. 2 stellt der linke Pfad in der Schicht 2 mit der Gruppe der Transformationsprozesse „V“ den einfachsten Fall der weiteren Datentransformation dar. Für die Benutzer der operativen Anwendungen müssen die Daten im Data Warehouse als genaue Kopie der Daten ihrer operativen Anwendung vorliegen. Ihr Fokus richtet sich, bedingt durch ihre betriebliche Aufgabe, zumindest vorderhand nur genau auf „ihre“ Daten, die im Kontext genau dieser betrieblichen Aufgabe stehen. Die primäre Anforderung dieser Gruppe von Benützern ist es, die Informationen möglichst ohne komplizierte logische und technische Umwege in den Daten zu erkennen und mit ihrer Büroautomationsumgebung auszuwerten.

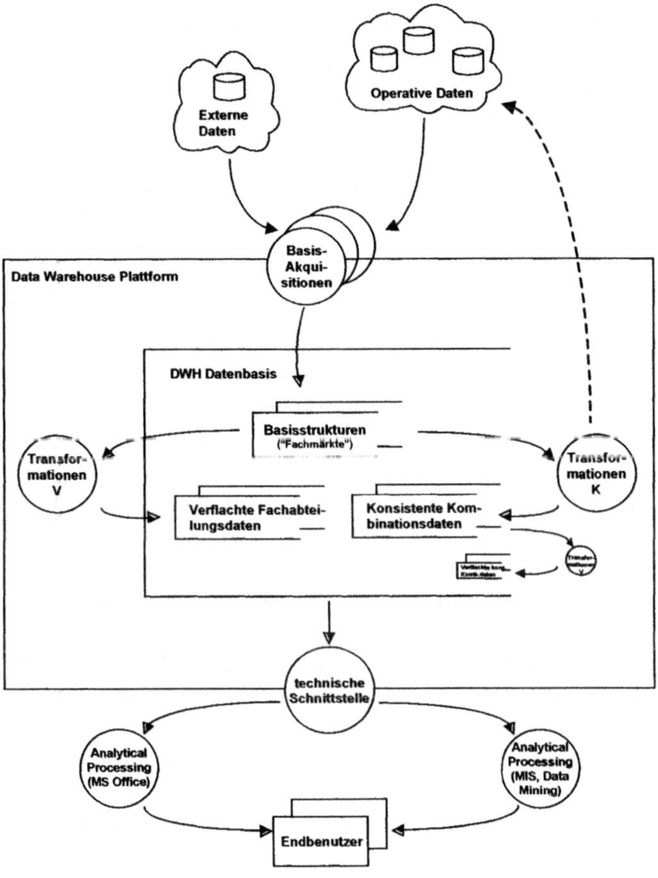

Abb. 2 Prozessmodel

Der Transformationsprozess „V“ (für „Verflachung“) kommt dem logischen Teil dieser Anforderung entgegen. Aus den normalisierten Basisstrukturen werden verflachte Datenstrukturen geschaffen. Eine „allgemeine Verflachung" kann aus den Kernentitätsmengen des konzeptionellen Datenmodells der operativen Anwendung hergeleitet werden oder es müssen im Gespräch mit dem Benutzervertreter die „essentiellen Entitäten" (in Anlehnung an den Begriff der „essentiellen Aktivität", vgl. McMenamin, Palmer 1988) gefunden und modelliert werden. Das Ziel dieser Verflachung ist, dass sie einen sehr grossen Teil (z.B. 99%) aller möglichen, sinnvollen und häufigen Auswertungen der Basisdaten ermöglicht, dies durch die Auswahl von Attributen und das Formulieren von Selektionskriterien aus nur einer einzigen Tabelle. So wird ermöglicht, dass der Fachmarkt mit auch einfachen Büroautomations-Produkten benutzt werden kann, ohne dass der Benutzer etwas von der Theorie relationaler Datenbanken verstehen muss.

Um den grossen Abdeckungsgrad an häufigen Auswertungen zu erreichen, müssen auch Aggregate aufgenommen werden. Dies sind einerseits

- Verdichtungen von Daten selber (z. B. Summen oder Durchschnitte) oder Extrakte, die aus den relationalen Verknüpfungen entstehen (z.B. Zählungen wie Anzahl Kinder oder Untermengen wie die drei wichtigsten Adressen von insgesamt neun möglichen, die in eine verflachte Personal-Tabelle aufgenommen werden), andererseits.
- Verdichtungen durch Anwendung von Selektionskriterien (z.B. ein neues Attribut „aktiver_Mitabeiter", das aus der Verknüpfung von ursprünglichen Attributen „Austrittsdatum", „Eintrittsdatum", „Pensionsdatum", „Freigestellt_ab" etc. zusammengesetzt wird, um die Selektion der „ganz normalen Mitarbeiter" zu vereinfachen).

Das Modellieren der „allgemeinen Verflachung" ist keine triviale Aufgabe, da man sehr schnell an technische und logische Grenzen stösst (zu komplexe Abfragen oder absurd grosse Tabellen). Es braucht einiges an Überlegung und v.a. Versuchen, bis diese logische Schnittstelle zum Data Warehouse-Benutzer aus der Fachabteilung steht.

Die Auswertungen, die nicht durch die „allgemeine Verflachung" abgedeckt werden können, können mit den normalisierten Basisstrukturen erstellt werden, da diese alle möglichen Auswertungen zulassen, im allgemeinen aber nicht mehr von den Fachabteilungsbenutzern durchgeführt, sondern von den Programmierern der Informatikabteilung.

Die Anforderung der Fachabteilungsbenutzer an die technische Einfachheit im Zugriff auf die Fachmärkte wird mit der grossen Connectivity der Datenbasis-Plattform nachgekommen. Damit sind drei Dinge gemeint:

1. Die Plattform muss netzwerkmässig möglichst von allen potentiellen Benutzern erreichbar sein;
2. Sie muss Schnittstellen zu den möglichen Analyse-Prozessoren anbieten können;
3. Sie muss das „Single System Image" (Sicht einer einzigen logischen Plattform) gewährleisten können, wenn aus technischen oder anderen Gründen die Datenbasis auf verschiedene physische Plattformen verteilt werden muss. Durch die Abstützung auf relationale Datenbanken, die der Distributed Relational Data Base Architecture von IBM (DRDA, vgl. z.B. Brugnole, Duerr 1988) folgen,

die heute von sehr vielen Datenbank-Anbietern unterstützt wird, wird dies weitgehend gewährleistet.

Kombinationsdaten

Der rechte Pfad von Abb. 2 mit der Gruppe der Transformationsprozesse „K" beschreibt das Modell für den Fachabteilungs-übergreifenden Benutzer. Diese Gruppe von Benutzern unterscheidet sich fundamental von den Fachabteilungsbenutzern, als dass sie die Daten verschiedener Anwendungen integriert haben wollen und sie in einen anderen Kontext setzen. Dieser andere Kontext bedingt es, dass ein neuer Konsistenzbegriff gebildet wird. Die Transformationsprozesse „K" nehmen dies vor. Sie führen die Daten verschiedener Fachmärkte in eine neue normalisiertes Datenstruktur über (Kombinationsdaten) und validieren („reinigen") diese Daten, gemäss den vom Auftraggeber spezifizierten Konsistenzregeln, die nun gesamthaft zur Business Logic gezählt werden. Letzteres weist darauf hin, dass es mehrere Möglichkeiten gibt, solche Konsistenzbegriffe zu definieren, abhängig von den Zielen, die der Fachabteilungs-übergreifende Benutzer verfolgt. Entsprechend kann dieselbe Sammlung von Fachmärkten zu mehreren verschiedenen Kombinationsdaten führen.

Es ist sinnvoll, wenn die für die Kombinationsdatensammlung neu zu entwerfende Datenstruktur an ein unternehmensweites konzeptionelles Datenmodell angelehnt wird, um Redundanzen, die zwangsläufig durch die verschiedenen Konsistenzbegriffe entstehen, zu minimieren, dies im Gegensatz zu den Fachmärkten, deren Datenstrukturen sich einzig nach den Bedingungen richtet, die das operative System vorgibt.

Die weitere Behandlung der Kombinationsdaten ist abhängig von den Anforderungen, die in der Schicht Analytical Processing gestellt werden (zweite Grundaufgabe der Schicht 2). Der Transformationsprozess „V" kann die normalisierten Kombinationsdatenstrukturen

- verflachen, um sie mit Büroautomationswerkzeugen auszuwerten,
- zu Datenstrukturen transformieren, die mehrdimensionale Auswertungen unterstützen (Star- und Snow Flake-Schema, vgl. Gatziu, Vavouras 1999 oder Mangisengi et al. 1999)

oder sie dienen direkt als Input für zu realisierende Decision Support Systems (MIS etc.).

Die „Kombinationsdatensammlung" ist das Analogon zum „Data Mart", mit dem bedeutenden Unterschied, dass sie nicht aus einem unternehmensweiten Data Warehouse abgeleitet wird. Man könnte daran denken, die Kombinationsdatensammlungen als Stücke eines unternehmensweiten Data Warehouse zu konstruieren (die Empfehlung, sie nach Vorgaben des unternehmensweiten Datenmodells zu entwerfen geht in diese Richtung), um mit der Zeit ein vollständiges Data Warehouse zu erhalten.

Der umgekehrte Weg, Data Marts aus dem unternehmensweiten Data Warehouse abzuleiten, ist nur möglich, wenn eine unternehmensweite Datenwahrheit definiert werden kann. Dies ist ungleich schwieriger zu realisieren, als für Kombinationsdatensammlungen.

Metadaten

Unter Metadaten verstehen wir solche Daten, die die ins Data Warehouse replizierten Daten beschreiben. Sie fallen an in Form von:

- Struktur-Metadaten, wie die Beschreibung der normalisierten relationalen Strukturen des Fachmarktes oder der Kombinationsdatensammlungen;
- eigentliche Entwicklungs-Metadaten des SW-Entwicklungsprozesses, wie die Abbildungsregeln Ursprungssystem - Fachmarkt oder der (SQL-) Code zur Ableitung von Kombinationsdatensammlungen aus den Fachmärkten oder zur Verflachung von solchen Daten. Ebenfalls dazu zählen die Beschreibungen der Lösungsverfahren in der Datenvalidierung (wie die Behebung von Integritätsverletzungen und die Konsistenzregeln) und der zugehörigen organisatorischen Abläufe;
- Beschreibungen der Daten im Data Warehouse, die eine betriebliche Relevanz aufweisen in Form einer möglichst genauen Definition der Objekte.

Für den Benutzer direkt (auf elektronischem Wege) zugänglich sind nur letztere. Die Struktur-Informationen sind implizit darin enthalten, da sie zur Navigation im Metadaten-Browser verwendet werden. Reine Entwicklungs-Metadaten bleiben beim Entwickler des Fachmarkts. Die Trennung ist natürlich nicht in jedem Falle scharf. Im Bedarfsfall werden Entwicklungs-Metadaten auch in den Datenbeschreibungen genannt (insbesondere z.B. Verweise auf die Datenvalidierung).

Die Datenbeschreibungen bestehen aus:

- der Beschreibung der betrieblichen Rolle der operativen Anwendung (und somit des Fachmarktes) und des Zwecks der Kombinationsdatensammlung (was stellt sie aus betrieblicher Sicht dar?);
- einer Kurz- und Langbeschreibung (250 resp. 2000 Bytes) für jede Tabelle und jedes Attribut.

Die Datenbeschreibungen fallen erstmals bei der Erarbeitung des normalisierten Fachmarkts an. Sie werden in Tabellen der Data Warehouse-Plattform aufbewahrt und dort mit den Mitteln der Büroautomation oder dem Intranet des Departements konsultiert. Die Metadaten des Data Warehouse sind also selber Objekte des Data Warehouse, die in der Schicht Analytical Processing verarbeitet werden im Sinne von Reporting und Exploring.

Die Verwaltung sämtlicher Metadaten bleibt grundsätzlich beim Entwickler des Fachmarkts bzw. der Kombinationsdatensammlung und nicht beim Benutzer.

Bei der Verflachung des Fachmarkts oder der Erstellung von Kombinationsdatensammlungen werden diese Beschreibungen mitgenommen und nach Erfordernis ergänzt (kopieren in einem einfachen Metadaten-Eingabeprogramm).

Jedes Datenobjekt wird also, unabhängig davon, ob es urspünglich (im Fachmarkt) oder abgeleitet (in einer Verflachung oder Kombinationsdatensammlung) gebildet wird, beschrieben und - wie das Datenobjekt selbst - redundant gespeichert. Dies führt dazu, dass ein Datenobjekt immer in seinem Kontext beschrieben ist und nur darin präsentiert wird (Navigation im Browser). Bei Änderungen der Definition von Datenobjekten, z.B. im Ursprungssystem, müssen die abgeleiteten Objekte manuell nachgetragen werden. Letzteres muss nicht grundsätzlich schlecht sein, da dabei eine gewisse Qualitätssicherung durch den Entwickler stattfindet.

Die Grenze dieses Verfahrens wird durch die Komplexität des Data Warehouse gesetzt. Liegen viele Fachmärkte umspannende Kombinationsdatensammlungen oder viele von Kombinationsdatensammlungen selber abgeleitete Sammlungen vor, wird sich dieser Weg als unpraktikabel erweisen. Der Bedarf an umfangreichen Kombinationsdatensammlungen wird aber wegen der Eigenart unserer Unternehmung (betrieblich abgegrenzte Fachbereiche) nur sehr langsam wachsen. Es ist in absehbarer Zukunft kein Problem.

Die Erarbeitung der Datenbeschreibungen der Fachmärkte ist in der Regel einfach, da sie durch die zugrunde liegenden operativen Anwendungen definiert sind („Ist-Definition“). Im Gegensatz dazu ist die Erarbeitung der Definition und die Gewährleistung der Einhaltung dieser Definitionen bei Kombinationsdaten überaus schwierig. Es handelt sich vielfach um „Soll-Definitionen“, für die geeignete Daten gesucht, evtl. Unschärfen festgelegt und Konsistenzregeln abgeleitet werden müssen.

Analytical Processing

Beide Benutzerkategorien (fachabteilungs- und fachabteilungsübergreifende Benutzer) teilen sich nochmals in Unterkategorien, abhängig von den zu bewältigenden Problemen und von den Anforderungen an die Benutzerschnittstelle (vgl. Abb. 3). Beim Fachabteilungsbenutzer, der Fachabteilungsdaten auswertet, unterscheiden wir zwischen Auswertungen, die er selber machen kann, und solchen, für die er die Hilfe der Informatikabteilung in Anspruch nimmt oder die er gänzlich von ihr erstellen lässt. Wir definieren die Auswertung als „einfach“, wenn der Benutzer sie selbst oder mit dem Support der Informatik erstellt, und als „schwierig“, wenn sie durch die Informatikabteilung erstellt wird. In der Prüfung der Wirtschaftlichkeit der Aufnahme eines operativen Datenbestandes in das Data Warehouse wird anhand der vier Kombinationen von „können / nicht können“ und „wollen / nicht wollen“ geschätzt, wie der Rationalisierungseffekt tatsächlich aussieht: Welchen Anteil an den typischen Problemen will und kann der Benutzer selber lösen („self made men“) bis zu welchem Anteil der Informatik-Abteilung bleibt, da der Benutzer nicht will und nicht kann („push button user“), über den Anteil, für den der Benutzer Support einfordert, z.B. in Form der Lieferung der schwierigen Query, die er braucht, um den Rest der Auswertung selber zu machen. Aus den Erfahrungen mit den bisher implementierter Fachmärkten ist ein Anteil von 80% (nach Aufwand) der Kombination „wollen und können“ (mit keinen oder nur geringen Support-Leistungen der Informatik) ohne weiteres zu erreichen.

Eine analoge Situation finden wir auf der Seite der fachabteilungsübergreifenden Benützer. Die beiden Unterkategorien unterscheiden sich nur in der Komplexität der zu lösenden Aufgaben und dem damit verbundenen Entwicklungsaufwand. Anstelle mehr oder minder einfacher Auswertungen versucht der „Data Miner“, neue Information durch Kombination bisher isolierter Daten herzustellen oder er sucht nach Signalen in diesen Daten. Der „Manager“ hat anstelle einer vorgefertigten Auswertung ein Management Information System, das ihm

Betriebskennzahlen aus den Daten der Kombinationsdatensammlung berechnet und auf dem Bildschirm anzeigt.

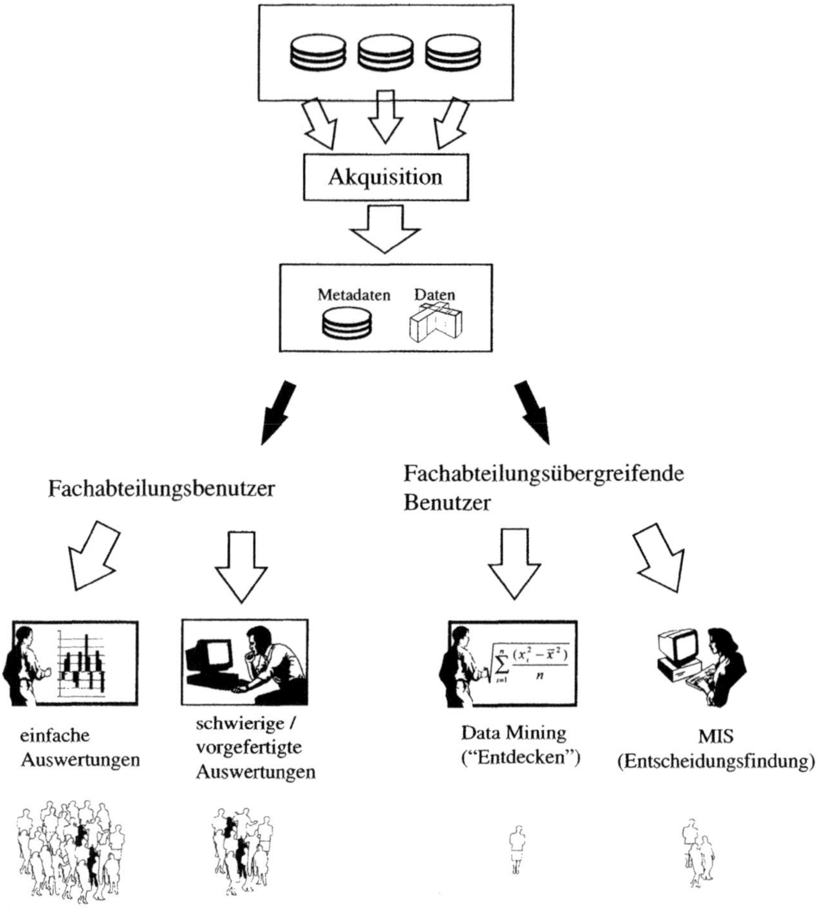

Abb. 3 Benutzerkategorien

Die beiden Benutzerkategorien brauchen also unterschiedliche Werkzeuge zum Auswerten ihrer Data Warehouse-Teile (vgl. Abb. 4). Die Fachabteilungsbenutzer, die zahlenmässig bei weitem grösste Benutzergruppe, brauchen Werkzeuge, die

- primär einfach in der Bedienung sind,
- mit denen sie vorzugsweise bereits vertraut sind, um Ausbildungsaufwendungen minimal zu halten und die so eine hohe Akzeptanz geniessen,
- die in der Unternehmung möglichst weit verbreitet sind, um die bestehende Supportstruktur ausnutzen zu können und
- über Kommunikationsfunktionen verfügen, um Arbeitsabläufe insbesondere mit der Informatikabteilung zu unterstützen.

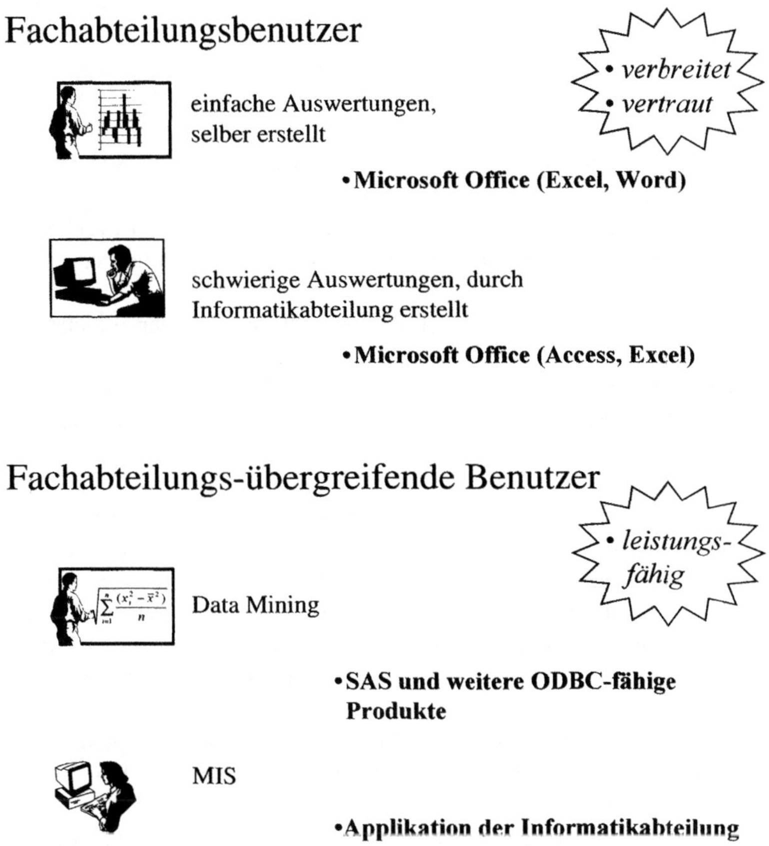

Abb. 4 Auswertungs-Tools

Hier drängt sich die Produkte-Palette der Büroautomation auf. Die bei uns sehr breit eingesetzten Microsoft Office-Produkte, entsprechen allen Anforderungen gut. An Ausbildung ist i.a. nur eine Einführung in das Produkt Microsoft Query notwendig, den Query-Generator in Microsoft Office.

Die Kommunikationsfunktion in der Büroautomation ist wichtig, wenn die Informatikabteilung Auswertungen für den Benutzer erstellt. Ein Programmierer erstellt eine Auswertung mit z.B. Excel mit seiner Testdatenumgebung. Er schickt dem Benutzer die Datei als Anhang in einem E-Mail. Der Benutzer öffnet diese Anlage und aktualisiert die Testdaten mit den produktiven Daten aus dem Data Warehouse, auf das nur er, nicht aber der Programmierer Zugriff hat. Das Mail-System ist das Instrument der SW-Verteilung und der Benutzer übernimmt die Rolle der Rechenzentrums-Produktion. MS Excel wird in solchen Fällen typischerweise verwendet, wenn der Benutzer die Daten selber noch weiter auswerten will. Für den typischen „Push Button"-Benutzer wird i.a. MS Access eingesetzt, das mit seinem starken Reporting- und Query-Teil das einfachere Produkt ist.

Die im Business Case des ursprünglichen Projekts ausgewiesene „Wirtschaftlichkeit durch Rationalisierungsgewinn" setzt auf dem Fachmarkt auf. Angenommen, der Auswertungsbedarf der Fachabteilung bleibt mit der Einführung des Fachmarktes stabil, so senkt sich der Aufwand zur Entwicklung von Auswertungen (im Gesamtunternehmen) auf durchschnittlich etwa ¼ des Aufwandes der gebraucht würde, wenn die Auswertung auf dem herkömmlichen Weg (direkt auf den operativen Daten) gemacht wird. Die drei, für diese Aufwandsminderung verantwortlichen Hauptpunkte sind:

1. Praktisch Wegfall der Produktion im Rechenzentrum und der üblicherweise aufwendigen Übergabe der Auswertung an die RZ-Produktion;
2. Signifikante Reduzierung der Aufwendungen zur Kommunikation Auftraggeber-Programmierer (Spezifikation der Auswertung) durch die Existenz von Metadaten;
3. Reduktion der Programmierzeit, durch die Einfachheit der Strukturen und des Zugriffs, den erweiterten Möglichkeiten durch den Einsatz von Büroautomations-Tools z.B. zur Gestaltung der Auswertung oder durch Wegfall eben dieser Gestaltung in der Programmierung (da sie vom Benutzer übernommen wird).

Es zeigt sich, dass für die Erreichung der ausgewiesenen Wirtschaftlichkeit nicht der Deckungsgrad der „allgemeinen Verflachung" massgebend ist, da sich das Instrument Fachmarkt für den Programmierer ebenso lohnt wie für den Fachabteilungsbenutzer.

Ein Fachmarkt kann auch als Bestandteil eines neuen Projekts geplant werden, um die Auswertungsteile der neuen Anwendungen in der Infrastruktur des Data Warenhause zu realisieren.

Neben Reporting und Exploring ist die dritte Grundfunktion im Analytical Processing das Modeling. Das Modellieren von neuen Geschäftsprozessen, die im Data Warehouse abgebildet werden, ist üblicherweise ein Resultat des Exploring und mündet in der Definition neuer Strukturen in einem neuen Kontext. Das aber ist der Entwurf einer neuen Kombinationsdatensammlung. Dies ist in unserer momentanen Implementierung nur in Zusammenarbeit mit der Informatikabteilung möglich. Es befindet sich kein Werkzeug in Einsatz, mit dem dies der Benutzer selber machen könnte.

3.2 Datenwahrheit

Ein Datum ist eine in einem physikalischen System abgelegte Information und besteht aus

- Name,
- Form,
- Wert und
- Definition

Analog kann eine Datensammlung definiert werden. Die zur Formulierung eines Qualitätsbegriffs notwendigen „operationalisierten Merkmale“ entsprechen den Teilen der Definition. Ein Datum für sich ist in den wenigsten Fällen (strenggenommen nie) aussagekräftig, es bedarf immer eines Kontextes, um die im Datum abgelegte Information abzuleiten. Dieser Kontext widerspiegelt sich in der Definition des Datums und bei Datensammlungen zusätzlich in ihrer Struktur, wo die Beziehungen der Einzeldaten untereinander (Beziehungen „gegen innen“) geregelt werden.

Ein Datum ist Teil eines Informationssystems. Dieses System ist immer mit Fehlern behaftet, die sich in den Daten äussern können. In einem operativen System können diese Fehler in zwei Kategorien eingeteilt werden:

- Technische Fehler, die sich in der Verletzung der Datenintegrität (der Form) äussern;
- Konzeptuelle Fehler, die eine Verletzung der Datendefinition darstellen.

Beispiele für Integritätsfehler sind die Verletzung der Kardinalität („Kinder ohne Väter“), Duplikate, Typverletzungen etc. Bei konzeptuellen Fehlern kann es sich um „Dirty Tricks“, bei denen ein Datum mit einer zusätzlichen Information versehen wird, und vieles mehr handeln.

Gemeinsam haben diese Fehler, dass sie in der operativen Anwendung und der Fachabteilung, die durch diese Anwendung unterstützt wird, toleriert werden. Untolerierbare Fehler des Informationssystems werden entweder sofort "geflickt" oder durch organisatorische Abläufe in der Fachabteilung aufgefangen.

Die Lösung dieser Fehler ist bekannt. Sie ist bei technischen Fehlern im Programmcode des Informationssystems und bei konzeptuellen Fehlern in den organisatorischen Abläufen der Fachabteilung zu suchen.

Bei der Erstellung eines Fachmarktes sind nur genau diese Validierungsprobleme zu lösen.

Der Begriff „Konsistenz“ setzt sich zusammen aus der Datenintegrität und den betrieblichen Regeln, die diese Daten befolgen müssen (den eigentlichen Konsistenzregeln, die Business Logic enthalten). Der Begriff „Datenwahrheit“ beinhaltet erstens die Konsistenz eines Datenbestandes zusammen mit zweitens der Festlegung des Kontextes in der die Daten vom Informationssystem geführt werden (Beziehung „gegen aussen“, d.h. in Abgrenzung zu den anderen betrieblichen Systemen des Unternehmens).

Die Datenwahrheit des Fachmarkts entspricht genau der Datenwahrheit des operativen Systems.

Bei der Datenvalidierung im Prozess Basisakquisition ist es teilweise notwendig, einen Informationsfluss zurück in die Fachabteilung zu führen, der die vorgenommenen Datenkorrekturmassnahmen beschreibt. Diese Rückkopplung kann temporär sein, wenn es sich um Unsicherheiten in der Lösung handelt, oder sie kann permanent sein, wenn in der operativen Anwendung untolerierbare Fehler vorliegen, die durch einen organisatorischen Ablauf in der Fachabteilung korrigiert werden müssen. Die ins operative System übertragene Information muss dann auch im Fachmarkt selbst abgelegt werden, z.B. als Unschärfen-Information einer bestimmten Aussage.

Die Einführung eines Fachmarktes in der Fachabteilung wird stets von einer „Aha"-Phase begleitet. Erstmals sieht der Benutzer nun die oftmals korrupten Daten, die vom operativen System verdeckt wurden und er kann sich „Ungereimtheiten" (tolerierbare Fehler) nun plötzlich erklären. Seine erste Arbeit mit dem Fachmarkt ist, diese Fehler in den operativen Daten zu korrigieren.

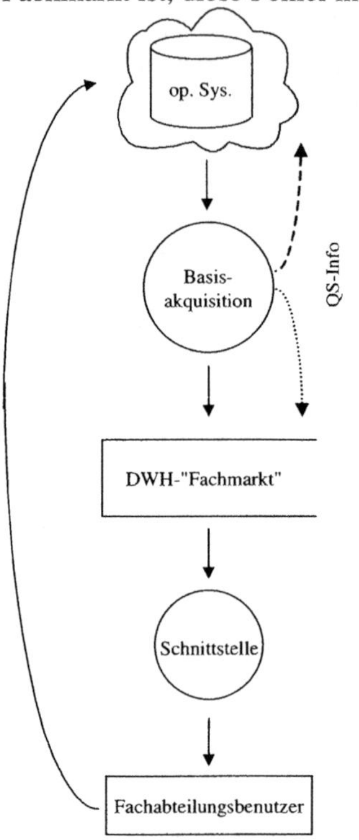

Abb. 5 Der Fachmarkt ist sein eigenes QS-System

Der Fachmarkt mit dem Fachabteilungsbenutzer und dem operativen System stellt einen Closed Loop dar (vgl. Abb. 5), in dem die Resultate des Exploring bezüglich Datenqualität wieder in das operative System zurückfliessen. Der Fachmarkt ist sein eigenes Datenqualitätssicherungssystem und kann zur Messung der Datenqualität gegenüber der realen Welt genutzt werden.

Die beiden zu lösenden Probleme bei der Akquisition eines Fachmarktes sind die Erzeugung der Ladbarkeit und die Definition der Daten. Bei der Erstellung einer Kombinationsdatensammlung kommt eine dritte Problemkategorie hinzu: die Kombinationsprobleme.

Kombinationsprobleme bestehen in der Ergründung vermeintlicher und tatsächlicher Redundanz und deren Erklärung bzw. Beseitigung, in Problemen, die durch den Kontext-Wechsel entstehen, Problemen von „Soll-Definitionen", Interpretationsproblemen, Informationsschutzproblemen und vielen mehr.

Die Gemeinsamkeiten dieser Probleme bestehen darin, dass ihre Lösung

- nicht mehr nur im Scope der Fachabteilung und ihrer operativen Anwendung zu erarbeiten ist, da sie eine neue Datenwahrheit umfasst, die bisher in der Unternehmung nicht existierte,
- bei weitem aufwendiger sein kann als die Summe der Aufwände zur Akquisition der beteiligten Fachmärkte.
- Zudem stellen die Probleme ein erhebliches Projektrisiko dar, da sie bei Projektstart weitgehend unbekannt sind.

Der Aufbau einer Kombinationsdatensammlung über den Weg des Fachmarkts kann die Gefährlichkeit dieser Probleme signifikant mindern. Es kann eine beträchtliche Komplexitätsminderung durch die Entkopplung der Problemkategorien erzielt werden. Das Projektrisiko wird gemindert, wenn die Datenqualität der operativen Systeme früh beurteilt werden kann. Der Fachmarkt kann zur Erarbeitung der Kombinationsdatensammlungen beigezogen werden (das Data Warehouse als Instrument zum Bau des Data Warehouse).

3.3 Organisation

Die Betriebsorganisation umfasst zwei wesentliche Teile:

- Organisation zur Erarbeitung eines neuen Fachmarktes oder einer Kombinationsdatensammlung
- Support-Organisation zur Benutzerunterstützung

Die Aufnahme einer operativen Anwendung als Fachmarkt in das Data Warehouse erfolgt immer im Rahmen eines Projekts. Die Rolle des Projektleiters trägt i.a. der Wartungsverantwortliche der betreffenden Applikation, der sich durch sein Wissen um die Anwendung und die organisatorischen Abläufe in der Fachabteilung auszeichnet. Vor dem Projektstart müssen folgende Punkte geklärt sein:

- Definition des Umfangs der Datenquellen (eine operative Anwendung bezieht oft auch Daten, die von ausserhalb ihrer Systemabgrenzung kommen)
- Definition eines Benutzervertreters, der stellvertretend für die gesamte Benutzerschaft entscheiden kann
- Definition des Informations- und Datenschutz-Verantwortlichen, der die Kompetenz hat, zu entscheiden, wer Zugriff auf die Daten bekommt und wie sie weiter verwendet werden dürfen
- Abschätzung des Entwicklungsaufwands und eine Trägerschaft für diese Aufwendungen

Dem Projektleiter zur Seite steht der Produktemanager Data Warehouse, der die Rolle des methodischen Beraters wahrnimmt. Vom Benutzervertreter wird erwartet, dass er insbesondere bei der Analyse der Datenvalidierungsprobleme mitarbeitet und sich in den regelmässigen Reviews von Ergebnissen engagiert.

Die Organisation der Benutzerunterstützung bedarf einer weiteren Rolle, nämlich die des Supporters in den einzelnen Unternehmensbereichen. Diese Rolle umfasst insbesondere die Unterstützung in der Handhabung der technischen Benutzer-Infrastruktur, z.B. in der Bedienung der Auswertewerkzeuge. In jedem Haupt-Unternehmensbereich ist ein Bereichs-Verantwortlicher bestimmt, der die Verantwortung dafür trägt, dass in seinem Unternehmensbereich eine wirksame und funktionierende Benutzerunterstützung existiert. Je nach bestehender Organisation dieser Bereiche handelt es sich dann beim Supporter um einen Mitarbeiter der Informatik dieses Bereichs oder er stammt selber aus der Fachabteilung, die den Fachmarkt benutzt. Letzteres ist natürlich eine sehr wünschenswerte Lösung, da dann der Supporter auch fachlich beraten kann (er ist der „Informationsassistent" der Fachabteilung).

Benutzerunterstützung bezüglich der Bedeutung und Interpretation der Daten und Datenstrukturen bietet der Wartungsverantwortliche.

Insgesamt sind die Aufwendungen für den Benutzer-Support sehr klein. ½ Tag pro Benutzer und Jahr bildet eher eine obere Grenze.

Das Diagramm in Abb. 6 fasst die Betriebsorganisation des Data Warehouse mit den vier Rollen zusammen.

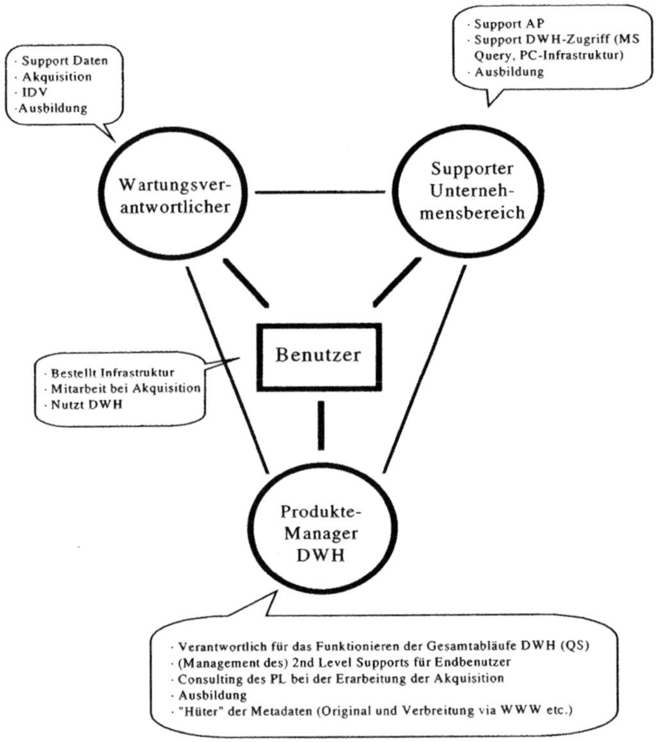

Abb. 6 Rollen in der Betriebsorganisation

4 Prototyp-Anwendungen

Der Start ins Data Warehousing mit Prototyp-Anwendungen ist aus unserer Erfahrung heraus sehr empfehlenswert. Die Wahl der Anwendungen sollte sorgfältig geprüft werden. Einerseits besteht die Gefahr, dass bei zu einfachen Anwendungen falsche Schlüsse gezogen werden, andererseits muss die zeitlich begrenzte Motivation von Auftraggeber und Benutzer berücksichtigt werden.

Die beiden Prototyp-Anwendungen, die in Etappe 1 als Fachmärkte akquiriert wurden, waren repräsentativ für die Gesamtheit der Anwendungen in Bezug auf

- Komplexität der Daten („mittlere" Komplexität: ca. 30 Entitäten, 500 Attribute),
- intern vorhandenes Know How,
- Alter (Datenqualitätsprobleme),
- Benutzerschaft (Benutzerorganisation in der operativen Anwendung, Ausbildung, vorhandene Infrastruktur) und
- IDV-Aufwendungen in der Informatikabteilung und Aufwendungen für IDV-ähnliche Aufgaben in der Fachabteilung (z.B. manuelles Erstellen von Listen aufgrund von Papier-Output oder Bildschirm).

Auf den Datenintegrationsbedarf der Anwendungen wurde nicht geachtet, da in Etappe 1 erklärtermassen der Nutzen von Fachmärkten untersucht werden sollte. Ebenso spielte das Mengengerüst eine untergeordnete Rolle.

Mittlerweile wurden mehrere zusätzliche Fachmärkte und Kombinationsdatensammlungen erstellt. Die hier genannten Erfahrungswerte stellen eine Art „Durchschnitt" dar.

Die Realisierung des Fachmarktes umfasst folgende vier Punkte:

- Entwurf der normalisierten Basisstruktur;
- Programmierung des Akuisitionsprogramms und Lösung der Datenvalidierungsprobleme;
- Entwurf und Implementierung der „allgemeinen Verflachung";
- Erarbeitung der Metadaten (Definitionen der Datenobjekte).

Bei Anwendungen, die bereits eine relationale Datenstruktur aufweisen, entfällt der Entwurf der normalisierten Basisstruktur weitgehend. Zudem ist mit wesentlich weniger technischen Problemen zu rechnen, als wenn das Ursprungssystem auf einer hierarchischen DB oder auf einem Filesystem basiert.

Die individuelle Programmierung des Akquisitionsprogramms in einer bereits vorhandenen Programmiersprache (z.B. SAS oder COBOL) steht hier gegenüber der Parametrisierung eines Data Acquisition Tools und ist mit dieser aufwandsmässig durchaus vergleichbar. Nicht vergleichbar sind die zusätzlichen Anschaffungs- und Betriebskosten eines solchen Tools. Aufwendig ist nicht die Programmierung, sondern die Datenvalidierung, die sich natürlich wieder auf das Akquisitionsprogramm und die Basisstruktur auswirkt.

Das intern vorhandene Know How ist ein Schlüsselkriterium bei der Aufwandsbeurteilung. Ist dieses nicht in vollem Umfang (bezüglich der betrieblichen Aufgabe der Fachabteilung und der sie unterstützenden Anwendung, den geführten

Daten und Datenstrukturen) in der Informatikabteilung verfügbar, verlängert sich der Entwicklungsprozess signifikant.

Der Entwurf der Basisstruktur für die erwähnten 30 Entitäten einer nicht-relationalen Anwendung kann in etwa einer Woche erarbeitet werden. Weitere zwei Wochen fallen an für die Konkretisierung und die physische Implementierung, und eine Woche wird benötigt, um die Datenvalidierungsprobleme korrekt zu berücksichtigen. Zur Modellierung der Basisstruktur wird ein konventionelles CASE-Tool benutzt.

Die Programmierung des Akquisitionsprogramms braucht etwa eine Woche. Die Entdeckung der Datenvalidierungsprobleme, die Lösungsfindung und der Einbau der Problemkorrekturen benötigt weitere drei Wochen.

Entwurf und Implementierung der allgemeinen Verflachung nehmen rund 3 Wochen in Anspruch (ist aber sehr stark abhängig von der Systemkomplexität). Die Erfassung der betrieblichen Definitionen brauchen etwa zwei Wochen, je hälftig für die Aufnahme der Beschreibungen in einem Eingabeprogramm und der eigentlichen Erarbeitung der Definitionen. Letzteres kann sehr viel länger dauern, wenn das entsprechende Wissen zuerst erarbeitet werden muss.

Die genannten Aufwendungen lassen sich in ihrem Verhältnis auf andere operative Anwendungen durchaus übertragen, wenn diese ähnliche Voraussetzungen aufweisen. Bemerkenswert ist, dass der durch Datenqualitätsprobleme verursachte Aufwand bei einer gut funktionierenden, gut bekannten Anwendung, in einer gut überschaubaren Fachabteilung, etwa 40% beträgt. Für Anwendungen, bei denen wenig Wissen vorhanden ist oder bei der Erstellung von Kombinationsdatensammlungen ist ein Anteil von 2/3 eher realistisch.

Die Abschätzung der Aufwendungen ist natürlich stark abhängig von der Komplexität der operativen Anwendung. Es ist ein in Ansätzen formuliertes und auf reiner Erfahrung abgestütztes Schätzverfahren im Einsatz. Neben anderen Kriterien wird versucht, die Komplexität der Daten zu berücksichtigen. Basis dazu sind die Anzahl Attribute, Tabellen und Relationen und die Anzahl sinnvoller Wege zwischen den Tabellen (Streckenzüge entlang der Relationen), die zu Aufwand umgerechnet werden. Das Problem dabei ist, dass die dazu notwendige normalisierte Struktur bei nicht relationalen Ursprungsdaten erst steht, wenn das Projekt bereits gestartet ist.

Ein Schätzverfahren für die zu erwartenden Datenvalidierungsprobleme besteht nicht, obwohl dies, insbesondere für umfangreiche Kombinationsdatensammlungen, sehr wünschenswert wäre.

Literatur

Bröhl, A.P., Dröschel, W. (Hrsg.): Das V-Modell - Der Standard für die Softwareentwicklung mit Praxisleitfaden. Oldenbourg: München, Wien 1995.

Orr, K.: Data Warehouse Technology. An Information Builders White Paper in Collaboration with Ken Orr. Information Builders: New York 1995.

McMenamin, S.M., Palmer, J.F.: Strukturierte Systemanalyse. Hanser: London, Wien 1988.

Brungnole, W., Duerr, H.: Introduction to Distributed Relational Data. IBM Red Book GG24-3200-00 1988.

Gatziu, S., Vavouras, A.: Data Warehousing - Concepts and Mechanisms. In: Informatik, Zeitschrift der schweizerischen Informatikorganisationen, Nr. 1, 8-11 (1999).

Mangisengi, O., Tjoa, A.M., Wagner, R.R.: Meta-data for Data Warehouses Using Extended Relational Models. In: Proceedings of the Third IEEE META-DATA Conference, 1999, http://computer.org/conferen/proceed/meta/1999/papers/29/omangisengi.htm

Multi-Channel-Distribution/Allfinanzprodukte – Sicherstellung einer umfassenden Kundenbetreuung

Jean-Marie Schmid

1 Quid Est?

Wachstum und Wandel einzelner Geschäftsbereiche innerhalb eines Konzerns verunmöglichen es bis heute, eine für das Marketing wertvolle Kundengesamtsicht bereitzustellen. Das Ziel des Projektes **„Marketing-Datenbank“** (MDB) der Winterthur Versicherung ist es, bereits vorhandene Daten zu kanalisieren und in Form einer Kundengesamtsicht verfügbar zu machen. Dadurch wird die infrastrukturelle Voraussetzung zur Implementierung des Customer Relationship Management und des Database Marketing geschaffen.

Das neue Database Marketing System soll folgenden Nutzen generieren (vgl. Abb. 1):

- Bereitstellung einer Kundengesamtsicht für jede Person mit Kundenkontakt;
- Suche und Selektion von bestehenden und potentiellen Kunden aus der Partnerdatenbank;
- Bereitstellung relevanter Informationen für das strategische und operative Kundensegmentmanagement;
- Planung und Durchführung von Database-Marketing-Kampagnen.

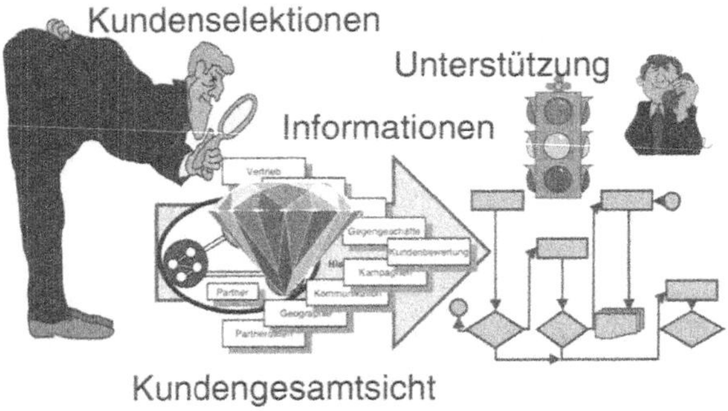

Abb. 1 Nutzen der Marketing-Datenbank

Die heutige Position der Winterthur kann wie folgt kurz beschrieben werden:

- einer der weltweit führenden Allbranchenversicherer;
- Nummer 6 im europäischen Direktversicherungsgeschäft;
- starke Position in der Schweiz, in Deutschland, Spanien, Italien und Belgien;
- mittelgrosser Versicherer in anderen europäischen Märkten;
- einer der wenigen Versicherer mit einem Namen und einer Marke in Europa;
- einer der wenigen Versicherer von Grossunternehmen mit einem globalen Service-Netzwerk;

- im nordamerikanischen Markt durch eine Reihe regionaler Gesellschaften vertreten
- Fuss gefasst in einigen wichtigen Wachstumsmärkten (Asia inkl. China, Osteuropa).

In welchem Umfeld wird das Projekt „Marketing-Datenbank" entwickelt?
Für die Entwicklung des Projektes wurde der Schweizer Versicherungs- und Allfinanz-Markt gewählt (vgl. **Abb. 2**). Die Winterthur verfügt in der Schweiz über zwei mächtige Ausschliesslichkeitsorganisationen:

- 1500 Agenten verteilt auf 100 Generalagenturen und 14 regionalen Direktionen im Nicht-Leben-Bereich;
- 500 Agenten verteilt auf 32 Generalagenturen im Leben-Bereich.

Mit einem durchschnittlichen Marktanteil von über 23% und 2,6 Mio Versicherungsverträgen ist die Winterthur die grösste Versicherungsgesellschaft in der Schweiz.

Die Winterthur verfolgt eine Multi-Distributions-Strategie. Sie vertreibt ihre Produkte mit einem Direktverkaufskanal, arbeitet mit Maklern zusammen und tritt im Markt mit zwei bedeutenden Einheiten auf: CREDIT SUISSE und DIE POST.

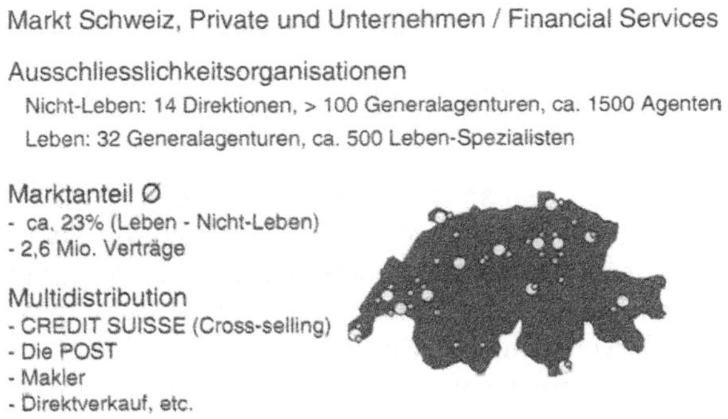

Abb. 2 Projektumfeld

2 Strategische Ebene: Customer Relationship Management

Mit Hilfe des Customer Relationship Management (CRM) strebt die Winterthur danach, Privat- und Unternehmungs-Kunden das richtige Angebot, zum richtigen Zeitpunkt und am richtigen Ort zu unterbreiten.

Die Attraktivität und Rentabilität klassischer Direct-Marketing-Kampagnen (z.B. Anschreiben einer Million Kunden zwecks Direktverkauf einer Rechtsschutzversicherung) nehmen infolge des allgemeinen Informationsüberflusses ab.

Rentable klassische Direkt-Marketing-Kampagnen werden sukzessiv durch Operationen ergänzt, die sich vermehrt auf eine kundenorientierte Betrachtung des Verkaufsprozessses ausrichten (vgl. Abb. 3).

Abb. 3 Kunden- und prozessorientierte Sichtweise

Beispiel: Der Kunde X bestellt unsere Broschüre „Wohneigentumsförderung“. Der Kunde Y erkundigt sich beim Call Center nach dem Zinsfuss unserer Hypotheken. Der Kunde Z nimmt an der öffentlichen Veranstaltung „Der Weg zum Eigenheim“ teil. Das Informationsverhalten der Kunden X, Y und Z lösen „just-in-time“ und adressatengerecht die vordefinierte Multistep-Kampagne „Wohneigentumspaket“ aus. Diese Kunden werden sofort mit komplementären Informationen angeschrieben, und ein Anruf des zuständigen Spezialisten wird angekündigt.

Diese situativ ausgelösten Micro-Kampagnen werden zentral vorbereitet. Sie werden im Verlaufe der Zeit systematisch gesteuert und so multipliziert, dass die nötigen Deckungsbeiträge erwirtschaftet werden.

Der Beherrschung der Zeitdimension auf der Ebene jedes einzelnen Kunden kommt im Rahmen des datenbankgestützen Customer Relationship Management eine besondere Bedeutung zu. Der Computer wird so programmiert, dass flexible Prozesse, welche bisher fast ausschliesslich an der Verkaufsfront gesteuert werden konnten, den Absatz systematisch, kundengerichtet und damit kundengerecht unterstützen.

Aus Wirtschaftlichkeitsüberlegungen werden Schwerpunkte auf die Kunden gelegt, von denen man annimmt, dass sie aufgrund der über sie und ihr Umfeld gespeicherten Informationen (inkl. Kundenhistorie) über das nötige Kaufkraftpotential und Interesse verfügen. Solche „profitablen Kunden“ werden mit Data Mining-Techniken lokalisiert und mit den geeigneten Absatzkanälen systematisch akquiriert (vgl. Abb. 4).

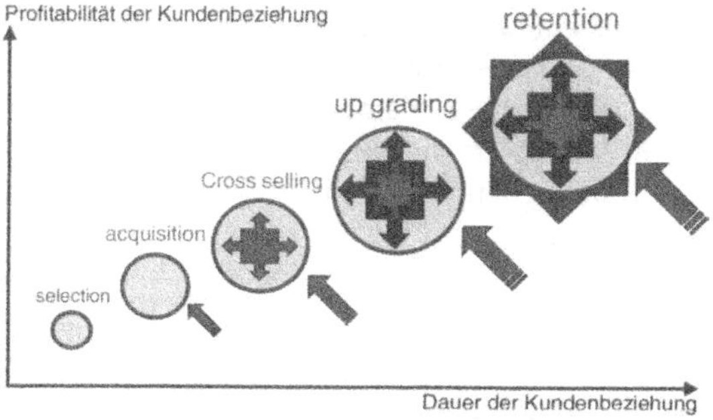

Abb. 4 Auf- und Ausbau profitabler Kundenbeziehungen

Der Auf- und Ausbau der gewonnenen Kundenbeziehungen erfolgt mit gezielten Cross- und Up-Selling-Massnahmen, wobei auch Einheiten der CREDIT SUISSE miteinbezogen werden. Die Winterthur honoriert ihre profitablen Kunden mit umfassenden Kundenbindungsprogrammen und verhält sich passiv bei Kunden mit geringem Kaufkraftpotential und unerwünschten Risiken. Solche Kunden werden der Konkurrenz überlassen.

Zur Optimierung des Kundendialoges setzt die Winterthur verschiedene Distributionskanäle ein. Das Multi-Channel-Management sorgt für eine Koordination, Synchronisation und Harmonisierung der Kundenkontakte quer durch alle Kommunikationsmedien und Absatzkanäle (vgl. Abb. 5).

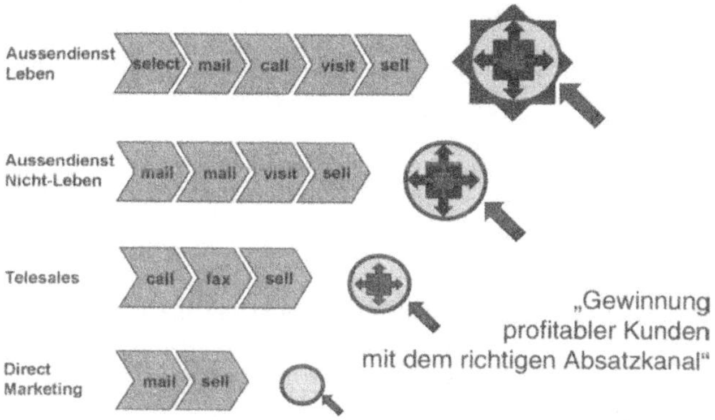

Abb. 5 Unterstützung des Multi-Channel-Managements

Die Abb. 5 verdeutlicht mit einem Beispiel diese Zusammenhänge: Mittels Data Mining-Techniken und systematischer Analyse des Kundenverhaltens lokalisiert die Winterthur Kunden, von denen man annimmt, dass sie das nötige Kaufkraftpotential und ausreichend Interesse am jeweiligen Angebot haben. Das Direct Marketing wird beauftragt, die selektierten Kunden anzuschreiben, dabei ein Einstiegsprodukt zu verkaufen sowie weitere Schlüsselinformationen zu beschaffen. Der Aufbau des Kunden erfolgt nach einigen Monaten mit einer dreistufigen Telesales-Aktion. Somit gewonnene „Einpolicenbeziehungen“ werden dann mit ausgewählten Absatzkanälen – in unserem Beispiel mit Nicht-Leben- und Leben-Spezialisten - weiter ausgebaut. Diese mehrstufigen Kampagnen werden in enger Zusammenarbeit mit der Verkaufsfront konzipiert und initialisiert. Das Database Marketing System steuert dann die Kampagnen und beliefert die involvierten Absatzorgane mit den nötigen Informationen.

3 Operative Ebene: Database Marketing

Unter **Database Marketing** verstehen wir einen Regelkreis, in dessen Zentrum ein Database-Marketing-System steht. Damit werden bestehende Daten analysiert und danach werden aktuelle oder potentielle Kunden individuell und koordiniert, mit Kommunikationsmitteln des lokalen oder zentralen Direkt-Marketings angesprochen. Die so erzielten Reaktionen der Adressaten werden nach der Aktion wieder in die Datenbank integriert, diese Informationen wiederum ausgewertet, damit der nächste Prozess mit einer noch gezielteren, individuelleren Ansprache durchgeführt werden kann (vgl. Abb. 6).

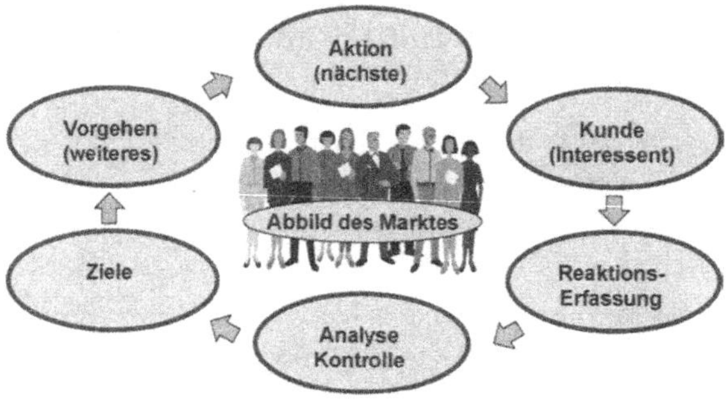

Abb. 6 Philosophie des Database Marketing: Regelkreis (in Anlehnung an Ch. Huldi)

Der Bereich Database Marketing
Der Bereich Database Marketing ist ein spezialisierter Dienstleister, dessen Aufgabe es ist, die notwendigen Beratungs- und Durchführungs-Dienstleistungen für lokale, überregionale und nationale integrierte Marketing-Kampagnen bereitzustellen.

Um ein unkontrolliertes Wachsen des Bereiches zu verhindern und die Qualität der erbrachten Leistungen zu fördern, soll das Database Marketing als Profit-Center geführt werden. Den internen Kunden des Database Marketing werden die beanspruchten Beratungs- und Durchführungs-Dienstleistungen verrechnet.

Die nachfolgende Abbildung verdeutlicht den idealtypischen Ablauf der Planung und Durchführung einer Database Marketing-Kampagne mit einem internen Kunden; z.B. mit einer Generalagentur Nicht-Leben.

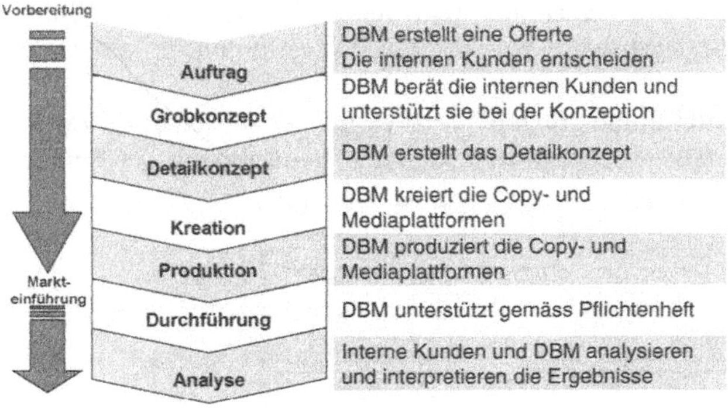

DBM, Database Marketing

Abb. 7 Idealtypischer Prozess der Planung und Durchführung einer Kampagne

Database Marketing als Center of Competence verfügt über folgende Möglichkeiten:

- Allgemeiner Zugriff auf alle verfügbaren Daten;
- Veredelung der Daten zu Kundeninformationen und zu einer Kundengesamtsicht;
- Analyse der Daten, Kundenbewertung, Bildung von Kundengruppen mit Hilfe einfacher und multivariater Analysemethoden;
- Zentrale und dezentrale Bereitstellung der Daten (zu marktfähigen Preisen), mit der Pflicht, die Weitergabe von Daten mit internen Kunden abzusprechen;
- Konzeption, projektmässige Betreuung und Unterstützung nationaler, regionaler und lokaler Database Marketing-Kampagnen;
- Erbringung/Koordination von Dienstleistungen wie Mailing-Gestaltung, Letter-Shop, Response-Verarbeitungs- und Fulfillment-Services (zusammen mit diversen spezialisierten internen und externen Partnern).

Die Rolle der Informatik besteht im wesentlichen darin, den Betrieb und die Maintenance der Infrastruktur sicherzustellen, die Servicestellen für den Datentransfer aufzubauen und die Daten gemäss den Anforderungen des Fachbereiches zu extrahieren. Ins Pflichtenheft der Informatik gehört mittelfristig noch die Maintenance der aufgebauten Applikationen des Database Marketing-Systems.

Prozesse des Database Marketing

Die fünf Kernprozesse des Database Marketing sind miteinander verknüpft und unterstützen direkt oder indirekt unsere internen Kunden (vgl. Abb. 8):

- **"Database Marketing planen, führen und kontrollieren"** plant und steuert Aktivitäten und Ressourcen und stellt die Kommunikation mit Auftraggebern und Management sicher;
- im Prozess **"Interne Kunden beraten und unterstützen"** sollen die Kundenbedürfnisse verstanden und Möglichkeiten der Unterstützung durch DBM aufgezeigt werden;
- durch den operationellen Prozess **"Kampagnen durchführen"** erzielen die internen Kunden die gewünschten geschäftlichen Resultate;

- mit Hilfe des Prozesses **"Informationen generieren"** können Marktpotential, Kundenverhalten und -bedürfnisse sowie die Marktsituation besser verstanden werden;
- durch den Prozess **"Datenbank pflegen"** wird aktuelles, vollständiges Datenmaterial von hoher Qualität sichergestellt, das den Bedürfnissen der Kunden entspricht.

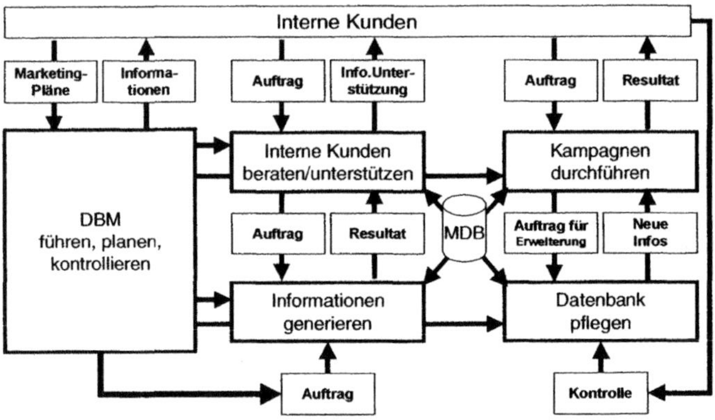

Abb. 8 Prozesse des Database Marketing

4 Kundengesamtsicht

In der Marketing-Datenbank soll für jede Person und jedes Unternehmen Adresse und Kundenhistorie festgehalten werden. Mit diesen Informationen wird der permanente Kundendialog gestaltet und optimiert.

Zu einer ausgereiften Marketing-Datenbank gehören die in Abb. 9 dargestellten Kategorien von Informationen, welche im Verlaufe der Zeit für künftige Auswertungen im Datawarehouse historisiert werden.

Partnerdaten

Das Customer Relationship Management baut auf dem Dialog zwischen Menschen auf. Darum werden im Kern unserer Marketing-Datenbank möglichst alle Individuen in der Schweiz sowie Wirtschaftseinheiten wie Kleinunternehmungen, Haushalte und Interessengruppen wie Stiftungsräte und Käufergruppen grösserer Unternehmungen abgebildet.

Auch komplizierte und komplexe Wirtschaftsstrukturen lassen sich mit dem Systemansatz strukturiert darstellen. Beispiel: Swissair mit ihren mehrstufigen Gesellschaftsstrukturen

Schliesslich müssen auch Beziehungen zwischen Menschen und Wirtschaftseinheiten (z.B. Finanzchef der Firma Kuoni) und zwischen Wirtschaftseinheiten untereinander (z.B. Rado, Tochtergesellschaft des SMH-Konzernes) abgebildet werden können.

Partnerinformationen werden mit zusätzlichen Daten wie Geburtsdatum, Beruf, Zivilstand, Geschlecht für natürliche Personen bzw. Anzahl Beschäftigte, Wirtschaftsbranchencode, Gesellschaftsform für Unternehmungen angereichert.

Die Besitzverhältnisse unserer Partner sollen hier, falls bekannt, mit approximativen Wertangaben festgehalten werden (z.B. Wohneigentum, Schmuck, Autos etc.)

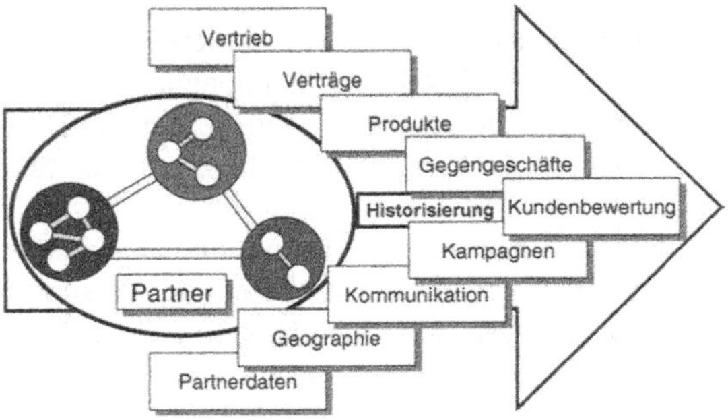

Abb. 9 Informationskategorien

Vertrieb
Unsere Vertriebsstrukturen sollen auch in der Marketing-Datenbank abgebildet werden. Es soll möglich sein, den oder die Kontaktpersonen jedes Partners quer durch unsere Vertriebskanäle zu identifizieren (Abschlussberater, Betreuer privater und geschäftlicher Beziehungen, Verwaltung des Portefeuille eines Partners etc.). Die vorhandene Kontakthistoric soll ebenfalls festgehalten werden.

Verträge
In diesen Kategorien werden primär Informationen über bestehende Verträge aus den jeweiligen Produktdatenbanken gespeichert. Schlüsselinformationen über versicherte Leistungen, Prämienzahlungen und Schäden sollen hier auch Eingang finden.

Produkte
Sekundär soll in den gleichen Datenfeldern die Möglichkeit bestehen, weitere vorhandene Informationen über Offerten und Konkurrenzverträge zu speichern.

Gegengeschäfte
Zu dieser Informationskategorie gehören alle Daten, welche in Zusammenhang mit der Anfrage, Offertstellung und Abwicklung eines Auftrages gegenüber Lieferanten aller Art stehen.

Geographie
Statistische Informationen über die Wirtschaftsregion und/oder Wohnlage eines Partners (sog. Zelldaten) liefern wichtige Hinweise über die Kaufkraft eines Part-

ners. Sie erlauben ferner die richtige Zuordnung eines Partners zu unserem lokalen Vertrieb.

Kommunikation
Es geht hier darum, festzuhalten, mit welchen Medien, zu welchen Zeitpunkt und in welcher Richtung (In- oder Outbound) ein Kundendialog angefangen hat. Die Kontakthistorie mit unserem Call Center wird in dieser Informationskategorie zusammengefasst.

Kampagnen
Aktionen werden in zeitlicher und inhaltlicher Hinsicht koordiniert und so in mehrstufige Absatzprozesse (wie z.B. Database Marketing-Kampagnen) zusammengefasst. In dieser Datenkategorie werden die Informationen gespeichert, die benötigt werden um einen Absatzprozess ganzheitlich zu betrachten und zu steuern.

Entscheidend sind neben der individuellen Abbildung der Kommunkationskette auch qualitative Informationen wie Kosten der Aktivität, beteiligte Personen, Response- und Umwandlungszahlen. Ausserdem soll die Marketing-Datenbank den Absatzprozess über alle Kanäle hinweg strukturieren und dadurch eine Optimierung erreichen.

Mit einer Aktion wird eine Person (Kunde, Interessent) auf direktem Weg angesprochen und zwar mit der Absicht, bei dieser irgendeine Wirkung in Form einer Reaktion zu erzielen. In diese Datenkategorie fallen alle Informationen, die nötig sind, eine Aktion oder einen Kontakt zu erfassen und zu qualifizieren.

Die Erfassung des Kundenverhaltens als Reaktion auf einen systematischen Kundendialog kann durch die Marketing-Datenbank ganz neu gehandhabt werden und stellt einen erheblichen Erfolgsfaktor des Database-Marketing dar. Es kommt bei der Erfassung der Bedürfnisse und Wünsche nicht so sehr darauf an, was Kunden sind oder sagen, sondern wie sie sich tatsächlich verhalten. Aus bestimmten Reaktionsmustern lassen sich künftige Verhaltensweisen mit höheren Treffsicherheiten prognostizieren, was einer Steigerung der Response-Quoten und einer Senkung der Kosten der Direkt-Marketing-Aktionen und des persönlichen Verkaufs zur Folge hat.

Kundenbewertung
Hier werden alle Informationen gespeichert, die nötig sind, um unsere bisherigen Anstrengungen auf Kundenebene kostenmässig in Griff zu bekommen sowie die Attraktivität des Kunden und unsere Absatzchancen zu beurteilen.

Wichtig ist auch die unterschiedliche Betrachtung des Status (Lead, Prospect, Kunde, Stammkunde) jeder einzelnen Person oder Gruppe sowie die prognostizierbare Affinität einer Person und/oder Wirtschaftseinheit, ein bestimmtes Produkt zu erwerben (Score Cards). Bezieht man auch diese Betrachtung mit in das Modell ein, kommt man zu einer noch differenzierteren Betrachtung des Absatzprozesses.

Anhand vorhandener Daten werden wir in diesem Informationsinhalt versuchen, einen mit der Zeit immer differenzierteren Kundenwert zu erhalten.

Datenschutz

Seit dem 1. Juli 1993 ist in der Schweiz das Bundesgesetz über den Datenschutz in Kraft. Dieses bezweckt den Schutz der Persönlichkeit und der Grundrechte von Personen, über die Daten bearbeitet werden. Unter Daten werden sämtliche Angaben, die sich auf eine bestimmte oder bestimmbare Person beziehen, verstanden.

Das Datenschutzgesetz soll Transparenz schaffen, d.h. der einzelne soll wissen, was für Daten über ihn existieren und wer solche Daten bearbeitet. Grundsätzlich darf jede Person selber bestimmen, was mit ihren Daten geschieht (= informationelle Selbstbestimmung). Dazu ist im Gesetz festgehalten, dass Daten nur zu dem Zweck bearbeitet werden dürfen, der bei der Beschaffung angegeben wurde (vgl. Marketingklausel), aus den Umständen ersichtlich (z.B. Abschluss eines Versicherungsvertrages: Daten müssen folglich im Zusammenhang mit der Vertragsabwicklung bearbeitet werden) oder gesetzlich vorgesehen ist. Selbstverständlich dürfen Daten nur rechtmässig beschafft werden, das heisst, ohne Gewaltanwendung oder Drohung. Sofern das Gesetz nicht etwas anderes bestimmt, kann die Datenbearbeitung, d.h. das Beschaffen, Aufbewahren, Verwenden, Umarbeiten, Bekanntgeben, der eigenen Daten auch verboten werden. Im Voraus kann jedoch kein generelles Datenbearbeitungsverbot ausgesprochen werden. Ein solches muss von Fall zu Fall ausdrücklich dem Bearbeiter mitgeteilt werden.

5 Business Cases

Ein Business Case besteht aus verschiedenen **Database Marketing-Kampagnen** und übt einen positiven **Einfluss auf die Profitabilität** unseres Geschäftes aus:

- mit Hilfe von Business Cases werden Schlüsselfähigkeiten für Database Marketing aufgebaut;
- ein Business Case behandelt ein für die Winterthur bedeutsames unternehmerisches Thema;
- bei der Definition eines Business Case wird von einer bedeutsamen Business Opportunität ausgegangen;
- ein Business Case ist ergebniswirksam und trägt zur Finanzierung der Investition bei. Ein Business Case bewirkt einen Bottomline-Effekt durch gesteigerte Erlöse (z.B. Erhöhung der Kundenausschöpfung) und/oder Kostensenkungen (z.B. Senkung der Marktbearbeitungskosten etc.).

Der Business Case **dient dem Projekt** in folgendem Rahmen:

- die Marketing-Datenbank im Rahmen einer Testanlage zum Einsatz bringen;
- das Instrument "Database Marketing" im Marketing-Gesamtkonzept einbetten und weiterentwickeln;
- Mitarbeiter des Bereiches Database Marketing im Lernprozess involvieren. (die Art mit dem neuen Instrument umzugehen und die Philosophie des Database-Marketing sollen on the job erlernt werden.);

- die Rollen des Bereiches Database Marketing und dessen internen Kunden in der Praxis üben.

Wir haben mehrere Varianten evaluiert. Wie aus Abb. 10 ersichtlich ist, wirken sich die Business Cases in unterschiedlichem Ausmass auf die Profitabilität und auf den Projektnutzen aus.

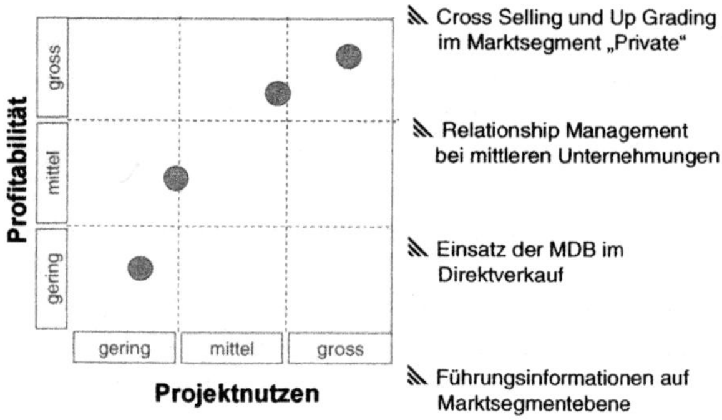

Abb. 10 Business Cases

Beispiel „Cross-selling und Up-grading im Marktsegment Private Haushalte (vgl. Abb. 11):

Dieser Business Case ist durch die strategischen Ziele der Winterthur in der Schweiz geprägt. Dementsprechend sind die strategischen Schwerpunkte: Cross Selling und Up Selling.

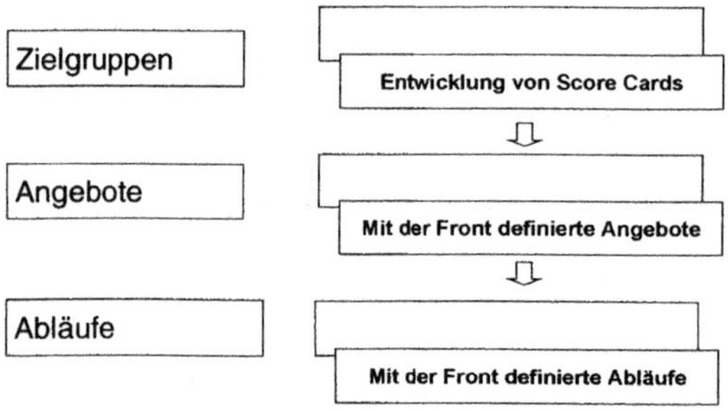

Abb. 11 Beispiel eines Business Case

Mit diesem Business Case sollen folgende Ziele erreicht werden:

- Beitrag zur Erreichung der definierten Cross- und Up-Selling-Ziele erbringen;
- Verträge abschliessen;
- Mehrstufiger Verkaufs-Prozess mit der neuen Database Marketing-Infrastruktur unterstützen und Erkenntnisse mit neuen Verkaufsmethoden gewinnen;
- Zusammenarbeit mit Partnern der anderen Verkaufsorganisationen fördern;

- Neue Kontakte und Beziehungen von Kunden aus dem Partner-Vertriebskanal aufbauen;
- Kunden-Informationen austauschen, verifizieren und ergänzen.

Zielgruppen-Bestimmung
Grundsätzlich sollen die Möglichkeiten von Event-triggered-Kampagnen systematisch ausgenutzt werden (der Kunde selbst löst durch ein bestimmtes Verhalten die vorgeplante Kampagne aus). Ferner werden mit Data-Mining-Methoden Affinity Groups gebildet (z.B. Personen, bei welchen der Kauf des nächsten Produktes am wahrscheinlichsten ist).

Angebote
Die konkreten Angebote sollen mit den Mitarbeitern an der Front definiert werden. Wichtig für das Gelingen des Konzepts ist, dass genügend freiwillige Absatzorgane für die neue Idee gewonnen werden.

Idealtypischer Ablauf einer„Mail-Call"-Kampagne (Beispiel)
Die internen Kunden des Database Marketing legen fest, wie ihre Kampagne ablaufen soll. Eine komplexere Kampagne kann beispielsweise wie folgt ablaufen (Abb. 12):

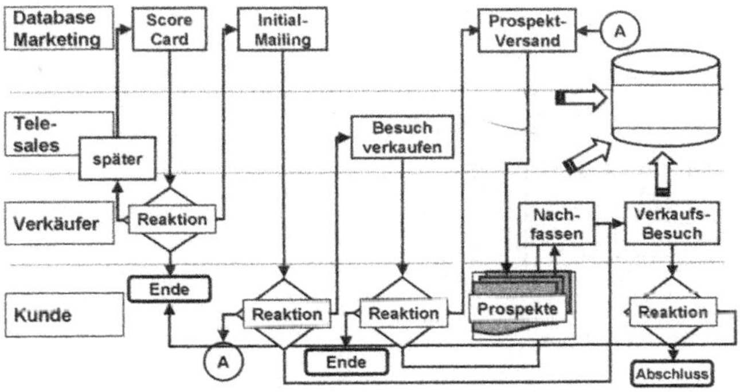

Abb. 12 Idealtypischer Ablauf einer Kampagne des Typs „Mail – Call".

Das Database Marketing (DBM) identifiziert und selektiert die Zielgruppe der Kampagne. DBM stellt den der Kampagne beteiligten Aussendienstmitarbeitern (ADM) Kundenlisten via Intranet zu. ADM markieren die Kunden auf der Kundenliste „Initialmailing-Tranche 1, 2 oder X", welche in der Woche 1, 2 oder X ein Mailing erhalten sollen. DBM verschickt zum gewünschten Zeitpunkt das Initialmailing an die von ADM markierten Kunden. Der Kunde kann aufgrund des Initialmailings einen Besuch wünschen oder eine Broschüre bestellen. In diesen Fällen erfolgen entsprechende Einträge in die Aktionslisten „Pendente Besuche" bzw. "Nachfassen nach Broschürenversand". Das Ergebnis des Initialmailings wird von den Mitarbeitern (Zentrale für Postretouren) via Intranet in die Marketing-Datenbank eingetragen. Für Kunden, die auf das Initialmailing nicht reagiert haben, wird eine Anrufpendenz (in der Regel 10 Tagen nach dem Initialmailing)

vom System selbst ausgelöst. Die zuständige Telesales-Einheit (Outbound-Call-Center, Verkaufsunterstützungspersonal der Generalagenturen oder der zuständige Verkäufer selbst) fasst telefonisch nach. Hierfür verfügt diese Einheit über die Pendenzenliste „Anrufe". Der Kunde kann aufgrund des Anrufes einen Besuch wünschen oder eine Broschüre bestellen. In diese Fällen erfolgt ein Eintrag in die Aktionslisten „Pendente Besuche" bzw. "Nachfassen nach Broschürenversand". Das Ergebnis der Telefonaktion wird von den zuständigen Mitarbeitern via Intranet in die Marketing-Datenbank eingetragen.
Basierend auf der Kundenliste „Besuche" nimmt der Aussendienstmitarbeiter mit dem Kunden Kontakt auf, vereinbart einen Termin, führt das Verkaufsgespräch durch und hält das Ergebnis (Abschluss, zweiter Besuch oder Terminierung des nächsten Kontaktes) in der Marketing-Datenbank im Intranet fest.

Der oben geschilderte Ablauf für eine einzige Kampagne des Typs Mail-Call ist ziemlich kompliziert. Ein ganzer Business Case, welcher aus mehreren Kampagnentypen und unterschiedlichen Angeboten besteht, erreicht einen Komplexitätsgrad, welcher nur mit Hilfe eines ausgeklügelten Database Marketing-Systems bewältigt werden kann (vgl. Abb. 13).

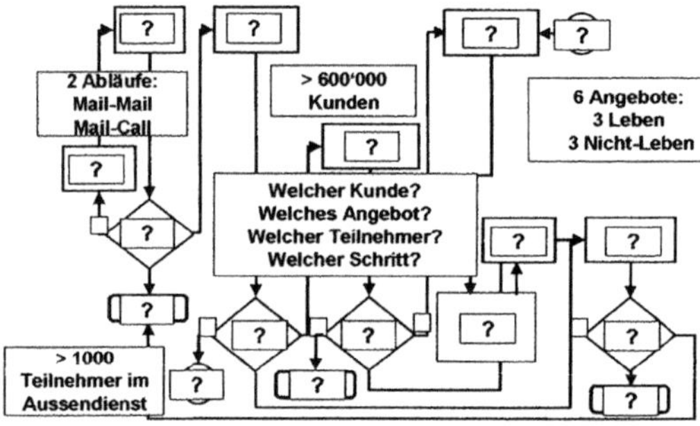

Abb. 13 Komplexität eines Business Case

6 Database Marketing System

Eine moderne Infrastruktur soll die konsequente Umsetzung der beschriebenen Strategie und Operationen ermöglichen. Das Database Marketing-System (Marketing-Datenbank i.w.S.) ist die infrastrukturelle Voraussetzung zur Implementierung des Customer Relationship Management und des Database Marketing.

Die zentrale Aufgabe der Marketing-Datenbank (i.e.S.) besteht darin, das „Universum" (alle Private, Haushalte und Unternehmungen in der Schweiz) in einem ausgeklügelten Datenbankmodell abzubilden. Es besteht aus den in Abb. 14 dargestellten Systemkomponenten.

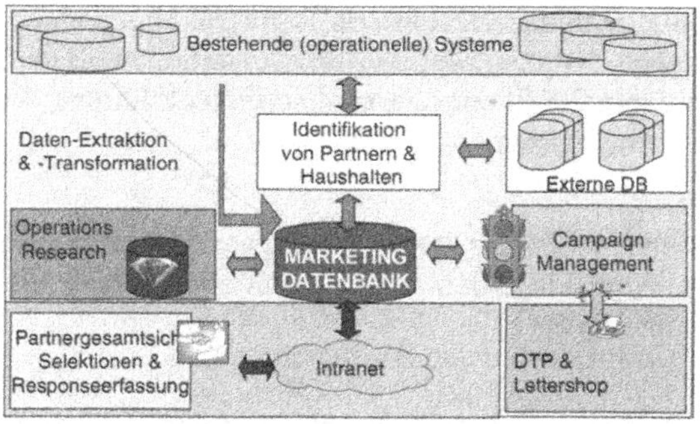

Abb. 14 Systemübersicht

Datenextraktion und –transformation

Die Datenextraktion und –transformation hat die Aufgabe, alle relevanten internen und externen Daten zu extrahieren, zu transformieren und in die Datenbank abzulegen. Die Quellensysteme sind für die Qualität der gelieferten Daten zuständig.

Identifikation von Partnern & Haushalten

In diesem System werden die Personen im Schweizer Markt identifiziert, Doubletten abgeglichen, die Adressqualität unter Verwendung vielfältiger Quellen verbessert, Haushalte und Unternehmungen abgebildet sowie Partnerinformationen mit Zusatzmerkmalen angereichert.

Marketing-Datenbank (i.e.S.)

Diese Datenbank besteht aus einem Datawarehouse, in welchem die relevanten Informationen historisiert werden, sowie aus einem On-Line-Transaction-Processing-Teil, welcher die Produktion und Steuerung der Kampagnen sicher stellt. Hierfür mussten zahlreiche Batch- und Online-Programme zur Verbindung der einzelnen Systemkomponenten mit der Marketing-Datenbank geschrieben werden.

Operations Research

Das System Operations Research besteht aus einer ausgeklügelten Analyse-Umgebung. Mit Hilfe von multivariaten Analysen werden neue Erkenntnisse über das Verhalten unserer Kunden gewonnen. Solche Erkenntnisse führen zu einer besserer Zielgruppenbestimmung und damit zu einer markanten Verbesserung der Effektivität unserer Marktbearbeitung.

Campaign Management-System

Das Campaign Management-System koordiniert die verschiedenen Schritte der Database Marketing-Kampagnen (z.B. MAIL-MAIL, MAIL-CALL) und führt einfache Zielgruppenselektionen durch (z.B. Event-triggered-Zielgruppen).

Einsatz der Intranet-Technologie

Basierend auf der modernsten Intranet-Technologie haben wir eine Applikation aufgebaut. Diese ermöglicht allen Personen mit Kundenkontakt – in erster Priorität den jeweiligen Absatzorganen – folgende Verwendung der Marketing-

Datenbank: Kundengesamtsicht, Suche und Selektion von Partnern, Kampagnen-Planung und -Durchführung, Eingabe diverser Daten (Adressmutationen, Datenanreicherung etc.). Geplant ist (im Jahre 2000) eine automatische Rückführung der Mutationen, wenn nötig bis in die Primärsysteme.

Lettershop und Desktop Publishing
Im Bereich Letter-Shop und Desktop Publishing befasst sich das System mit der Druckaufbereitung, dem Desktop Publishing, dem individualisierten Druck und dem Versand der kreierten Werbeunterlagen.

Infrastruktur
Die Infrastruktur des Database Marketing System besteht aus folgenden Kernkomponenten: Parallelrechner (SP2 PE), AIX-Umgebung, NT-Client-Server-Architektur, Intranet-Infrastruktur (Thin Client, Logik im Middle-Tier), Campaign-Management-System-Valex, PRISM-Extraktions- und Transformationstool, Partneridentifikation (Applikation der BWV, St. Gallen).

7 Projekt-Chancen und -Risiken

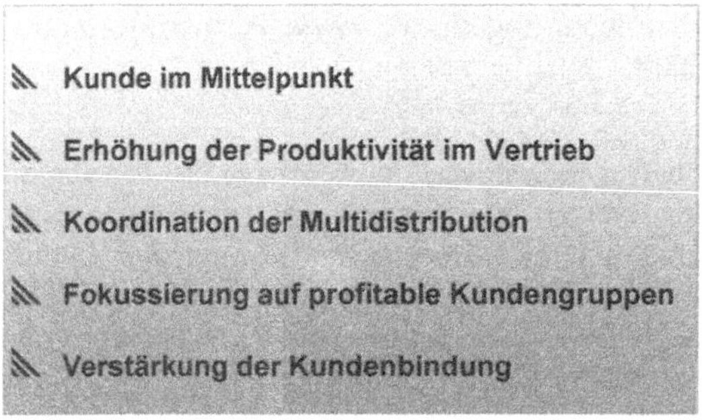

Abb. 15 Hauptchancen

Mit Hilfe des Database-Marketing-System wird es der Winterthur gelingen, durch gezieltes Ausnutzen individueller Kundeninformationen (Kundengesamtsicht) noch mehr Kundennähe zu gewinnen. Die Verkaufsprozesse werden mit flexiblen Work Flows systematisch begleitet, was zu einer weiteren Erhöhung der Produktivität im Vertrieb und einer Verbesserung der Koordination unserer Multi-Distribution führen soll. Durch eine raffinierte Nutzung des Informationspotentials mit der modernsten Analyse-Umgebung wird sich die Winterthur auf die Betreuung profitabler Kundengruppen konzentrieren können. Die Marktaktivitäten der Vertriebskanäle werden priorisiert. Damit erfolgt eine bessere Konzentration der Kräfte sowie eine systematische Förderung der Cross- und Up-Selling-Aktivitäten. Ein nachhaltiger Kundendialog durch Koordination direkter und indirekter Kommunikationsmethoden soll den Kunden in den Mittelpunkt stellen und profitable Kundenbeziehungen mit der Winterthur noch stärker binden.

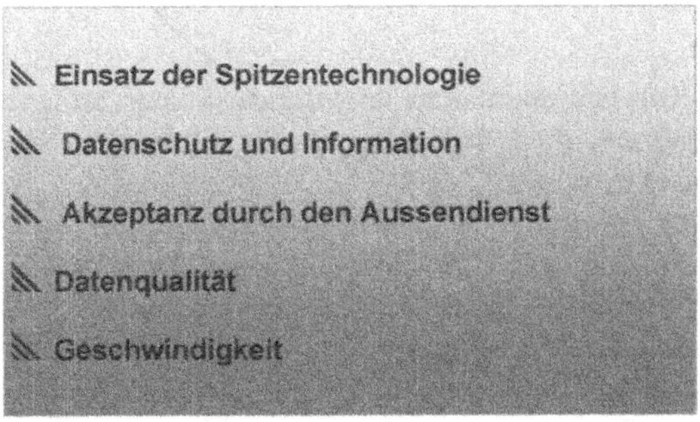

Abb. 16 Hauptrisiken

Wo *Spitzentechnologien* eingesetzt werden, sind „Kinderkrankheiten“ kaum vermeidbar. Bei der Einführung eines derart komplexen Systems stellen solche Störfaktoren eine erhebliche Bedrohung dar. Es gilt dabei, die hohen Erwartungen unserer Partner entsprechend zu korrigieren und die bevorstehende Einführung bei mehr als 4000 Benutzer sehr sorgfältig zu planen.

Damit auch unsere Verpflichtungen hinsichtlich des *Datenschutzes* eingehalten werden können, haben wir uns entschieden, die unter Punkt 4 erwähnten Grundsätze konsequent durchzusetzen.

Mit dem neu geschaffenen Database Marketing-System wird der *Aussendienst* dazu eingeladen, umzudenken. Wird er seine Informationen nicht weitergeben wollen, weil er befürchtet, dass diese gegen ihn verwendet werden? Akzeptiert er die vorliegende Datenqualität? Ist er bereit, Kunden-Informationen systematisch zu pflegen? Nimmt er sich genügend Zeit für die Planung und Durchführung der Database Marketing-Kampagnen? Diese potentiellen Risiken sind unserer Ansicht nach auf dem Führungsweg zu lösen.

Für den Erfolg des Database Marketing sind die *Aktualität und Vollständigkeit der Daten* von ausschlaggebender Bedeutung. Es ist jedoch schwierig, die aus verschiedenen Quellen stammenden Daten in der benötigten Qualität und mit vertretbarem Aufwand zu konsolidieren. Die Database Marketing-Organisation ist von aussenstehenden Datenlieferanten abhängig und hat daher nur einen beschränkten Einfluss auf die Qualität der Daten. Dieses Problem tritt bei Database Marketing in Erscheinung, liegt jedoch ausserhalb des Verantwortungsbereichs der Database-Marketing-Organisation. Eine Lösung des Problems muss bereichsübergreifend gefunden werden können.

Die Implementierung eines derartigen Systems ist kapitalintensiv. Gezwungenermassen werden bereits bei den ersten Business Cases positive Ergebnisse erwartet. Es kommt auf die Geschwindigkeit der Implementierungsphase an. Der *Termindruck*, welcher dem Projekt auferlegt wird, stellt bei diesem Komplexitätsgrad eine mögliche Fehlerquelle dar.

8 Grundsätzliches Vorgehen zum Aufbau der Marketing-Datenbank

Als **Fernziel** stellen wir uns eine Kundengesamtsicht vor, die der Unterstützung des Customer Relationship Management dient und längerfristig optimal in die Systemlandschaft der Winterthur **integriert** ist.

In der ersten Phase haben wir uns auf den Aufbau eines schlagkräftigen Database Marketing-Systems konzentriert, welches ab 2000 das Customer Relationship Management, das Database Marketing und die Verkaufsprozesse unterstützt.

Der Soll-Zustand per 1.1.2000 lässt noch keine Integration in die Primärsysteme zu und ist mit vorübergehenden **Nachteilen** verbunden: Die Kundengesamtsicht der Marketing-Datenbank ist nur über Intranet zugänglich und kann nicht mit bestehenden Applikationen abgebildet werden.

Demgegenüber sehen wir folgende **Vorteile**: Wir schonen unsere internen Informatik-Ressourcen, bauen Erfahrungen mit einem raschen Marktauftritt auf, unterstützen die Database Marketing-Prozesse, generieren ein Deckungsbeiträge und verpassen das "Time-to-market" nicht.

9 Langfristige Implementierungsstrategie

„Think Big - Start Small" – Diese allgemeingültige Empfehlung gilt auch für das vorliegende Projekt. Langfristig betrachtet, muss die Marketing-Datenbank weiter entwickelt werden. Wie aus der Abb. 17 hervorgeht, sind die Anwendungsbereiche des neu geschaffenen Systems vielfältig und können schrittweise implementiert werden (vgl. Abb. 18).

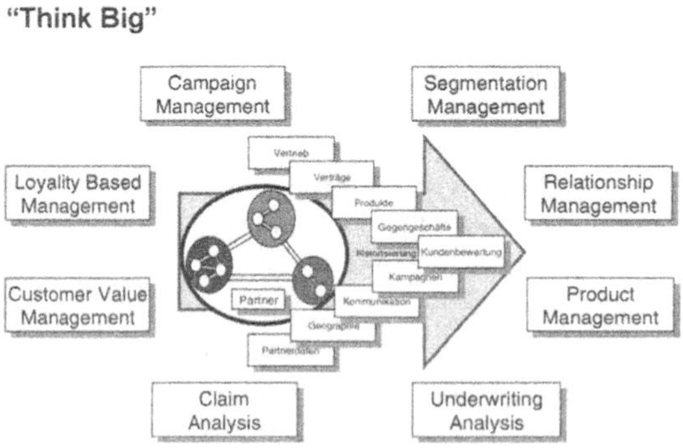

Abb. 17 Langfristige Perspektiven

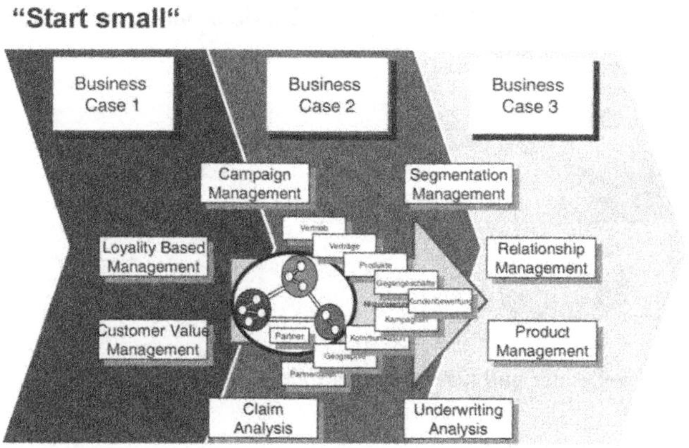

Abb. 18 Sukzessiver Einsatz von Business Cases

Die infrastrukturelle Basis legen, stellt eindeutig die schwierigste Aufgabe dar: Eine gewisse minimale Systembreite und -tiefe ist erforderlich, um das Database Marketing System in Betrieb nehmen zu können. Und diese Minimalanforderung können sich nur kapitalkräftige Global Players leisten!

10 Nutzen der Marketing-Datenbank

Zusammenfassend lässt sich der Nutzen der Marketing-Datenbank wie folgt kennzeichnen: Aussendienstmitarbeiter, Verkaufsunterstützungspersonal, Schadeninspektoren, Call Center-Agenten und Unternehmensberater erhalten via Intranet eine umfassende Gesamtsicht ihrer Kunden (vgl. Abb. 19).

Abb. 19 Bereitstellung einer Kundengesamtsicht

Die Kundensuche wird mit dem neuen System insofern vereinfacht, dass nicht nur bestehende sondern auch potentielle Kunden in der Marketing-Datenbank gespeichert sind. Zudem werden alle bekannten Beziehungen zwischen den erfassten Personen und Unternehmungen erfasst. Die Selektion von Kunden, welche ähnliche Merkmale aufweisen, wird auch für jede Person mit Kundenkontakt einfacher (vgl. Abb. 20).

Abb. 20 Suche und Selektion bestehender und potentieller Kunden

Mit dem Aufbau und dem regelmässigen Unterhalt einer zentralen Marketing-Datenbank soll das Marketing und die Produktentwicklung nicht zu kurz kommen: Mit Hilfe von Dataminig-Techniken und multivariater Analysen einer Fülle von markt- und kundenbezogenen Daten werden neue, zum Teil unerforschte Bereiche durchleuchtet (vgl. Abb. 21). Im Gegensatz zur klassischen Marktforschung können einzelne profitable Bedürfnisträger nicht nur generell beschrieben sondern auch lokalisiert gezielt angesprochen werden. Die Streuverluste werden verringert und damit die Effektivität der Marketingaktivitäten drastisch verbessert.

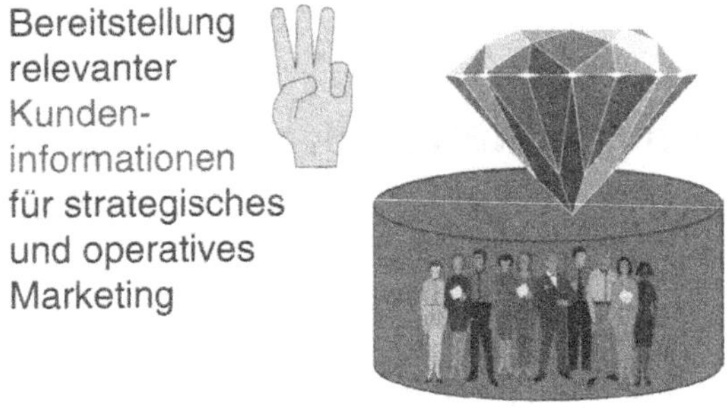

Abb. 21 Analyse

Der vierte Hauptnutzen des Database Marketing-Systems ist die zentrale Unterstützung der Vertriebskanäle bei der Durchführung von Database Marketing-Kampagnen (vgl. Abb. 22).

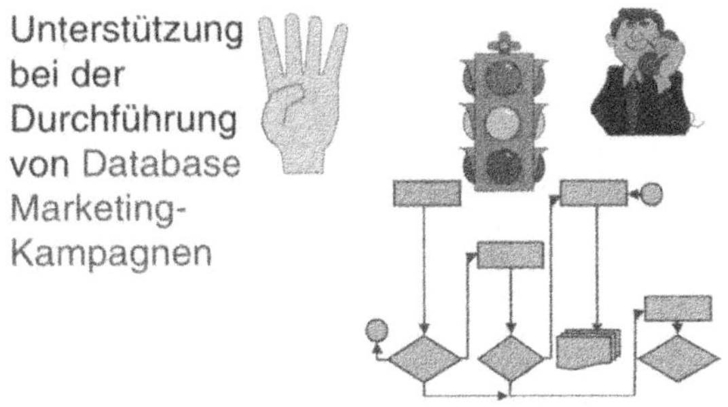

Abb. 22 Unterstützung von Database Marketing-Kampagnen

Die Darstellung des Nutzens zeigt, dass die Marketing-Datenbank zweifellos zum Aufbau einer strategischen Erfolgsposition führt. Frau V. Rometti, General Manager IBM, Global Insurance Industry teilt die Ansicht der Winterthur:

Abb. 23 What About Our Competitive Position?

Database-Marketing ist eine Methode, deren voller Nutzen sich nicht von heute auf morgen realisieren lässt. Die erforderliche Realisierungsdauer und die Imitationsbarriere bieten deshalb frühen Anwendern von Database-Marketing die Chance, sich einen Wettbewerbsvorteil aufzubauen, der von später einsteigenden Mitbewerbern nicht mehr aufgeholt werden kann. Wer zu spät kommt, den „bestraft" in diesem Fall der Markt!

Gerade weil sich die Winterthur als Leadergesellschaft auf Neuland bewegt, sind die Risiken des Projektes beträchtlich. Diese Risiken können aber durch eine konsequente Führung vermieden oder zumindest verringert werden. Dies hat freilich gewisse Konsequenzen auf das Verhalten aller beteiligten Bereiche und Mitarbeiter. Mitentscheidend für die Erreichung der Verkaufsziele ist ein 100%iges Engagement der involvierten Absatzkanäle.

Es fragt sich, ob es sich ein paneuropäischer Allbranchenversicherer wie die Winterthur überhaupt leisten kann, nicht in Richtung "Customer Relationship Management" zu investieren.

Das Data Warehouse-Konzept der Winterthur Versicherungen

Urs Joseph, Martin Stäubli, Paul Wittwer, Thorsten Frie

1 Einführung

1.1 Ausgangslage und Zielsetzung

Der vorliegende Beitrag ist das Ergebnis der Kooperation der Winterthur Versicherungen, Konzernbereich Schweiz, mit dem Institut für Wirtschaftsinformatik (IWI 1) im Kompetenzzentrum Data Warehouse Strategie (CC DWS). Aus der im Rahmen eines Grundlagenprojekts entstehenden Vorstudie werden auszugsweise die wesentlichen Ergebnisse vorgestellt. Die Vorstudie stellt eine vorbereitende Massnahme für die Initiierung eines Data Warehouse-Projekts dar. Im Mittelpunkt des Projektauftrags steht die Erarbeitung eines Data Warehouse-Konzepts für die Winterthur Versicherungen, Konzernbereich Schweiz. In erster Linie sind fachspezifische Anforderungen untersucht worden. Die Grundlage der Vorstudie bildet eine Ist-Aufnahme die zur Aufgabe hat, IT-Projekte zu untersuchen, die über ein erkennbares Potential für die Umsetzung von Data Warehouse-Konzepten in einem unternehmensspezifischen Data Warehouse verfügen. Ausgangsbasis bilden die folgenden sechs IT-Projekte:

- UDM - Entwurf und Weiterentwicklung eines Unternehmensdatenmodells;
- StatIS - Bereitstellung einer einheitlichen Datenbasis für Analyse- und Kalkulationszwecke bei statistischen Problemstellungen bzw. Auswertungen für die Prämienkalkulation;
- MIS - unternehmensweites Management-Informationssystem, das die Grundlage für das unternehmenspezifische Kennzahlensystem und das Berichtswesen bildet;
- DAWAMALT - Aufbau und Bereitstellung einer Informationsbasis für die Organisationseinheit Mathematik/Leben;
- MDB - Aufbau eines bereichsspezifischen Data Warehouse, welches von einem externen Dienstleistungs- und Beratungsunternehmen für den Bereich Marketing durchgeführt wird;
- Repository zur Standardisierung von Datenstrukturen - unternehmensweites Dokumentationssystem für Datenstrukturen.

Während die Projekte StatIS, MIS und DAWAMALT Data Warehouse-Konzepte ansatzweise umsetzen, ist das Projekt MDB von Beginn mit dem Ziel initiiert worden, ein Data Warehouse für das Marketing aufzubauen. Im Unterschied dazu schaffen die Projekte *UDM* und das Projekt *Repository zur Standardisierung von Datenstrukturen* Grundlagen für die Einführung und den Betrieb eines Data Warehouse.

1.2 Überblick

Zu Beginn des Beitrags wird ein Überblick sowohl über die Unternehmensstrategie und die daraus abgeleitete Informatikstrategie der Winterthur Versicherungen gegeben.

Anschliessend stehen die IT-Projekte im Mittelpunkt der Ausführungen. Zunächst wird jedes Projekt im Überblick beschrieben. Es werden vor allem die Einsatz- und Aufgabenschwerpunkte dargestellt. Ein weiteres Kapitel widmet sich den Integrationspotentialen der Projekte als Grundlage für den Entwurf eines Data Warehouse-Konzepts.

Schliesslich steht die Entwicklung des Data Warehouse-Konzepts für die Winterthur Versicherungen im Vordergrund der Darstellungen. Es beinhaltet den Entwurf verschiedener Entwicklungsstufen und Varianten einer Data Warehouse-Architektur auf Basis der existierenden Systemlösungen. Im Verlauf der Ausführungen werden insgesamt drei verschiedene Architekturvarianten beschrieben und beurteilt.

2 Die Informatikstrategie der Winterthur Versicherungen, Konzernbereich Schweiz

Die Grundlage für die Entwicklung der Informatikstrategie bildet die Unternehmensstrategie. Die Informatikstrategie ist auf eine zeitliche Reichweite von drei bis fünf Jahre ausgerichtet, in der hauptsächlich die zukünftige Applikationsstruktur der Winterthur Versicherungen umgesetzt werden soll. Die Vorgaben der Unternehmensstrategie lauten:

- Ausrichtung der Informationssysteme an der Unternehmensstrategie mit dem Ziel, die wertschöpfenden Geschäftsprozesse zu unterstützen; Bereitstellung und Betrieb der dazu notwendigen Technologie und Infrastruktur für die Informationsversorgung;
- Implementierung einer unternehmensweiten einheitlichen Informationsbasis, um den bestehenden branchenübergreifenden Leistungssystemen eine gesamtheitliche Kundensicht zu ermöglichen und zukünftige Vertriebskanäle aufbauen zu können;
- Bereitstellung von Führungsinformationen für das operative Geschäft;
- Verbesserung des Informations- und Wissensmanagements.

Die Informatikstrategie hat folgende Schwerpunkte:

- Grundsätze der Informatikstrategie - beschreiben die aus der Unternehmensstrategie abgeleiteten Anforderungen für den Einsatz der IT, Projektabwicklung und -management sowie Organisation der Informatik und des Personaleinsatzes;
- Informationssystemarchitektur - Beschreibung der Ist- und Soll-Applikationsinfrastruktur, der Organisationsstruktur und zugrunde liegender Kernprozesse;

- Entwicklungsverfahren und -umgebungen - Überblick über Projekttypen und die bei der Entwicklung von Applikationen einzusetzenden Vorgehensweisen und Methoden;
- Informationstechnologie - beschreibt die im Unternehmen existierenden Softwaresysteme und -komponenten sowie operativen Systeme;
- Organisatorische Auswirkungen - Auswirkungen der IT-Strategie auf den Bereich Informatik und die Fachabteilungen.

Die Informatikstrategie setzt einen Schwerpunkt bei der Entwicklung einer langfristig ausgerichteten Strategie zur Applikationsentwicklung. Entscheidend ist, dass nicht die verfügbaren technischen Ressourcen die Gestaltung und Entwicklung der Informationssysteme beeinflussen, sondern notwendige Voraussetzung sind, um die gesetzten Ziele überhaupt erfüllen zu können. Die Technik darf keinen Engpass bei der Umsetzung der Informatikstrategie bilden. Das Ziel ist, in Zukunft flexibel auf sich ändernde Anforderungen reagieren zu können, indem eine unternehmensweite, einheitliche, operative und dispositive Informationsbasis geschaffen wird. Auf diese Weise soll erreicht werden, dass sowohl neue Geschäftsfelder entstehen können als auch die Informationsversorgung langfristig verbessert werden kann.

3 Projektbeschreibungen

3.1 UDM - Unternehmensdatenmodell

Abb. 1 zeigt das Unternehmensdatenmodell (UDM) der Winterthur Versicherungen auf einem hohen Aggregationsniveau. Es handelt sich um ein spartenneutrales Datenmodell, das in erster Linie das operative Versicherungsgeschäft abbildet. Aus Gründen der Vereinfachung und Komplexitätsreduktion wird auf die Angabe von beschreibenden Datenobjekten (Entitäten) für die abgebildeten «Subject Areas (SA)» und Kardinalitäten der Beziehungen verzichtet. Aus den Bezeichnern der SA lässt sich der Verwendungszweck im Zusammenhang mit der Entwicklung von Datenbankapplikationen und -anwendungen ableiten. Die Semantik der verschieden farbig gekennzeichneten SA ist in Tab. 1 dargestellt. Die Farben stehen stellvertretend für einen unterschiedlichen „Reifegrad" der im UDM enthaltenen Subject Areas.

Reifegrad / Informationen	Niedrig	Mittel	Hoch
Detaillierung			
Aktualität			

Tab. 1 „Reifegrad"-Kategorien

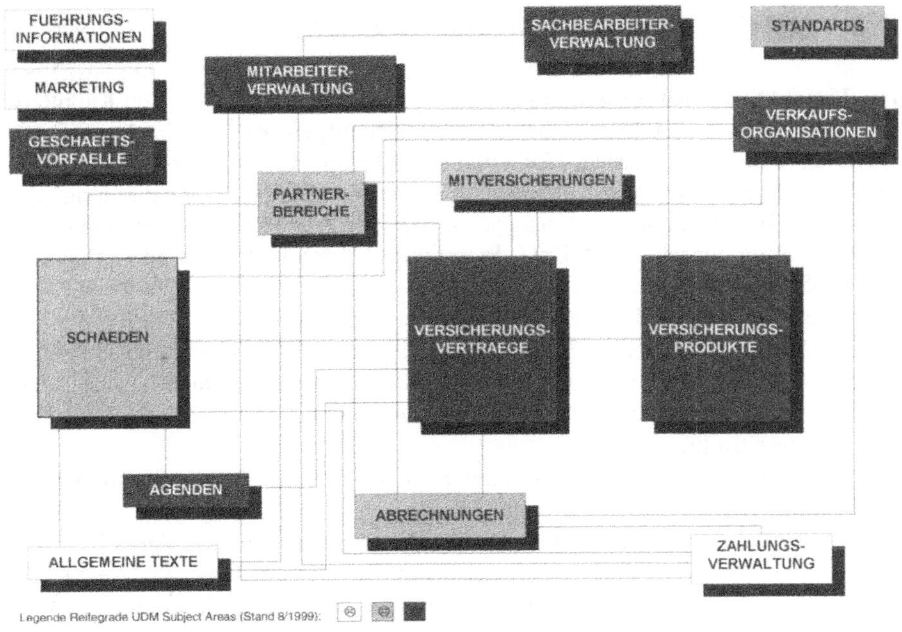

Abb. 1 Unternehmensdatenmodell (UDM) in der Version 3.2

Im Mittelpunkt des UDMs stehen die SA Versicherungsprodukt und SA Versicherungsvertrag. Die SA Versicherungsprodukt enthält Produktdefinitionen und regelt die Branchenzugehörigkeit. Produkte werden marktgerecht und kundenspezifisch entwickelt. Die SA Versicherungsvertrag beinhaltet sämtliche Informationen, die zu einem Versicherungsvertrag erfasst bzw. gespeichert werden. Dies beginnt mit der Angebotserstellung und endet mit der Kündigung bzw. dem Auslaufen des Vertrags.

Das Unternehmensdatenmodell ist nicht im Rahmen eines unternehmensweiten einmaligen Projekts entstanden. Bei der Entwicklung hat man sich für einen evolutionären Modellierungsansatz entschieden. Das UDM wird aufgrund von neuen IT-Projekten und daraus resultierenden Anforderungen an die verfügbare und zukünftig bereitzustellende Datenbasis beständig weiterentwickelt. Eine Reihe unterschiedlicher Projekte haben über einen Zeitraum von mehr als sechs Jahren zum Entstehen der aktuellen Version des UDMs beigetragen. Ein projektgetriebener Ansatz für die Entwicklung eines Unternehmensdatenmodells erscheint unter Beachtung der in der Vergangenheit gescheiterten Modellierungsversuche unternehmensweiter Datenmodelle vorteilhaft.

3.2 StatIS – Statistik-Informationssystem

Das Projekt StatIS hat die Schaffung einer Datenbasis für Analyse- und Kalkulationszwecke zum Ziel. Die im Rahmen von StatIS aufgebaute Datenbank bedient in erster Linie die Fachabteilung Mathematik mit Informationen. Während die Organisationseinheit Statistik die Datenbasis auswertet, führt die Fachabteilung Mathematik schwerpunktmässig Vertragsanalysen zur Prämienkalkulation durch. Mit StatIS werden verschiedene Data Warehouse-Konzepte im Ansatz umgesetzt. Dazu zählen beispielsweise

- der Betrieb einer dedizierten Datenbank zu Statistikzwecken,
- ein Verarbeitungsprozess (ETL-Prozess: Extraction, Transformation, Loading), der unter Nutzung anwendungsspezifischer Schnittstellen Daten aus den operativen Systemen extrahiert, bereinigt, transformiert und in der StatIS-Datenbank bereitstellt, sowie
- die Präsentation der Informationen über spezielle Standardanwendungsprogramme (SAS).

Die Datenbasis in der StatIS-Datenbank hat eine sehr feine Granularität bzw. hohen Detaillierungsgrad. Die Anforderungen der Fachabteilung Mathematik lautet, dass eine Auswertung auf der Basis von Einzeldaten möglich sein soll. Das der StatIS-Datenbank zugrunde liegende Datenmodell stellt einen Ausschnitt aus dem UDM dar. Neben Standardauswertungen besteht die Möglichkeit, Sonderauswertungen durchzuführen. Die Fachabteilung Mathematik führt Plausibilitätsprüfungen durch und meldet notwendige Korrekturen.

3.3 MIS - Management-Informationssystem

Das Projekt MIS befasst sich mit der Bereitstellung von Führungsinformationen. Im Mittelpunkt des Führungsinformationssystems stehen quantifizierbare Führungsgrössen, die auf allen Hierarchiestufen und Organisationseinheiten operationalisiert werden können. Die Wahl fiel auf die betriebswirtschaftlich relevanten Grössen Wachstum und Ertrag. Hinzu kommen Analysegrössen, die in Verbindung mit den Führungsgrössen gewonnen werden, um bekannte Wirkungszusammenhänge zwischen Führungs- und Analysegrössen zu dokumentieren. Darüber hinaus können Planwerte erfasst werden, um Zielvorgaben für Führungs- und Analysegrössen festzulegen.

Das dem MIS zugrunde liegende Datenmodell stellt eine anwendungs- und unternehmensspezifische Lösung dar. Die Population der Datenbasis wird durch einen speziellen Verarbeitungsprozess realisiert, der Merkmale und Eigenschaften eines ETL-Prozesses aufweist. Anschliessend stehen die transformierten und bereinigten Daten dem MIS zur Verfügung.

Die Datenbasis bildet eine ausschliesslich für Führungsinformationen erstellte Datenbank. Neben den relevanten Informationen zur Berechnung der Führungs-

und Analysegrössen, werden gleichzeitig Daten vorgehalten, die im Zusammenhang mit den Auswertungen der Führungsinformationen zusätzlich nachgefragt werden könnten. Das mit dem Führungsinformationssystem realisierte Berichtswesen bietet sowohl periodisch wiederkehrende Standardauswertungen an als auch die Möglichkeit, Spezialauswertungen interaktiv auszuführen. Insgesamt kann festgehalten werden, dass auf der Basis einer speziell für Führungszwecke entwickelten Datenbank auswertungs- und analyseorientierte Konzepte, sog. Decision Support Systems (DSS) beziehungsweise Executive Information Systems (EIS), umgesetzt werden.

3.4 DAWAMALT

Der Projektname „DAWAMALT“ ist ein Akronym aus den Worten Data Warehouse Mathematik Leben Technik. Das Projekt hat zum Ziel, ein Alt-System abzulösen, bei dem sowohl die Datenbasis als auch die angebotene Funktionalität nicht mehr den betrieblichen Anforderungen gerecht wird. In Verbindung mit dem Aufbau und der Einführung einer Data Warehouse-Lösung sollen bedarfsorientiert Data Marts erzeugt werden, die den speziellen Auswertungsbedürfnissen gerecht werden. Im Vordergrund steht dabei die werkzeugunterstützte Organisation des ETL-Prozesses zur Datenbereitstellung für ein Data Warehouse und die Data Marts. Der ETL-Prozess umfasst Extraktion, Transformation, Ladevorgänge und ggf. Bereinigung der Daten aus den operativen Systemen. Durch den ETL-Prozess wird der Datenbestand monatlich inkrementell aktualisiert. Die Daten werden den operativen Systemen entnommen und – durch weitere auswertungsrelevante Daten ergänzt – im Data Warehouse abgelegt. Im Data Warehouse selbst werden keine Berechnungen ausgeführt, so dass diese Aufgabe im Verlauf des ETL-Prozesses geleistet wird. Ein branchenspezifisches Referenzdatenmodell ist auf die unternehmensspezifischen Bedürfnisse angepasst worden.

Im Rahmen einer Softwareevaluation sind insgesamt sieben Software-Werkzeuge evaluiert worden. Neben einem Kriterienkatalog für die Detailanalyse sind folgende generelle Anforderungen formuliert worden:

- Selektion/Extraktion - Unterstützung der Datenbeschaffung und -aufbereitung für das Data Warehouse; dabei sollen sowohl interne als auch externe Datenquellen einbezogen werden können;
- Inhaltliche Aufbereitung - Erfassung von Metadaten;
- Strukturelle Aufbereitung - Schaffung einer einheitlichen Datenstruktur und Umwandlung der Daten aus den operativen Systemen;
- Aggregation/Verdichtung - Bildung von Auswertungsdimensionen im Data Warehouse;
- Zeitreihen - Umsetzung eines Historisierungskonzepts mit dem Ziel, Zeitreihenanalysen und Trendberechnungen durchzuführen.

Die Entscheidung fiel schliesslich nach umfangreichen Praxistests zugunsten des Werkzeugs *Prism Warehouse Manager* aus.

3.5 MDB - Marketingdatenbank

Das Projekt MDB wird hauptsächlich von einem externen Beratungsunternehmen (IBM) ausgeführt. Übergeordnetes Ziel ist die Bereitstellung einer unternehmensweiten einheitlichen Kundensicht auf der Basis eines Data Warehouse. Dadurch sollen insbesondere Konzepte des Customer Relationship Management oder für das Database Marketing wertschöpfend umgesetzt werden. Von der Einführung der MDB erwartet die Winterthur Versicherungen für das Marketing folgende Verbesserungspotentiale:

- Bereitstellung einer Kundengesamtsicht;
- Selektion bestehender und insbesondere potentieller Kunden aus der Partnerdatenbank;
- Möglichkeiten zur Umsetzung von Database-Marketingkonzepten und darauf basierenden Marketingkampagnen;
- Bereitstellung von Kundeninformationen für das strategische und operative Kundensegment-Management.

Das der Marketingdatenbank zugrunde liegende Datenmodell ist von einem externen Anbieter gekauft worden und wird entsprechend den unternehmenspezifischen Anforderungen modifiziert. Das Gesamtprojekt für den Aufbau der MDB umfasst insgesamt sieben Teilprojekte. Hinzu kommen vier begleitende Teilprojekte, die ausschliesslich infrastruktur- und organisationsbezogene Funktionen übernehmen. Es handelt sich schwerpunktmässig um die folgenden sieben Teilprojekte:

- DATEN - Modellierung und Entwicklung eines Datenbankmodells, das die Geschäftsobjekte Private Haushalte und Unternehmen der Schweiz abbildet;
- EXTRA - Datenextraktion und -transformation aller relevanten internen und externen Datenquellen;
- PICA - Bereitstellung der Datenbasis (Partnerinformationen) sowie Sicherung und Erhöhung der Datenqualität (z.B. Mehrfachsätze entfernen, Adressenqualität erhöhen usw.);
- CAMPO - Implementierung eines Informationssystems für das Projektmanagement zur Unterstützung des Database Marketing;
- CONTACT - Entwicklung einer auf Internet-Technologien basierten Applikation für den Zugriff auf die MDB durch Aussendienstmitarbeiter;
- PAPYRUS - befasst sich mit den für Marketingkampagnen notwendigen Medien einschliesslich erforderlicher informationstechnischer Unterstützung;
- MARS - setzt sich mit dem Bereich Business Intelligence und der Beschaffung hierfür notwendiger Software auseinander.

3.6 Repository zur Standardisierung von Datenstrukturen

Das Ziel dieses Projekts ist, langfristig eine Homogenisierung oft benötigter Datenstrukturen zu erreichen. Unternehmensweit sind bereichsspezifisch Datenverantwortliche für das Datenmanagement eingesetzt. Der Datenverantwortliche hat als einziger das Recht, Datenstrukturen zu implementieren bzw. zu modifizieren. Alle anderen Nutzer haben ausschliesslich Leserechte.

Für den Weiterausbau ist das Repository positioniert als zentrales Metadatenwarehouse (DWH der Softwareentwicklung) mit dem Ziel der Konsolidierung unterschiedlicher Metadatenquellen. Über die Aufnahme weiterer Metadaten ins Repository wird bedarfsorientiert entschieden. Als nächste Ausbauschritte sind die Implementierung einer Intranet-Abfrageoberfläche in Arbeit und der Aufbau einer Datenbasis für Verwendungsnachweise für die Entwicklungsplattform Host geplant. Als Werkzeug wird das Platinum-, heute CA-Repository/MVS eingesetzt. Grundlage für die Metadatenhaltung bilden die diversen Standardmetamodelle des Herstellers, welche auch frei erweiterbar sind.

4 Integrationspotentiale

Dieses Kapitel hat zum Ziel, die Integrationspotentiale der Projekte UDM, StatIS, MIS, DAWAMALT, MDB und Repository zur Standardisierung von Datenstrukturen zu untersuchen.

Für die Untersuchung bietet es sich an, konzeptionelle und fachliche Integrationspotentiale zu unterscheiden sowie organisatorische Implikationen zu identifizieren. Die konzeptionellen Integrationspotentiale fassen Aspekte zusammen, die sich im wesentlichen auf Entwurfs-, Entwicklungs- und Implementierungsprozesse beziehen. Die fachlichen Integrationspotentiale beziehen sich auf den Betrieb und die Nutzung einer Data Warehouse-Infrastruktur. Sie spiegeln betrieblich relevante Sachverhalte aus Sicht der Fachabteilungen wider. Die in Klammern angegebenen Projektnamen bezeichnen die Projekte, die einen Beitrag zur Umsetzung des beschriebenen Integrationspotentials leisten. Konzeptionelle Integrationspotentiale sind:

- Aufbau eines Datenmmodells für das Data Warehouse auf der Grundlage des Unternehmensdatenmodells (UDM, StatIS), des Datenmodells für das Management-Informationssystem (MIS) und der modifizierten Referenzmodelle (MDB, DAWAMALT);
- Verringerung der Vielfalt an Datenmodellvarianten und -versionen sowie Möglichkeit zur Standardisierung des Methodeneinsatzes;
- Steuerung und Vereinfachung des Schnittstellenmanagements;
- Bereitstellung einer homogenen Datenbasis für die unterschiedlichsten Informationsbedürfnisse und Anwendungen der Fachabteilungen (StatIS, MIS);
- Einbindung bestehender Konzepte zur Homogenisierung von Datenstrukturen (Repository zur Standardisierung von Datenstrukturen);
- Nutzung von Synergieeffekten und Wiederverwendung bestehender Systemkomponenten.

Fachliche Integrationspotentiale sind:

- Entlastung betrieblicher Ressourcen und Betriebsmittel durch weniger isolierte Verarbeitungsprozesse;
- Verbesserung der Auslastung betrieblicher Ressourcen und Betriebsmittel;

- Erhöhung der Wirtschaftlichkeit beim IT-Infrastrukturmanagement;
- Schaffung einer konsistenten und aktuellen Datenbasis für alle Nutzergruppen des Data Warehouse;
- Bereitstellung einer bereichsübergreifenden und geschäftsablaufspezifischen Informationsbasis;
- Verkürzung von Durchlaufzeiten für die Bereitstellung von Informationen;
- Homogenisierung des existierenden operativen Berichtswesens und Ergänzung des Standardberichtswesens durch Ad hoc-Abfragemöglichkeiten;
- Verbesserung der Datenqualität in der Datenbasis im Hinblick auf die Unterstützung der Kernprozesse;
- Schaffung einer homogenen Softwareinfrastruktur für die Nutzung und den Betrieb des Data Warehouse;
- Möglichkeit, ein bisher heterogenes branchen- und unternehmensspezifisches Begriffssystem zu standardisieren (grundsätzlich gilt, dass neben unternehmensweit einheitlichen Begriffsdefinitionen auch fachbereichsspezifische Definitionen zugelassen werden);
- Verbesserung der Möglichkeiten, zukünftige Produkt- und Dienstleistungsinnovationen zu integrieren.

Darüber hinaus dürfen organisatorische Auswirkungen nicht ausser acht gelassen werden. Es sind folgende Aspekte von Bedeutung:

- Einbindung eines Data Warehouse-Projekts in die Organisationsstruktur des Unternehmens;
- Schaffung einer separaten Data Warehouse-Organisationseinheit, die nach der Einführung für den Betrieb des Data Warehouse verantwortlich ist;
- Institutionalisierung bisher informaler Prozesse im Umfeld einer Data Warehouse-Infrastruktur;
- Erweiterung des Konzepts eines Datenverantwortlichen zu einem Data Ownership-Konzept, bei dem eine Zuordnung einzelner Teilmengen von Data Warehouse-Daten zu verantwortlichen Stellen in der Organisation (Datenproduzenten und -bezieher sowie Kerndatenverantwortliche) erfolgt.

5 Das Data Warehouse-Konzept

Mit der Formulierung der Informatikstrategie werden die Rahmenbedingungen zur Erreichung der strategischen Ziele festgelegt. Die Informatikstrategie unterscheidet in eine Informationssystem- (IS-Strategie) und eine Informationstechnologiestrategie (IT-Strategie). Die IS-Strategie legt technologieneutral den Handlungsspielraum zur Erfüllung der Informations- und Kommunikationsbedürfnisse im Unternehmen fest. Die IT-Strategie beschreibt den Einsatz- und Verwendungszweck bestehender und zukünftiger Informations- und Kommunikationstechnologien. Innerhalb dieser Strategievorgaben kann eine Data Warehouse-Lösung konstruiert und realisiert werden. Bevor das Data Warehouse-Konzept für die Winterthur Versicherungen konkretisiert wird, stehen Erfolgs- und Nutzenpotentiale einer Data Warehouse-Lösung im Vordergrund der Ausführungen.

5.1 Erfolgs- und Nutzenpotentiale einer Data Warehouse-Lösung

Für ein kundenorientiertes Dienstleistungsunternehmen, wie die Winterthur Versicherungen, ist es erforderlich, schnell und flexibel auf Veränderungen im Umfeld des Unternehmens zu reagieren. Neue Produkte oder Dienstleistungen, Produktanpassungen, Änderungen der Vertriebskanäle usw. sind Massnahmen, die sich eher langsam an veränderte Rahmenbedingungen anpassen und folglich erst zu einem späteren Zeitpunkt Mehrwert für das Unternehmen schaffen. Massnahmen, die wesentlich schneller sichtbare Ergebnisse liefern und gezielter gesteuert werden können, sind zum Beispiel

- Preisanpassungen,
- gezielte Werbekampagnen,
- neue Verkaufsargumente oder
- eine bessere Zielgruppendefinition bzw. -abgrenzung.

Darüber hinaus sind in Ergänzung entscheidungsunterstützende Informationen erforderlich, wie zum Beispiel

- zur Risikobeurteilung,
- zur Beurteilung der Rentabilität der Kundenbeziehungen bzw. einzelner Kundensegmente oder
- zur Erfolgskontrolle.

Die systematische Auswertung und Verknüpfung von Informationen sowie Herstellung von Zusammenhängen stellen einen wichtigen Erfolgsfaktor für das Data Warehouse dar. Schliesslich gilt es, Tarife und Produkte unter Berücksichtigung identifizierter Risikofaktoren und Kostenaspekte zu kalkulieren und unmittelbar in erfolgswirksame Massnahmen umzusetzen. Für die Realisierung der Massnahmen sind die verschiedenen Vertriebs- und Kommunikationswege einzubeziehen. Erfolgskontrollen sind unter diesen Umständen nur schwierig durchführbar. Somit ergeben sich zwei Bereiche, in denen Informationen Verbesserungen der Ergebnisse bringen können. Zum einen eine kurzfristige Entscheidungsunterstützung bei der Analyse bereits vorhandener Produkt-, Service- und Kunden-Portfolios. Zum anderen eine langfristige Entscheidungsunterstützung bei der Gestaltung dieser Portfolios.

Der Verzicht darauf, von Beginn an die gesamte Organisation unterstützen zu wollen, erlaubt es, Verbesserungen, Modifikationen oder die Ergänzung neuer Funktionalität inkrementell in die bestehenden Data Marts zu integrieren. Darüber hinaus ergibt sich der Vorteil, in einem Pilotprojekt zunächst Erfahrungen und Wissen aufbauen zu können, damit Folgeprojekte profitieren und zügiger abgewickelt werden können; auf diese Weise können andere Fachbereiche für das Data Warehouse motiviert werden. Die Kooperation von Fachbereichen und Informatik wird bei der Realisierung eines Data Warehouse-Projekts von entscheidender Bedeutung sein. Während die Informatik für die Basistechnologien und insbesondere Übernahme der produktiven Daten verantwortlich ist, müssen die Fachbereiche, Applikationspotentiale erkennen und nach ihrem realisierbaren Nutzen priorisieren.

5.2 Architekturvarianten des Data Warehouse-Konzepts

Mit dem Entwurf eines Data Warehouse-Konzepts soll der Weg aufgezeigt werden, wie ein Data Warehouse für den Konzernbereich Schweiz gestaltet werden kann. Im Verlauf der Untersuchung werden verschiedene Varianten für ein Data Warehouse vorgestellt. Allen Varianten ist gemeinsam, dass das Konzept implementierungsunabhängig ist und von organisatorischen und technischen Details abstrahiert. Die Ergebnisse des Entwurfs sollen von Beginn an den Aufbau einer produkt- und technologieorientierten Strategie vermeiden. Alle Betrachtungen beziehen sich auf eine unternehmensweite Sicht, in der keine Einzelanwendungen diskret, sondern die Gesamtanwendungsarchitektur zugrunde liegt. Im Unterschied zu Transaktionssystemen (OLTP) soll ein Data Warehouse die Datenbasis für alle Informationssysteme sein.

5.2.1 Architekturvariante I: „Loose" Data Warehouse

Abb. 2 beschreibt schematisch die Ist-Situation des Architekturkonzepts der Winterthur Versicherungen. Es werden zunächst Projektvorhaben berücksichtigt, die bei Beginn eines Projekts zur Implementierung unmittelbar von Bedeutung sind (UDM, StatIS, MIS, MDB). Die Einrahmungen der Architekturelemente MIS, MDB, StatIS und Operativen Systeme repräsentieren die bei der Systemimplementierung verwendeten Datenmodelle. Die Datenmodelle UDM (V 2.1) und UDM (V 3.2) sind aus dem Projekt UDM (vgl. Kapitel 3.1) hervorgegangen. Dagegen bezeichnen MIS-DM und MDB-DM Datenmodelle, die von externen Anbietern erworben worden sind.

Das in Abb. 2 dargestellte Architekturkonzept zeigt deutlich die klassichen Merkmale einer abteilungs- bzw. anwendungsorientierten Ausrichtung der Informationssysteme. Im Gegensatz zu traditionellen, historisch gewachsenen Architekturkonzepten werden anhand der Ist-Situation Bestrebungen ersichtlich, Integrationsmöglichkeiten (UDM, Repository) zu nutzen. Ausserdem werden IT-Konzepte (MDB), die Data Warehouse-Technologien im Unternehmen einführen, operationalisiert.

Trotz dieser positiven Tendenzen sind die existierenden Informationssysteme auf die Bedürfnisse und Anforderungen einzelner Geschäftsbereiche ausgerichtet. Die Systeme stellen aus unternehmensweiter Sicht Insellösungen dar. Eine bereichsübergreifende Informationsbasis wird nur partiell für die Nutzung bereitgestellt. Die Zielsetzungen der operativen Systeme bestimmen die Charakteristika ihrer Datenstrukturen. Sie sind prozess- und transaktionsorientiert. Oft stand nicht die gesamte Anwendungsarchitektur im Vordergrund, sondern die einzelnen operativen Systeme. Diese besitzen häufig verschiedene massgeschneiderte Datenhaltungskonzepte. Dabei resultieren aus den heterogenen Datenhaltungssystemen unterschiedliche Daten- und Dateiformate sowie unterschiedliche Zeitmodalitäten. Gleichzeitig sind die in den Einzelsystemen realisierten Datenhaltungsstrukturen nicht auf die in Zukunft von den Fachabteilungen zu erwartende Analyse- und Auswertungsbedürfnisse (OLAP, Data Mining) ausgerichtet. Die klassischen Datenbanktechnologien verwenden relationale Datenstrukturen, die nicht für multidimensionale Analysen und Auswertungen ausgelegt sind. Die in Abb. 2 enthaltene Instanz IDA (Individuelle Auswertungen) repräsentiert einen Teil des unternehmensweiten Berichtswesens, das vor allem den Bedarf an individuellen Berichten und Auswertungen abdeckt und nicht dem Standardberichtswesen zugeordnet werden kann.

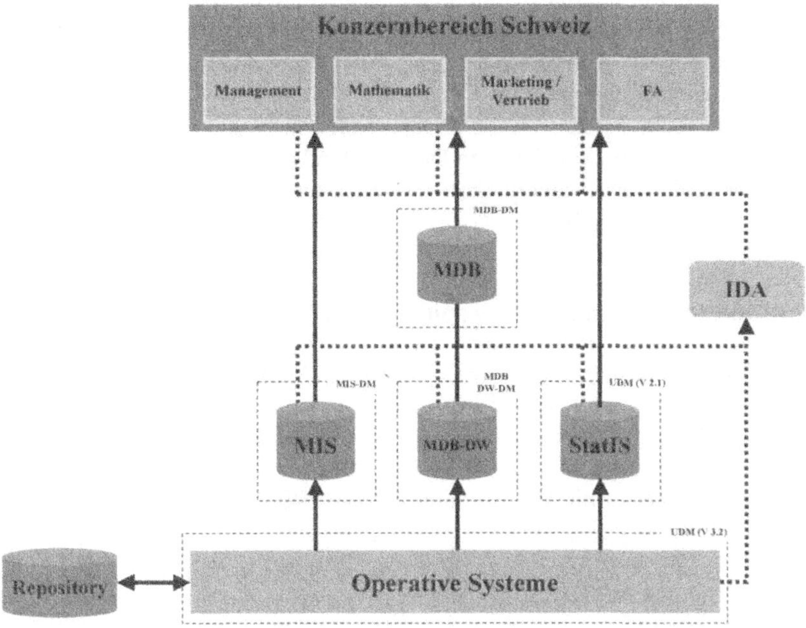

Abb. 2 Ist-Situation der Systemarchitektur

Beurteilung der Architekturvariante I

Eine Fortsetzung der bisherigen Strategie, um auf Basis der existierenden Architektur die Entwicklung eines Data Warehouse anzustreben, erscheint nicht empfehlenswert. Dagegen sprechen folgende Gründe:

- die mangelnde Koordination zwischen den existierenden Systemen sowohl aus Sicht der Applikationen als auch aus Sicht der Architektur;
- die unabhängige Entwicklung und Ergänzung weiterer anwendungsbezogener Systeme widerspricht den Zielen einer Data Warehouse-Strategie;
- kurzfristig können neue Anforderungen zwar flexibel und schnell erfüllt werden. Langfristig wird die Weiterentwicklung erschwert;
- die in der Unternehmensstrategie geforderte Schaffung einer einheitlichen Informationsbasis, um den bestehenden branchenübergreifenden Leistungssystemen gesamtheitliche Sichten zu ermöglichen, kann nicht gewährleistet werden;
- aus Sicht des Einzelsystems verringert sich zwar die Systemkomplexität, jedoch erhöht sich zwangsläufig mit jeder neuen Architekturkomponente die

Vielfalt implementierter Datenmodelle und Schnittstellen mit der Folge redundanter Datenhaltung und inhomogener Datenbeständen;

- eine klare Trennung in die verschiedenen DWH-Prozesse (Extraction, Transformation, Aggregation, Cleansing, Load usw.) ist nicht vorhanden;
- eine Vielzahl unkoordinierter Schnittstellen bleiben bestehen;
- die in jedem Projekt unabhängig eingesetzten Tools erhöhen die Kosten und erschweren eine gezielte Ausbildung der Mitarbeiter. Zudem werden vorhandene Synergien nicht genutzt;
- es ist damit zu rechnen, dass die dem Data Warehouse zugrunde liegende Datenbasis nicht auf einem konsistenten Datenbestand aufgebaut werden kann, da es weiterhin in den unterschiedlichen Anwendungssystemen separat geführte Datenhaltungsbestände geben wird.

5.2.2 Architekturvariante II: „Stovepipe" Data Warehouse

Im folgenden Abschnitt steht eine weitere mögliche Architekturvariante im Vordergrund der Ausführungen. Unter einem Stovepipe-Data Warehouse werden bereichsspezifische Data Warehouse-Lösungen verstanden. Die Architekturvariante II kann in eine Variante II/A und in eine Variante II/B unterschieden werden. Abb. 3 und Abb. 4 zeigen die Architekturvariante II/A und II/B.

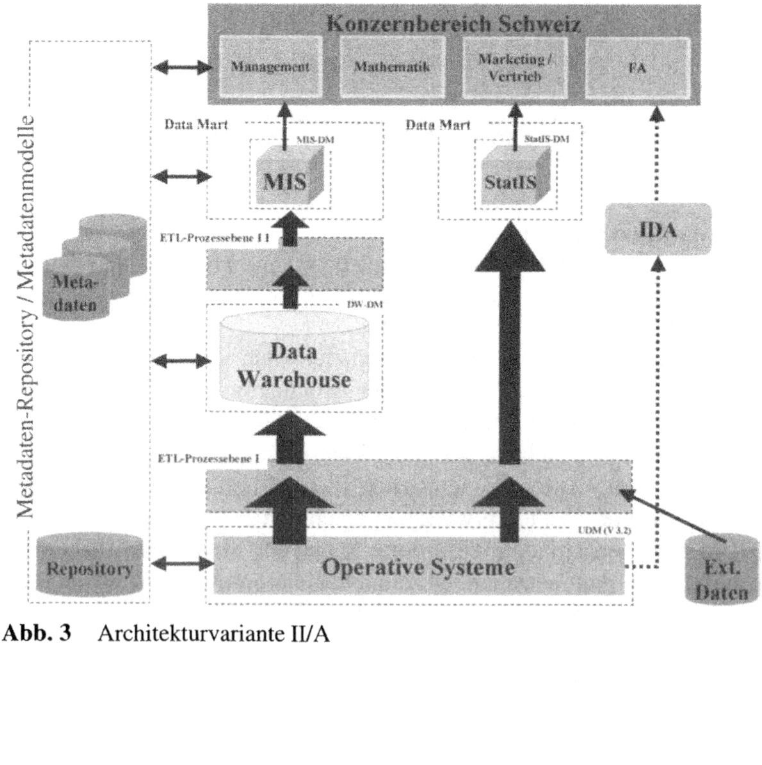

Abb. 3 Architekturvariante II/A

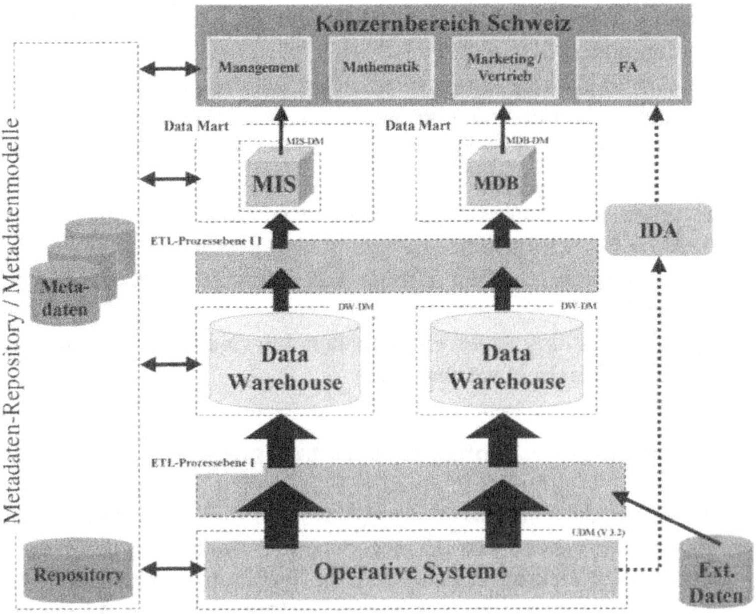

Abb. 4 Architekturvariante II/B

Die Abbildungen der Architekturvariante II zeigen deutlich, dass sich die Entwicklung nahezu analog zur Architekturvariante I verhält. Im Gegensatz dazu werden jedoch eindeutig Data Warehouse-Technologien im Verlauf verschiedener Entwicklungspfade umgesetzt. Jeder Entwicklungspfad stellt eine isolierte Architekturkomponente dar und ist das Ergebnis eines problem- und anwendungsbezogenen Projekts, das unabhängig von einer Gesamtstrategie für eine Data Warehouse-Gesamtarchitektur durchgeführt wird. Während in der Architekturvariante II/A exemplarisch die Möglichkeit der Koexistenz einer Zwei- und Drei-Schicht-Architektur dargestellt wird, sind in der Architekturvariante II/B ausschliesslich unabhängige Drei-Schicht-Architekturen realisiert. Die getrennt verlaufenden Entwicklungspfade führen zu unterschiedlichen Datenmodellen der Anwendungssysteme und Metadaten sowie spezialisierte ETL-Prozesse. Ein Beispiel hierfür ist das Projekt MDB, das unabhängig von einer unternehmensweiten Data Warehouse-Strategie durchgeführt wird. Trotz der genannten Entwicklungstendenzen sind konzeptionelle, methodische und technologische Entwicklungs- und Implementierungsvorschriften vorgeschrieben. Konkret betrifft es Vorgaben für Datenmodelle, ETL-Prozesse und Werkzeuge, Datenbanksysteme und technische Plattformen sowie Vorgehensweisen und eingesetzte Methoden. Darüber hinaus ist ein direkter Zugriff auf die operativen Systeme nicht mehr gestattet, sondern wird über das Push-Prinzip ausgeführt.

Beurteilung der Architekturvariante II

- Es besteht aufgrund des beschrittenen Entwicklungspfades die Gefahr isolierter Data Warehouse-Systemlösungen;

- weiterhin bestehen unabhängige Datenmodelle mit der Gefahr von Inkonsistenzen und Redundanzen;
- Entwicklungs- und Implementierungsvorschriften schaffen aus Sicht der Gesamtarchitektur die Voraussetzungen für ein hohes Koordinationspotential;
- Synergien für den Betrieb der Entwicklungs- und produktiven Infrastrukturen werden genutzt;
- grundsätzlich gelten die Beurteilungskriterien der Variante I mit geringen Einschränkungen, z.B. Schnittstellenvielfalt bleibt bestehen, können jedoch besser koordiniert werden oder der Einsatz von Software-Werkzeugen kann vereinheitlicht werden;
- die Forderung zur Schaffung einer einheitlichen Informationsbasis kann nur mit erhöhtem Aufwand erreicht werden.

5.2.3 Architekturvariante III: „Enterprise" Data Warehouse

Für die Realisierung der Architekturvariante III werden drei Migrationsschritte vorgeschlagen. Es wird ausgehend von der gegebenen IT-Architektur der Weg zu einer Data Warehouse-Architektur aufgezeigt. Eine Weiterentwicklung der Data Warehouse-Architektur ist mit der im 3. Migrationsschritt erreichten Architektur nicht ausgeschlossen, sondern eher wahrscheinlich und auch wünschenswert.

Aus Abb. 5, Abb. 6 und Abb. 7 sind nicht nur die konstituierenden Komponenten einer geplanten Data Warehouse-Architektur ersichtlich. Der abgebildete Migrationsverlauf verdeutlicht gleichzeitig eine bei Data Warehouse-Projekten bewährte Vorgehensweise. Die Vorgehensweise löst sukzessiv Prozesse aus, die eine evolutionäre Entwicklung des Data Warehouse mit überschaubaren Kosten und Risiken ermöglicht.

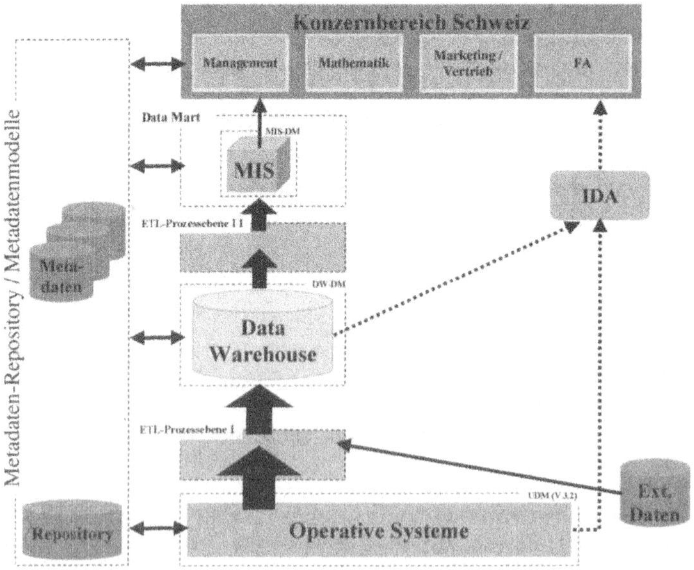

Abb. 5 Erste Migrationsstufe zu einer Data Warehouse-Architektur

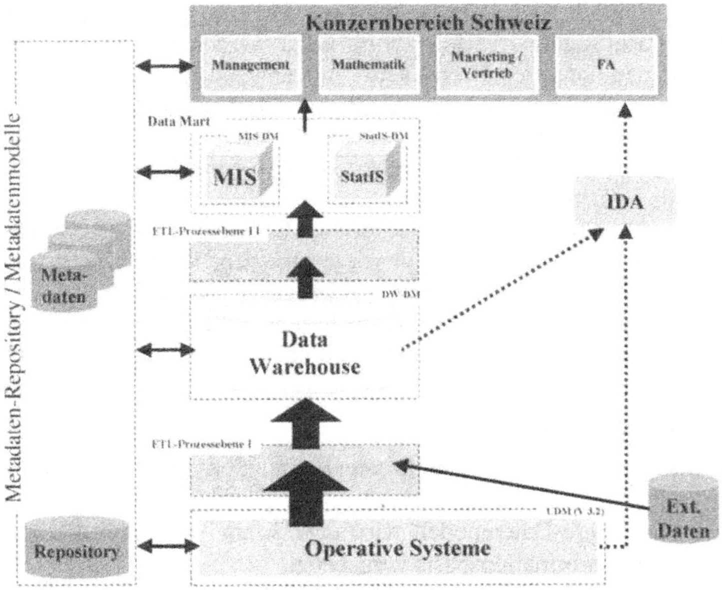

Abb. 6 Zweite Migrationsstufe zu einer Data Warehouse-Architektur

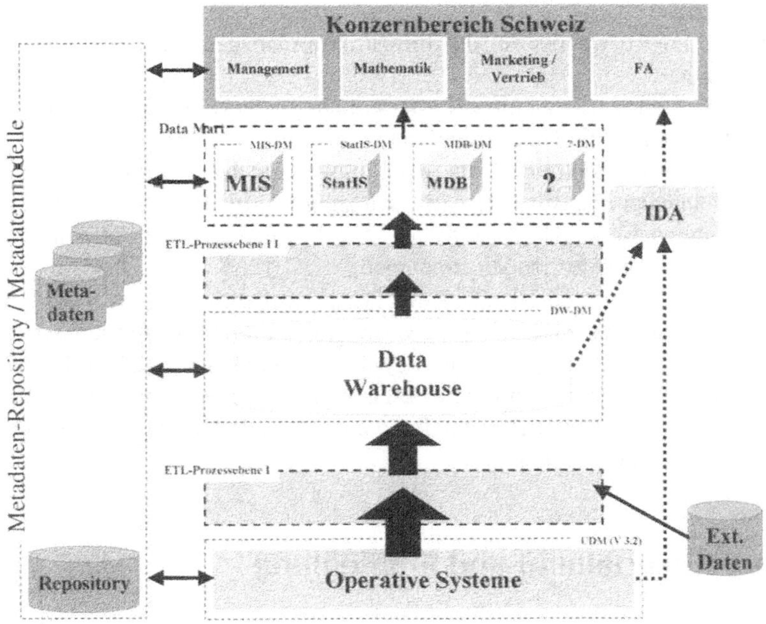

Abb. 7 Dritte Migrationsstufe zu einer Data Warehouse-Architektur

Die Abbildungen verdeutlichen, dass im Verlauf der Migrationsschritte eine Enterprise Data Warehouse-Strategie verfolgt wird. Dazu werden konsequent Data Warehouse-Technologien umgesetzt. Problem- und anwendungsbezogene Projekte werden innerhalb der Data Warehouse-Strategie durchgeführt. Eine Drei-Schicht-Architektur wird durchgehend realisiert. Die Schaffung einer einheitlichen Informationsbasis wird aufgrund der klar definierten ETL-Prozesse und eines integrierten Datenmodells erreicht.

Konzeptionelle, methodische und technologische Entwicklungs- und Implementierungsvorschriften sind von Beginn an vorgeschrieben. Konkret betrifft es das Datenmodell für das zentrale Data Warehouse, benötigte ETL-Prozesse und zu verwendende Werkzeuge sowie für das Datenbanksystem und die technische Plattform. Die Datenbereitstellung erfolgt ausschliesslich über das zentrale Data Warehouse.

Beurteilung der Architekturvariante III

- Realisierung eines zentralen Data Warehouse als sog. „Single-Point-of-Truth" wird erreicht;
- mit dem Data Warehouse-Datenmodell wird der Gefahr von Inkonsistenzen und Redundanzen der Informationsbasis vorgebeugt;
- das durch die Entwicklungs- und Implementierungsvorschriften geschaffene Koordinationspotential wird voll ausgeschöpft;
- Synergien für den Betrieb der Entwicklungs- und produktiven Infrastrukturen werden genutzt;
- Verringerung des Aufwandes für das Infrastrukturmanagement, z.B. einheitliche Schnittstellen;
- die in der Unternehmensstrategie geforderte einheitliche Informationsbasis für eine gesamtheitliche Sicht wird ermöglicht;
- mit dem Aufbau des zentralen Data Warehouse wird die Voraussetzung geschaffen, aufeinander abgestimmte Auswertungen/Informationen zu erstellen;
- mit jeder weiteren Entwicklungsstufe des Data Warehouse wird die Komplexität der Gesamtarchitektur jedoch zunehmen.
- Für die Architekturvariante III ist in der Praxis auch ein gewisser Trend zu verzeichnen. Zukünftige Architekturen werden immer einen Kompromiss zwischen Technik sowie existierenden und geplanten Geschäftsmodellen darstellen. In jedem Fall lautet die zentrale Zielsetzung, eine unternehmensweit integrierte Architekturlösung zur Bereitstellung einer für alle Nutzergruppen identischen Datenbasis aufzubauen.

5.3 Gesamtbeurteilung und Empfehlung

Der Aufbau eines unternehmensweiten Informationssystems ist ein strategisches Vorhaben. Ein Data Warehouse repräsentiert unternehmensweit verwendete Daten, die aus mehreren operativen Systemen und gegebenenfalls aus externen Datenquellen zusammengeführt werden. Es ist bereichsübergreifend konzipiert.

Während Architekturvariante I und Architekturvariante II hohe Freiheitsgrade bei der Realisierung bieten, können sie die erwarteten Leistungs- und Nutzenpotentiale, wie sie mit der Architekturvariante III erreicht werden, aus folgenden Gründen nicht erfüllen:

- die mangelnde Koordination zwischen den existierenden Systemen sowohl aus Sicht der Applikationen als auch aus Sicht der Architektur;
- die unabhängige Entwicklung und Ergänzung weiterer anwendungsbezogener Systeme widerspricht den Zielen einer Data Warehouse-Strategie;
- kurzfristig können neue Anforderungen zwar flexibel und schnell erfüllt werden. Langfristig wird die Weiterentwicklung erschwert;
- die in der Unternehmensstrategie geforderte Schaffung einer einheitlichen Informationsbasis, um den bestehenden branchenübergreifenden Leistungssystemen gesamtheitliche Sichten zu ermöglichen, kann nicht gewährleistet werden (Architekturvariante I) bzw. ist nur mit erhöhtem Aufwand zu erreichen (Architekturvariante II);
- aus Sicht des Einzelsystems verringert sich zwar die Systemkomplexität, jedoch erhöht sich zwangsläufig mit jeder neuen Architekturkomponente die Vielfalt implementierter Datenmodelle und Schnittstellen mit der Folge redundanter Datenhaltung und inkonsistenter Datenbestände;
- komplexeres Schnittstellen-Management;
- Synergien können nur in begrenztem Umfang genutzt werden;
- in den unterschiedlichen Anwendungssystemen wird es weiterhin separat geführte Datenhaltungsbestände geben;
- beschrittene Entwicklungspfade führen zu isolierten Data Warehouse-Systemlösungen.

Die Architekturvariante III ist aus Sicht der Winterthur Versicherungen zu realisieren. Bei der Umsetzung der Architekturvariante III zu einer unternehmensweiten Data Warehouse-Lösung erscheint es empfehlenswert aus Komplexitätsgründen schrittweise vorzugehen. Die geplanten Migrationsarbeiten sind bereichsspezifisch in Teilprojekte aufzuteilen. Die Teilprojekte sind zu priorisieren und soweit wie möglich mit den anderen im unternehmensweiten und projektspezifischen Projekt-Portfolio enthaltenen Projekten zu koordinieren. Eine inkrementelle Systementwicklung erlaubt, Teillösungen in angemessener Zeit in Betrieb zu nehmen und entspricht den Erwartungen des Managements in kurzer Zeit Erfolge zu erzielen. Die getätigten Investitionen lassen eine kurzfristige Amortisation realistisch erscheinen. Darüber hinaus ist es möglich, die Wirtschaftlichkeit von überschaubaren Teilprojekten einfacher nachzuweisen. Während sich die Kostengrössen für ein Data Warehouse-Projekt, wie zum Beispiel Personal, Hardware, Software usw., verhältnismässig leicht identifizieren lassen, ist der Nutzen eines Data Warehouse vielfältig und liegt im wesentlichen im qualitativen Bereich (Verbesserung der Kundenzufriedenheit oder der Wettbewerbsfähigkeit usw.), der sich nur schwierig monetär bewerten lässt. Der Aufbau und der Betrieb eines Data Warehouse stiftet noch keinen Nutzen. Erst mit der aufgabenwirksamen Nutzung eines Data Warehouse können die erwarteten Nutzenpotentiale erzielt werden, die sich schliesslich langfristig auch auf den Unternehmenserfolg auswirken werden.

Es können die Integrationspotentiale der existierenden heterogenen Systemlösungen ausgeschöpft und in einem Data Warehouse zusammengeführt werden. Diese Partitionierung ermöglicht eine Reduzierung der Komplexität beim Aufbau eines unternehmensweiten Data Warehouse und richtet sich an betriebswirtschaftlichen Themen und vorgegebenen technischen Systemanforderungen aus. Auf diese Weise gelingt es, dem Endbenutzer eine einheitliche Informationsbasis und -architektur anzubieten. Die hierbei verfolgte Realisierungsstrategie ist Bottom-up orientiert. Teile eines unternehmensweiten Informationssystems werden in eine Data Warehouse-Architektur überführt. Die applikationsorientierten Datenmodelle werden in das Data Warehouse-Datenmodell eingebunden. Neue operative Systeme können integriert werden, ohne umfangreiche Modifikationen auszulösen. Darüber hinaus besteht die Möglichkeit, Daten externer Anbieter aufzunehmen.

Die zuvor vorgestellten Architekturvarianten bringen eine fachkonzeptionelle Sichtweise zum Ausdruck, da generell von technischen Details und konkreten Implementierungsabsichten abstrahiert wird.

Chancen/Risiken

- Mit der vorgeschlagenen Architekturvariante III, besteht die einmalige Chance, eine zukunftsweisende Informationsbasis zu realisieren.
- Potentielle Realisierungsrisiken können mit den vorgeschlagenen Migrationsschritten minimiert werden. Die Menge der zu transferierenden Daten ins Data Warehouse, werden durch eine im Rahmen des Business Case durchgeführte Informationsbedarfsanalyse bestimmt. Die Gefahr, dass ein sogenannter „Datenfriedhof" geschaffen wird, ist somit vermindert.

Sollte sich jedoch im Verlaufe eines Migrationsschrittes herausstellen, dass in einem „Worst Case" das ambitiöse Ziel der Architekturvariante III nicht erreicht werden kann, besteht immer noch die Möglichkeit, dass in einem Ausstiegsszenario auf die Architekturvariante II zurückgegriffen werden kann. Ein Wechsel von Architekturvariante II nach Architekturvariante III ist jedoch nur unter erschwerten Bedingungen, sofern überhaupt, möglich.

Kosten-/Nutzen-Überlegungen

Gezielte Kosten-/Nutzen-Überlegungen für jede entsprechende Architekturvariante können nur anhand eines konkreten Business Cases angestellt werden. Diese Grösse stellt zunächst keinen entscheidenden Faktor bei der Auswahlentscheidung für eine Architekturvariante dar.

6 Zusammenfassung und Ausblick

Insgesamt kann festgehalten werden, dass mit der Formulierung der Informatikstrategie die Rahmenbedingungen geschaffen wurden, zukunftsorientierte und komplexe Projektvorhaben wie die Einführung eines Data Warehouse im Unternehmen zu realisieren. Es sind die Voraussetzungen geschaffen worden, um innerhalb der Informatikstrategie ein Gesamtkonzept für eine Data Warehouse-Lösung zu realisieren.

Ausgehend von einem eindeutig abgrenzbaren Aufgabenbereich (MIS) wird der Migrationsprozess in Form eines initialen Pilotprojekts angestossen. Ein Grund das MIS für den Data Warehouse-Projektstart auszuwählen ist, dass es bei der Winterthur Versicherungen Überlegungen gibt, das existierende MIS zukünftig um das Führungskonzept der Balanced Scorecard zu erweitern. Können die Erwartungen des Managements durch das geplante Data Warehouse erfüllt werden, so gelingt es auf diesem Weg, den für ein Data Warehouse-Projekt wichtigen Sponsor in der Führungsebene zu akquirieren. Das Konzept der Balanced Scorecard geht davon aus, dass die Konzentration auf einige wesentliche Erfolgsfaktoren des Unternehmens eine besserer Steuerung ermöglicht als die Verfolgung einer grossen Anzahl verschiedener Zielgrössen. Aus diesem Grund systematisiert man die zentralen strategischen Erfolgsfaktoren des Unternehmens und operationalisiert diese anschliessend in einem Kennzahlensystem. Entwickelte Geschäftsstrategien können gezielt in operative Massnahmen umgesetzt werden. Bei Bedarf wird die Einbindung externer Informationen in das Data Warehouse vorgenommen.

Das in Abb. 2 aufgeführte Repository zur Standardisierung von Datenstrukturen ist in den Bereich des Metadatenmanagements einzuordnen. Indizien hierfür sind sowohl die organisatorische Umsetzung im Unternehmen als auch Merkmale und Eigenschaften die auf die Implementierung, die Einordnung in die Architektur und auch Inhalte zurückgeführt werden können. Obwohl der Schluss naheliegt, dass das Repository mit genügend Entwicklungspotential ausgestattet ist, um es schliesslich zu einem Repository für Data Warehouse-Metadaten auszubauen, soll es weiterhin eine eigenständige, konzeptionelle Lösung in der Data Warehouse-Architektur darstellen. Auf diese Weise gelingt eine Abgrenzung von Repository-Daten und der im Data Warehouse auf den Ebenen Operative Systeme, ETL-Prozess I und II, Data Warehouse, Data Mart und Endbenutzer anfallenden Metadaten. Eine Abgrenzung erscheint auch deshalb sinnvoll, da die für das Metada tenmanagement verfügbaren Software-Werkzeuge oft inkompatibel sind und im allgemeinen nur einen Teilbereich in der Data Warehouse-Architektur abdecken. Kurzfristig ist davon auszugehen, dass auf den Ebenen der Data Warehouse-Architektur eigene Metadatenmanagement-Werkzeuge eingesetzt werden und zunächst voneinander isolierte Metadaten-Repositories bewirtschaften.

Ein sukzessives Vorgehen sorgt dafür, dass auf der Basis schneller Ergebnisse eine positive, interne Wirkung erreicht wird. Teilprojekte, die gegenüber einem Gesamtprojekt Data Warehouse verhältnismässig schnell Erfolge erzielen und Ergebnisse nachweisen können, liefern geeignete Voraussetzungen, um eventuelle Widerstände zu überwinden. Das Ziel ist schliesslich die Fortführung des Projekts, indem weitere geeignete Data Warehouse-Kandidaten sukzessive integriert werden. Der weitere Ausbau des Data Warehouse durch die Realisierung von Data Marts entspricht einem klassischen Top-down-Ansatz. Es wird das Ziel verfolgt, ein bestehendes Data Warehouse auf autonome Data Marts zu replizieren. Ein Data Mart bietet die Möglichkeit, die unterschiedlichen Informations- und Auswertungsbedürfnisse der Fachanwender zu befriedigen. Ferner sind die Auswertungswerkzeuge oft sehr anwendungs- und aufgabenspezifisch, so dass eine Verteilung der Data Warehouse-Datenbasis naheliegt.

Darüber hinaus bietet ein Data Warehouse neben den klassischen Aufgabenfeldern wie zum Beispiel Entscheidungsunterstützung weitere Nutzungs- und Auswertungspotentiale. Dazu zählen beispielsweise Möglichkeiten

- zur Betrugsaufdeckung,
- zum Betrugs- und/oder Risikomanagement,
- zur Schadensanalyse,
- zum Aufbau von Kundendatenbanken für den sog. „Customer Centric View" (Verhalten, Loyalität, Bonität, Risiko, Profitabilität, Cross Selling),
- zur Erfolgsanalyse von Agenten und Geschäftsstellen,
- zum Kampagnenmanagement,
- zur Steigerung der Datenqualität oder
- zur Generierung neuer Produkte oder Dienstleistungen.

Ein Data Warehouse nicht auf der grünen Wiese - das Projekt Unternehmensweites Berichtswesen der Württembergischen Versicherungsgruppe

Gertrud Heck-Weinhart

1 Umfeld des Projektes

1.1 Das Unternehmen - die Württembergische Versicherungsgruppe im W&W-Konzern

Die Württembergische ist eine der grösseren Versicherungsgruppen in Deutschland mit Sitz in Stuttgart und Geschäftsstellen im ganzen Bundesgebiet. Sie beschäftigt etwa 5000 Mitarbeiter und Mitarbeiterinnen in Innendienst und angestelltem Aussendienst. Sie hat Mitte 1999 rückwirkend zum 1.1.1999 mit der Wüstenrotgruppe fusioniert. Die Wüstenrotgruppe ist geprägt durch das Bauspargeschäft und hat in etwa die gleiche Grössenordnung wie die Württembergische Versicherungsgruppe. Die sich daraus ergebenden Zahlen im W&W-Konzern sind in den Abbildungen 1 und 2 dargestellt. Das Projekt, das im folgenden vorgestellt wird, entstand unter den Bedingungen der Württembergischen Versicherungsgruppe. Darauf, wie das Projekt unter den geänderten Rahmenbedingungen weiterentwickelt wird bzw. werden könnte, wird im letzten Kapitel eingegangen.

1.2 Projektvorgeschichte

1987 startete die Württembergische Versicherung ein Projekt "Zentrales Berichtswesen", das im Zuge der Neuentwicklung der Sachbearbeitungssysteme und insbesondere der Bestandsverwaltungssysteme das Berichtswesen auf neue Füsse stellen sollte. Bis dahin waren Statistiken, Berichte und Auswertungen im Wesentlichen mit jeweils einzelnen Programmen erstellt worden. Die Vielzahl inzwischen entstandener Programme sollte durch ein flexibles Tool abgelöst werden, mit dem die Fachabteilungen in weiten Teilen ihre Berichte selbst zusammenstellen und ändern konnten.

Man entschied sich für das Tool ASS (= Allgemeines Statistik System, von der Unternehmensberatung Arnold). ASS besteht aus einer Datenhaltungskomponente - aufgesetzt auf gängigen Mainframe-Datenbanken - und einer Dialogoberfläche - für gängige Grossrechner-TP-Monitoren. Über die Dialogoberfläche wird zum einen das System administriert. Vor allem aber können FachabteilungsanwenderInnen so im Dialog ihre eigenen Berichte definieren und abrufen. Für die IT-Abteilung bleibt in erster Linie die Aufgabe, die Daten in ASS-Arbeitsgebiete einzuspeichern. In der Württembergischen ist im Laufe der Zeit ein Bestand an etwa 100 ASS-Arbeitsgebieten entwickelt worden.

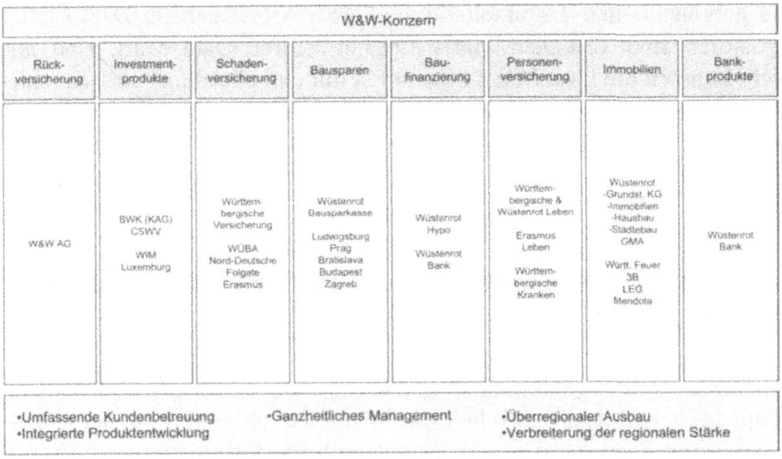

Abb. 1 Der W&W-Konzern

Bilanzsumme	86,4
Eigenkapital	3,2
Baudarlehen	35,7
Bauspareinlagen	18,7
Bruttobeitragseinnahmen	5,6
Kapitalanlagen Versicherungen	26,8
Jahresüberschuss	0,22
Anzahl Mitarbeiter	9.400
Anzahl selbständiger Außendienst	4.300
Anzahl Kunden	4.500.000

Abb. 2 W&W AG im Geschäftsjahr 1998 (pro forma) in Mrd. DM (Hinweis: In dieser Übersicht ist die Leonberger Bausparkasse AG nicht enthalten.)

Die Versorgung der ASS-Arbeitsgebiete geschieht über eine einheitliche Schnittstelle. Die Inhalte der ASS-Arbeitsgebiete sind untereinander konsistent. So erhalten die Benutzer immer die gleiche Information zum gleichen Sachverhalt, auch wenn sie diese aus verschiedenen ASS-Arbeitsgebieten gewinnen können, weil sie mehrfach gespeichert ist. Innerhalb eines ASS-Arbeitsgebietes sind wiederum mehrere Verdichtungsstufen ablegbar, so dass die meisten Auswertungen sehr schnell und vielfach auch online erstellt werden können.

In der heute gebräuchlichen Terminologie sind ASS-Arbeitsgebiete Data Marts. Verdichtungsstufen sind Teil-Data Marts eines grösseren Data Mart. Und mit einigem Recht könnten die Data Marts zusammen mit den allerdings nur sequentiell vorliegenden Dateien, die zur Einspeicherung in ASS verwendet werden, und dem Auswertungstool der ASS-Dialogoberfläche schon als Data Warehouse angesprochen werden.

1.3 Bisheriges Einsatzgebiet des Data Warehouse bzw. der Data Marts

In der Entstehungsgeschichte bedingt liegt das Schwergewicht der vorhandenen Data Marts auf versicherungstechnischen Informationen. Orientiert an den einzelnen Versicherungszweigen werden z.T. sehr detaillierte Informationen über den Bestand an Policen und Risiken und über angefallene Schäden vorgehalten. Eine wichtige Anwendung auf Basis der Data Marts ist ein Drill-down-Bildschirmdialog zur Schadenanalyse mit Darstellung auch der Deckungsbeiträge.

Hauptrichtung der Auswertungen ist die versicherungstechnische Sicht. Hauptnutzer sind die versicherungstechnischen Abteilungen, für deren Informationsversorgung in erster Linie die Abteilung Statistik/Tarifentwicklung zuständig ist und die daher bei Ad-hoc-Abfragen auch öfter durch diese unterstützt werden. Darüber hinaus nutzen Betriebswirtschaft und Vertrieb das System stark.

In einzelnen Data Marts vorhanden, aber unter den Gesichtspunkten der einzelnen Versicherungszweige bzw. Sparten zusammengestellt, sind Informationen zu den Kunden. Eine umfassende und konsistente Kundensicht ist derzeit im Zentralen Berichtswesen nicht vorhanden. Wie dies für das jetzige Projekt Unternehmensweites Berichtswesen (UBW) aussieht, ist in den folgenden Kapiteln beschrieben.

Erreicht wurde mit dem Zentralen Berichtswesen und dem Einsatz des Tools ASS ein in weiten Bereichen einheitliches Berichtswesen, das insbesondere den Sparteninformationsbedarf sehr gut abdeckt und auch als Quelle zur Weiterverarbeitung mit anderen Tools genutzt wird.

1.4 Auftraggeber/Sponsor

Der Anstoss zum Projekt kam aus zwei Richtungen. Von der Unternehmensleitung wurde eine immer stärkere Kundengruppen- statt Spartenorientierung des operativen Geschäftes und der Abteilungsstrukturen in Gang gesetzt. Die betroffenen Fachabteilungen konnten mit dem vorhandenen spartenorientierten Berichtswesen ihrer Aufgabe der Geschäftssteuerung nicht mehr gerecht werden. Die Flexibilität der Data Marts kam da an ihr Ende, wo Daten von vorneherein nicht als konsistent vorgesehen waren und die operativen Systeme gewünschte Strukturen nicht ohne weiteres liefern konnten.

Der zweite Anstoss wurde durch die erst schleichende, dann immer schnellere Verbreitung der PCs in allen Abteilungen gegeben. Die mit ASS auf dem Mainframe erstellten Berichte wurden auf dem PC "aufpoliert", weil die Ansprüche an das Aussehen drastisch stiegen. Die Berichtsersteller selbst wollten immer weniger auf dem Mainframe und immer stärker auf dem PC arbeiten. Verschlimmernd kam hinzu, dass mit der Weiterverarbeitung auf dem PC und der Möglichkeit, Daten dort in eigener Regie vorzuhalten, auch wieder die "Sprachverwirrung" bei den End-Empfängern zunahm, die von verschiedenen Erstellern oder aus verschiedenen Quellen eines Erstellers Berichte erhielten. Das mit dem Zentralen Berichtswesen auf dem Mainframe beendete Berichtsprogramme-Schreiben war unter neuem Vorzeichen auf dem PC wieder als Problem da.

Das Projekt UBW wird von zwei starken Antrieben bewegt. Man kann es als IT-Infrastrukturprojekt mit dem fachlichen Schwerpunkt der Kundenorientierung ansehen oder umgekehrt als Kundeninformationsprojekt, das eine neue Infrastruktur der Informationsgewinnung schaffen soll.

Vom Vorstand wurde eine Gruppe von drei Abteilungsleitern – der Abteilungsleiter von Statistik/Tarifentwicklung wurde dabei als federführend bestimmt – mit dem Thema der einheitlichen Begriffsbildung beauftragt. In der Projektorganisation steht daher Statistik/Tarifentwicklung als Projektträger in der Verantwortung. Gleichzeitig ist die Kundensicht natürlich das originäre Thema von Marketing/Marktforschung. Diese Abteilung steht daher zuerst in der fachlichen Verantwortung und spielt während der ersten Projektstufe des Pilotprojektes die entscheidende Rolle.

1.5 Restriktionen/Vorgaben

Da seit 1987 an einem Zentralen Berichtswesen gearbeitet wird, sollte nicht alles neu erfunden werden. Es war der Wunsch, nicht auf "der grünen Wiese" zu starten, sondern sehr genau aus den gemachten Erfahrungen zu lernen und vorhandene gute Ansätze zu nutzen. Insbesondere war es Wunsch der IT, keine neuen Tools ins Haus zu holen, wenn möglich sogar ihre Zahl zu reduzieren. Die Vision war, möglichst mit einem Tool auszukommen und mit dem gewählten Tool alle Bereiche des neuen Data Warehouse abdecken zu können.

Bezüglich Kosten, Zeit und Vorgehen gab es zu Beginn keine konkreten Vorgaben. Das Projekt startete mit wenigen erfahrenen MitarbeiterInnen, die z.T. bereits beim Zentralen Berichtswesen eingesetzt waren und entsprechende Kenntnisse und Erfahrungen mitbrachten. Externe Unterstützung für die Tools, die im Zentralen Berichtswesen nicht eingesetzt, aber im Unternehmen genutzt wurden, kam hinzu.

2 Konkrete Aufgabenstellung und Zeitrahmen

2.1 Projektziele

Im Projekt geht es - wie schon angedeutet - um zwei grosse Themenbereiche, einerseits um die Modernisierung der technischen Plattform und andererseits um die Erweiterung der Inhalte der (vorhandenen) Informationsversorgung. Aus diesen zwei Bereichen wurden in der ersten Projektphase, der Studie, einzelne Ziele genauer formuliert.

2.1.1 Modernisierung der technischen Plattform

- Reduktion der Anzahl der derzeit eingesetzten Tools unter Ausweitung der Nutzungsmöglichkeiten und mit Minimierung des Schulungs- und Wartungsaufwands.
- Die Präsentationsoberfläche der Berichte und die Arbeitsoberfläche der Fachanwender, soweit es sich nicht um die operative Sachbearbeitung handelt, sollte eine PC-Oberfläche sein.
- Das System soll mandantenfähig sein in dem Sinne, dass es für jede Anwendergruppe vor allen anderen abgeschirmt werden kann und der jeweiligen Anwendergruppe als ein eigenständiges System erscheint.
- Auf Teile der Informationen und Funktionen soll per Internet zugegriffen werden können.
- Schnelle Gewinnung aktuell benötigter und im Standardberichtswesen nicht vorgesehener Informationen.
- Fachliche und technische Verknüpfung aller Datenbestände zur Gewinnung möglichst weitgehender und detaillierter Informationen aus den eigenen Datenbeständen.

2.1.2 Erweiterung der Informationsversorgung

- Aufeinander abgestimmte, in Begriffen und Abgrenzungen einheitliche und verständliche Standardberichte zur Unterstützung aller Funktionsbereiche des Unternehmens.
- Nutzung der gleichen Datenbasis für das gesamte Berichtswesen (Standard und Ad hoc), zur Tarif- und Produktentwicklung und als Kunden- und Vertragsrenta-Auskunftssystem, eingebunden in die operative Sachbearbeitung.
- Teilbereiche des Berichtswesens sind neu (z.B. Vertriebsberichtswesen) bzw. erstmals (z.B. Kundenberichtswesen und ein Führungsinformationssystem) zu konzipieren.

- Prinzipiell sind alle Teilbereiche des Unternehmens zu berücksichtigen. Die lokale Verteilung kann dabei neben Direktion und Geschäftsstellen auch die Agenturen umfassen. Die zu betrachtenden Funktionsbereiche gehen vom Vorstand über alle Stabsaufgaben bis zur allgemeinen Sachbearbeitung.

2.2 Kundenberichtswesen als Pilotprojekt

Die genannten Ziele sind so umfassend, dass eine konkrete Aufgabenstellung jeweils nur für den nächsten grösseren Block bzw. die nächsten grösseren Schritte existieren kann. Daher werden im Rahmen der Investitionsplanung für das folgende Jahr bzw. die folgenden Jahre die konkreten Aufgaben für den Planungszeitraum festgelegt. Der erste Realisierungsblock hat das Thema Kundenberichtswesen und ist auch als Pilotprojekt für weitere Projekte bzw. Schritte des Data Warehouse-Projektes konzipiert.

Im Rahmen dieses Pilotprojektes wurde 1998 das dispositive Kundendatenmodell erstellt. Die Data Warehouse-Basistabellen wurden zum ersten Mal mit Stichtag 32.12.1998 eingespeichert.

1999 wurde der UBW-Datenserver bereitgestellt. Einige Data Marts wurden in der neuen C/S-Umgebung freigegeben und bei den Fachabteilungen eingeführt. Die Fortschreibung der Basistabellen unter einer ersten Erweiterung der bereitgestellten Informationen war die zweite grosse Teilaufgabe.

Für 2000 ist fachlich vorgesehen, die versicherungstechnischen Informationen zumindest des Schadens einzuklinken und das Kundenthema auf den W&W-Konzern auszuweiten. Technisch wird es darum gehen, den Zugriff über das Intranet/Internet zu implementieren und weitere Endanwendertools an die Datenbasis anzuschliessen.

Danach, ab dem Jahr 2001, müsste aus technischer Sicht das Data Warehouse mit allen Tools soweit stehen, das inhaltliche Folgeprojekte kein technisches Neuland mehr betreten müssen. Auch aus fachlicher Sicht sind dann für das Thema Kunde umfassende Informationen vorhanden und der Anschluss an bisherige Informationen in den ASS-Mainframe-Arbeitsgebieten in einigen Punkten und damit modellhaft geschaffen.

2.3 Gesamtprojekt

Aufgabenstellung und Zeitrahmen des Projektes werden im Anschluss an das Pilotprojekt und mit der Auswertung des Pilotprojektes überprüft und ggf. neu bestimmt. Unter dem Gesichtspunkt der Einführung eines neuen Data Warehouses bzw. eine neuen IT-Infrastruktur könnte die Aufgabe nach dem Pilotprojekt als abgeschlossen betrachtet werden.

Da aber nach Meinung der Autorin ein Data Warehouse nur solange lebt, d.h. genutzt wird, wie es permanent angepasst wird, ist ein Data Warehouse-Projekt stärker als andere Projekte eine permanente Aufgabe und hat auch in der Wartungsphase Projektcharakter. So wie auch die Vorphase als Bestandteil des Projektes beschrieben wurde, sind daher die fachlichen Folgeprojekte des Pilotprojektes noch als Teil des Data Warehouse-Projektes anzusehen. Insbesondere dann, wenn die sehr umfassenden Ziele im Rahmen eines Projektes erreicht werden sollen. Der Zeitrahmen für dieses umfassende Projekt ist noch nicht festgelegt.

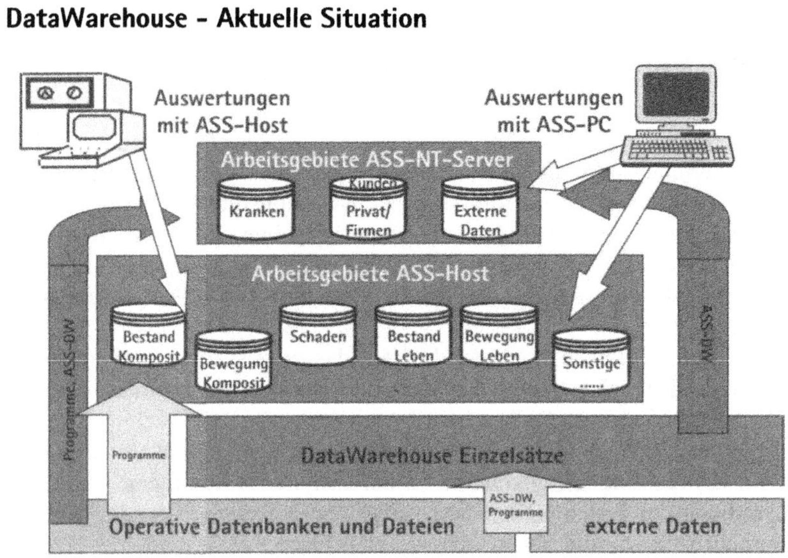

Abb. 3 Aktueller Stand des Data Warehouse

Diese Gesamtprojektsicht erklärt vermutlich auch, warum so viele Projekte Data Warehouse-Projekt heissen, ohne untereinander allzuviel Ähnlichkeit zu haben. Eine Chance der Realisierung hat nur ein Teilprojekt, und unterschiedliche Möglichkeiten des Zuschneidens eines Teilprojektes im Rahmen Data Warehouse gibt es viele.

3 Projektverlauf mit positiven und negativen Erfahrungen

3.1 Studie

Zur Bestandsaufnahme des bisherigen Berichtswesens, stärker aber zur Konzeption der zu schaffenden neuen Informationsversorgungsbasis führten wir 1997 eine

Data Warehouse-Studie durch. Wir wollten damit die im Unternehmen mittlerweile angesprochenen, aber noch nicht pointiert zusammengefassten Wünsche nach Änderungen im Zentralen Berichtswesen aufgreifen und zu einem projektfähigen Konzept bündeln. Den Teil der Bestandsaufnahme hielten wir eher kurz. Die Projektteammitglieder waren z.T. seit längerem mit dem Thema befasst und wussten i.W. um die Stärken und Schwachstellen der vorhandenen Systeme. Ebenso war im Haus fundiertes Wissen vorhanden, das genutzt werden konnte. Bei der Bestandsaufnahme war uns einzig wichtig, möglichst alle im Haus benutzten Datenquellen kennen zu lernen. Die Vielfalt der Datenquellen war uns als Problem bewusst und wir bezweifelten, alle zu kennen. Wir berücksichtigten diesen Punkt, indem wir bei unserer Fragebogenaktion auch danach fragten, welche Datenquellen jeweils benutzt wurden.

Wir legten den Schwerpunkt auf die Entwicklung eines Konzeptes. Bei der Sichtung der im Unternehmen eingesetzten Tools blieben zwei übrig, die nach unserer Einschätzung den Anforderungen auch für die künftige Unterstützung der Informationsversorgung gewachsen sein würden. Für beide Tools entwickelten wir ein technisches Szenario und machten eine Kostenschätzung.

Wir schlugen in der Studie vor, zuerst ein Pilotprojekt zum Thema Kunde durchzuführen. Zu diesem Zeitpunkt bewogen uns vor allem zwei Gründe dazu. Zum einen bringt das Thema die Herausforderungen, mit denen das technische Szenario ausgetestet werden kann. Das sind zum einen grosse Mengen an Daten, die gehandhabt werden müssen. Darüber hinaus erfordert die Konzentration auf den Kunden ein anderes logisches Datenmodell, zumindest eine andere Implementierung des Datenmodells, als die bisherige Ausrichtung auf die Spartensichten. Den beteiligten Fachabteilungen bringt ein solches Pilotprojekt sofort einen greifbaren Nutzen, sie erhalten neue, wichtige Informationen, die sie bisher nicht oder nur mit grossem Aufwand bekommen konnten.

Die Studie war aber auch wichtig, weil sie uns die Chance zur Sichtung des Marktes gab. So stellten wir erst fest, dass wir seit langem ein Data Warehouse betrieben. Unsere Erfahrung, dispositiv ein anderes Datenmodell zu benötigen als operativ, auch ein anderes Vorgehensmodell zu brauchen, wurde vielfach bestätigt. Dass auch in der wissenschaftlichen Forschung zum Thema Data Warehouse noch vieles ungeklärt war, merkten wir erst später. Die Resonanz im Haus auf unsere Studie war eher verhalten. Dort wurde allerdings unsere Fragebogenaktion stark wahrgenommen.

3.2 Fragebogenaktion

Begleitend zur Studie, um die fachlichen Anforderungen und Konzepte auf eine fundiertere Basis zu stellen, führten wir unter den Führungskräften des Unternehmens eine Befragung durch. Wir fragten nach ihren jetzigen Informationsquellen, ihrer Zufriedenheit mit der Informationsversorgung und ihren Anforderungen an ein künftiges Informationssystem. Alle qualitativen Ergebnisse flossen in die Studie ein. Jede neue Anregung versuchten wir sofort in das Konzept zu integrieren. Die Aktion selbst wurde erst ein paar Monate nach Abschluss der Studie auch quantitativ vollständig ausgewertet. Die aufbereiteten Ergebnisse wurden im Unternehmen bekannt gegeben. Die angefallene Berichtssammlung beispielhafter Berichte wird das Projekt über seine gesamte Laufzeit begleiten.

Die Konzeption wurde durch die Aktion nicht wirklich erleichtert. Die Wünsche waren so breit gestreut, die Erwartungen so hoch, dass sich zumindest teilweise auch Enttäuschung einzelner Bereiche des Hauses nicht wird verhindern lassen. Unter diesem Gesichtspunkt würden wir heute wohl keine solche Befragung aller Führungskräfte mehr durchführen. Andererseits ist dadurch eine Sensibilität für das Thema im Haus hergestellt worden, die das konkrete Projekt auch erleichtert.

3.3 Pilotprojekt Kunde

Aufgrund der in der Studie vorgestellten Szenarien wurde das auch vom Projektteam mehrheitlich favorisierte technische Umfeld mit ASS wie in der folgenden Abbildung dargestellt, als Basis des Projektes gewählt. Auch das Vorgehen wurde wie vorgeschlagen akzeptiert und so starteten wir 1998 mit dem Thema Kunde als Pilotprojekt.

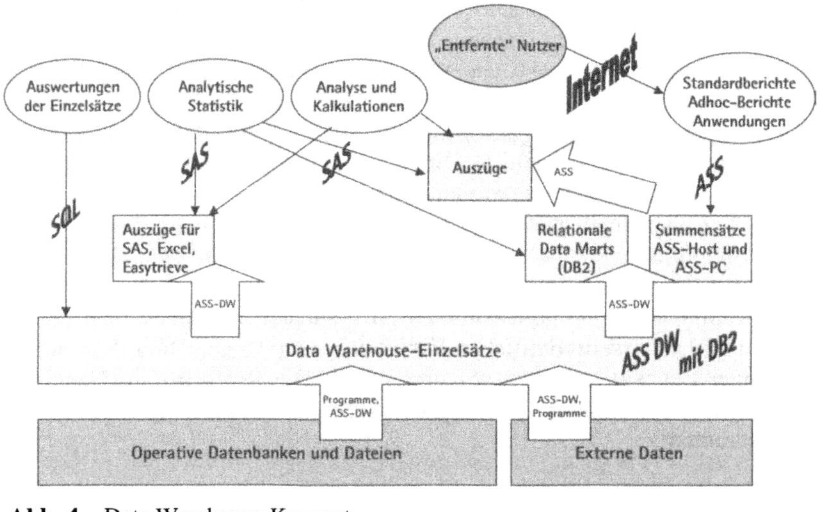

Abb. 4 Data Warehouse Konzept

Wir wollten (wie schon erläutert) umfassend und mit grossen Datenmengen starten. Innerhalb dieser Vorgaben wollten wir auf vorhandenen operativen aufsetzen und uns mit der Datenbeschaffung nicht noch zusätzlich das Leben schwer machen. In der operativen Kundendatenbank sind Verknüpfungen zu den Vertragsbeständen abgelegt, die wir nutzen wollten, um nicht im ersten Schritt gleich auch alle operativen Vertragsbestände verarbeiten zu müssen. Mit dem Ansatz kamen wir nicht sehr weit. Die Realität war, dass operativ diese Informationen nicht für alle Sparten auch abgespeichert waren, für manche wurde nur im Dialog ein Online-Zugriff gemacht, um die entsprechende operative Kundenübersicht zu geben. Für diese Altsparten mussten wir gleich im ersten Schritt auch die Bestände mit verarbeiten. Es handelte sich aber um den deutlich kleineren Teil der gesamten Bestände, so dass unser Vorgehen im Prinzip wie geplant ablief.

Mit der Datenkenntnis und der Datenqualität machten wir dabei durchaus unerwartete Erfahrungen. Die Kenntnisse der AnwendungsentwicklerInnen und die Dokumentation der Systeme bezieht sich verständlicherweise immer i.W. auf die Kenntnis des laufenden operativen Systems. Mit unserer Datensammlung gingen wir aber oft viel weiter zurück. So stiessen wir auch auf Spuren, die frühere Releases der operativen Systeme in den Datenbeständen hinterlassen hatten. Wenn wir dann vor einem Rätsel standen und die betreuenden AnwendungsentwicklerInnen aufsuchten, dann kam mit viel Glück dort ein Aha-Erlebnis etwa der Art „Ach ja, da hatten wir mal ein anderes System / einen Fehllauf / eine Änderung, aber das sind alte Verträge, das spielt keine Rolle mehr“; „für uns“ hätten sie hinzufügen müssen. Denn für unser Data Warehouse spielte es durchaus eine Rolle, da über die Zeit hinweg Bestände betrachtet und gegenübergestellt werden. Im Extremfall hätte sogar ein neues Datenmodell erstellt werden müssen. Generell stellten wir immer wieder fest, dass die Denkweise im operativen Bereich – kurzfristige Abarbeitung der anfallenden Geschäftsprozesse – und die Denkweise einer diese Geschäftsprozesse langfristig betrachtenden und für die Zukunft in Steuerung umsetzenden Führungskraft doch sehr verschieden sind und dass sich das in den Daten genauso wie in den Prozessen niederschlägt.

Als Datenbank für die Basistabellen des Data Warehouse hatten wir uns für DB2 entschieden. Obwohl die Mitarbeiter mit dieser Datenbank wenig Erfahrung hatten, gab es technisch wenig Probleme, viel weniger als befürchtet. Darauf aufbauend ging auch die Konzeption und die Implementierung von Data Marts zügig. Wir beherrschten sowohl das Thema als auch die Technik in den wesentlichen Aspekten gut.

Von vorne herein wussten wir, dass wir uns mit der gewählten Datenquelle eine ungleiche zeitliche Sicht der zusammengestellten Fakten einhandelten. Die Daten würden mit der Stichtagssicht der bisherigen Spartenstatistiken nicht vergleichbar sein. Das nahmen wir in Kauf, um schneller umfassende Ergebnisse zu haben. Beim Abgleich mit bestehenden Statistiken zu Testzwecken hatten wir dadurch natürlich Probleme; für eine eher am Vergleich der Geschäftsentwicklung der laufenden Periode mit der des Vorjahres orientierte Sicht natürlich auch, weniger dort, wo die komplette Sicht des Geschäfts unter Hintanstellung der genauen zeitlichen Abgrenzung erste Priorität hatte. Z.T. sind diese Daten sogar noch ein Jahr später ausgewertet worden.

Nach der Einspeicherung der Datenbasis zum Stichtag 31.12.1998 (mit den genannten Einschränkungen) ging es an die Fortschreibung. Wir mussten jetzt auf die gesamten Vertragsbestände zurückgreifen, die zeitlichen Stände mussten zueinander passen und auch die Informationen mussten detaillierter werden, als sie die Kundendatenbank beinhaltete. Das erforderte wieder eine Konzeptionsphase.

In dieser Phase machte uns die Zeitproblematik am meisten zu schaffen. „Zeit“ wird in fast allen Data Warehouse-Konzepten nur nebenbei erwähnt, wenn überhaupt. Dabei spielte und spielt sie zumindest in unserem Konzept eine sehr wichtige und problematische Rolle. Wir haben fünf und mehr verschiedene Zeitachsen identifiziert. Da sind z.B. die fachliche Gültigkeit der Vertragsdaten (gültig ab, gültig bis), der Zeitpunkt der letzten operativen Änderung, der operative Kenntnisstand, der Zeitpunkt des Bereitstellens im Data Warehouse und aus allem zusammen abgeleitet ein Statistikdatum bzw. Datum der statistischen Gültigkeit. Mindestens mit drei vollständigen Zeitachsen und einem eher technischen Datum werden wir im Data Warehouse arbeiten. Vermutlich lässt sich daraus schon ersehen, wie komplex die Fortschreibung, d.h. die korrekte und komplette Versionierung der Datenbestände des Data Warehouse werden kann.

Wir mussten mit sehr vielen operativen Systemen und unterschiedlichen daraus erstellten Dateien arbeiten. Die Fortschreibung sollte für jedes System unabhängig vom Vorliegen der Informationen der anderen Systeme möglich sein. Änderungen der DB2-Tabellen aus fachlichen oder technischen Gründen sollten die Fortschreibung möglichst wenig beeinflussen. Wir überlegten uns deshalb ein Mehrebenenkonzept. In einer ersten Ebene werden die Daten/Informationsobjekte der verschiedenen operativen Systeme auf eine einheitliche Struktur konsolidiert. Diese Struktur erst ist die Basis für die Fortschreibung der Data Warehouse-Basistabellen. Sie ist nicht an den eventuell wechselnden Strukturen der DB2-Tabellen orientiert, sondern an den zu einem Informationsobjekt bereitgestellten oder möglichen Informationen der operativen Systeme. Eine vereinfachte schematische Darstellung ist in der folgenden Abbildung zu sehen.

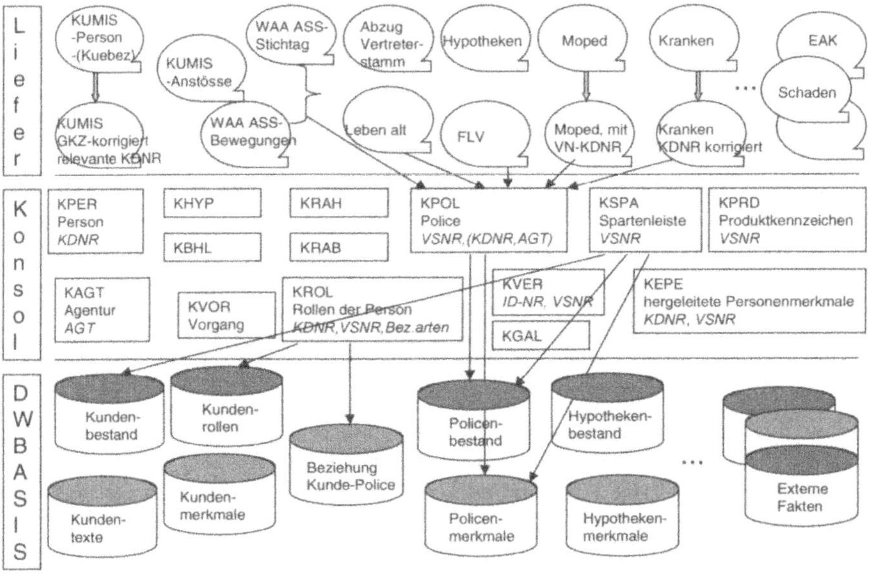

Abb. 5 Mehrebenenkonzept der Datenbelieferung

Die Fortschreibung zielt in erster Linie auf eine Ermöglichung von Stichtagsbetrachtungen ab. Das kann durchaus täglich geschehen. Noch nicht realisiert ist eine Betrachtung der Bewegungen, d.h. versicherungstechnisch von Neu- und Ersatzgeschäft sowie Storni. Diese Sicht ist durch unsere operativen Systeme nicht so gut unterstützt wie die Bestandssicht – durchaus anders als bei vielen anderen Versicherungsgesellschaften.

3.4 Metadaten

In der zweiten Phase des Pilotprojektes, nachdem erste Data Marts vorhanden waren und erste Anwender genaueres über die eingespeicherten Daten und ihre Zusammenhänge untereinander und mit bisher benutzten Daten wissen wollten, wurde das Thema Metadaten wieder sehr virulent. Dabei ging und geht es weniger um die technischen Metadaten - woher welche Daten auf welchen Wegen ins Data Warehouse kommen - sondern mehr um die fachlichen Metadaten - was bestimmte Informationen bedeuten und wie sie mit anderen Informationen und Begriffen zusammenhängen.

In der Studie hatten wir für dieses Thema kein Tool gefunden, das unseren Anforderungen gerecht geworden wäre, in einer Tool-heterogenen Umgebung vom Ursprung im Geschäftsprozess bis zum Bericht beim Anwender den Weg und die Bedeutung von Daten und Informationen verfolgen zu können. So hatten wir es als "noch zu lösen" offen gelassen.

Unser Eindruck während des Pilotprojektes war, dass sich technische Benutzer bzw. Betreuer des Data Warehouse mit den vorhandenen Mitteln noch einen Überblick verschaffen können, dass fachliche Nutzer aber bei der Notwendigkeit, ihre Informationsbedürfnisse mit denen anderer Abteilungen abzustimmen und abzugleichen, völlig alleingelassen sind. Was fehlt, war unserer Meinung nach in erster Linie die Möglichkeit, technisch gut unterstützt, sich über benutzte Begriffe zu verständigen und hier eine fachliche Harmonisierung zu schaffen.

Wir entwickelten daher, zusammen mit dem CC DWS, ein kleines intranetbasiertes System, das genau unseren Anforderungen an dic Unterstützung der fachlichen Abstimmung über Begriffe gerecht wird. Mit einfachen Mitteln können wir so viel erreichen und die notwendige Kommunikation im Unternehmen in Gang setzen. Dieses Tool (BISon – BegriffsInformationsSystem ONline) wird als Hilfsmittel eines daraufhin ins Leben gerufenen Arbeitskreises der unterschiedlichen berichtserstellenden Abteilungen eingesetzt.

3.5 Datenqualität

Unsere Erfahrungen zeigen, dass die Daten, so wie sie in den operativen Systemen gespeichert sind, nicht immer ohne Anpassung den Ansprüchen eines Data Warehouse genügen. Das hat seine Berechtigung. Operative Systeme haben andere Aufgaben zu bewältigen als dispositive. Daten, die für das operative Geschäft nicht notwendig sind und deren Bedeutung für die Geschäftsteuerung unbekannt ist oder deren Erfassung nur die Arbeit verlangsamt und Geld kostet statt Geld einzubringen, sind nur mit grosser Vorsicht fürs Data Warehouse nutzbar. Andererseits ist aus den operativen Daten, dort wo sie auch wirklich (noch, siehe „alte Daten“) operativ genutzt werden, sehr viel Information durch richtige Kombination der verstreuten Daten zu gewinnen. Die oft zu hörende pauschale Klage über „mangelnde Datenqualität" unterschlägt diese Abhängigkeit der Qualität von den angelegten Massstäben – und die sind für operative Daten operative und nicht dispositive.

3.6 Erfahrungen

Das Thema Kunde war für uns genau das richtige, um das Data Warehouse auf neue Füsse zu stellen. Auch die Überlegung, nicht klein – wie oft empfohlen - sondern mit wirklichen Herausforderungen zu starten, war richtig, wenn auch gefährlich. Die Gefahr der terminlichen Verzögerung war über weite Strecken, in vielen Konzeptionsphasen, ein treuer Begleiter des Projektes. An ein mögliches Scheitern dachten wir nicht. Einen einzigen Punkt würde ich rückblickend anders machen: die Konzeptionsphase deutlicher als Suchphase benennen und weitere konzeptionsstarke Spezialisten und Generalisten der Anwendungsentwicklung unseres Unternehmens hinzu ziehen.

4 Weitere Planung

Wie geht es weiter? Die neue Infrastruktur ist da. Mitte 2000 wird sie stabilisiert sein. Ein erstes und sehr umfassendes Thema ist inhaltlich bearbeitet. Wir haben dann erstmals seit Start des Projektes wieder eine echte Entscheidungsmöglichkeit über das weitere Vorgehen.

Wir könnten die Dateninhalte des Data Warehouse auf die Kunden des neuen Konzerns ausweiten. Damit würden wir die Früchte unsere bisherigen Arbeit ernten, die konzeptionell für genau diese Aufgabe vorgesorgt hat.

Wir könnten uns der Verbreiterung der Datenbasis, z.B. der Betrachtung von Schaden und Leistung, zuwenden. Am Ende könnte eine Kundenrenta oder eine Deckungsbeitragsbetrachtung stehen. Wir könnten aber auch das Thema der Bewegungen angehen.

Wir könnten weitere Tools, z.B. ein Data Mining Tool für den Managementgebrauch, anschliessen.

Und schliesslich könnten wir den Übergang des bisherigen Systems zur neuen Technik und unter der neuen bzw. zusätzlichen inhaltlichen Ausrichtung am Kunden in Angriff nehmen.

Im Rahmen der Investitionsplanung werden wir dies entscheiden müssen. Vermutlich werden wir von allem etwas tun. Denn ein Data Warehouse-Projekt hat als "permanentes Projekt" eigentlich kein "natürliches" Ende. Enden können höchstens Data Warehouse-Teilprojekte.

Literatur

Schwarz, Stefan: Organisationskonzepte im Data Warehousing. Arbeitsbericht BE HSG/CC DWS/02 des Instituts für Wirtschaftsinformatik der Universität St. Gallen, 1999.

UBW-Team: DataWarehouse-Studie. Württembergische Versicherung AG, Stuttgart, 1997 - zum internen Gebrauch.

Stichwortverzeichnis

M

N

O

P

Q

R

S

T

U

V

W

Z

Autorenverzeichnis

Dr. Rolf Ammann
Swisscom AG
Ostermundingerstrasse 91
CH-3050 Bern

Wolfgang Bartel
ARAG Lebensversicherungs-AG
Prinzregentenplatz 9
DE-81675 München

PD Dr. Herbert Burkert
GMD-IMK
Schloss Birlinghoven
DE-53754 St.Augustin

Thorsten Frie
Institut für Wirtschaftsinformatik
Universität St.Gallen
Müller-Friedberg-Str. 8
CH-9000 St.Gallen

Dr. Andreas Garzotto
Rentenanstalt/Swiss Life
Postfach
CH-8022 Zürich

Guido Grütter
Eidg. Departement für Verteidigung,
Bevölkerungsschutz und Sport
Blumenbergstrasse 39
CH-3001 Bern

Christian Hausammann
Eidg. Departement für Verteidigung,
Bevölkerungsschutz und Sport
Blumenbergstrasse 39
CH-3001 Bern

Dr. Gertrud Heck-Weinhart
Württembergische Versicherung
Rotebühlstr. 74
DE-70163 Stuttgart

Markus Helfert
Institut für Wirtschaftsinformatik
Universität St.Gallen
Müller-Friedberg-Str. 8
CH-9000 St.Gallen

Urs Joseph
Winterthur Versicherungen
General Guisan-Strasse 40
CH-8401 Winterthur

Dr. Reinhard Jung
Institut für Wirtschaftsinformatik
Universität St.Gallen
Müller-Friedberg-Str. 8
CH-9000 St.Gallen

Peter Lehmann
Swisscom AG
Ostermundingerstrasse 91
CH-3050 Bern

Dr. Markus Meyer
UBS AG
Postfach
CH-4002 Basel

Dr. Jean-Marie Schmid
Winterthur Versicherungen
General Guisan-Strasse 40
CH-8401 Winterthur

Stefan Schwarz
Institut für Wirtschaftsinformatik
Universität St.Gallen
Müller-Friedberg-Str. 8
CH-9000 St.Gallen

Martin Stäubli
Winterthur Versicherungen
General Guisan-Strasse 40
CH-8401 Winterthur

Gerhard Strasser
ARAG Lebensversicherungs-AG
Prinzregentenplatz 9
DE-81675 München

Bernhard Strauch
Institut für Wirtschaftsinformatik
Universität St.Gallen
Müller-Friedberg-Str. 8
CH-9000 St.Gallen

Ralph Wellmann
plenum AG
Biebricher Allee 36
DE-65187 Wiesbaden

Paul Wittwer
Winterthur Versicherungen
General Guisan-Strasse 40
CH-8401 Winterthur

Prof. Dr. Robert Winter
Institut für Wirtschaftsinformatik
Universität St.Gallen
Müller-Friedberg-Str. 8
CH-9000 St.Gallen

Druck: Strauss Offsetdruck, Mörlenbach
Verarbeitung: Schäffer, Grünstadt

GPSR Compliance

The European Union's (EU) General Product Safety Regulation (GPSR) is a set of rules that requires consumer products to be safe and our obligations to ensure this.

If you have any concerns about our products, you can contact us on ProductSafety@springernature.com

In case Publisher is established outside the EU, the EU authorized representative is:

Springer Nature Customer Service Center GmbH
Europaplatz 3
69115 Heidelberg, Germany

Batch number: 10105467

Printed by Printforce, the Netherlands